Louise Pelt

Die Halbwertszeit von Glück

Über die Autorin

Louise Pelt wurde 1982 in Hamburg geboren. Mit dem Kinderopernchor bereiste sie früh die Welt, studierte anschließend Anglistik und Germanistik und schrieb einige Jahre für Film und Theater. DIE HALBWERTSZEIT VON GLÜCK schrieb sie als Roman, obwohl vieles und viele dagegensprachen. Vielleicht ist Mut ihre größte Superkraft – auf jeden Fall aber hat er ihre schönste Geschichte hervorgebracht. Sie lebt mit ihrer Familie zwischen Alster und Elbe.

LOUISE PELT

DIE HALB- WERTS- ZEIT VON GLÜCK

ROMAN

Lübbe

Cradle to Cradle Certified® ist eine eingetragene Marke
des Cradle to Cradle Products Innovation Institute.

Vollständige Taschenbuchausgabe
der bei Bastei Lübbe erschienenen Hardcoverausgabe

Copyright © 2023 by Louise Pelt

Copyright © 2025 by
Bastei Lübbe AG, Schanzenstraße 6–20, 51063 Köln

Umschlaggestaltung: Massimo Peter-Bille
Einband-/Umschlagmotiv: © pluie_r/Shutterstock.com
Satz: Dörlemann Satz, Lemförde
Gesetzt aus der Adobe Caslon
Druck und Verarbeitung: GGP Media GmbH, Pößneck

Printed in Germany
ISBN 978-3-404-19447-6

2 4 5 3 1

Sie finden uns im Internet unter luebbe.de
Bitte beachten Sie auch: lesejury.de

Bei Fragen zur Produktsicherheit wenden Sie sich bitte an:
Produktsicherheit@bastei-luebbe.de

* * *

Für Al

Noch immer, für immer.
Du fehlst.

MARGARETHE
November 1938

Sie wusste, dass es keine gute Idee war, das Haus jetzt noch zu verlassen, es war sogar ausgesprochen dumm. Ihre Mutter hatte sie angefleht, nicht zu gehen, hatte auf das Kind im Bett verwiesen, und selbst ihr Vater war laut geworden, dabei hatte er sich das in all den Jahren mit seiner eigensinnigen Tochter stets verkniffen.

Aber hatte sie denn eine Wahl? Verstanden ihre Eltern nicht, dass sie nicht anders konnte, als noch einmal loszulaufen und sich zu versichern, dass alles in Ordnung war?

In Ordnung. Margarethe musste sich das Lachen versagen, das sich ihre Kehle hinaufdrängte, bitter und zäh. Seit einigen Jahren schon war nichts mehr in Ordnung, sie waren nur sehr gut darin geworden, sich etwas anderes einzureden. Wenn das Unmögliche Wirklichkeit wurde, blieb nicht viel mehr als der Schmerz über die eigene Kurzsichtigkeit.

Sie hatte sich kaum dafür interessiert, als Hitler zum Reichskanzler ernannt worden war, hatte zwar die besorgten Blicke ihrer Eltern bemerkt, die Worte, die ungesagt blieben, sobald sie den Raum betrat, doch echte Sorgen hatte sie sich nicht gemacht.

Was kümmerte sie schon das bisschen Politik? War letztere nicht genauso flüchtig wie die Mode, so unbeständig wie ein Frühlingswind, launisch vielleicht, aber im Grunde doch harmlos?

Doch das, was dann gekommen war, war nicht nur ein Lüftchen.

Es war ein Sturm, und mittlerweile verstand Margarethe, dass er noch lange nicht vorüber war.

Max und sie hatten sich schon eine Ewigkeit gekannt, ohne dass es jemals etwas bedeutet hätte. Seit sie denken konnte, hatte ihr Vater seine Uhren bei den Goldbergs gekauft, »solides Handwerk, tadellose Qualität«. Margarethe fragte sich manchmal, ob er es wohl bereute, sie für die Reparatur in den Laden geschickt zu haben, ob er sich manchmal wünschte, die Zeit zurückdrehen zu können. Das, was zwischen Max und ihr passiert war an jenem siebten Februar vor bald vier Jahren, ließ sich jedenfalls nicht zurückdrehen, es ließ sich nicht wegwischen und auch nicht verbieten. Die Liebe war kein bloßes Gefühl, sondern eine Wahrheit. Wer sie einmal erkannt hatte, konnte weder Augen noch Herz davor verschließen. So war es, wenn man etwas fand, was man nicht gesucht hatte.

Ihre Eltern mochten Max, so wie sie seine Familie im Grunde mochten. Vernünftige Leute waren diese Goldbergs, die gute Arbeit leisteten und damit zu einem kleinen Wohlstand gekommen waren. Warum nur mussten sie Juden sein?

Nicht dass Charlotte und Carl Freygang etwas gegen Juden gehabt hätten, für sie zählte der Mensch und nicht seine Konfession. Aber die Umstände legten nun mal nahe, dass es nicht einfach werden würde.

Max und seine Eltern redeten sich ein, dass es sich nur um eine vorübergehende politische Laune handelte, und auch Margarethe versuchte daran festzuhalten. Wie schlimm konnte es schon werden? Die Leute würden bestimmt rechtzeitig zur Vernunft kommen.

Als sie vor zwei Jahren festgestellt hatten, dass sie schwanger war, hatte Max nicht eine Sekunde gezögert und um ihre Hand angehalten. Ihre Eltern hatten sie schon zuvor gedrängt, mit der Ehe zu warten, bis sich alles etwas beruhigt hatte. Aber wie es aussah, warteten sie vergeblich.

Irgendwann hatte sich auch Max auf die Seite von Carl und Charlotte gestellt und sie überredet, das Kind im Elternhaus zu bekommen und aufzuziehen. Für Johanna war ihr Vater bisher ein Besucher geblieben.

»Sobald Ruhe einkehrt, holen wir alles nach«, versicherte Max wieder und wieder, und sie gab sich große Mühe, ihm zu glauben. Sie hegte keinen Zweifel an der Aufrichtigkeit seiner Absichten, aber die Sache mit dem Beruhigen bereitete ihr schlaflose Nächte. Würde denn jemals wieder Ruhe einkehren in diesem Land? Im Moment sah es nicht danach aus.

Schon vor Jahren waren die Leute angehalten worden, nicht mehr in jüdischen Geschäften einzukaufen, aber das hier ging weit darüber hinaus. Sie hatte noch nicht verstanden, was der genaue Auslöser gewesen war, warum es überhaupt passierte und gerade jetzt, doch eines wusste Margarethe mit Gewissheit: dass Max und seine Familie in Gefahr waren. Vor einigen Monaten hatten seine Eltern ihre Wohnung verloren und waren bei Freunden untergekommen. Max selbst wohnte seitdem im hinteren Teil der Uhrmacherei – und dort musste Margarethe ihn jetzt unbedingt finden.

»Geh nach Hause, Mädchen!« Ein Mann mit schwarzen Händen und aufgeschürften Hosen lief ihr entgegen und deutete die Straße hinab. »Dahinten ist die Hölle los!«

Margarethe konnte nicht sagen, wie alt er war, und noch viel weniger, ob er zu den Guten oder den Bösen gehörte – wer konnte das heute schon noch? Aber selbst wenn sein Rat gut gemeint war, konnte sie ihn nicht befolgen. Sie würde keine Ruhe finden, bevor sie nicht wüsste, dass es Max gut ging.

Wenn nur das verfluchte Kopfsteinpflaster nicht wäre! Ein paar

Mal war Margarethe beim Laufen bereits umgeknickt und fast gestürzt, der linke Knöchel schmerzte im enggebundenen Stiefel – und beinahe war sie dafür dankbar. Solange sie sich auf ihren Fuß konzentrieren konnte, musste sie nicht fühlen, wo Schmerz und Angst sonst noch schwelten. Konnte eine kleine Hölle sie am Ende vor einer größeren bewahren?

Wohl kaum. Das Chaos überall ließ sich nicht ausblenden. Das Leben hatte Feuer gefangen wie die Papierseiten eines Buches, und nun schrieb die Welt eine neue Geschichte.

Klirrende Fensterscheiben, das Fauchen von Flammen, Gebrüll und Schreie. Margarethe ballte die Hände zu Fäusten und sandte in Gedanken ein stummes Gebet aus.

Doch als sie ihr Ziel endlich erreicht hatte, sah sie, dass alles Hoffen vergebens war: Das Schaufenster der Uhrmacherei H. G. Goldberg war zerschlagen, Flammen griffen aus dem Ladeninneren nach draußen.

»Max!« Margarethe fuhr mit den Fingern in den Kragen ihres Mantels, weil es sonst nichts gab, woran sie sich hätte festhalten können, und stürmte auf das Geschäft zu. Auf der Straße drängten sich Hunderte Menschen, Bewohner und Geschäftsleute aus den umliegenden Häusern, aber auch Plünderer und solche, die für diesen Albtraum verantwortlich waren, Regisseure des Unvorstellbaren.

»Max!« Margarethe riss ein paar Männer zu sich herum, doch sie blickte immer nur in leere Gesichter. Irgendwo musste er doch stecken!

Der Rauch brannte in ihren Augen und machte ihr das Atmen schwer. Energisch packte sie eine schmale Frau an der Schulter und schrie ihr ins Gesicht: »Max Goldberg! Haben Sie den jungen Goldberg gesehen?«

Die Fremde schüttelte erschrocken den Kopf.

Jetzt erst bemerkte Margarethe, dass die Frau ein Kind im Arm hielt, ungefähr so alt wie Johanna. Beide trugen nicht mehr als ein Nachthemd am Leib. Nur einen Herzschlag später ertönte ein Knall aus einem der brennenden Geschäfte.

»Wir müssen weg«, flüsterte die Frau und wollte mit dem hustenden Kind davonlaufen, aber Margarethe hielt sie am Arm zurück.

»Warten Sie!« Sie schlüpfte aus ihrem Mantel und legte ihn der Frau über die Schultern. Verwirrt blickte sie in Margarethes Augen, aber bevor sie etwas sagen konnte, schob Margarethe sie schon von sich und lief auf die brennende Uhrmacherei zu.

»Max!« Sie schrie seinen Namen, doch gegen das lärmende Feuer hatte sie keine Chance. Nie im Leben hätte sie sich ausmalen können, dass so etwas geschehen könnte, dass es überhaupt möglich wäre. Sie hatte auf das Gute im Menschen vertraut, auf die Vernunft gebaut, aber nun wurde sie von einer Wirklichkeit überwältigt, an die sie nicht hatte glauben können und wollen. Der Mensch war kein Mensch mehr, sondern ein Monster. Und in diesem Moment griffen seine Klauen nach Max und ihrem Glück.

Margarethe kletterte durch die zerbrochene Schaufensterscheibe und wurde von einem Beben erschüttert. Sie konnte nicht sagen, ob es der Boden war, der unter ihren Füßen schwankte, oder nur ihre Knie, die vor Angst zitterten, aber sie hatte Mühe, sich auf den Beinen zu halten. Auf der Straße hörte sie dumpf Menschen schreien, sie solle zurückkommen, aber sie schenkte ihnen keine Beachtung. Sie musste Max finden und ihn hier rausholen, koste es, was es wolle.

Ungläubig wanderte Margarethes Blick durch das Geschäft, das sie in den vergangenen Jahren wie ein zweites Zuhause zu lieben gelernt hatte. Die Schränke und Auslagen waren zertrümmert worden, und die Flammen fraßen sich an den Vorhängen und Holzvertäfelungen hinauf an die Decke. Hier hatte Max ihr erklärt, wie sich die Zeit zusammensetzt. Momente, die aus Sekunden bestanden und Ewigkeiten standhielten.

Nicht mehr lange, dann würde alles in sich zusammenfallen.

»Max!« Hustend stieg Margarethe über die Trümmer in Richtung Werkstatt. Der Rauch war so dicht, dass sie im hinteren Teil des Ladens kaum etwas erkennen konnte. »Max, ich bin es!« Sie rang nach Atem, aber in der Luft lag nur Verderben. »Max!« Ihre Rufe gingen in ein hässliches Keuchen über, und Margarethe musste würgen. Röchelnd ging sie in die Knie, und mit einem Mal drängte sich ein schrecklicher Gedanke in ihr schwindendes Bewusstsein. Wenn sie Max verlieren würde – was nützte es dann noch, weiterzumachen?

Plötzlich gaben ihre Beine dem Gift der Gedanken und des Feuers nach, und sie sank zu Boden. Während ihre Wange auf die Dielen glitt, spürte sie, wie eine überwältigende Müdigkeit Besitz von ihr ergriff. Der Schlaf drängte sich über sie wie eine Flutwelle, die kein Damm halten konnte, begrub ihre Angst unter einer Decke aus Träumen, tröstlich und weich.

Max war dort hinter ihren Augenlidern. Er wartete auf sie unten am Fluss im Schein der untergehenden Sonne, sein Umriss ein Kranz aus Gold. Er streckte die Hand nach ihr aus, zog sie in seine Arme, warm und vertraut, flüsterte ihr etwas ins Ohr, wie er es so oft getan hatte.

Konnte sie nicht selbst bestimmen, wie diese Geschichte ausging? Sie musste nur loslassen, musste sich nur ...

In diesem Moment packte sie jemand und riss sie in die Höhe. »Wir müssen hier raus!«

Benommen schlug sie die Augen auf und blinzelte in das Gesicht eines Mannes. Es war Friedrich – oder Fritz, wie Max seinen alten Schulfreund zu rufen pflegte.

Margarethe versuchte sich aus seinem Griff zu befreien, aber sie war zu schwach. Er hustete selbst, seine Augen tränten vom Feuer, und trotzdem presste er ihr einen feuchten Lappen vor Mund und Nase. Ein Balken brach und fiel krachend von der Decke, versperrte den Weg zur Tür. Margarethe schloss die Augen und spürte, wie Fritz sie auf die Arme nahm, über Scherben, Schutt und Verderben stieg und sie durch Hitze und Lärm in ein anderes Leben trug.

Erst als er sie auf seinem schmalen Bett absetzte, konnte Margarethe wieder einen klaren Gedanken fassen. Alarmiert glitt ihr Blick durch das schlichte Zimmer.

»Ist Max hier? Versteckt er sich bei dir?« Doch sie kannte die Antwort bereits. Die Kammer bot keinen Raum für Geheimnisse.

Fritz schob die Hände in die Hosentaschen und sah zu Boden. »Sie haben ihn weggeschleppt. Er hat sich gewehrt ...«

Margarethe wünschte, sie hätte sich verhört, aber das Unglück in Friedrichs Gesicht ließ keinen Zweifel. Am liebsten hätte sie geschrien und geweint, um sich geschlagen wie ein Kind, aber als sie in sich hineinhorchte, war da nur Leere.

Das Monster hatte sie von innen ausgehöhlt.

Fritz setzte sich zögerlich zu ihr aufs Bett, und zwischen ihnen nahm das Schweigen Platz. Irgendwann schob er die schmutzigen Hände unters Gestell und zog einen kleinen Gegenstand hervor. »Er wollte, dass du das hier bekommst. Eigentlich war es für Johanna und dich zu Weihnachten gedacht.« Behutsam legte er ein Paket in Margarethes Schoß. Es war etwas größer als eine Zuckerdose und in eins von den Taschentüchern gewickelt, die sie im Sommer am Fluss für Max bestickt hatte.

Beinahe mechanisch wickelte Margarethe das Tuch ab, und ein rotbraunes Holzkästchen kam zum Vorschein. Ihre Finger zitterten so stark, dass Fritz ihr beim Öffnen helfen musste.

Es war eine Spieluhr. Max hatte eine Spieluhr für sie gemacht.

Kaum war der schwere Deckel aufgeklappt, begann in ihrem Inneren ein Pärchen zu tanzen. Als Margarethe die Melodie erkannte, stiegen ihr Tränen in die Augen. Es war das Lied, das Max während seines Lehrjahrs in Frankreich gelernt hatte, das Lied, zu dem er jeden Nachmittag mit Johanna durch die Stube tanzte, als läge ihnen die Welt zu Füßen. Obwohl es absurd war, musste Margarethe lächeln.

Erst als die Melodie verklungen und das Pärchen zum Stillstand gekommen war, nahm sie die feinen Linien im Inneren des Deckels wahr. Sie musste die Gravur dreimal lesen, bevor die Bedeutung der Worte in ihren Verstand vorgedrungen war, doch dann gab es kein Halten mehr.

Ihr Körper zitterte, sie rang nach Luft, und Tränen strömten über ihr Gesicht, während der Schmerz mit aller Macht aus ihr herausbrach. Max würde nicht zurückkommen.

Aber sie würde ihre Geschichte weiterschreiben müssen, wenn nicht um ihrer selbst willen, dann zumindest für Johanna. Nur wie sollte das gehen?

Margarethe schluchzte auf und wusste nicht, woher sie die Kraft nehmen sollte, jemals wieder aufzuhören, da spürte sie, wie Fritz vorsichtig seinen Arm um ihre Schultern legte.

Mit einem Beben gab ihr Körper den Widerstand auf, und sie sank in Friedrichs Armen zusammen, löste sich auf in der Umarmung dieses Freundes, der ihr dennoch fremd war. Wie hätte sie in diesem Moment ahnen sollen, dass er sie noch viele Jahre halten würde?

MYLÈNE
April 2019

Zaghaft erklomm das Licht den Vorsprung, kroch über das Fensterbrett und drängte sich durch den Spalt zwischen den schweren Vorhängen. Am liebsten hätte Mylène sich auf die andere Seite gedreht, um nicht hinsehen zu müssen, aber sie wagte es nicht, sich zu bewegen. Wollte nicht einen einzigen Millimeter abrücken von dort, wo sie sich gerade befand. Stattdessen schloss sie die Augen und spürte das Gewicht von Frédérics Arm, der sich von hinten um ihren Oberkörper schloss, seinen gleichmäßigen Atem in ihrem Nacken.

Vielleicht war das hier nur ein Traum. Vielleicht konnte sie für den Rest ihres Lebens liegen bleiben, nackt und warm, in diesem Augenblick, der nach Mandeln roch. Was sprach dagegen zu bleiben, wenn man sein Zuhause gefunden hatte?

Luc zum Beispiel, schoss es ihr unvermittelt durch den Kopf, und als sie bei diesem Gedanken blinzelte, musste sie feststellen, dass auch das Licht der Morgensonne zu einer Warnung angeschwollen war. Es sickerte wie Sirup zwischen den Vorhängen hindurch, drang rücksichtslos auf den Teppichboden vor und machte Zentimeter für Zentimeter ein beeindruckendes Ballett aus Staubkörnern zu Mylènes Füßen sichtbar. Sie würde zu spät kommen, wenn sie jetzt nicht aufstand.

Frédéric machte sich regelmäßig darüber lustig, dass sie die Vorhänge vor dem Schlafengehen immer ein Stück zurückzog, damit die Lichter der Pariser Nacht zu ihnen hereinsickerten, und in diesem Moment verfluchte Mylène sich dafür. Mitten in der Nacht mochte dieser Spalt sie vor der Dunkelheit bewahren und ihr Sicherheit spenden, aber nun ließ er nicht zu, dass sie weiter die Augen verschloss, betäubt von etwas, das man wohl als »Glück« bezeichnen musste.

War sie nicht viel zu weit gekommen, um noch vor irgendetwas Angst zu haben? Dass sie sich auch heute noch, mit einunddreißig Jahren, vor der Finsternis fürchtete, versetzte Mylène einen Stich.

Nachdenklich tastete sie nach dem kleinen silbernen Schlüssel, der an der dünnen Kette um ihren Hals hing. Er fügte sich perfekt in die Mulde zwischen ihren Schlüsselbeinen.

»Das ist die Drosselgrube«, hatte Frédéric ihr am Ende ihrer ersten gemeinsamen Nacht ins Ohr geraunt. »Da hat Gott dich mit seinem Finger berührt.« Mylène glaubte nicht an Gott, und sie wollte gar nicht wissen, wie vielen Frauen er zuvor schon von der »Drosselgrube« erzählt hatte, aber das Bild fand sie trotzdem schön. Ein Fingerabdruck zwischen ihren Schlüsselbeinen, dort, wo manchmal ihr Herz pochte. Eine Berührung, die Spuren auf ihr hinterlassen hatte, eine Erinnerung daran, dass sie nicht alleine war.

Alleine. Wie kam sie immer wieder auf diesen albernen Gedanken? Kaum merklich schüttelte Mylène den Kopf. Natürlich war sie nicht alleine, sie war es nie gewesen. Sie hatte schließlich Frédéric, ihre Eltern und Freundinnen und außerdem die Mitarbeiter ihrer kleinen Firma. War es vor diesem Hintergrund nicht lächerlich, dass sie sich immer öfter davon überzeugen musste, nicht allein zu sein? Sicher war das nur die Anspannung vor der Hochzeit.

Kurz vor Weihnachten hatte Frédéric um ihre Hand angehalten, in wenigen Wochen würden sie heiraten. Seine Eltern hätten gern noch etwas mehr Vorlauf gehabt – in der Familie Leclerc war es Tradition, bei Feierlichkeiten nicht zu kleckern, sondern zu klotzen, und um das volle Programm aufzufahren, brauchte es erfahrungsgemäß ein bis zwei Jahre. Aber Mylène und Frédéric waren sich einig gewesen, so schnell wie möglich heiraten zu wollen, und im Grunde waren auch Frédérics Eltern froh, dass ihr Sorgenkind endlich den richtigen Weg eingeschlagen hatte. Jahrelang galt ihr zweitjüngster Sohn als Schürzenjäger, der ewige Junggeselle, jede Nacht eine neue, namenlose Frau, unzählige Drosselgruben. Die Klatschpresse hatte ihre helle Freude an Frédéric Leclerc.

Mylène hatte von all dem nichts gewusst, als sie vor anderthalb Jahren mit ihm im Aufzug stecken geblieben war. Dreieinhalb Stunden, fast 12 600 Sekunden, so lange hatte es gedauert, bis die Techniker die Türen aufgestemmt und Mylène und Frédéric zwischen dem fünften und sechsten Stockwerk aus dem Aufzug gezogen hatten. 12 600 Sekunden – dabei hatte ein Wimpernschlag gereicht, um ihre Welt aus dem Gleichgewicht zu bringen. Eine einzige Sekunde genügte, um aus zwei Fremden eine neue Ewigkeit zu machen.

Er hatte ihr mit einem Kugelschreiber seinen Namen und eine Handynummer auf den Unterarm geschrieben, aber auch dann hatte Mylène noch nicht verstanden, an wen sie ihr Herz verschenkt hatte.

Erst ihre beste Freundin Céline hatte ihr Stunden später die Augen geöffnet. »Frédéric Leclerc? Du meinst *den* Frédéric Leclerc?«

Mylène hatte sich nie für Klatsch und Tratsch interessiert, und genauso wenig wollte sie nun wissen, wie vielen Frauen er schon das Herz gebrochen hatte, ob er dabei gelegentlich zu tief ins Champagnerglas sah und das Erbe seiner Familie verprasste. Das Einzige, was sie interessierte, war der Mann, der sich nach einer halben Stunde mit ihr auf den Aufzugboden gesetzt und die Schuhe von den Füßen gestreift hatte. Der Mann, der so lange und so komisch Bruce Willis imitiert hatte, bis sie vor Lachen Bauchschmerzen bekommen hatte. Der Mann, der ihr erzählt hatte, wie er sich als Kind manchmal unter dem Bett verkrochen hatte, weil sein Zimmer viel zu groß gewesen war für einen kleinen Jungen, der sich nur nach etwas Nähe sehnte.

»Du rufst ihn doch an?«, hatte Céline sie gedrängt, aber dazu hatte sie keine Gelegenheit gehabt. Frédéric war ihr zuvorgekommen, hatte all das, was sie auf dem Aufzugboden preisgegeben hatte, aufgesaugt wie ein Schwamm, und stand am nächsten Morgen in aller Frühe mit einer Tüte warmer Croissants vor der Tür ihrer kleinen Firma.

Luc hatte eine mittelgroße Panikattacke bekommen, als er sie gemeinsam auf dem rosafarbenen Sofa im Eingangsbereich hatte sitzen sehen. Er war schon seit vielen Jahren heillos verknallt in den Frédéric Leclerc aus den Hochglanzmagazinen.

Luc ... Beim Gedanken an ihren Assistenten verzog Mylène das Gesicht. Vermutlich würde er ihr eine filmreife Szene machen, wenn sie nicht wie verabredet um halb neun ins Büro kam. Mylène liebte Luc Richard heiß und innig, aber er hatte einen ausgeprägten Drang zu dramatischen Auftritten. Deshalb war es auch nicht ratsam, noch mehr Zeit in diesem Bett zu verlieren.

Vorsichtig drehte sie sich unter Frédérics Arm auf die andere Seite. Wenn er schlief, war er so schön, dass es fast lächerlich war und sie dem Impuls widerstehen musste, ihn immerzu zu berühren. Seine dichten schwarzen Wimpern waren ihr als Erstes aufgefallen und gleich danach die Augen, tief wie Brunnen ohne Böden. Frédérics Augen waren die einzige Dunkelheit, vor der sie sich nicht fürchtete.

Wieder schlossen sich Mylènes Finger um den Anhänger an ihrem Hals. Niemand konnte sich erinnern, wo das ungewöhnliche Schmuckstück hergekommen war, aber Henri und Marianne Benoît erzählten mit großer Leidenschaft davon, dass ihre Tochter ihren Glücksbringer nicht mehr abgelegt hatte, seit sie im Stande gewesen war, das Wort »Nein« zu sagen.

Dabei war der Anhänger für Mylène viel mehr als ein Glücksbringer – er war ihr Wegweiser. Wann immer sie haderte oder unsicher war, hielt sie sich daran fest, und es schien, als würde der Schlüssel ihr die richtige Tür öffnen. Als sie vor drei Jahren die Agentur verlassen hatte, um eigene Ideen zu verwirklichen und einen Lippenstift aus Naturprodukten auf den Markt zu bringen, hatten ihr alle vehement abgeraten – nur der Schlüssel hatte ihr etwas anderes zugeflüstert. Als sie sich unter unzähligen Bewerbern ausgerechnet für den aufgekratzten Luc entschieden hatte, war der Schlüssel ausschlaggebend gewesen, und auch bei der Entscheidung für Frédéric hatte er eine Rolle gespielt. Für welches Schloss auch immer er ursprünglich bestimmt war, es schien, als läge Mylènes Weg dahinter.

Ihr nächster Weg führte allerdings ohne Zweifel aus dem warmen Bett heraus, Mylène musste es nur schaffen, sich endlich aufzuraffen. Vorsichtig löste sie die Finger von ihrem Anhänger und strich Frédéric eine Strähne aus der Stirn, und er öffnete die Augen. Als er Mylènes Gesicht so dicht vor seinem sah, musste er grinsen. »Wie lange starrst du mich schon an?«

»Wie lange fändest du denn in Ordnung?«

Frédérics Mundwinkel zuckten, dann rückte er näher und legte seine Lippen auf ihre. Seine Küsse waren niemals nur Küsse, sie waren der Anfang von etwas, das kein Ende kannte, wie ein Kreis, der sich schloss und sich dabei sowohl Zeit als auch Raum einverleibte. Mylène liebte es, sich in diesem Kreis aufzulösen, aber heute musste sie so stark sein, daraus auszubrechen.

»Ich muss ins Büro«, flüsterte sie und versuchte sich aus dem Bett zu rollen, doch er hielt sie zurück.

»Wirklich?«

»Heute kommt der Einkäufer von *Robertson & Robertson*, und Luc will noch das Portfolio mit mir durchgehen.«

»Das könntest du doch auch mit mir durchgehen«, schlug er vor und zog sie zurück in seinen Arm.

»Das Portfolio?« Mylène hob belustigt die Augenbrauen, aber Frédéric rückte bereits auf und arbeitete sich mit flüchtigen Küssen ihre Schulter hinauf.

»Ich würde dir alles abkaufen.«

Mylène schob ihn sanft von sich. »Du sollst mir gar nichts abkaufen, sondern die Kunden im europäischen Ausland! Stell dir mal vor, man könnte meine Lippenstifte auch in Deutschland oder der Schweiz kaufen. Das wäre ein Riesenerfolg für *Choupinette*!«

Frédéric stützte sich seufzend auf seinen Unterarm. »Wenn du mir endlich erlauben würdest, meine Eltern mit ins Boot zu holen, gäbe es deine Lippenstifte bald auf der ganzen Welt und nicht nur in Europa.«

Jetzt fing das wieder an. Mylène richtete sich auf und musste sich ein Stöhnen verkneifen. »*Choupinette* ist mein Baby.«

»Es will dir ja auch keiner wegnehmen.«

»Ich brauche die Hilfe von Charles und Antoinette nicht, Frédéric. Ich habe es bisher alleine geschafft, und ich werde es auch in Zukunft alleine schaffen.« Sie schwang die Beine aus dem Bett und griff nach ihrem Morgenmantel.

»Ich meine ja nur.« Frédéric legte versöhnlich den Kopf schief. »Du musst nicht länger deine Lippenstifte essen, um deine Firma groß zu machen.«

Mylène stieß ein ungläubiges Lachen aus. »Ich esse meine Lippenstifte nicht.«

»Du hast vor laufender Kamera in ein sattes Kirschrot gebissen.«

»Um mein Werbeversprechen unter Beweis zu stellen«, erwiderte sie und schloss endlich ihren Morgenmantel. »Unsere Produkte sind derart natürlich, dass man sie auch ...«

»... *problemlos verzehren kann*«, beendete Frédéric grinsend ihren Satz und lehnte seinen Oberkörper gegen das gepolsterte Kopfteil.

Mylène sah ihn sprachlos an, aber in seinem Blick lag so viel Hingabe, dass sie ihm unmöglich böse sein konnte. »Mach dich ruhig lustig über mich«, raunte sie, beugte sich zu ihm runter und verweilte mit ihren Lippen gefährlich dicht vor seinen. »Aber dieser Talkshow-Auftritt hat eine gewaltige Welle losgetreten – und ich werde jetzt diesen Einkäufer treffen und sie noch viel größer werden lassen.« Sie fuhr grinsend zurück, bevor sich ihre Lippen berühren konnten, und hörte, wie Frédéric in ihrem Rücken seufzte. »An den Termin heute Mittag denkst du aber, oder?«

Ertappt drehte Mylène sich zu ihm um. »Heute Mittag?«

»Sag nicht, du hast es vergessen!« Offenbar ließ ihr Gesichtsausdruck keinen Spielraum für Zweifel, denn im nächsten Augenblick stöhnte er bereits und warf seinen Kopf in den Nacken. »Verdammt, Mylène. Heute ist die Weinprobe mit meinen Eltern.«

Die Weinprobe, natürlich. »Ich ... habe sie nicht vergessen. Ich hatte nur nicht auf dem Schirm, dass sie heute stattfinden soll.« Mylène zuckte möglichst gefasst mit den Schultern. »Können wir die nicht verschieben?«

»Verschieben?« Frédérics Blick sprach Bände. »Jacques ist für Monate ausgebucht, meine Eltern haben diesen Termin vor acht Wochen ausgemacht.«

»Aber ich habe Céline ein Mittagessen versprochen«, gab Mylène zerknirscht zu. »Du weißt doch, dass sie sich von Matthieu getrennt hat. Sie hat schrecklichen Liebeskummer.«

»Céline hat immer schrecklichen Liebeskummer! Wenn du ›Liebeskummer‹ googelst, erscheint ihr Foto.«

Mylène musste lächeln. Er hatte ja recht – und trotzdem war es undenkbar, ihre beste Freundin in dieser Situation hängen zu lassen.

»Ich habe doch ohnehin keine Ahnung von gutem Wein«, wagte Mylène einen weiteren Vorstoß. »Dein Vater redet die ganze Zeit über sein Boot, und deine Mutter will nur wieder wissen, ob ich apricot- oder lachsfarbene Servietten bevorzuge – dabei sehe ich nicht mal einen Unterschied.«

Frédéric hob die Augenbrauen. »Und was soll das bedeuten?«

»Vielleicht ... kannst du einfach sagen, ich hätte einen wichtigen Termin?«, schlug sie vor und setzte sich zurück auf die Bettkante.

»Ich soll für dich lügen?«

»Nicht lügen! Nur ... die Wahrheit ein bisschen verdrehen.«

»Das nennt man lügen.« Frédérics Mundwinkel zuckten amüsiert.

Mylène stöhnte. Ihr Blick fiel auf den Lichtstreifen an der Wand, eine Mahnung in sattem Weißgelb, und ihr kam eine Idee. »Und wenn ich dir ein Tauschgeschäft vorschlage?«

»Ein Tauschgeschäft?« Frédérics Interesse schien geweckt.

Mit einem vielsagenden Lächeln stand Mylène auf und löste den Gürtel ihres Morgenmantels. Während die cremefarbene Seide von ihren Schultern rutschte und lautlos auf den Teppichboden floss, flackerte etwas in Frédérics Augen, das sie nur allzu gut kannte.

»Du wirst zu spät kommen.«

»Ich weiß«, erwiderte sie und glitt grinsend zurück ins Bett.

Luc stand das Entsetzen ins Gesicht geschrieben, als sie um kurz nach neun endlich durch die Bürotür platzte. Er hatte unzählige Talente, aber seine Gefühle unter Verschluss zu halten gehörte nicht dazu.

»Ich weiß, ich bin spät dran«, setzte sie zu einer Erklärung an, aber Luc hatte das Interesse an einer solchen verloren.

»Wie siehst du denn aus?«, fiepte er zwei Oktaven jenseits des Erträglichen und stürmte auf sie zu, um ihr den Fahrradhelm vom Kopf zu reißen. »Wie oft habe ich dir schon gesagt, dass du dir so was nicht erlauben kannst?« Fassungslos deutete er auf die Frisur, die unter dem Helm zum Vorschein kam.

Mylène verdrehte die Augen. Sie hatten diese Diskussion schon unzählige Male geführt, und sie hatte keine Lust, sie ausgerechnet heute zu wiederholen. Entschieden nahm sie ihren Helm zurück. »Weißt du, was ich mir nicht erlauben kann? Ein Schädel-Hirn-Trauma! Für dich wäre das im Übrigen auch nicht gut: Wenn ich eins hätte, wärst du nämlich deinen supercoolen Job los.« Sie lächelte, aber Luc ging nicht darauf ein.

Stattdessen hob er seine linke Augenbraue und verschränkte die Arme vor der Brust. »Nichts ist so unsexy wie ein Fahrradhelm – oder hast du Frédéric schon mal mit so einem Teil gesehen?«

Frédéric mit einem Helm? Allein der Gedanke daran brachte Mylène zum Lachen. »Er besitzt nicht mal ein Fahrrad. Warum sollte er einen Helm tragen?«

Luc fühlte sich dadurch offenbar bestätigt. »Siehst du! Ein Mann von seinem Format würde sich so etwas nie antun. Deshalb verstehe ich nicht, dass er dich ins offene Messer laufen lässt.«

Mylène runzelte erwartungsvoll die Stirn, aber es dauerte einen Moment, bis Luc mit einem theatralischen Seufzen nachgab und entschuldigend die Hände hob. »Ich meine ja nur! Wieso hat er dir nicht längst ein Auto geschenkt? Oder wenigstens einen seiner Fahrer für dich abbestellt?«

In Wirklichkeit war beides längst geschehen, aber Mylène hatte Frédérics Angebote nicht nur entschieden abgelehnt, sondern sie bis dato auch erfolgreich vor Luc verheimlicht.

»Ich fahre gern mit dem Rad, frische Luft und Bewegung tun mir gut. Und außerdem muss ich nicht sexy sein. Meine Geheimwaffen heißen ›Charme‹ und ›Intelligenz‹ – damit habe ich bisher noch jeden Geschäftspartner überzeugt.« Mit einem Zwinkern schob sie sich an Luc vorbei, doch der hielt sie am Handgelenk zurück.

»Meinst du denn, dein ›Charme‹ und deine ›Intelligenz‹ bereiten einen Kaffee für Etienne zu – oder soll ich das übernehmen?«

Mylène blieb wie angewurzelt stehen. Hatte er »Etienne« gesagt? Nur mit Mühe schaffte sie es, ihren Mund wieder zu schließen. »Etienne ist hier? Du meinst Etienne von …?«

Luc schien ihre Verunsicherung auf seltsame Weise zu genießen. »Dein Etienne von damals, jawohl. Er ist jetzt Einkäufer für *Robertson & Robertson* – und wie es scheint, ist er extra aus Berlin angereist. Ich habe dir in der letzten halben Stunde etwa zweihundert Textnachrichten geschickt, aber du hast es offenbar nicht für nötig gehalten, auf dein Telefon zu sehen.«

Während Luc eine gewisse Schadenfreude zu empfinden schien, hatte Mylène plötzlich Schwierigkeiten, das Gleichgewicht zu halten. Dass ausgerechnet Etienne hier sein sollte, warf sie nicht nur aus der Bahn, sondern gleich aus Raum und Zeit. Sie hatte ihn seit zehn Jahren nicht mehr gesehen, sie hatten ja nicht einmal telefoniert in all der Zeit! Und trotzdem stand sie nun vollkommen neben sich, als sie seinen Namen hörte. Das musste ein Missverständnis sein, vielleicht hatte Luc sich geirrt. Oder erlaubte er sich einen Scherz mit ihr?

Während Mylène versuchte ihre Gedanken zu sortieren, rückte er an sie heran und zog einen Kamm aus seiner karierten Jackett-Tasche. »Möchtest du dich immer noch auf ›Charme‹ und ›Intelligenz‹ verlassen, oder verschwindest du jetzt kurz im Bad, um das Malheur auf deinem Kopf zu beseitigen?« Ohne ihre Antwort abzuwarten, schob er sie in Richtung Toilette. Erst als er sie vor dem Spiegel am Waschbecken geparkt hatte und durch die Tür nach draußen verschwinden wollte, fiel ihm noch etwas ein. »Kennst du einen Bernard Picard?«

»Picard?« Ratlos wandte Mylène ihm das Gesicht zu.

»Ein Anwalt«, fuhr Luc fort. »Er hat gestern schon zweimal angerufen, aber ich habe vergessen, es dir auszurichten. Heute Morgen war er wieder am Apparat, kaum dass ich das Büro betreten hatte.«

»Und was will er von mir?«

Luc zuckte mit den Schultern. »Wollte er mir nicht sagen. Ist was ›Privates‹.«

Es dauerte einen Moment, bis Mylène gedanklich alle Möglichkeiten abgeklopft hatte. »Bestimmt geht es um den Ehevertrag.«

»Ehevertrag?« Ein erneuter Ausdruck bodenlosen Entsetzens huschte über Lucs Gesicht.

»Frédérics Eltern bestehen darauf.« Mylène versuchte die Tür zu schließen, aber Luc schob blitzschnell seinen Fuß dazwischen. Sein Blick ließ keinen Zweifel daran, was er von dieser Angelegenheit hielt.

»Für mich ist das in Ordnung«, beruhigte Mylène ihn. »Ich heirate Frédéric ja nicht wegen seines Geldes.«

»Natürlich nicht!«, erwiderte Luc echauffiert. »Aber die Frage ist doch, warum er *dich* heiratet.«

Jetzt konnte sich Mylène ein Lachen nicht mehr verkneifen. »Du denkst, er heiratet mich wegen *meines* Geldes?«

»Das hier ist nicht der richtige Zeitpunkt für Scherze«, zischte Luc. »Mit den Leclercs wirst du in hundert Jahren nicht mithalten können. Aber er sollte dich doch aus Liebe heiraten – einer Liebe, die so groß ist, dass eine Scheidung gar keine Option darstellt. Wie kann man eine Trennung von vornherein einkalkulieren? Das ist ganz und gar nicht in Ordnung!«

Mylène musste schmunzeln. »Mach dir keine Sorgen. Für mich ist eine Scheidung keine Option. Und genau deshalb ist es auch egal, ob wir einen Ehevertrag schließen oder nicht. Es wird nämlich niemals zur Trennung kommen.« Sie gab Luc einen Kuss auf die Wange, doch er wirkte noch immer nicht überzeugt.

»Dann rufst du diesen Picard also zurück?«

»Bestimmt«, antwortete Mylène und zog endlich die Toilettentür zu.

Nachdenklich lehnte sie sich an den Türrahmen, schloss die Augen und versuchte ihre Atmung zu beruhigen. Ihr Herz schlug so wild, dass sie es bis zum Hals hinauf spürte, dort, wo ihr Schlüssel im Schutz der Drosselgrube lag.

Etienne war sicher nur wegen des Geschäfts hier. Es spielte keine Rolle, *wer* er war oder *was* er getan hatte, solange es um Lippenstifte ging.

Als Mylène die Augen wieder aufschlug und sich dem Spiegel zuwandte, sah sie eine Frau mit grünen Augen und schmalen Schultern, eine Frau, die zwar keine vernünftige Frisur hatte, sehr wohl aber das Recht darauf, glücklich zu sein.

Vor allem aber sah sie eine Frau, die längst darüber hinweg war, dass man ihr vor vielen Jahren das Herz gebrochen hatte. Keine Scherben mehr, wo einst ein Traum zu Bruch gegangen war.

Entschlossen presste sie die Lippen aufeinander und fuhr sich durch die dunklen ungekämmten Locken. Natürlich würde sie diesen Anwalt zurückrufen – später, nicht jetzt sofort. Bevor sie sich der Zukunft zuwandte, würde sie erst einmal ihrer Vergangenheit unter die Augen treten.

JOHANNA
November 1987

Die Henne hatte wieder kein Ei gelegt, den fünften Tag in Folge. Wenn das so weiterging, würde sie nächste Woche ins Dorf gehen müssen.

Murrend zog Johanna die Hand aus dem Verschlag. Was taugte ein Huhn, wenn es keine Eier legte? Sie konnte es ebenso gut schlachten und sich das Futter sparen, dann gäbe es wenigstens eine anständige Suppe.

»Einen Tag gebe ich dir noch«, murmelte sie, doch das Tier schien sich nicht angesprochen zu fühlen. Es schielte eindrucksvoll an ihr vorbei und stakste auf seinen krummen Läufen davon, als hätte es heute noch Bedeutenderes zu tun, als Eier zu legen. Ungläubig blickte Johanna dem Tier nach, sah, wie der schlaffe Kehllappen bei jedem Schritt zu den Seiten schwang und das braun-weiß-gefiederte Hinterteil von rechts nach links hüpfte, dann richtete sie den Kragen ihrer Jacke auf. Es war kalt heute Morgen, kälter, als sie es erwartet hatte.

Der Wind der letzten Tage hatte sich gelegt, und die Stille, die er über ihrer Hütte zurückgelassen hatte, war ein sicherer Vorbote des Winters.

Vielleicht sollte sie heute noch mal in den Wald gehen, den Vorrat an Feuerholz aufstocken. Gut möglich, dass sie dabei auch eine Handvoll Pilze fand, als Ersatz für das Ei, das die blöde Henne ihr vorenthielt.

Johanna schob die steifen Hände in ihre Jackentaschen und stieg über den maroden Zaun, der das Hühnergehege umgab. Es war geradezu lachhaft, dass das Huhn noch nicht ausgebüxt und in den Wald verschwunden war. Auch, dass der Fuchs es in all den Jahren nicht geholt hatte, konnte sie kaum glauben. Vielleicht genoss das Tier denselben seltsamen Schutz wie sie?

Johanna hob den Blick und sah auf den Wald. Anderen Menschen mochte er dunkel und schweigsam erscheinen, ein Ort böser Märchen und verwunschener Träume, aber für Johanna war es anders. In den vergangenen acht Jahren hatte sie seine Sprache gelernt, verstand, was er zu geben bereit war und was er ihr durch sein Schweigen verriet.

Die Stille war auch ihre liebste Sprache.

Das war das Vermächtnis ihrer Mutter. Das, und die kleine Hütte hier zwischen den hohen Bäumen.

Der Boden knirschte vertraut unter ihren Stiefeln, als Johanna den Eimer nahm und zum Brunnen ging. Er lag ein Stück abseits, ihr Vater hatte ihn dort einst ausgehoben und mit einem Kranz aus Steinen umrandet, damit niemand versehentlich hineinfiel.

Einfach fallen …

Es wäre leicht gewesen, sich von der Dunkelheit verschlucken zu lassen, Johanna hatte zu Beginn oft mit diesem Gedanken gespielt.

Als sie den moosbewachsenen Steinkranz erreichte, hielt sie inne. Ein kleiner hellbrauner Vogel hatte sich darauf niedergelassen und zwitscherte, als hätte er den Frühling im Gepäck.

»Alle verrückt geworden«, raunte Johanna und schüttelte den

Kopf. Während sie sich wieder in Bewegung setzte, zischte sie ein paarmal »kkksch, kkksch«, aber der Vogel schien sich davon nicht bedroht zu fühlen. Erst als sie ihren Eimer scheppernd neben ihm auf den Steinen absetzte, schlug er die Flügel auseinander und flog davon.

Johanna sah ihm nach, bis sich sein Schatten im Grau des Novemberhimmels auflöste. Dann befestigte sie den Haken am Griff des Eimers und ließ ihn in die Tiefe hinab.

Als sie ihn wieder hinaufzog, knurrte ihr Magen. Wenn sie zurück in der Hütte war, würde sie sich einen dicken Kanten Brot abschneiden. Vielleicht konnte sie sich statt eines gekochten Eis ein paar Apfelscheiben darauflegen? Im Kellerloch auf der Rückseite der Hütte lagerten neben den Kartoffeln und Rüben noch zwei Körbe mit kleinen Septemberäpfeln. Sie hatte ohnehin vorgehabt, ein paar davon einzukochen, dann konnte sie auch gleich noch zwei mehr zum sofortigen Verzehr mitnehmen.

Johanna war derart auf ihr Frühstück konzentriert, dass sie die Tür nicht bemerkte. Erst als sie eine Armlänge davor zum Stehen kam, sah sie, dass sie einen Spaltbreit offen stand. Irgendjemand musste in der Zwischenzeit hier gewesen sein – oder war es noch immer?

Einen Augenblick zog sie in Erwägung, sich in den Wald zurückzuziehen und hinter einem Baumstamm abzuwarten, ob sich rund um die Hütte etwas regte. Es war nicht vernünftig, lange draußen herumzulungern, sie wollte sich weiß Gott keine Erkältung einfangen. Aber wer konnte schon sagen, ob der ungebetene Eindringling nicht ein größeres Übel war als ein hartnäckiger Husten?

Johanna wollte sich gerade zurückziehen, als sie in der Hütte ein Summen hörte. Das hatte ihr gerade noch gefehlt! Wo eben noch Vorsicht war, spürte sie jetzt nur noch Gereiztheit. Sie verdrehte die Augen und stieß die angelehnte Tür auf. »Was machst du hier?«

Gisa zuckte beim Schnüffeln vor dem alten Buffet zusammen und stieß einen Schrei aus. Schweratmend legte sie ihre Handflächen auf der Brust ab. »Bist du verrückt geworden? Du kannst mich doch nicht so erschrecken!«

Johanna klopfte ihre schmutzigen Stiefel an der Matte ab und trat ins Innere, hinterließ eine Spur aus Erde und Groll. »Eigentlich ist das mein Haus.«

Gisa schien sich keiner Schuld bewusst. Wie selbstverständlich nahm sie ihre Mütze vom Kopf, zog sich einen Stuhl heran und ließ sich darauf nieder. »Draußen war es zu kalt. Und du hattest die Tür nicht abgeschlossen.«

Natürlich schloss sie die Tür nicht ab, das tat sie nie! Wer sollte schon herkommen? Was sollte man ihr stehlen, mit Ausnahme ihrer Ruhe vielleicht?

Wortlos stellte sie den Wassereimer neben dem Küchenschrank ab, dicke Tropfen spritzten auf den Boden, zeichneten ein dunkles Sternbild auf die zerkratzten Holzbohlen. Dieser Himmel hielt immer nur kurz.

Gisa seufzte leidvoll. »Du hast nicht zufällig einen Tee für mich?«

Johanna kreuzte die Arme vor der Brust, ihre rauen Hände waren noch immer steif vor Kälte. »Tee ist aus.«

Gisa betrachtete sie kurz mit gerunzelter Stirn, dann schüttelte sie lächelnd den Kopf. »Ich will dir doch nichts Böses, Dummerchen! Wem hast du es denn zu verdanken, dass du hier draußen leben darfst?«

Johanna musste sich zusammenreißen, den Wassereimer zu ihren Füßen nicht umzutreten und Gisa vor die Tür zu setzen, aber sie wusste, dass sie sich nicht viel Lärm erlauben konnte. Das hier war nun mal Grenzgebiet.

Tatsächlich hatte sie es Kurt zu verdanken, dass sie hier leben durfte, noch dazu in dieser Hütte, die kaum zur Datsche taugte. Genau wie Gisa war auch Kurt mit Johanna zur Schule gegangen. Schon damals hatte er nicht mehr Verstand als eine Scheibe Weißbrot gehabt, aber das hatte ihn nicht daran gehindert, Gisa zu heiraten und sich auch sonst die richtigen Freunde zu suchen. Innerhalb der Partei hatte er sich weit nach oben gearbeitet, sein Wort galt im Dorf wie kein anderes. Wenn er für Johanna bürgte, konnte sie ruhig in dieser heruntergekommenen Hütte hausen, Fluchtgefahr bestand nicht.

Johanna schätzte Kurt nur für wenige Dinge. Dass er Gisas Gerede ertrug, ohne zur Schrotflinte zu greifen, zum Beispiel, oder dass er nicht soff, wie die meisten anderen im Dorf. Am höchsten aber rechnete sie ihm an, dass er niemals ihre Freundschaft als Gegenleistung verlangte. Offenbar genügte ihm das Wissen um ihr Schicksal, um sich als Gönner hervorzutun.

Mit Gisa verhielt es sich anders. Immer wieder kam sie zu Johanna oder lauerte ihr im Dorf auf, wenn sie alle paar Wochen den nötigsten Einkauf verrichtete. Dass sie sich ungefragt Zutritt zu ihrer Hütte verschaffte, war allerdings neu.

Johanna streifte sich die Jacke ab, hielt ihre Hände vor den Ofen. »Was verschlägt dich in den Wald?«

»Ich dachte, ich sehe mal nach dir. Bist länger nicht im Dorf gewesen …« Sie wartete auf eine Reaktion, aber als Johanna sich diese verkniff, beugte sie sich über den Tisch und senkte bedeutungsschwer die Stimme. »Margit hat Rudi wieder bei den

Ziegen erwischt, splitterfasernackt! Ich frage mich immer, wer einem da mehr leidtun soll.« Ihr Lachen klang beinahe hysterisch und jagte Johanna einen Schauer über den Rücken.

Sie rückte vom Ofen ab, griff sich den Eimer und füllte das kalte Wasser in den Krug. »Ich kann mir hier draußen keine Pause leisten ...«

Sie hoffte, dass Gisa den Wink verstand und wieder ging, um ihren Tratsch anderswo zu verbreiten, aber stattdessen lehnte sie sich auf dem ächzenden Stuhl zurück und flüsterte: »Hast du das von dem Kind gehört?«

Johannas Finger versteiften sich um den Griff des Eimers, ihr Brustkorb zog sich zusammen. Noch immer musste sie an Marie denken, sobald sie das Wort »Kind« hörte, und es rauschte in ihren Ohren. »Welches Kind?«

Gisa zog vielsagend die Brauen zusammen. »Ein Mädchen, fünfzehn Jahre alt, vielleicht sechzehn. Kommt jedenfalls nicht von hier.«

Johanna schloss kurz die Augen. Dann stellte sie den Eimer zurück und blickte Gisa so unbeteiligt wie möglich an. »Warum sollte ich sie kennen?«

»Oh nein, du kennst sie nicht«, erwiderte Gisa hastig. »Aber vielleicht hast du ja irgendwas gesehen?«

Mit einem Mal stellten sich die feinen Haare in Johannas Nacken auf. Sie ahnte, worauf dieses Gespräch hinauslaufen würde. »Ich habe nichts gesehen.«

»Ich sag ja nur.« Gisa kratzte mit dem Fingernagel über die alte Tischplatte. »Sie wollte wohl rüber und ...«

»Wollte?«

Gisa verzog scheinheilig das Gesicht. »Jochens Männer haben sie erwischt. Er ist sicher, dass ein Schuss gesessen hat. Aber dann ist sie im Wald verschwunden, und die Männer haben nur etwas Blut gefunden.«

Johanna lehnte sich an den Küchenschrank, ein harter Knauf bohrte sich in ihr Kreuz. »Wie gesagt: Ich habe kein Kind gesehen.«

»Aber du würdest doch was sagen, oder? Wenn du sie irgendwo siehst? Kurt wäre dafür sehr dankbar.«

Johanna hielt die Luft an, presste ihre trockenen Lippen aufeinander. Am liebsten hätte sie bis zum Ende ihres Lebens kein einziges Wort mehr gesagt, zu niemandem. Aber war das ein Grund, sich unnötig in Gefahr zu bringen?

»Du würdest es doch melden, oder?«, beharrte Gisa und schob den stöhnenden Stuhl zurück.

Johanna zuckte mit der Schulter. »Natürlich. Du weißt, dass ich keinen Ärger will.«

Endlich zeichnete sich ein Lächeln auf Gisas Gesicht ab. »Ich habe Kurt gleich gesagt, dass wir auf dich zählen können.« Sie stand auf, kam auf sie zu und legte ihr die Hand auf den Unterarm. »Wenn du irgendwas brauchst …«

Johanna zögerte und schüttelte den Kopf.

Erst als Gisa verschwunden war, stellte Johanna fest, wie sehr sie fror. Sie würde in den Wald hinausgehen und Holz sammeln, mehr Holz für den Ofen, viel mehr. Die Lust auf Frühstück war ihr ohnehin vergangen.

Der klagende Schrei einer Krähe durchschnitt die Stille. Johanna hob den Kopf, kniff die Augen zusammen, konnte das Tier aber nirgendwo entdecken. Doch vielleicht kam der Weckruf gerade recht. Sie hatte längst genug Holz aufgeladen. Wenn alles getrocknet war, würde es sicher für ein paar Wochen reichen. Sogar ein paar Pilze hatte sie gefunden, erdig und fest, und in ihr Taschentuch gewickelt. Es war Zeit, nach Hause zu gehen.

Nach Hause. Der Gedanke ließ Johanna leise auflachen. Wer hätte vor zehn Jahren schon gedacht, dass sie die Hütte jemals ihr Zuhause nennen würde?

Ihre Mutter hatte das Häuschen geliebt, es war ihr Zufluchtsort gewesen, wenn sie Raum für ihre Erinnerungen gebraucht hatte. Aber für Johanna war es nie mehr als eine nette Ablenkung von der kleinen Wohnung im Dorf gewesen. Jahrelang hatte sie keinen Fuß in die Hütte gesetzt, nach ihrem Umzug nach Dresden hatte sie kaum einen Gedanken verschwendet an dieses Stück Niemandsland am Rande der Welt. Sie hatte die Forschung gehabt, ihren Lehrstuhl, Thomas. *Und Marie.*

Es gab nicht viele Frauen, denen eine derartige Karriere in der Nuklearphysik vergönnt war, aber Johanna hatte niemals an sich gezweifelt. Ihre Eltern hatten immer hinter ihr gestanden und sie gefördert, aber nach Dresden waren sie ihr nicht gefolgt. Vielleicht wäre alles anders gekommen, wenn …

Doch diese Gedanken führten nirgendwohin. Noch immer steckte genug Wissenschaftlerin in ihr, um zu verstehen, dass sich die Zeit nicht zurückdrehen ließ.

Seit sie nirgendwo mehr hingehörte, war das hier der beste Ort für sie. Das hatte sie sofort erkannt, als klar gewesen war, dass sie nicht in Dresden würde bleiben können. Thomas hatte sie umstimmen wollen, und auch einige Kollegen wollten sie zum Bleiben überreden, aber sie konnte nicht bleiben, wo sie war. Sie konnte nicht bleiben, *wer* sie war.

Ein Schritt nach dem anderen, keine großen Sprünge, so würde sie die verbleibende Zeit schon rumkriegen, und der Wald half ihr dabei.

Johanna schloss die Augen und horchte. Blind setzte sie sich in Bewegung, tastete sich mit den Ohren voran, lauschte auf die Zweige, die unter ihren Sohlen brachen, und das Rascheln des Laubs. Noch immer kein Wind. Vielleicht gäbe es morgen schon den ersten Frost. Wenn sie auf diese Art mit dem Niemandsland verschmolz, fühlte sie am ehesten so etwas wie Frieden.

Wieder war es die Krähe, die sie mit einem Schrei aus ihren Gedanken riss. Johanna schlug die Augen auf und blinzelte in das grelle Grau zwischen den Baumkronen.

Sie war weiter gelaufen als gedacht. Dahinten war der alte Hochstand, eingewachsen wie ein Geschwür. Jäger kamen schon lange nicht mehr, nur ein paar junge Leute verirrten sich gelegentlich unter sein Dach. Johanna wollte nicht wissen, was sie dort unter dem Deckmantel der Verwitterung taten.

Ein weiteres Mal hallte der Schrei der Krähe von den Baumstämmen wider, und endlich konnte Johanna sie sehen. Ein großes Tier, schwarze Augen, starr.

Johanna zögerte, machte einen Satz nach vorne. »Verschwinde! Kssch!«

Die Krähe flatterte kreischend von ihrem Ast und setzte nur ein paar Meter weiter auf dem Waldboden auf. Wieder schien ihr Blick auf Johanna gerichtet.

Johanna versuchte den Impuls zu unterdrücken, aber dann stürmte sie doch ein paar Schritte auf den Vogel zu. »Lass mich in Ruhe!« Dabei rutschte etwas Holz von ihrem Rücken, landete dumpf auf dem weichen Waldboden. Fluchend stampfte sie zurück und lud die Äste wieder auf.

Als sie fertig war, saß die Krähe auf einem niedrigen Ast, nicht weit vom Hochstand, und fixierte sie noch immer.

Johanna presste die Lippen aufeinander, fuhr sich mit der

rauen Hand übers Gesicht. Sie würde sich nicht von einem Vogel provozieren lassen, das war lächerlich! »Ich gehe«, flüsterte sie und wandte sich ab.

In diesem Moment hörte sie eine Stimme. »Hilfe ...«

Leise nur und brüchig, aber dennoch die Stimme eines Menschen.

Johanna hielt inne und schloss die Augen. In ihren Ohren rauschte es.

Die Stimme kam vom Hochstand. Aber sie konnte noch so tun, als hätte sie nichts gehört. Sie konnte zurückkehren in die Hütte, ein Feuer anzünden und Gisa oder die Henne verfluchen, am besten beide. Sie musste nichts gehört haben.

Doch kaum hatte sie ihre Augen wieder geöffnet und den ersten Schritt getan, hörte sie die Stimme ein zweites Mal, diesmal etwas lauter. »Bitte ...«

Angespannt schob Johanna die Daumen unter die Riemen ihres Rucksacks, das Nagelbett war rissig und brannte, manchmal half Schmerz gegen Schmerz. Sie durfte sich auf keinen Fall umdrehen. Was ihre Augen nicht gesehen hatten, ließ sich leichter vergessen.

Du würdest doch was sagen, wenn du sie irgendwo siehst?

Das in etwa waren Gisas Worte gewesen, aber Johanna musste nicht Bericht erstatten, solange sie nichts gesehen hatte. Sie war ohnehin keine, die half. Seit wann suchte sich Menschlichkeit Platz in den dunkelsten Ecken?

Im Grunde war sie gar nicht wirklich hier gewesen. Wieder schrie die Krähe.

Johanna ballte die Hände an ihren Schulterriemen zu Fäusten, um der Kälte standzuhalten, die vom Waldboden an ihr heraufkroch, die Knöchel in ihren Stiefel packte und sich an den Beinen hochzog bis in ihre Mitte, dort, wo Blut mit Leben gefüllt wurde, wo es pulsierte und ein Muskel Entscheidungen traf, meist falsche.

Nicht umdrehen, redete sie sich in Gedanken zu, *bloß nicht umdrehen!*

Doch dann tat Johanna das Einzige, wozu ihr Körper in der Lage war – und drehte sich um.

HOLLY
März 2003

Heute war ihr siebter Tag in der Produktionsfirma, und Holly wertete das als gutes Zeichen. Die Sieben war ihre Glückszahl und Holly hoffnungslos begabt darin, sich an die Idee zu klammern, dass sie nur an das Gute glauben musste, um es auch wahr werden zu lassen. Trotzdem balancierte sie das Tablett mit den Kaffeebechern wie eine Palette mit rohen Eiern. Die hellbraune Tüte mit den Muffins hatte sie sich notgedrungen zwischen die Zähne geklemmt, doch was ihr im Coffeeshop noch wie eine gute Idee vorgekommen war, entpuppte sich nun als echter Reinfall. Mit vollem Mund konnte sie sich unterwegs nämlich kaum bemerkbar machen.

Carlos, der junge Mexikaner hinter der Theke, hatte sie schon bei der Kaffeeausgabe ausgelacht und ihr seine Hilfe angeboten, aber Holly hatte dankend abgelehnt. Sie war nicht nach Los Angeles gekommen, um an einem Papptablett mit Milchkaffees zu scheitern.

Außerdem war ihr nicht entgangen, wie Carlos sie an den letzten Vormittagen gemustert hatte, und sie wollte ihm auf keinen Fall falsche Hoffnungen machen. Holly McAllister war hier, um die Filmwelt im Sturm zu erobern, und dabei konnte sie keine Männer gebrauchen.

Ein paar helfende Hände wären gerade allerdings nicht schlecht gewesen. Schon auf der Straße hatte sie Mühe gehabt, den anderen Passanten auszuweichen. Ihr Leben lang war sie davon ausgegangen, dass Kalifornien der Inbegriff der Lässigkeit und guten Laune war und Los Angeles ein Ort, an dem allen Menschen rund um die Uhr die Sonne aus dem Hintern schien. Doch jetzt stellte sie fest, dass es vor allem Hektik und Gereiztheit waren, die die Leute durch den Alltag und die verstopften Straßen trieben. Wie fremdgesteuert jagten sie ihren Terminkalendern hinterher, und egal wie schnell sie dabei waren, waren sie am Ende doch immer – so schien es – zwei Tage zu spät für den ganz großen Traum.

Am erstaunlichsten fand Holly, dass sie selbst scheinbar für alle Welt unsichtbar war – Carlos mal ausgenommen. Ihre Chefin Margie blickte immer noch durch sie hindurch, und wenn sie einen Kaffee brauchte – oder sieben wie heute –, nannte sie Holly konsequent »Kitty«.

Auch die Menschen auf der Straße nahmen keinerlei Notiz von ihr, dabei war Holly nicht gerade zierlich. Ihr Großvater war aus Schottland in die Staaten gekommen und auf der Suche nach dem verheißenen Land in Michigan gestrandet. Holly war zwar nicht stark und groß genug, um Baumstämme zu werfen, aber auf das Cover der *Cosmopolitan* würde sie es mit ihrem nordischen Körperbau eben auch nie schaffen.

Dazu bestand glücklicherweise aber keine Notwendigkeit. Sie war nach Los Angeles gekommen, um zu schreiben, und der Job bei *Horizon Pictures* war die perfekte Chance, ihrem Traum ein Stückchen näher zu kommen. Allerdings bezweifelte sie, dass Margie sich zeitnah ihr Drehbuch ansehen würde, wenn sie noch viel länger auf ihre bestellten Heißgetränke warten musste.

Mit dem Ellenbogen versuchte Holly, die Tür im Erdgeschoss aufzudrücken, aber leider öffnete sie nach außen. Sie wollte das Kaffeetablett gerade auf dem Boden abstellen, als eine junge Frau die Tür schwungvoll aufstieß und in einem atemberaubenden Tempo an ihr vorbeijagte. Die schwindelerregende Höhe ihrer Pumps beeindruckte Holly zutiefst. Sie selbst hätte für diese Dinger vermutlich eine Gehhilfe und mindestens zwei Airbags gebraucht. Gerade noch rechtzeitig schob sie ihren Turnschuh in die zufallende Tür.

Da der Aufzug seit zwei Tagen außer Betrieb war, blieb ihr nur die Treppe. Auch ohne Kaffee vor der Brust und die aufgeweichte Papiertüte im Mund wäre das ein gewagtes Unterfangen gewesen, aber so glich die Sache einem Spießrutenlauf durch ein Minenfeld. Wegen des defekten Aufzugs drängten sich unzählige Menschen durch das Treppenhaus, und keiner von ihnen war gewillt, Rücksicht zu nehmen und Holly eine Blamage zu ersparen.

Unwillkürlich schweiften ihre Gedanken zu ihrem letzten High-School-Jahr und dem Probetraining bei den Cheerleadern. Auch wenn das alles schon eine Ewigkeit zurücklag, fühlte sie die Schmach immer noch brühwarm. Sie war gescheitert, so konnte man es freundlich ausdrücken. Wer weniger freundlich war, konnte auch daran erinnern, dass sie bei dem Versuch, auf Lindsay Brandons Rücken zu klettern, abgerutscht war und drei weitere Mädchen zu Fall gebracht hatte.

Die Trainerin hatte sie *nicht* ins Team aufgenommen, dafür wurde Holly für den Rest des Schuljahres von allen nur noch »die fliegende Holländerin« genannt. Sie hatte darauf verzichtet, ihre Mitschüler darüber aufzuklären, dass Schottland und Holland nicht ein und dasselbe Land waren, und stattdessen in Demut geschwiegen.

Als sie das sechste Stockwerk endlich erreicht hatte, rann ihr der Schweiß von der Stirn, und ihre Oberschenkel brannten in den engen Bluejeans. Zum Glück stand wenigstens die Firmentür offen.

Hinter ihrem Tresen im Eingangsbereich saß Charleen, den Telefonhörer zwischen Schulter und Ohr geklemmt, und nahm – wie der Rest von Los Angeles – keinerlei Notiz von Holly. Jetzt musste sie nur noch das kurze Stück zum Konferenzzimmer schaffen, dann hatte sie ihre Mission erfüllt.

Sie hatte vorhin mitbekommen, dass Margie einen Regisseur und sein Team für ein neues Filmprojekt erwartete. Sein Name hatte Holly nichts gesagt, aber das bedeutete nicht viel. Rund um Hollywood konnte ein Name heute aus dem Nichts kommen und morgen schon einen Academy Award abstauben. Vielleicht konnte Holly sich einfach dazusetzen und dem Gespräch aus dem Hintergrund lauschen, sobald sie die Kaffeebecher abgeliefert hatte? Letzte Woche hatte sie sich in einem Copyshop ein paar Visitenkarten drucken lassen. Wenn sich die Gelegenheit bot, könnte sie dem Regisseur eventuell eine davon zustecken – nur, wenn Margie nichts dagegen hatte, verstand sich! Unter gar keinen Umständen wollte Holly es sich in der zweiten Arbeitswoche mit ihrer Chefin verscherzen.

Nur noch ein paar Meter, Hollister, du hast es fast geschafft!

Von ihrem Vater wusste sie, dass es das Selbstbewusstsein stärkte, wenn man sich gelegentlich selbst anfeuerte. Er war es auch, der seiner Tochter spaßhaft den Kampfnamen *Hollister* verpasst hatte, eine Mischung aus Vor- und Nachnamen, die mehr Durchsetzungskraft verhieß, als Holly jemals an den Tag gelegt hatte.

Am Anfang war sie sich ziemlich lächerlich dabei vorgekommen, sich in Gedanken zu bejubeln, aber mittlerweile hatte sie so viel Übung, dass sie sich gelegentlich einbildete, in der Ferne zaghaften Applaus zu hören. In Momenten wie diesen bedauerte Holly, dass das Leben kein Film war, denn dann hätte sie diesen Augenblick einfach mit einem echten Powersong unterlegt. Irgendwas von *Destiny's Child* zum Beispiel – *Independent Women* wäre perfekt.

Während in ihrem Kopf die ersten Beats des Intros ertönten, musste Holly grinsen. Wäre es zu viel des Guten, wenn sie die Tür zum Konferenzraum mit ihrem Hintern aufstieße?

Allein der Gedanke daran ließ Holly noch breiter grinsen – zu breit leider für die Tüte mit den Muffins, die sie bis hierhin erfolgreich vor einem Absturz bewahrt hatte. Jetzt gab das durchweichte Papier nach und riss unterhalb ihrer zusammengepressten Lippen. Die Blaubeermuffins purzelten auf den Boden und rissen bei ihrem Abgang zwei Kaffeebecher mit in den Abgrund.

Holly hielt die Luft an.

Applaus und Hintergrundmusik waren schlagartig verstummt und hatten wieder nur eines zurückgelassen: die »fliegende Holländerin«.

»Mist, Mist, Mist!« Hektisch ging Holly in die Hocke. Sie stellte gerade die restlichen Kaffeebecher neben der Pfütze ab und klaubte die Muffins zusammen, als sie eine fremde Stimme über sich hörte.

»Ist mir auch schon zweimal passiert.«

Holly zuckte zusammen. Sie war doch sonst immer unsichtbar – wie konnte es sein, dass sie ausgerechnet jetzt jemand bemerkte?

Verunsichert hob sie den Blick. Vor ihr stand eine Frau mit

großer Schildpattbrille und schulterlangen hellbraunen Haaren, ein wenig älter als sie selbst.

Holly überlegte noch, wie sie am wenigsten peinlich antworten könnte, da lächelte die andere bereits und hockte sich zu ihr auf den Boden. »Ich helfe dir schnell.«

Helfen? Seit einem Monat lebte Holly nun schon in Los Angeles – und Hilfe hatte ihr noch niemand angeboten. Sie hatte sogar den Verdacht, dass dieses Wort im Sprachgebrauch der Traumfabrik gar nicht existierte. Aber offenbar hatte sie sich geirrt.

»Ist das Zeug für Margie?«

Holly rang sich zu einem kurzen Nicken durch. Die Fremde drückte ihr die Muffins in die Hand und schnappte sich die Kaffeebecher. »Keine Sorge, das kriegen wir hin.« Zielstrebig verschwand sie in der kleinen Büroküche, und Holly fiel nichts Besseres ein, als ihr wortlos zu folgen.

Gekonnt drapierte die Fremde die verbeulten Muffins auf einem Plastikteller und begrub die eingedrückten Stellen unter einem großzügigen Berg Sprühsahne. »Du bist die Neue, oder?«, fragte sie, ohne sich zu Holly umzudrehen.

»Die neue Vollidiotin«, rutschte es Holly raus, und die unbekannte Retterin lachte.

»Ich bin Jennifer, aber alle nennen mich Jay.«

»Holly«, erwiderte sie zerknirscht, und Jay zwinkerte ihr aufmunternd zu.

»Kopf hoch, Margie wird nichts merken.«

»Bei den Kuchen klappt das vielleicht.« Beeindruckt betrachtete Holly die kunstvollen Sahnekonstruktionen. »Aber sie hat sieben Milchkaffees bestellt, und ich habe nur fünf unfallfrei nach oben bekommen.«

»Sieben oder fünf, das ist Ansichtssache.« Jay öffnete den Oberschrank und holte sieben Tassen hervor.

Langsam ahnte Holly, was sie vorhatte. »Meinst du nicht, sie schöpft Verdacht, wenn sie ihren Kaffee nicht in einem Pappbecher aus dem Laden bekommt?«

Jay runzelte belustigt die Stirn. »Margie hat sieben Kaffees bei dir bestellt. Glaub mir: Du könntest sie auch in Zahnputzbechern servieren, solange niemand leer ausgeht.« Kurz legte sie ihre Hand auf Hollys Unterarm und sah ihr in die Augen. »Aller Anfang ist schwer. Ich weiß, wie es ist, ganz neu anzufangen.«

»Heißt das, du bist auch neu hier?«

»Nein.« Jay schüttelte lächelnd den Kopf und verteilte den Inhalt der verbliebenen Pappbecher auf die Tassen. »Ich arbeite schon seit zehn Jahren für Margie.«

»Zehn Jahre?« Holly riss überrascht die Augen auf. Sie hatte nicht mal gewusst, dass die Firma schon so lang existierte.

»Guck nicht so entsetzt«, erwiderte Jay amüsiert. »Ich bin nicht so uralt, wie du jetzt denkst.«

»Natürlich nicht«, stammelte Holly. »Du siehst echt … super aus.« Und das meinte sie ernst. Jay war zierlich und schlank und hatte freundliche, lebendige Augen. Ihr Lächeln war nicht ganz so makellos wie das der Durchschnittskalifornierin, aber dafür herzlich und menschlich und echt.

»Du kommst nicht von hier, oder?«, fragte sie nun und stellte grinsend die Becher auf ein Tablett.

»Ist das so offensichtlich?«

»Ein bisschen schon.«

»Ich bin erst einen Monat in Los Angeles«, gab Holly kleinlaut zu. »Eigentlich komme ich aus Grand Rapids, Michigan.« Insgeheim hoffte sie, dass das ihre Tollpatschigkeit entschuldigte.

Jay platzierte die Kuchen um die Tassen. »Und du bist hier, weil …?«

»Ich Drehbücher schreiben will«, rutschte es Holly raus, ohne dass sie lange darüber nachdenken konnte.

»Drehbücher?« Jays Mundwinkel zuckten. »Ich wollte auch eine Zeitlang Geschichten erzählen.«

»Und jetzt willst du es nicht mehr?«

»Ich bin dreiunddreißig. Alt genug, um zu erkennen, dass ich nicht das nötige Talent habe, um mit den wirklich guten Leuten mitzuhalten.«

»Das tut mir leid«, murmelte Holly. Sie selbst war gerade sechsundzwanzig geworden – war das noch jung genug, um zu träumen?

»Kein Grund, Trübsal zu blasen.« Jay zwinkerte ihr zu. »Du kriegst nicht immer genau das, was du dir wünschst. Aber wenn du die Augen offenhältst, zeigt dir das Leben die eine oder andere Hintertür. Und hinter denen ist es meistens auch ganz nett.«

Hintertüren? Holly war nicht nach Los Angeles gekommen, um sich mit Hintertüren zufriedenzugeben. Sie wollte Filme machen, Geschichten erzählen, einen Fußabdruck hinterlassen – und Drehbuch schreiben schien ihr dafür die beste Möglichkeit. Als Cheerleaderin würde sie jedenfalls keinen Pokal mehr gewinnen.

»Du solltest jetzt gehen«, flüsterte Jay und drückte ihr das Tablett in die Hände. »Margie hat zwar nichts gegen Kaffee aus Zahnputzbechern, aber wenn er *kalt* ist, wird sie ungemütlich!«

»Und was ist mit der Sauerei draußen im Flur?«

»Das erledige ich gleich.«

Holly sah sie dankbar an. »Ich schulde dir was.«

»Nicht der Rede wert. Aber wenn du neu in der Stadt bist,

komm doch mal zum Abendessen vorbei«, schlug Jay vor, während sie die Sprühsahne zurück in den Kühlschrank stellte. »Alles wird einfacher, wenn man erstmal ein paar Leute kennt. Mein Freund Matt zum Beispiel hat einen Haufen Macken, aber er macht die beste Lasagne der Welt.«

Holly erwiderte ihr Lächeln und klammerte sich am Tablett fest. »Darauf komme ich gerne zurück.«

Sasha richtete sich auf der Couch auf, kaum dass Holly die Wohnungstür hinter sich geschlossen hatte. »Und? Wie ist es gelaufen?«

Holly streifte sich müde die Turnschuhe von den Füßen und ließ sich neben ihrer Mitbewohnerin aufs Sofa fallen. »Genauso wundervoll wie all die anderen Tage.« Glückszahlen hin oder her – sie hatte nicht mal ansatzweise geahnt, wie erschöpfend es sein würde, einem Traum hinterherzujagen. In ihrer Vorstellung war Kalifornien ein aufregendes Abenteuer gewesen und jeder Tag in Los Angeles eine Perlenkette aneinandergeknüpfter Glücksmomente. Botengänge und Kaffeepeinlichkeiten hatten darin keinen Platz gehabt.

Sasha zog ihre makellos langen Beine zu sich heran. »Nennt deine Chefin dich immer noch Kitty?«

»Schön wär's. Heute hat sie mich erst ignoriert und dann auf einmal ›Rebecca‹ genannt! Ich bitte dich, Sash: Sehe ich wie eine Rebecca aus?«

Sasha kicherte derart ausgelassen, dass Holly mitlachen musste – dabei brachte es sie fast um den Verstand, dass Margie sich nicht mal ihren Namen merken konnte.

Wenigstens hatte sie nicht gemeckert, als Holly viel zu spät mit Kaffee und Kuchen ins Konferenzzimmer gestolpert war.

Niemand hatte sich daran gestört, dass der Kaffee nicht in Pappbechern kam und die Muffins mit Sahne bedeckt waren, allerdings hatte sich für Holly auch keine Gelegenheit ergeben, ein paar Worte mit dem Regisseur zu wechseln oder ihm unauffällig ihren Kontakt zuzustecken.

Sasha boxte ihr vorsichtig gegen die Schulter. »Weißt du, wie du für mich aussiehst? Wie eine vielversprechende junge Autorin, die ganz dringend gute Neuigkeiten gebrauchen könnte.«

Hellhörig richtete Holly sich auf der Couch auf. »Hast du etwa …?«

Wie ein kleines Kind klatschte Sasha in die Hände. »Ich habe Olivia dein Drehbuch gegeben!«

Von einer Sekunde auf die andere schoss Hollys Puls in die Höhe, als hätte man sie auf einem sechsspurigen Highway ausgesetzt.

Olivia Longman war *die* Nachwuchs-Regisseurin, und Sasha hatte eine Mini-Rolle in ihrem neuen Film ergattert. Dass sie die Gelegenheit gehabt hatte, Olivia das Buch zu geben, grenzte an Unmöglichkeit und rührte Holly zutiefst – immerhin lebte Sasha selbst nur von Hoffnung und Träumereien! Mit ihren unregelmäßigen Schauspielengagements verdiente sie so wenig Geld, dass sie ihr eigenes Schlafzimmer untervermieten musste, um die hohen Fixkosten decken zu können. Deshalb schlief sie auch auf der alten Couch im Eingangsbereich, der zugleich Wohnzimmer und Küche war. Holly hatte sich vor einem Monat in ihrem Zimmer eingerichtet.

Natürlich war es ihr unangenehm, dass sie Sasha aus dem eigenen Bett verdrängte, aber ihre russische Mitbewohnerin sah die Angelegenheit pragmatisch. »Im Grunde habe ich doch ein Riesenglück, dass *du* hier eingezogen bist. Es hätte schließlich auch ein Serienkiller sein können.« Und irgendwie konnte Holly sich nie länger schlecht fühlen, wenn Sasha sie voller Inbrunst angrinste.

Jetzt aber war es Holly, die grinste wie ein Honigkuchenpferd, und im nächsten Moment schlang sie die Arme um Sasha. »Danke, danke, danke!«

Sasha erwiderte die Umarmung, rückte Holly dann aber ein Stück von sich. »Ich kann nicht versprechen, dass sie es wirklich liest.«

»Ich weiß.« Holly ließ sich zurück ins Polster sinken. »Aber dass *Olivia Longman* mein Manuskript auch nur berührt hat, ist mehr, als ich zu hoffen gewagt habe.«

Liebevoll strich Sasha ihr über den Arm. »Ich würde gern mit dir feiern, aber Alec erwartet mich.«

Alec, natürlich ... Holly gab sich große Mühe, ihre Abneigung zu verbergen, aber der Kerl war einfach ein Ekel. Warum sah Sasha das nicht? Sie war bildhübsch, hatte einen perfekten Körper und das gewisse Etwas. Wieso machte sie sich nur von einem Schmierpaket wie Alec abhängig?

»Du brauchst ihn nicht, das weißt du, oder?«

Sasha runzelte die Stirn. »Er ist mein Agent.«

»Es gibt noch andere Agenten.«

»Und es gibt auch noch mindestens hunderttausend andere Mädchen, die von einer Schauspielkarriere träumen.« Sasha stand auf, schlüpfte in ihre Flats und nahm ihre Handtasche. Bevor sie nach der Türklinke griff, drehte sie sich noch einmal zu Holly um. »Es muss nicht alles perfekt sein, um gut zu werden.« Leichtfüßig verschwand sie durch die Tür nach draußen.

Holly streckte sich nachdenklich auf dem Sofa aus und sah an die Zimmerdecke. Auf gewisse Weise ähnelten sich Sasha und Jay. Beide waren bereit, sich mit weniger als ihrem Traum zufriedenzugeben.

Aber war Los Angeles nicht die Stadt der Träume? War es das, was die Traumfabrik mit den Menschen machte, wenn sie zu lange blieben? Würde auch sie irgendwann an diesen Punkt kommen und sich mit einem kleineren Glück begnügen?

Entschieden schüttelte Holly den Kopf. Sie war nicht hergekommen, um durch Hintertüren zu gehen! Aber keiner hatte gesagt, dass es einfach werden würde.

MYLÈNE
April 2019

Sie versuchte, sich auf die Geräuschkulisse des Bistros zu konzentrieren, sich in die unstete Hintergrundsinfonie aus klapperndem Besteck, aufgescheuchtem Personal und belangloser Wartezimmermusik zu flüchten, aber es brachte nichts. Céline hatte ihre Angel bereits ausgeworfen – und es machte nicht den Eindruck, als wollte sie ihre Freundin allzu bald vom Haken lassen.

»Sie haben dir wirklich Etienne geschickt? Etienne *Dupont*?«

Mylène bereute jetzt schon, das Thema angeschnitten zu haben. »Wollten wir nicht eigentlich über dich und Matthieu reden?«

»Vergiss es!« Begeistert griff Céline nach dem Brotkorb, den ein Kellner mit glühenden Segelohren im Vorbeigehen auf ihrem Tisch abgestellt hatte. »Ich will alles wissen. Wie war es, ihn wiederzusehen?«

Gute Frage. Mylène hatte keine Ahnung, wie sie ihr Wiedersehen beschreiben sollte, nur dass sie immer noch ganz schön durcheinander war, wusste sie mit Sicherheit. Unsicher fasste sie nach ihrem Anhänger.

»Was ist?«, hakte Céline nach und krümelte ungeniert auf die rotweiß karierte Tischdecke. »Hat euer Wiedersehen dir etwa die Sprache verschlagen?«

»Nein, es war nur … merkwürdig.«

»Merkwürdig?«

Stöhnend ließ Mylène ihren Glücksbringer los und sank in die knarrende Lehne zurück. »Ich habe ihn zehn Jahre nicht gesehen, Céline. Ich war einfach überrascht, als er plötzlich in meinem Büro stand, nichts weiter.« Sie zog den Brotkorb zu sich heran und schob sich ebenfalls ein Stück Baguette in den Mund.

Ihre Freundin sah sie mit hochgezogenen Augenbrauen an. »Und wie sah er aus?«

»Wie soll er schon ausgesehen haben?«, erwiderte Mylène möglichst gleichgültig. »Wie Etienne eben.« *Groß, sportlich, das Haar wie flüssiges Gold*, schoss es ihr durch den Kopf, das waren wohl die Details, die Céline hören wollte und deren Vertrautheit Mylène selbst jetzt noch Unbehagen bereitete.

Obwohl er mit dem Rücken zur Tür gestanden hatte, hatte sie im Bruchteil einer Sekunde eine Nähe gespürt, für die es keine Berechtigung gab. Sogar sein Geruch hatte in der Luft des Konferenzzimmers gelegen wie eine selbstverständliche, wenn auch vage Erinnerung. Aber das konnte sie auf keinen Fall erwähnen.

»Weiß er, dass du heiraten wirst?«

»Es war ein Geschäftstermin, Céline!«

»Weiß er es nun oder nicht?«

Mylène verdrehte die Augen und legte ihren Kopf in den Nacken. Wie gerne hätte sie sich jetzt an der Frage um lachs- oder apricotfarbene Servietten abgemüht. »Ich habe es ihm gesagt, okay?«

»Also habt ihr auch über Privates gesprochen?«

Mylène nahm ihr Weinglas und betrachtete ihre beste Freundin. Sie kannte Céline gut genug, um zu wissen, dass es nur einen Weg gab, das Thema zeitnah zu beenden: Sie musste ihr genug

Futter geben, um ihre Neugier zu sättigen. »In erster Linie haben wir übers Geschäft gesprochen. Etienne ist begeistert von *Choupinette*, er würde meine Lippenstifte gerne für den deutschsprachigen Raum einkaufen – das ist fantastisch! Und weil er morgen früh mit dem Auto nach Berlin zurückfährt und wir beide noch Anschlusstermine hatten, hat er gefragt, ob ich heute Abend ein Glas Wein mit ihm trinken würde.« Wie erwartet wanderten Célines Mundwinkel zu einem Grinsen auseinander, aber Mylène gab ihr nicht die Gelegenheit, etwas zu sagen. »Ich habe abgelehnt und ihn in diesem Zusammenhang darüber in Kenntnis gesetzt, dass ich bald heiraten werde. Mehr Privates war da nicht.«

Der Kellner kam von der Seite herangeeilt und stellte wortlos die Salatteller vor ihnen ab. Mylène sah darin einen guten Schlussakkord für ihr Gespräch über Etienne, aber Céline war offenbar anderer Meinung. Sie pflückte zielstrebig die Tomaten und Radieschen von ihrem Salat und drapierte sie wie Unkraut auf der Tischdecke. »Und was hat er dazu gesagt?«

»Wozu?«

»Dazu, dass du im Juni heiratest. Und zu deiner Absage.« Céline flutete ihr ausgedünntes Grün mit so viel Olivenöl, dass Mylène augenblicklich der Appetit verging.

»Du weißt schon, dass Salat nur gesund ist, solange man ihn nicht in zwei Litern Fett ertränkt, oder?«

Ihre Freundin zuckte zufrieden mit den Schultern. »Ich habe dich nicht um Ernährungstipps gebeten, sondern um Etiennes Antwort – wenn möglich im genauen Wortlaut.«

Mylène schloss die Augen. Über all das zu sprechen war fast noch unangenehmer als die Begegnung in ihrem Büro. »*Es soll ja kein Date werden, sondern nur ein Glas Wein mit einem alten*

Freund – so in etwa hat er es formuliert«, gab sie schließlich zu. »Zufrieden?«

»Ein alter Freund?« Céline lachte auf, aber es klang beinahe ein bisschen hysterisch.

»Und dann hat er mir noch seine Visitenkarte gegeben für den Fall, dass ich es mir anders überlege. Aber das werde ich nicht.« Mylène nahm ihr Glas, als wäre es ein Rettungsanker, und versuchte die Erinnerung an diesen seltsamen Vormittag mit einem großen Schluck Weißwein aus ihrem Gedächtnis zu spülen.

»Natürlich wirst du es dir nicht anders überlegen.« Céline wirkte fast empört. »Etienne ist schließlich kein ›alter Freund‹, er war die Liebe deines Lebens – und du bist keine Idiotin.«

Mylène hatte diese Wendung nicht kommen sehen und verschluckte sich vor Schreck an ihrem Wein. Sie hustete so heftig, dass ein Großteil der Bistrogäste verstohlen zu ihr herübersah, unschlüssig, ob man wohl einschreiten oder doch eher betreten zur Seite sehen sollte. Erst nach einem weiteren Schluck Wein beruhigte sich Mylènes Atmung wieder, und sie funkelte Céline verärgert an. »*Frédéric* ist die Liebe meines Lebens! Etienne war nur eine dumme Jugendschwärmerei, das weißt du genau.«

Céline warf ihr einen Blick zu, in dem fünfundzwanzig Jahre Freundschaft lagen, zu gewaltig und allwissend, als dass ein Geheimnis oder eine Lüge dazwischen gepasst hätten. Einen Moment lang befürchtete Mylène sogar, dass sie das Offensichtliche aussprechen würde, aber dann bedachte Céline sie mit einem liebevollen Lächeln und hob ihr Weinglas. »Auf die Liebe – und alle, die uns helfen, sie zu finden!«

»Und wer soll das bitte sein?«, hakte Mylène verunsichert nach.

»Tinder natürlich«, erwiderte Céline und grinste. »Vor allem Tinder.«

Als Mylène das Bistro eine Stunde später verließ, hatte sie einen kleinen Schwips. Natürlich war es unprofessionell, mitten am Tag zu trinken, und sie hatte vergeblich auf die beschwichtigende Wirkung des Brotes gehofft, aber wenigstens hatte sie heute keine wichtigen Termine mehr.

Luc hatte während des Mittagessens ein paarmal angerufen und eine Nachricht geschickt, sie möge *schnellstmöglich* zurückrufen, aber Mylène war nicht in der Stimmung gewesen, sich auch in ihrer Mittagspause mit Geschäftlichem zu beschäftigen. Sie hatte das Büro nach dem Treffen mit Etienne überstürzt verlassen, vermutlich lechzte auch Luc nur nach Details einer Begegnung, die Mylène am liebsten aus ihrer Erinnerung verbannt hätte. Auch jetzt, wo ihr auf dem schmalen Gehweg vorm Bistro die Aprilsonne aufs Gesicht schien, konnte sie sich nicht überwinden, auf seine Anrufe zu antworten. Die Pause war erst vorbei, wenn sie durch die Bürotür trat, und diesen Augenblick konnte sie durchaus noch etwas hinauszögern. Entschlossen schaltete sie ihr Handy aus, schob es in die Manteltasche und schlug den Weg hinunter an die Seine ein.

Obwohl sie ihr ganzes Leben in Paris verbracht hatte, verstand sie die Schönheit der Stadt noch immer nicht als selbstverständlich, sondern bemühte sich, sie jeden Tag mit den Augen einer Fremden zu betrachten. Wer sich nicht an Alltägliches gewöhnte, konnte sich große Zufriedenheit bewahren. Am Quai blieb Mylène stehen und schloss für einen Moment die Augen.

Der Fluss hatte einen eigenen Geruch und eine Vielzahl an

Klängen, eine unverwechselbare Sinfonie aus Natur und Mensch, Kommen und Gehen, Leben und Untergang.

Ihre Eltern waren früher oft mit ihr an die Seine gekommen. Unzählige Sonntage hatten sie an der Spitze der Île de la Cité verbracht, Boote zählend, mit buttrigen Fingern und Blätterteigkrümeln im Schoß. Henri und Marianne waren nicht nur Lehrer aus Leidenschaft, sondern auch begeisterte Eltern, die sich immer genug Neugier bewahrt hatten, um die Welt ihrer Tochter damit zu bereichern.

Mylène war sich zwar noch nicht sicher, was ihre Familienplanung betraf, aber sie wusste um das Glück, das sie mit ihren Eltern hatte und jetzt auch mit Frédéric. Gemeinsam würden sie das Beste an die nächste Generation weitergeben, auf die eine oder andere Weise.

Es gab wirklich keinen Grund, weiter über die Vergangenheit nachzudenken, nicht über Etienne und erst recht nicht über das, was er in ihr auslöste. Die Zukunft lag vor ihr wie der Spazierweg entlang des Flusses. Mylène musste nur noch die Augen öffnen und sich in Bewegung setzen.

Luc riss die Bürotür auf, noch bevor Mylène ihren Schlüssel ins Schloss stecken konnte. »Wo bist du gewesen? Ich habe dich mindestens hundertmal angerufen!«

»Ist mir gar nicht aufgefallen.« Sie zwinkerte, aber Luc schien nicht zum Scherzen zumute.

»Dieser Picard stand einfach vor der Tür«, zischte er und deutete auf das Konferenzzimmer, das schmale Gesicht rot vor Anstrengung. »Ich habe ihm gesagt, du rufst zurück, aber er hat darauf bestanden, zu warten.«

Überrascht streifte Mylène sich den Mantel ab. Etwas seltsam war das schon. Wenn dieser Anwalt wegen des Ehevertrags hier war, hätte er den Entwurf doch einfach bei Luc abgeben und einen Termin für einen der nächsten Tage ausmachen können.

»Hast du ihm schon Kaffee angeboten?«

Pikiert presste Luc die Lippen aufeinander. »Typen wie dieser Halsabschneider haben keinen Kaffee verdient. *Ehevertrag* – tss! Er kann ein Glas Wasser haben, wenn er nett Bitte sagt.« Es dauerte einen Moment, bis er unter Mylènes Blick einknickte und die Augen verdrehte. »Meinetwegen! Dann bringe ich ihm eben seinen verfluchten Kaffee.« Mit einem exzentrischen Stöhnen verschwand er in der kleinen Küche im hinteren Teil des Büros.

Mylène sah ihm kopfschüttelnd nach, sammelte sich und öffnete die Tür zum Konferenzzimmer.

Monsieur Picard hatte Platz genommen, stand aber umgehend auf, als er sie bemerkte, und begrüßte sie mit einem gewinnenden Lächeln. »Madame Benoît? Tut mir leid, dass ich einfach so hier reinplatze.«

Mylène musste sich eingestehen, dass sie ihn augenblicklich sympathisch fand. Er mochte Ende fünfzig sein, etwas jünger als ihr Vater vielleicht. Seine dunklen Haare waren mit Silbersträhnen durchzogen, und die gebräunte Haut ließ vermuten, dass er sich gerne unter der Sonne Frankreichs bewegte.

»Nein, mir tut es leid«, erwiderte sie seinen Gruß und forderte ihn mit einer Handbewegung auf, wieder Platz zu nehmen. »Mein Assistent sagte mir, Sie hätten bereits ein paarmal angerufen. Bitte entschuldigen Sie meine Nachlässigkeit, aber im Moment habe ich furchtbar viel um die Ohren. Die Firma und die Hochzeitsplanung nehmen mich voll in Beschlag.«

Bernard Picard sah sie aufrichtig begeistert an. »Sie werden heiraten? Meinen herzlichen Glückwunsch!«

Irritiert ließ Mylène sich in ihren Sessel sinken. »Sind Sie denn nicht wegen der Hochzeit hier? Ich dachte, Sie wollen den Ehevertrag mit mir besprechen?«

»Ehevertrag?« Picard lachte belustigt. »Ich fürchte, in dieser Angelegenheit bin ich der Falsche.«

»Aber Sie sind doch Anwalt, oder?«

»Das schon«, antwortete er und öffnete die braune Aktentasche, die zu seinen Füßen stand. »Aber ich bin wegen einer Erbangelegenheit hier.«

»Eine Erbangelegenheit?« Nun war Mylène vollends verwirrt. Bedeutete »Erbe« nicht, dass jemand gestorben war? Vielleicht wollten Henri und Marianne ihren Nachlass regeln, sie waren nicht mehr die Jüngsten. Aber warum hatte ihre Mutter beim letzten Telefonat dann nichts gesagt?

»Geht es um meine Eltern?«

»Ihre Eltern kenne ich leider nicht«, stellte Picard klar und zog einen cremefarbenen Briefumschlag aus seiner Tasche. »Ich komme im Auftrag von Madame de Vries.«

Mylène lehnte sich in ihrem Sessel zurück. War *de Vries* nicht ein niederländischer Name? Auf die Schnelle fiel ihr niemand ein, der so hieß.

»Meiner Mandantin war es wichtig, dass Sie den Brief unmittelbar nach ihrem Ableben erhalten, am besten innerhalb von vierundzwanzig Stunden«, fuhr Monsieur Picard fort und legte den wattierten Umschlag mit einer gewissen Zufriedenheit vor sich auf den Tisch.

Mylène verstand noch immer nicht, worauf er hinauswollte, allerdings löste das Schriftstück augenblicklich Unbehagen in ihr aus.

Zum Glück platzte Luc in diesem Moment ins Zimmer.

Wortlos stellte er das Tablett mit den zwei Heißgetränken und einer Handvoll Kekse vor Bernard Picard ab und stieß eine Art Zischlaut aus, bevor er wieder in den Flur verschwand und die Tür mit einem Knall hinter sich zuzog.

»Sympathischer Kerl.« Schmunzelnd nahm der Anwalt ein Plätzchen vom Teller.

Mylène verzog entschuldigend das Gesicht. »Er ist nicht so schlimm, wie es scheint. Er denkt nur, Sie wollen mir einen Ehevertrag unterjubeln.«

»In diesem Fall könnte ich mich selbst nicht ausstehen.« Picard hob abwehrend die Hände. »Ich bitte Sie: Die Ehe ist etwas fürs Herz und nicht für den Anwalt.«

Mylène musste lachen. Offenbar hatten Luc und dieser Anwalt mehr Gemeinsamkeiten als gedacht.

Allerdings tappte sie noch immer im Dunkeln, warum er hier war. »Ich fürchte, Sie haben die falsche Benoît aufgesucht. Ich kenne niemanden, der de Vries heißt.«

Bernard Picard nahm einen zweiten Keks und drehte ihn zwischen seinen Fingern wie eine Münze. »Aber Sie sind doch Mylène Benoît, geboren am 23. Dezember 1987?«

»Das bin ich, aber ...«

»Dann besteht kein Zweifel, dass ich richtig bin«, fiel er ihr freundlich ins Wort. »Madame de Vries hat Ihnen ihre Wohnung vererbt.«

»Ihre Wohnung?« Das wurde ja immer verrückter. Mylène zog die Augenbrauen zusammen. »Aber ich kenne diese Dame überhaupt nicht!«

»Das weiß ich.« Picard schob sich den Keks in den Mund und spülte ihn mit einem kräftigen Schluck Kaffee herunter. »Waren Sie denn schon mal in Amsterdam?«

»Amsterdam?« Langsam beschlich sie das Gefühl, die unfreiwillige Hauptdarstellerin einer Fernsehshow zu sein. Waren hier irgendwo Kameras versteckt? Wollte sie jemand auf den Arm nehmen?

Der Anwalt stellte seinen Kaffee zurück und zog nun auch noch einen Schlüsselbund aus seiner Tasche. »Die Wohnung, die Madame de Vries Ihnen vermacht hat, befindet sich in Amsterdam. Sie haben Glück. Um diese Zeit blühen in den Niederlanden die Tulpen – die schönste Zeit im Jahr, wie ich finde.«

Mylènes Mund klappte auf, aber sie wusste beim besten Willen nicht, was sie sagen sollte. Eine vollkommen fremde Frau hatte ihr eine Wohnung vererbt, eine Wohnung in *Amsterdam*? Wenn das kein Scherz oder Irrtum war, war es schlichtweg verrückt.

Monsieur Picard blickte auf die Uhr und erhob sich von seinem Platz. »Sie werden es verstehen, wenn Sie den Brief gelesen haben.« Lächelnd schob er den Umschlag etwas dichter zu Mylène und legte auch den Schlüssel dazu. Dann nahm er seine speckige Ledertasche, empfahl sich noch einmal und verschwand leichtfüßig zur Tür hinaus.

Verunsichert starrte Mylène auf das, was er zurückgelassen hatte. Ein Brief und ein Schlüsselbund, mitten aus dem Nichts. Was hatte das nur zu bedeuten?

Instinktiv griff sie nach dem Schlüssel an ihrem Hals, doch die Antwort, die er ihr gab, gefiel ihr nicht. Denn plötzlich beschlich sie das ungute Gefühl, dass dieser Brief etwas änderte – dass er vielmehr *alles* zu ändern vermochte.

Nicht nur das, was sie für richtig hielt.

Sondern auch die, die sie zu sein glaubte.

HOLLY
April 2003

Sie hatte angerufen, Olivia Longman hatte tatsächlich angerufen!

Holly hatte sich in den letzten Stunden so oft gekniffen, dass ihr Unterarm von kleinen blauen Flecken übersät war.

Es war spät gewesen, fast elf Uhr abends, als das Telefon neben der Wohnungstür geklingelt hatte. Natürlich war Sasha zuerst dran gewesen – sie schlief immerhin auf der Couch neben der Kommode.

Aber auch Holly hatte geahnt, dass hinter diesem Klingeln mehr steckte als nur eine Umfrage zu unverschämter Stunde, und war atemlos aus ihrem Zimmer gestürmt.

Zu diesem Zeitpunkt hatte Sasha sich den Hörer schon ans Ohr gepresst und sie aufgeregt zu sich gewunken. »Natürlich ist sie da, sie steht neben mir.« Dann hatte sie Holly den Hörer geradezu gewaltsam ins Gesicht gedrückt.

Was in den darauffolgenden drei Minuten gesagt worden war, hielt Holly insgeheim noch immer für einen Traum.

Olivia Longman hatte ihr Buch gelesen.

Olivia Longman wollte mit ihr darüber reden, in Ruhe natürlich, bei einem Lunch morgen!

Olivia Longman hatte wieder aufgelegt, aber Holly hatte noch eine halbe Minute regungslos am Fleck gestanden, unfähig auch nur Luft zu holen.

Erst als Sasha neben ihr verstanden hatte, dass das Gespräch beendet war, hatte sie den Hörer für Holly zurück auf die Station geknallt und sie dann mit Fragen gelöchert, auf die Holly keine Antworten hatte – noch nicht.

Gefeiert hatten sie trotzdem. Wie zwei hysterische Teenager waren sie sich in die Arme gefallen und kreischend auf und ab gesprungen, bis der Nachbar von unten mit einem Besenstiel gegen die Decke gehämmert hatte. Dann hatte Sasha den Wodka, den ihre Mutter für besondere Anlässe geschickt hatte, unter der Spüle hervorgeholt, und sie hatten angestoßen: auf Holly und ihren Fuß in der Tür zum Glück!

»Du gehst auf jeden Fall hin, oder?«, hatte Sasha sicherheitshalber gefragt, als Holly sich weit nach Mitternacht in ihr Zimmer zurückziehen wollte.

»Machst du Witze? So eine Chance lasse ich mir doch nicht entgehen! Morgen früh rede ich als Erstes mit Margie.«

»Du willst mit deiner Chefin über Olivia reden?« Sashas Gesichtsausdruck ließ wenig Zweifel daran, was sie von dieser Idee hielt.

»Ich bitte sie nur, meine Mittagspause zu verlängern. Sonst schaffe ich es unmöglich durch die halbe Stadt und wieder zurück.«

»Melde dich doch einfach krank.«

Aber Holly hatte diesen Vorschlag nur mit einem liebevollen Augenrollen quittiert und war in ihrem Zimmer verschwunden.

Sasha war kein großer Fan von Margie. Sie hatte das Gefühl, dass Hollys Chefin sie nur ausbeutete, ihr darüber hinaus aber keine ernsthafte Hilfe auf dem Weg zum Drehbuchtraum war.

Holly sah die Sache jedoch ein bisschen anders. Seit einer Woche kannte Margie endlich ihren Namen! Es hatte fast zwei Monate gedauert, aber dennoch war es ein Zeichen dafür, dass sie Holly sehr wohl ernst nahm. Sie wurde zwar immer noch regelmäßig zum Kaffee holen losgeschickt, aber neuerdings durfte sie auch den meisten Besprechungen beiwohnen und kurze Mails schreiben.

Ihre Chefin durch eine Krankmeldung zu verärgern kam nicht in Frage. Holly wusste ja nicht mal, was Olivia Longman genau von ihr wollte. Um das herauszufinden, würde sie Margie einfach von einem Arzttermin erzählen und um eine verlängerte Pause bitten, sich dann ein Taxi rufen und zu Olivia Longman nach Venice fahren.

Als sie am nächsten Morgen allerdings vor ihrer Chefin stand, war die nächtliche Entschlossenheit wie weggeblasen. Holly strich ein paar Minuten wie ein herrenloser Hund um Margie herum, bevor sie sich endlich traute, ihr Anliegen vorzubringen.

Umso erleichterter war sie, als ihre Chefin die ganze Angelegenheit mit einem Achselzucken absegnete. »Häng die Zeit einfach hinten dran.«

Holly nickte noch, als sie schon aus Margies Bürotür heraus war, und hörte erst auf, als sie einen Ellenbogen in der Seite spürte.

»Du heckst was aus, oder?« Jay stand neben ihr und grinste erwartungsvoll, und obwohl Holly es zu unterdrücken versuchte, wanderten ihre Mundwinkel zu einem vielsagenden Lächeln nach oben. »Kannst du ein Geheimnis für dich behalten?«

Während sie sich nach allen Seiten umsah, zog Jay sie in die Küche und schloss die Tür hinter ihnen. »Leg los!«

»Kennst du Olivia Longman?«, flüsterte Holly aufgeregt.

»Wer kennt Olivia Longman nicht?«

Holly zögerte und sprach dann das aus, was ihr noch immer völlig unwirklich vorkam: »Ich habe heute Mittag ein Lunchdate mit ihr.«

Jay starrte sie ungläubig an. »Das ist fantastisch, Holly! Wie hast du …?«

»Meine Mitbewohnerin hat eine kleine Rolle in ihrem neuen Film. Sie hat ihr mein Drehbuch gegeben, und jetzt will Olivia mich treffen.«

Einen Augenblick standen sie sich regungslos gegenüber, dann stieß Jay einen unterdrückten Schrei aus und presste sie an sich. »Das müssen wir unbedingt feiern!«

»Es gibt noch gar nichts zu feiern. Ich weiß ja nicht mal, was sie von mir will.«

»Machst du Witze?« Jay runzelte die Stirn und riss ein paar Schubladen auf, bis sie Zettel und Stift fand. »Denkst du ernsthaft, Olivia Longman widmet dir ihre Zeit, wenn sie deine Arbeit nicht großartig findet? Du kommst heute Abend auf jeden Fall zu uns, und wir stoßen auf dich an.«

Holly zögerte. »Ich muss länger arbeiten, die verlängerte Pause nachholen.«

»Egal, wie spät es wird«, erwiderte Jay und kritzelte ihre Adresse auf ein Stück Papier. »Du kommst vorbei, und wir feiern ein bisschen.«

»Aber …«

»Kein Aber. Dein Besuch ist ohnehin längst überfällig.« Entschieden drückte sie ihr den Zettel in die Hand.

Ertappt blickte Holly auf die Adresse. Jay hatte ihre Einladung in den letzten Wochen ein paarmal wiederholt, aber Holly hatte immer abgelehnt. Es war ihr unangenehm, ihrer Kollegin Umstände zu bereiten – immerhin stand Holly doch eigentlich in ihrer Schuld und nicht andersherum. Weil Sashas Apartment leider nicht geeignet war, um Leute zu empfangen, hatte Holly sich bisher jedes Mal unter einem Vorwand entschuldigt. Allerdings verriet Jays Blick, dass sie eine Absage heute nicht akzeptieren würde.

»Du kommst auf jeden Fall, verstanden? Und dann will ich jede noch so kleine Kleinigkeit von diesem Gespräch mit Olivia Longman wissen.«

Holly seufzte. »Kann ich wenigstens was mitbringen, einen Wein oder so?«

»Meinetwegen kannst du einen ganzen Weinschrank mitbringen, Hauptsache, du bist nicht zu betrunken, um alle Einzelheiten mit uns zu teilen.« Zwinkernd verschwand Jay aus der Küche.

Am liebsten hätte Holly sich ein weiteres Mal gekniffen. Wie viel Gutes konnte ein Mensch ertragen, ohne durchzudrehen?

Der Vormittag zog sich endlos in die Länge, was vermutlich daran lag, dass Holly alle zehn Sekunden auf die Uhr sah. In Gedanken ging sie immer wieder den Ablauf durch, so als wäre ihr Leben ein Drehbuch und der Ausgang der Geschichte nur davon abhängig, wie präzise sie die einzelnen Takes plante. Kein Wort zu wenig, kein Lacher zu viel – oder doch lieber das Eis brechen mit einer Extraportion Humor? Am liebsten hätte Holly ein paar Stunden vorgespult, nur um dann doch wieder alles auf null zu setzen und von vorne zu beginnen.

Gegen elf Uhr spürte sie, dass ihr Atem flacher wurde und ihre Gedanken wie Pingpongbälle durch ihren Kopf schossen.

Weil an konzentriertes Arbeiten kaum zu denken war, zog sie sich auf die Toilette zurück und zwang sich, ihr Gesicht im Spiegel zu betrachten. Sie wusste, wer sie sein wollte – aber verstand sie auch, wer sie war?

Die Haare hatte sie sich heute Morgen zweimal gewaschen und zu einem strammen Zopf zurückgebunden, aber ein paar dünne blonde Strähnchen hatten sich trotzdem wieder gelöst und standen in stummem Protest von ihrem Kopf ab. Holly versuchte, sie mit etwas Wasser zu fixieren, sah aber schnell ein, dass es nicht viel bringen würde – genau wie das Make-up, das Sasha ihr mitgegeben hatte. Sie hatte schlichtweg keine Ahnung, wie sie es gewinnbringend einsetzen sollte, zumal ihre Wangen glühten, als hätte sie ein Heizkissen verschluckt. Kein Lidschatten oder Lippenstift dieser Welt konnten davon ablenken, wie aufgeregt sie war. Warum konnte sie nicht ruhig bleiben und der ganzen Sache gelassen entgegentreten?

Holly schloss die Augen und stützte sich am Waschbecken ab, als könnte sie damit einen Teil ihrer Anspannung auf die Umgebung übertragen und die Last erleichtern, die auf ihren Schultern lag.

Die Tatsache, dass sie ihrem Traum ein gewaltiges Stück näher kam, war schön und schrecklich zugleich. Was, wenn sie tief in ihrem Inneren noch gar nicht so weit war, ihre Chance zu nutzen?

Mittlerweile kannte sie zu viele Menschen, die ihre Träume an den Nagel gehängt hatten und ihre Möglichkeiten lieber »realistisch« sahen, Jay und Sasha waren nur zwei von ihnen. Sie hatten sich mit einem Randplatz in der Traumfabrik abgefunden, und auch wenn sie damit nicht unglücklich schienen, war Holly für so einen Schritt ins Abseits nicht bereit. Entschlossen öffnete sie die Augen und stieß sich vom Waschbecken ab. Sie musste sich jetzt zusammenreißen und Olivia Longman von sich überzeugen!

Zurück am Schreibtisch machte sie ein paar Kopien, trank zu viel Wasser und trug vorsichtshalber noch eine Dreifachschicht Deodorant auf – man konnte ja nie wissen. Für einen Apriltag war es ziemlich warm, und sie wollte nicht riskieren, Olivia Longman mit handtellergroßen Schweißflecken unter den Achseln unter die Augen zu treten.

Um zwanzig vor zwölf packte sie ein erster Anflug von Panik. Sie hatte sich ihr Taxi für Viertel vor zwölf bestellt, um es sicher bis halb eins nach Venice zu schaffen – es wurde also höchste Zeit.

Holly war schwindlig vor Angst, als sie nach der Umhängetasche griff, in der ihr ausgedrucktes Drehbuch lag, und sich über den Flur zur Tür bewegte. Der Aufzug funktionierte mittlerweile wieder, aber sie würde trotzdem nicht das Risiko eingehen, ausgerechnet heute darin stecken zu bleiben.

Sie hatte das Treppenhaus fast erreicht, als sie ihren Namen hinter sich hörte: »Holly, verdammt! Wo willst du hin?«

Erschrocken drehte Holly sich um und sah in das angestrengte Gesicht ihrer Chefin. »Ich brauche drei Milchkaffee, jetzt sofort! Und bring noch ein paar von diesen Cookies mit – die mit den Schokostückchen.«

Holly klappte der Mund auf, aber ihr Herz schlug so heftig, dass sie kaum in der Lage war zu sprechen. »Ich … habe jetzt meinen Termin und …«

»*Ich* habe jetzt einen Termin«, unterbrach Margie sie ungehalten. »Und dafür brauche ich drei Milchkaffee und etwas Süßes – und zwar pronto!«

Holly war so perplex, dass sie es nicht schaffte, sich vom Fleck zu rühren. »Aber du hast mir erlaubt, meine Pause zu verlängern.«

Margie sah sie an, als spräche sie Chinesisch. »Wann soll ich das getan haben?«

»Heute Morgen.« Holly musste schlucken. »Du hast gesagt, ich kann ...«

»Ist mir scheißegal, was ich heute Morgen gesagt habe! Jetzt sage ich eben, ich brauche Kaffee. Und wenn du in zehn Minuten nicht zurück bist, wirst du in Zukunft sehr viel Zeit für Arzttermine haben. Jeden verdammten Tag, von morgens bis abends!« Mit einem beeindruckenden Knall zog Margie die Tür ihres Büros hinter sich zu.

Holly konnte es nicht fassen. Sie hatte das Gefühl, die Welt bräche über ihr zusammen – die Welt der Möglichkeiten, die sie sich in Gedanken so liebevoll ausgeschmückt hatte.

Sie musste sich konzentrieren, irgendeine Lösung würde es geben. In zwei Minuten würde ihr Taxi unten an der Straße stehen. Jemand anderes würde es ihr wegschnappen, daran bestand kein Zweifel – aber vielleicht hatte sie Glück und könnte kurzfristig eine Alternative organisieren? Aber selbst dann musste sie ja immer noch den Kaffee und die Kekse für Margie besorgen. Sogar an ihren schnellsten Tagen hatte sie für den Weg zum Coffeeshop und wieder zurück mindestens zehn Minuten gebraucht, meist aber bedeutend länger. Jetzt um die Mittagszeit reichte die Schlange im Laden manchmal bis auf die Straße hinaus. Hinterher würde sie es unter keinen Umständen schaffen, noch rechtzeitig nach Venice zu kommen. Und was würde Olivia Longman wohl dazu sagen, wenn sie sie warten ließ?

Hollys Magen zog sich zusammen. In ihrem Kopf drehten

sich die Gedanken, das Kartenhaus der Chancen brach krachend über ihr zusammen, und in ihren Ohren rauschte es, als sie eine Hand auf ihrem Arm spürte. »Ich mach das für dich.«

Irritiert blickte Holly zur Seite und entdeckte Jay neben sich.

»Ich besorge den Kaffee und die Cookies, und du siehst zu, dass du zu deinem Termin kommst«, flüsterte ihre Kollegin und griff bereits nach ihrer Geldbörse.

Holly war sprachlos. »Aber … Margie sagt …«

»Margie sagt, dass der Kaffee in zehn Minuten hier sein soll. Wer ihn bringt, ist vollkommen egal.«

Noch immer stand Holly wie angewurzelt da und versuchte das, was gerade passierte, zu verstehen, aber Jay schob sie schon über die Türschwelle. »Mach, dass du loskommst! Oder denkst du, Olivia Longman wartet gerne?« Ein letztes Mal drückte sie Holly an sich und sah ihr in die Augen. »Ich weiß, wie sich das anfühlt. Ich bin auch nur hier, weil mir mal jemand geholfen hat. Und jetzt helfe ich dir.«

Auf die Schnelle konnte Holly die Gefühle nicht deuten, die in Jays Blick lagen, aber immerhin erwachte sie endlich aus ihrer Schockstarre.

»Danke«, flüsterte sie, drückte Jays Hand und eilte auf zittrigen Beinen die Treppe hinab.

Die anschließenden zwei Stunden fühlten sich wie ein Traum an. Holly hatte das Gefühl, in einem Film gelandet zu sein, mit einem Soundtrack, der einer Umarmung glich. Viel zu schön, um wahr zu sein!

Das Taxi stand vor der Tür und wartete auf sie, und die Straßen waren derart leer, dass Holly schon zehn Minuten vor der verabredeten Zeit in dem kleinen Restaurant am Boardwalk ankam.

Olivia war zauberhaft. Direkt und kritisch, aber auch ermutigend und interessiert. Sie war sehr begabt darin, die richtigen Fragen zu stellen, vor allem aber konnte sie zuhören – eine Fähigkeit, die den meisten Menschen in Los Angeles leider nicht vergönnt war, wie Holly fand.

Nach zehn Minuten war ihre Aufgeregtheit wie weggeblasen, und sie traute sich, offen über ihren Text zu reden, über ihre Figuren und deren Gefühlswelt.

Natürlich wollte Olivia das Drehbuch nicht verfilmen – nicht so, wie es jetzt war. Aber sie erkannte interessante Ansätze darin und bat Holly, weiter daran zu arbeiten.

Am Ende des Mittagessens hatte Holly nicht nur Olivias Kontaktdaten in der Tasche, sondern auch ein warmes Gefühl im Bauch: Das hier war ihre Chance!

Nachdem sie sich verabschiedet hatten, spielte Holly einen Augenblick mit dem Gedanken, nicht mehr ins Büro zurückzukehren. Sie konnte sich genauso gut noch ein paar Stunden am Strand herumtreiben, die Frühlingssonne genießen und dem Kribbeln in ihrer Körpermitte etwas Raum geben.

Aber natürlich war das nicht angemessen. Ein kleiner Erfolg war noch kein Grund für Höhenflüge. Wer wusste schon, ob der Job bei Margie am Ende nicht doch die sicherere Bank war? Außerdem wollte sie unbedingt mit Jay reden. Wer sagte denn, dass sie mit dem Feiern bis zum Abend warten mussten, vielleicht konnten sie schon im Büro anstoßen?

Holly stellte sich an den Straßenrand und winkte nach einem Taxi. Als das Erste hielt, war sie endgültig überzeugt, dass heute ihr Glückstag war.

Sie legte ihren Gurt an und nannte dem Fahrer die Adresse, aber anstatt loszufahren, drehte er das Radio leise und warf ihr einen seltsamen Blick zu. »Ich muss Sie drei Blocks davor absetzen. Rund um die Fairfax ist alles abgesperrt wegen der Explosion ...«

Holly horchte auf. Ihr Bauchkribbeln verpuffte im Bruchteil einer Sekunde. »Was für eine Explosion?«

»An der Ecke Rosewood ist ein Laden in die Luft geflogen, vor zwei Stunden schon. Haufenweise Verletzte und auch ein paar Tote. Die Rettungskräfte haben das gesamte Gebiet abgesperrt, weiß ja keiner, ob das wieder Terroristen waren wie in New York. Wollen Sie trotzdem mitten rein?«

Holly hatte seine Frage zwar gehört, aber sie war nicht mehr imstande, eine Antwort zu geben. In ihrem Kopf schwirrten einzelne Wörter herum, laut und dröhnend wie die Rotorblätter eines Helikopters.

Explosion. Ecke Rosewood. Haufenweise Tote ...

Jedes gute Gefühl war schlagartig aus ihrem Körper gewichen, bis auf die schweren Wortfetzen war sie vollkommen leer.

Explosion. Tote. Rosewood.

Holly vergaß zu atmen. Konnte man fallen, wenn man in einem Taxi saß?

Krampfhaft versuchte sie, sich auf die Uhr am Armaturenbrett zu konzentrieren. Zwei Stunden. Wann zur Hölle war »vor zwei Stunden« gewesen? Aber egal, wie sehr sie sich anstrengte, die Zahlen ließen sich einfach nicht greifen. Stattdessen schwirrten die Ziffern vor ihrem inneren Auge hin und her wie Lichtpunkte, und Holly war nicht in der Lage, einen Zusammenhang herzustellen.

Sie sank in die Rückbank und spürte, wie eine furchtbare Kälte in ihr aufstieg.

Kein Soundtrack mehr, der all das untermalen könnte.

Nur Stille und die böse Ahnung, dass das hier kein Film war.

JOHANNA
November 1987

Warum hatte sie nicht einfach wegsehen können, wieso zum Teufel hatte sie sich umgedreht?

Johanna schob ein paar Holzscheite in den Ofen und konnte dabei kaum ignorieren, dass ihre Hände zitterten. Die Kälte, die von ihr Besitz ergriffen hatte, würde sich nicht durch ein Feuer vertreiben lassen, aber dem Mädchen würde es vielleicht helfen. Es musste weg von hier, schnell weg. Möglicherweise half es ja, wenn es sich vorher etwas aufwärmte?

Bisher hatten sie kein Wort miteinander gewechselt. Es war einfacher, zu vergessen, wenn sie sich nicht unterhielten. Jede Silbe, jede Berührung, jedes Miteinander würde Johanna sich später mit kaltem Wasser vom Leib schrubben müssen, aus den Gedanken und der Erinnerung. Je weniger, desto besser.

Johanna hatte ihr aufgeholfen, draußen unter dem Hochstand, hatte ihren Arm unter die Achseln der Kleinen geschoben, sie wortlos gestützt und zur Hütte geführt.

Das Bein war verletzt, der Schuss hatte die linke Wade getroffen. Im Grunde hatte sie Glück gehabt. Sie hatte mehrere Hosen übereinander getragen, und der Stoff hatte einiges abgehalten. Trotzdem hatte der Streifschuss eine hässliche Wunde in ihren Unterschenkel gerissen.

Johanna musste ungläubig lachen, als sie realisierte, was sie soeben gedacht hatte. War es denn wirklich ein Glück, nur leicht verwundet zu sein? War es ein Glück, gefunden zu werden, ausgerechnet von ihr? Wäre es nicht das größere Glück für alle gewesen, wenn das Elend sofort ein Ende gefunden hätte, auf die eine oder andere Weise?

Sie kannte das Mädchen nicht, wusste nicht, was es in den Wald hinausgetrieben hatte, und sie wollte es auch nicht wissen. Aber eins war offensichtlich: Das Mädchen würde nicht finden, was es suchte. War es nicht besser, aus dieser Illusion erlöst zu werden, und wenn es durch eine Kugel im Hinterkopf geschah?

Jetzt hatte die Kleine sie auch noch mit hineingezogen.

Johanna hatte die Wunde gesäubert, hatte sogar einen Rest Sepso ganz hinten im Küchenschrank gefunden und das Bein ordentlich verbunden, so wie ihre Mutter es ihr vor vielen Jahren gezeigt hatte, in einem anderen Leben, in einer anderen Welt. Aber das änderte nichts daran, was sie als Nächstes würde tun müssen.

Die Kleine hatte Blut verloren, gut möglich, dass die Spuren zur Hütte führten. Wenn sie draußen herumschnüffelten, würden sie vielleicht Hinweise finden, dass das Mädchen hier war, selbst wenn Johanna es bis dahin schon wieder hinausgescheucht hätte. Sich ahnungslos zu geben wäre zu riskant, sie wollte keine Probleme.

Die Vorstellung, zu Gisa zu gehen, gefiel ihr genauso wenig, aber hatte sie eine Wahl? Warum musste die Kleine auch nach ihr gerufen haben! Johanna verfluchte, überhaupt in den Wald gegangen zu sein.

Ihr Blick wanderte zur Liege. Das Mädchen hatte sich auf die Seite gedreht und war eingeschlafen, seine Silhouette unter der braunen Decke wie eine Welle aus Schulter, Taille, Hüfte, Knie. Auf und ab. In jeder Wendung blieb der Mensch doch ein Problem.

Johanna zögerte und biss sich auf die schmerzende Nagelhaut, trat dann näher an sie heran. Gisa hatte recht, sie war jung. Fünfzehn, sechzehn Jahre, maximal siebzehn vielleicht. Im Grunde noch ein Kind. Ein hübsches Mädchen, fand Johanna und versagte sich zu lächeln.

Die Kleine hatte sich mit vehementem Kopfschütteln geweigert, die dicke Jacke auszuziehen, als Johanna sie verarztet hatte. Vielleicht befürchtete sie, man würde sie bestehlen. Oder konnte es sein, dass Papiere in ihren Jackentaschen steckten, ein Hinweis auf ihre Identität? Johanna streckte die Hand aus, um ihre Finger in eine der äußeren Taschen zu schieben, aber im letzten Moment hielt sie inne. Sie hatte kein Recht herumzuschnüffeln. Es würde die Sache nur komplizierter machen.

Der Atem des Mädchens ging ruhig und gleichmäßig. Ihre Nase war schmal und fein, die Lippen spröde, und auf den Wangen lag ein rosiger Schimmer. Marie hatte im Winter auch immer rote Bäckchen gehabt, wenn sie von draußen hereingekommen war.

Johanna biss sich auf die Unterlippe, drückte ihre Schneidezähne in das empfindliche Fleisch, bis es wehtat. Die Erinnerung an Mariechen hatte hier nichts zu suchen – und das Mädchen sah ihr zum Glück in keiner Weise ähnlich. Marie hatte feines hellblondes Haar gehabt, beinahe weißlich, das sich kräuselte, sobald Feuchtigkeit in der Luft lag. Außerdem waren ihre Augen hellblau gewesen, blau wie ein kalter, klarer Winterhimmel. Die Fremde hatte ihre Augen zwar geschlossen, aber Johanna hatte beim Verarzten bemerkt, dass diese grün waren. Das Haar war hellbraun und unvorteilhaft geschnitten, grad so, als hätte die Kleine selbst die Schere angesetzt. Bis auf die Kleidungsstücke an ihrem Leib hatte sie nichts bei sich gehabt. Das erhärtete Johannas Verdacht, dass sie etwas in oder unter der weiten Jacke verbarg.

Du könntest Suppe kochen, schoss es ihr durch den Kopf. Im Wald hatte sie Brennnesseln entdeckt. Wenn der erste Frost kam, wären sie ohnehin nicht mehr zu retten. Die Nesseln wirkten entzündungshemmend und hatten viel Eisen – beides konnte das Mädchen gut gebrauchen, wenn es ausgeschlafen hatte.

Johanna hielt die steifen Hände vor den Ofen. Sie würde noch mal in den Wald gehen und aus den Nesseln eine Suppe kochen. Sobald die Fremde gegessen hatte, würde sie sie wieder hinausschicken. Mehr als den Verband und eine warme Mahlzeit konnte sie nicht für sie tun, im Grunde war das schon zu viel. Und hinterher musste sie wohl oder übel ins Dorf gehen.

Es dämmerte bereits, als Johanna mit den Nesseln zurückkam. Sie hatte mehr gefunden, als sie erwartet hatte, vermutlich würde sie noch eine große Menge trocknen lassen und zu Tee verarbeiten können.

Sie trat ihre Stiefel leise ab, um das Mädchen nicht zu wecken. Doch als sie die Tür aufdrückte, stellte sie fest, dass es nicht mehr schlief, sondern vor dem alten Küchenbuffet stand, das Johannas Mutter vor einer Ewigkeit hatte herbringen lassen.

Die Kleine hatte sie noch nicht bemerkt. Nach all den Jahren hatte Johanna Übung darin, nicht aufzufallen. Als sie allerdings sah, wonach die Finger des Mädchens griffen, konnte sie sich nicht länger zurückhalten.

»Finger weg!«

Das Mädchen zuckte zusammen und drehte sich ertappt zur Tür um. Noch immer hatte sie ihre Jacke nicht ausgezogen und legte jetzt wie zum Schutz auch noch die Arme um den Oberkörper. »Ich wollte nicht …«

Johanna ließ den Korb mit den Pflanzen neben der Tür fallen und stampfte auf das Buffet zu, um das Holzkästchen an sich zu reißen. »Du lässt die Finger von meinen Sachen, sonst setze ich dich ohne Mahlzeit vor die Tür!« Ihr Herz hämmerte wie eine Faust gegen ihre Rippenbögen. Was hatte sie sich nur dabei gedacht, wieso hatte sie sich überhaupt darauf eingelassen?

Verärgert schloss sie die Augen und presste die Schatulle an sich. Das Holz war weich wie immer, fast warm, die Rillen und Kanten vertraut unter ihren kalten Fingerspitzen. Das hier gehörte nur ihr! Niemand hatte das Recht, es zu berühren.

Als sie die Augen wieder öffnete, sah sie, dass das Mädchen noch immer wie angewurzelt dastand. Offenbar befürchtete es, dass jeder Atemzug die Situation weiter verschlechtern konnte.

Erst als Johanna ihr mürrisch zunickte, setzte sich die Kleine in Bewegung und humpelte zurück zur Liege. »Ist eine Spieluhr, oder?«, wagte sie nun sogar zu fragen.

Johanna presste die Lippen aufeinander, öffnete einen der Oberschränke und verstaute das Holzkästchen darin. »Geht dich nichts an«, murrte sie, ohne sich zum Mädchen umzudrehen.

Einen Moment lang trat Stille zwischen sie, nur das Knistern des Feuers im Ofen. Zwei Welten auf dreißig Quadratmetern aus Holz, zu viele Geschichten für so wenig Raum.

Endlich ließ sich das Mädchen auf der Liege nieder, die Federn der Matratze kreischten. »Ich hatte auch eine Spieluhr.«

Johannas Nacken versteifte sich. Hatte die Kleine nicht verstanden, was sie gesagt hatte? Das Kästchen ging sie nichts an – nichts ging hier draußen irgendjemanden etwas an!

Mit wenigen Schritten war Johanna an der Tür und hob den Korb mit den Brennnesseln vom Boden, aber das Mädchen erzählte weiter.

»Im Inneren hat ein kleiner Bär getanzt. Meine Großmutter hat sie mir geschenkt.«

Johanna holte tief Luft. Sie würde nicht darauf eingehen. Stattdessen griff sie sich das große Holzbrett von der Fensterbank und breitete die klammen Pflanzen darauf aus. »Hast du Hunger?«

Keine Antwort.

Erwartungsvoll drehte Johanna sich zu ihr um. »Ob du Hunger hast?«

Die Kleine nickte ertappt. Offenbar war es ihr unangenehm, dass sie die Frage nicht verneinen konnte.

Johanna seufzte. »Ich mache uns Suppe, und es gibt noch etwas Brot. Ruh dich aus, wenn du magst, aber steh mir nicht im Weg.«

Wieder nickte die Kleine, diesmal entschlossener. Sie hatte verstanden.

Johanna nahm ein Messer aus dem Block, rieb es kurz an der Hose ab und begann die Nesseln zu hacken. »Ist dir kalt?«

Das Mädchen verneinte mit einem knappen Kopfschütteln.

»Warum ziehst du deine Jacke dann nicht aus?«

Wieder brachte die Kleine kein Wort über die Lippen, dafür sah sie auf einmal erstaunlich blass aus. Also lag Johanna mit ihrer Vermutung richtig. In der Jacke verbarg sich etwas.

»Du musst ja nicht«, fuhr sie möglichst gleichgültig fort. »Aber wenn du wieder in die Kälte rausgehst, bist du sicher dankbar, wenn du die Jacke nicht schon die ganze Zeit getragen hast.« Sie widmete sich wieder ihrer Küchenarbeit und lauschte, ob sich das Mädchen dazu äußerte, aber es blieb still.

Erst nach einer gefühlten Ewigkeit hörte Johanna eine Bewegung hinter sich, das Ächzen und Quietschen der alten Liege, ein paar ungleichmäßige Schritte und den Stuhl, der schleifend über den Holzboden gezogen wurde.

Johanna hielt die Luft an und stellte fest, dass sich ein kleines, triumphales Lächeln auf ihre Lippen legte.

Doch als sie sich umdrehte, verflog dieses Lächeln im Nu, und sie ließ vor Schreck das Messer fallen. Die Schneide verfehlte nur knapp ihren Fuß, bevor sie mit einem scharfen Klirren zur Seite kippte.

Johanna konnte nicht glauben, was sie sah.

Sie war verwirrt, sprachlos – alarmiert?

Die Kleine hatte ihre Jacke abgelegt, und es gab keinen Zweifel mehr, dass sie etwas darunter verborgen hatte. Allerdings war es nicht das, womit Johanna gerechnet hatte. Nie im Leben wäre sie auf diese Möglichkeit gekommen …

Wie konnte das sein? Gisa hatte nichts dergleichen erwähnt – und war die Kleine nicht zu jung dafür?

Fassungslos starrte sie das Mädchen an. Es wirkte erst verunsichert, blickte dann aber mit erstaunlichem Trotz zurück, während es schützend die blasse Hand auf den Bauch legte.

Bis eben hatte Johanna noch einen Plan gehabt, aber jetzt stand sie ratlos da und wusste nicht weiter.

Dass das Kind schwanger war, änderte alles.

MYLÈNE
April 2019

Lichter, Häuser, Lücken, Lärm. Die Straßen flogen an ihr vorbei, als wäre es nicht sie, die in Bewegung war, sondern vielmehr die Welt, die wie auf einer Leinwand an ihr vorbeirauschte. Mylène durfte auf keinen Fall aufhören, in die Pedale zu treten, denn sonst würde sie das Gleichgewicht verlieren und aus der Zeit fallen – und wer konnte schon sagen, wo sie dann aufschlagen würde?

Das Problem war nur, dass sie bei diesem Tempo kaum reden konnte. Frédéric jedenfalls klang ziemlich irritiert am anderen Ende der Leitung. »Okay, bitte nochmal von vorne und etwas langsamer! Diese Frau hat dir eine Wohnung vererbt – in *Amsterdam?*«

»De Vries!«, japste Mylène atemlos in ihre Freisprechanlage. »Sagt dir der Name was?«

»De Vries?« Frédéric schien den Namen einen Moment am Gaumen zu verkosten, bevor er ein heiseres Lachen ausstieß. »Nie gehört. Vielleicht solltest du es einfach vergessen.«

Vergessen? Mylènes Füße rutschten beinahe von den Pedalen. Man konnte einen Jahrestag vergessen, oder wo man seine Schlüssel hingelegt hatte, aber doch nicht, dass man eine Wohnung in Holland geerbt hatte, noch dazu von einer wildfremden Frau.

»Ich muss mit meinen Eltern reden!«, brüllte sie, weil ihr einer der winzigen Kopfhörer aus dem Ohr gerutscht war und im Takt der Pedale an ihrem Kinn hinabbaumelte. Sie schlängelte ihr Fahrrad ungebremst zwischen zwei manövrierenden Kleinwagen hindurch, und sofort setzte das obligatorische Hupkonzert ein. Mylène hob entschuldigend die Hand, drehte sich aber nicht zu den Empörten um.

»Was willst du denn bei deinen Eltern?«, fragte Frédéric überrascht.

»Vielleicht wissen sie etwas über diese Frau.« Diese Möglichkeit schien Mylène am wahrscheinlichsten. Erben war Familiensache, und ihre Familie waren nun mal Marianne und Henri.

Im Büro hatte sie es nicht zustande gebracht, den Umschlag zu öffnen. Was, wenn ihr Bauchgefühl stimmte und er ihre Welt auf den Kopf stellte? Sie musste mit ihren Eltern reden, das war der einzige nächste Schritt, der ihr sinnvoll erschien.

Luc hatte sie die ganze Angelegenheit einigermaßen erfolgreich vorenthalten, er schob ihre Betroffenheit voll und ganz auf den vermeintlichen Ehevertrag, den Bernard Picard ihr unterjubeln wollte. »Ich wünschte, ich hätte doch in seinen Kaffee gespuckt«, hatte er versucht, sie aufzumuntern, aber selbst das hatte Mylène kein Lächeln entlockt.

Auch ihr Anhänger hatte sie ermutigt, erst mit ihren Eltern zu reden – nur Frédéric schien von dieser Idee nicht sonderlich angetan. »Komm nach Hause, Mylène! Wir essen eine Kleinigkeit, und dann öffnen wir den Brief gemeinsam.«

»Ich kann nicht«, stellte sie klar und trat noch ein bisschen entschlossener in die Pedale. Ihre Finger schlossen sich so fest um die Lenkstange, dass ihre Knöchel weiß hervortraten.

»Natürlich kannst du«, protestierte Frédéric. »Ich bestelle

dein Lieblingsessen, massiere deine Schultern – und vielleicht wiederholen wir dann einfach, was wir heute Morgen getan haben?«

Mylène klappte der Mund auf. Wie konnte er denn jetzt an Sex denken?

Ungläubig schüttelte sie den Kopf. »Ich lege jetzt auf.«

»War das ein Ja?«, hakte Frédéric liebevoll nach, und sie schaffte es wieder mal nicht, ihm böse zu sein.

Stattdessen flüsterte sie ein »Ich liebe dich«, das im Verkehrslärm unterging, und beendete das Gespräch, indem sie sich den zweiten Kopfhörer aus dem Ohr zog.

Sie liebte ihn dafür, dass er alles so leichtnahm, und sie liebte das Leben dafür, dass es sie zur selben Zeit in diesen störungsanfälligen Aufzug geschickt hatte. Aber ihre Entscheidung war dennoch richtig. Marianne und Henri hatten sie immer schon am besten verstanden – sie würden Mylène mit Sicherheit nicht empfehlen, die Angelegenheit einfach zu vergessen.

Marianne war sichtlich überrascht, als Mylène vor ihr stand, unangekündigt und zerzaust, aber natürlich freute sie sich. Ausgelassen drückte sie ihre Tochter an sich. »Ich dachte, wir sehen uns erst nächste Woche.« Mylène versank kurz in ihrer Umarmung, dem vertrauten Geruch von Apfel und süßer Milch, der Gewissheit, dass alles gut werden würde – ein Gefühl, das man nur im Arm seiner Mutter fand.

Aber dann fiel ihr ein, warum sie hier war. »Ist Papa da?«

»Er hilft in der Schule, die Bibliothek wird renoviert«, antwortete Marianne und spürte nun offenbar, dass etwas nicht stimmte. »Soll ich ihn anrufen? Ist was passiert?«

Mylène zögerte, bevor sie den Kopf schüttelte und mit den

Fingerspitzen die verschwitzten Haare von ihrer Stirn löste. »Vielleicht reicht es schon, wenn du mir weiterhilfst.«

»Natürlich, Liebes, was immer ich tun kann.« Behutsam nahm Marianne ihre Hand. »Ist was mit Frédéric? Habt ihr euch gestritten?«

»Es ist … komplizierter.« Mylène verkniff sich ein Seufzen, um ihre Mutter nicht unnötig zu verunsichern. »Die ganze Sache ist irgendwie verrückt.«

»Dann lass mich erst Tee kochen. So lässt sich ›kompliziert‹ viel leichter ertragen.« Marianne zwinkerte und verschwand in der Küche.

Als sie endlich mit den warmen Teetassen am Esstisch saßen, den Geruch von Orangen und Zimt in der Nase, gab Mylène sich einen Ruck und erzählte von Bernard Picard, der geheimnisvollen Fremden und dem Brief in ihrer Umhängetasche. Erst nachdem sie sich alles von der Seele geredet hatte, hob sie den Blick wieder und bemerkte, dass das tröstliche Lächeln aus dem Gesicht ihrer Mutter gewichen war.

»Ein Brief?« Marianne wirkte plötzlich blass. »Kann ich den mal sehen?«

Mylène zog den Umschlag aus der Tasche und legte ihn unsicher auf den Tisch. »Ich habe ihn noch nicht geöffnet. Kennt ihr den Namen de Vries denn?«

Starr haftete Mariannes Blick auf dem champagnerfarbenen Papier. »Nein, Liebes«, murmelte sie mit brüchiger Stimme. »Aber ich denke, wir sollten deinen Vater anrufen.«

Noch bevor Mylène nachhaken konnte, war Marianne in den Flur verschwunden. Dort hörte Mylène sie nach dem Hörer greifen und Henri nach Hause beordern. Mylène verstand nicht jedes Wort, meinte aber die Begriffe »Notfall« und »so schnell wie möglich« herauszuhören. Langsam wurde ihr diese Angelegenheit immer unheimlicher. Hier war etwas Größeres im Gange als nur ein dummes Missverständnis.

Schon zehn Minuten später hörte Mylène den Schlüssel ihres Vaters im Schloss der Haustür. Er musste nach Hause geflogen sein. Diesen Eindruck bestätigte auch sein Erscheinungsbild: Abgehetzt und besorgt trat er durch die Tür ins Esszimmer, die grauen Haare standen wild von seinem Kopf ab. »Was ist passiert?«

Marianne klopfte beherrscht auf den Stuhl neben sich. »Setz dich.«

Erst als Henri ihrer Anweisung Folge geleistet hatte, fuhr sie fort. »Mylène hat heute Besuch bekommen – von einem Anwalt.«

»Ein Anwalt?« Ihr Vater sah sie überrascht an. »Geht es um Frédéric?«

Bevor Mylène verneinen konnte, ergriff ihre Mutter wieder das Wort. »Sie hat eine Wohnung geerbt, Henri.«

Henri lachte erstaunt auf. »Frédéric hat dir eine Wohnung geschenkt?«

»Es geht nicht um Frédéric, Papa«, stellte Mylène klar, aber wieder schaltete sich ihre Mutter ein, bevor sie weiterreden konnte.

»Die Wohnung befindet sich in Amsterdam – von einer Madame *de Vries*. Sie hat Mylène auch einen Brief geschrieben.«

»Ein Brief?« Erst jetzt schien ihr Vater den Umschlag auf dem Tisch wahrzunehmen. Seine blauen Augen wanderten zu Marianne. Der Blick, den sie wechselten, jagte Mylène einen Schauer über den Rücken: Ihre Eltern hatten Angst.

Das Ticken der Kuckucksuhr, die sie aus einem Urlaub in Österreich mit nach Hause gebracht hatten, schwoll mit einem Mal an und wurde fast unerträglich laut. Mylène musste schlucken und umklammerte mit ihren Fingern die warme Teetasse. »Was ist hier eigentlich los?«

Kurz sah Henri seine Tochter an, doch dann flüchtete sein Blick wieder zu Marianne. »Vielleicht ist es nicht das, was du denkst …«

Langsam reichte es Mylène – sie war für Antworten hergekommen und nicht für diese seltsame Scharade!

»Spuck es einfach aus«, forderte sie ihre Mutter auf, aber nun war es Marianne, die den Blick senkte und stumm den Kopf schüttelte.

»Ich kann den Brief auch einfach aufreißen«, schlug Mylène gereizt vor. »Dann erfahre ich eben von dieser Madame de Vries, was hier vor sich geht!« Sie hatte nicht vorgehabt, ihren Eltern zu drohen, aber was Marianne und Henri hier veranstalteten, machte sie zunehmend wütend. Früher hatten die beiden ihr ein Nachtlicht angemacht, wenn sie sich vor der Dunkelheit gefürchtet hatte. Wo war dieses verfluchte Nachtlicht jetzt?

»Sie sollte es von uns erfahren«, begann ihr Vater endlich zu reden, den Blick noch immer hilflos auf Marianne gerichtet.

Aber ihre Mutter schüttelte wieder den Kopf. »Du weißt doch gar nicht, ob es nicht nur ein Irrtum ist.«

Mylène starrte sie fassungslos an. Auf einmal fühlte sie sich selbst wie ein »Irrtum«, wie ein Fremdkörper im eigenen Leben. Das hier war ihr Zuhause – wie um Himmels willen konnte sie sich dann so verloren vorkommen? Das karminrote Kordsofa, der durchgetretene Teppich, sogar der Bruch in der Tischkante, an der sie sich einst das Kinn aufgeschlagen hatte, schienen sie plötzlich zu verhöhnen und ihr ihre Fremdheit ins Gesicht zu schreien wie einen hässlichen Makel.

»Könnt ihr mich endlich mal aufklären? Ich drehe nämlich langsam durch!« Angespannt griff sie nach dem Anhänger, der an ihrem Hals glühte.

Marianne warf Henri einen Blick zu, und als er schwermütig nickte, sah sie ihre Tochter endlich wieder an. In ihren Augen sammelten sich Tränen.

»Wir haben uns sehr lange ein Kind gewünscht«, begann sie, aber es klang, als wäre jedes Wort schwer wie ein Sack Steine.

»Und dann habt ihr mich bekommen«, griff Mylène ihr verunsichert unter die Arme. Dieses Gespräch führte in eine noch viel unbequemere Richtung, als sie befürchtet hatte – und am schlimmsten war, dass es sich nun nicht mehr aufhalten ließ. Sie selbst hatte ein Loch in den Damm gerissen, und jetzt kam die Flut.

»Wir haben dich bekommen, richtig«, übernahm ihr Vater und legte seine kalte Hand auf ihre. »Aber wir haben dich nicht auf dem natürlichen Weg bekommen, nicht auf dem klassischen.«

Irritiert zog Mylène ihre Hand zurück. »Willst du sagen, ihr wart in einer Klinik?« Auch ihre Augen wurden nun feucht, aber sie versuchte, darüber hinweg zu lächeln. »Das ist doch nicht schlimm, Papa, heutzutage ist das sogar normal.« Aber weder Henri noch Marianne erwiderten ihr Lächeln.

Eine Träne rann über das Gesicht ihrer Mutter, zog eine Furche bis hin zum Mundwinkel, ein erster Riss im Damm.

»Wir wollten es dir schon viel früher sagen«, flüsterte Marianne. »Es hat sich nur niemals richtig angefühlt ...«

Mylène sah ihre Eltern verständnislos an.

Das hier war doch nicht wahr, es konnte nicht wahr sein!

Mit einem Mal fühlte sie sich leer und schwer zugleich, ihre Arme und Beine zogen sie mit aller Macht nach unten.

»Was wolltet ihr mir sagen?«, rutschte es über ihre Lippen, obwohl sie wusste, dass sie die Antwort nicht hören wollte.

Und als Marianne es endlich aussprach, begann Mylène zu sinken. Tief und tiefer.

Das Leben war ein Ozean ohne Grund.

HOLLY
Mai 2003

Sasha gab einfach nicht auf. Holly hatte zwar nicht gehört, wie sie die Tür geöffnet hatte und hereingeschlichen war, aber sie spürte deutlich, wie sich die Matratze unter ihr ein wenig bewegte, eine zarte Regung nur, und dann strichen auch schon Sashas Finger über ihre Wange. »Hey. Du kannst doch nicht ewig hier liegen bleiben.«

Ohne die Augen zu öffnen, rollte Holly sich auf die andere Seite.

Sasha hatte ja keine Ahnung. Es waren erst zwei Wochen vergangen, das hier war nicht einmal der Anfang von »ewig«. Es war nur der erste Wimpernschlag einer Ewigkeit, mit der sie noch den Rest ihres Lebens würde klarkommen müssen. Bei diesem Gedanken wurde Holly schwindelig, dabei lag sie noch immer und hielt die Augen geschlossen.

»Iss wenigstens was«, flüsterte Sasha, während ihre Finger weiterwanderten und über Hollys Rücken fuhren. »Ich habe noch Curry von gestern in der Küche.«

Angewidert verzog Holly das Gesicht.

In den vergangenen vierzehn Tagen hatte sie kaum etwas Nennenswertes zu sich genommen. Sasha versorgte sie zwar regelmäßig mit frischem Wasser und zwang sie gelegentlich, ein

Stück Toastbrot zu essen, aber Holly sah darin einfach keinen Sinn. Essen diente dazu, Leben zu erhalten – wie konnte sie bei diesem Zirkus mitmachen, wenn es an anderer Stelle erlosch?

Jay würde kein Brot mehr essen.

Sie würde auch nicht mehr zur Arbeit gehen und Einladungen aussprechen.

Sie würde *nie wieder* irgendetwas aussprechen.

In Holly braute sich ein neues Unwetter an Schmerz zusammen, ein Gewitter aus Scham, Verzweiflung und Wut. Die Wirklichkeit verlor nichts von ihrer Grausamkeit, je öfter Holly sie sich vor Augen führte, im Gegenteil. Sie wurde mit jedem Mal größer und furchtbarer, wie ein Ungetüm, das sich an Hollys Unglück labte und an ihren Qualen wuchs.

Holly zog sich die Bettdecke vors Gesicht und biss hinein, um das Monster vor Sasha zu verbergen, aber ihrer Mitbewohnerin entging nichts.

»Ist schon in Ordnung.« Sie legte ihre warme Hand auf Hollys Oberkörper, aber beruhigen konnte sie sie nicht.

Nichts war in Ordnung. Nichts würde *je* wieder in Ordnung sein!

Jay war tot. Hatte nicht den leisesten Hauch einer Chance gehabt, als am Dienstag vor zwei Wochen um drei Minuten vor zwölf eine Gasleitung in dem kleinen Coffeeshop an der Rosewood Avenue explodiert war. Ausgelöscht zwischen zwei Wimpernschlägen.

Sieben andere Menschen waren bei dem Unglück gestorben, zweiunddreißig weitere verletzt. Am meisten schmerzte nach wie vor, dass Holly keine von ihnen war.

Holly war nicht tot – dabei hätte sie es sein sollen! Margie hatte *sie* losgeschickt, um Kaffee zu holen, sie höchstpersönlich.

Holly hätte um drei Minuten vor zwölf ihren letzten Atemzug nehmen sollen.

Ihre Eltern hatten geweint vor Erleichterung, als sie erfahren hatten, dass ihre einzige Tochter nur knapp dem Tod entgangen war. Sie konnten nicht fassen, dass sie ein solches Glück gehabt hatte. Aber diese Erleichterung hatte sich falsch angefühlt, von der ersten Sekunde an. Holly fühlte sich seitdem wie eine Diebin.

Das Glück, von dem ihre Eltern redeten, gehörte nicht ihr. Sie hatte es gestohlen, gestohlen von einer Frau, die auf dem besten Wege gewesen war, eine Freundin zu werden.

Jay war nett gewesen, und das war ihr zum Verhängnis geworden. *Ihr* stand das Glück zu, am Leben zu bleiben, und Holly hätte alles Menschenmögliche dafür getan, es ihr zurückzugeben.

Margie hatte sie freigestellt, bis es ihr besser ging, dabei war Holly sich sicher, dass es ihr nie wieder besser gehen würde. Wie sollte es auch? Dass sie noch lebte, war Betrug, jeder Atemzug ein neuer Verrat.

»Ich habe gleich ein Casting«, murmelte Sasha und verlagerte vorsichtig ihr Gewicht auf der Matratze. »Vielleicht solltest du ein bisschen spazieren gehen. Die Luft ist wirklich herrlich heute.« Als Holly nicht auf ihren Vorschlag reagierte, seufzte sie leise, gab ihr einen Kuss auf die Schläfe und schlich zur Schlafzimmertür.

Holly glaubte bereits, sie wäre verschwunden, als Sasha noch etwas einfiel. »Olivia hat nach dir gefragt.«

»Olivia?« Blinzelnd drehte Holly sich zur Tür um.

»Du hast dich seit dem Lunch nicht mehr bei ihr gemeldet, sie denkt, ihre Fragen und Anregungen haben dich verschreckt. Vielleicht ... gibst du ihr ein kurzes Zeichen? Es wäre doch schade, wenn diese Chance verstreichen würde, nur weil ...«

Sasha verstummte. Offenbar verstand sie, dass es für Holly kein »nur weil« gab. »Denk einfach darüber nach«, sagte sie schließlich. »Irgendwann musst du wieder nach vorne sehen.« Dann war sie weg.

Ihre Worte klangen trotzdem noch eine Weile in Hollys Ohren nach.

Nach vorne sehen. Dachte Sasha ernsthaft, dass es dieses Vorne für Holly noch gab, dass sie einfach so weitermachen könnte wie zuvor? Dass sie jemals wieder im Stande sein würde, auf einen Traum hinzuarbeiten oder gar glücklich zu sein?

Dieses Recht hatte sie verwirkt – und deshalb würde sie sich auch nicht mehr bei Olivia melden. Im Grunde war doch das Drehbuch schuld an der ganzen Sache. Nicht an der Explosion natürlich, aber daran, dass es die Falsche getroffen hatte, eine Unschuldige. *Jay …*

Tränen stiegen in Hollys Augen und ließen ihre Zwölf-Quadratmeter-Welt hinter einem Schleier verschwimmen. Wenn sie dieses verfluchte Buch nur niemals geschrieben hätte!

Noch immer lag es in der Tasche, die über der Stuhllehne hing, lauerte im Schatten einer Zeit, die vorgab, dass Hoffnung existierte.

In den letzten zwei Wochen hatte Holly kaum an das Buch gedacht, aber jetzt erschien ihr seine Mitschuld plötzlich unerträglich. Es musste weg, verschwinden aus ihrer von Jalousien verdunkelten Welt und ihrem Leben! Zum ersten Mal seit Tagen packte sie so etwas wie Entschlossenheit. Sie schlug die Bettdecke zurück und schwang die Beine von der Matratze.

Die ersten Schritte fühlten sich wackelig an, der Boden schwankte, als liefe sie über einen Teppich, der über Wasser ausgerollt war. Doch dann hatte sie Stuhl und Tasche erreicht und fühlte sich gefestigt in ihrem Vorhaben. Sie bildete sich ein, ihr Herz außerhalb ihres Körpers schlagen zu hören, als sie die sauber gehefteten Seiten herauszog und zwischen ihren Fingern befühlte.

Das also war das Gewicht von Schuld.

Tränen liefen über ihr Gesicht, getrieben von Abscheu und Hass. Wie konnte ein Bündel Papier so viel Hoffnung bedeuten und gleichzeitig unendliches Leid?

Holly musste das Ungetüm schnellstmöglich loswerden, es am besten gleich aus der Wohnung schaffen, denn wenn sie es nur in der Küche entsorgte, würde es sie womöglich wieder einholen und sich wie ein Monster höhnisch in ihr verbeißen!

Obwohl sie seit vierzehn Tagen denselben Pyjama trug und sich in dieser Zeit weder die Haare gewaschen noch die Zähne geputzt hatte, eilte sie, so wie sie war, in den Flur, nahm ihren Schlüssel von der Kommode und flüchtete ins Treppenhaus. Für Schuhe hatte sie keine Zeit. Sie musste dieses Teufelswerk endlich loswerden, musste alles vernichten, was auch nur im Entferntesten auf die Zukunft hinwies, eine Zukunft, die ihr nicht zustand.

Mit jedem Schritt wurde Holly wütender, immer mehr Tränen brannten auf ihren Wangen. Vor der Haustür angekommen, lief sie in eine Frau hinein, die sie ohne Umschweife beschimpfte, aber das störte Holly nicht. Wer nichts zu verlieren hatte, musste nicht mehr gefallen.

Als sie am Straßenrand den Deckel der Mülltonne aufriss und ihr Drehbuch in den Rachen des Verderblichen warf, löste sich ein Zettel aus den Seiten, fiel wie aus Raum und Zeit und segelte in aller Seelenruhe auf den Asphalt zu ihren Füßen hinab.

Holly ließ den schweren Deckel der Tonne zurückfallen. Sie

musste erst den Schleier vor ihren Augen wegblinzeln, bevor sie sich nach dem Stück Papier bücken konnte und verstand, um was es sich handelte.

Wut und Entschlossenheit waren wie weggeblasen, wieder einmal befand Holly sich im freien Fall.

Es war der Zettel mit der Adresse, die Jay ihr aufgeschrieben und zugesteckt hatte. Sie hatte sie eingeladen und war dann für sie in den Tod gerannt. Und hinter dieser Adresse verbarg sich jemand, der nun und für alle Zeiten vergeblich auf sie warten würde.

Matt. Hatte Jay nicht gesagt, dass ihr Freund so hieß? Oder waren sie vielleicht sogar verheiratet gewesen, war Matt am Ende ihr Mann? Holly hatte keine Ahnung.

Sie hatte keinen blassen Schimmer, wen sie noch mit ihrem Rollentausch an jenem Dienstag ins Unglück gerissen hatte. Nur eines wusste sie mit überwältigender Sicherheit: Wenn sie nicht länger fallen wollte, musste sie es herausfinden.

JOHANNA
November 1987

Die Kleine aß wie ein ganzes Rudel Wölfe. Die Suppe lief ihr rechts und links aus den Mundwinkeln, rann ihr Kinn hinab und landete in dicken Tropfen auf dem Tellerrand oder der Tischplatte. Zwischendurch schob sie sich Brotstücke in den Mund, die so groß waren, dass selbst ein Bergarbeiter daran hätte ersticken können.

»Schling nicht so«, ermahnte Johanna sie. Wenn das Mädchen hier verstarb, in ihrer Hütte, mit ihrem Brot in der Kehle und ihrer Suppe am Kinn, würde das nur Fragen aufwerfen. Fragen, auf die Johanna keine Antwort kannte und auch nicht kennen wollte.

Aber die Kleine erstickte nicht. Sie schlang vier Teller Suppe herunter und verdrückte einen halben Laib Brot, bevor sie den Blick wieder hob und feststellte, dass Johanna noch immer an der Küchenzeile lehnte und sie anstarrte. »Tut mir leid ...« Wie in Zeitlupe löste sie ihren Griff von dem Löffel. Ihre Finger hatten sich derart fest um das Metall geschlossen, dass die Knöchel auch jetzt noch weiß hervortraten. »Hab lang nichts gegessen.« Verlegen warf sie einen Blick in den Topf. Ein letzter Rest Suppe bedeckte den Boden. Schuldbewusst hielt das Mädchen Johanna einen Kanten Brot hin. »Sie haben sicher auch Hunger ...«

Johanna wandte den Blick ab und sah zum Fenster. Sie war auf Mitgefühl nicht angewiesen, darauf, dass die Kleine mit ihr teilte. Das hier waren ihre Hütte und ihr Brot. Überhaupt war das alles doch lächerlich, die ganze verfluchte Angelegenheit, ein dummer, gewaltiger Fehler!

Wichtig war nun, den Fehler wieder rückgängig zu machen, bevor es noch mehr gab, das sie später bereuen könnte.

Johanna drehte sich zur Kanne und goss sich Tee ein. »Ich habe schon gegessen«, log sie und führte ihre Lippen vorsichtig an den Rand der Tasse, dabei war das Wasser längst nicht mehr heiß. Dann wandte sie sich wieder zum Mädchen, die Finger fest um die Tasse verschränkt. »Du kannst nicht hierbleiben.«

Die Kleine zögerte und biss in das verbliebene Stück Brot. »Ich will ja gar nicht bleiben.«

Johanna stellte ihre Tasse zur Seite, kreuzte die Arme vor der Brust und fuhr sich mit dem Fingernagel über den Ellenbogen, bis sie einen Nerv erwischte und der Schmerz in die Schulter zog. »Am besten du gehst wieder zurück.«

»Zurück?« Das Mädchen hielt beim Kauen inne.

»Dahin, wo du hergekommen bist. Das ist das Beste, besonders in deinem Zustand.«

Die Kleine verharrte einen Moment in ihrer Haltung. Dann schob sie den Brotkanten von sich, als wäre er plötzlich ungenießbar.

»Sei nicht albern«, ermahnte Johanna sie, und bevor sie darüber nachdenken konnte, ob sie die Antwort wirklich wissen wollte, rutschte ihr bereits eine Frage über die Lippen: »Wo kommst du denn her?«

Das Mädchen schnaubte. »Spielt keine Rolle. Wichtig ist nur, wo ich hingehe.«

Johanna versagte sich, zu stöhnen. »Mach dich nicht lächerlich. Du bist verletzt, kennst dich hier nicht aus. Und zu allem Überfluss ist da noch …« Ihr Blick wanderte zum Bauch des Mädchens.

Reflexartig legte die Kleine ihre Hände darauf. »Ich schaffe das schon.«

»Wie kannst du dir da so sicher sein?«

»Weil ich keine andere Wahl habe.« Das Mädchen sah ihr fest in die Augen.

Johanna hielt ihrem Blick nur ein paar Sekunden stand, dann schüttelte sie ungläubig den Kopf. Was hatte sie sich nur eingebrockt? Eine werdende Mutter, im Grunde selbst noch ein Kind, angeschossen und ganz alleine im Wald. Und als wäre das noch nicht genug, stand der Winter vor der Tür, und Jochens Männer suchten da draußen nach ihr. Was dachte sie denn, wie weit sie kommen würde? War sie wirklich dumm genug zu glauben, dass es einen Weg gab, hier unversehrt rauszukommen? Wenn die Kleine eine Chance haben wollte zu überleben, gab es nur einen Weg, und der führte dorthin, wo sie hergekommen war. Wenn sie Glück hatte, schaffte sie es an Gisa und Kurt und all den Jochens vorbei, niemand musste mitkriegen, dass sie hier gewesen war, dass sie überhaupt existierte. Sie konnte immer noch ein Phantom werden, ein Irrtum. Ein Rätsel, von dem man sich irgendwann im Dorf erzählen würde.

»Ich erwarte nicht, dass Sie das verstehen«, riss das Mädchen Johanna aus ihren Gedanken. Ihre Stimme war nicht mehr als ein Flüstern und trotzdem fest und entschlossen. »Aber ich kann nicht zurück. Dieses Zurück gibt es nicht mehr für mich.«

Ihre Worte erwischten Johanna kalt. Es gab kaum noch etwas, was sie wirklich berührte – warum dann ausgerechnet dieses

Kind? Seit Jahren lebte sie vollkommen isoliert. Wie konnte es sein, dass plötzlich ein Mensch an ihrem Tisch saß, mit dem sie etwas gemein hatte? Auch für Johanna hatte es einst kein Zurück mehr gegeben.

Thomas hatte sie unzählige Male gebeten zurückzukehren, sie hatte aufgehört zu zählen, lange bevor er es aufgegeben hatte zu fragen. Niemand hatte damals verstehen können, dass es für Johanna keine Rückkehr gab und nie wieder geben würde. Sie hatte ihre Chance vertan, und die Vehemenz, mit der sich diese Erinnerung jetzt in ihr Bewusstsein drängte, raubte ihr den Atem.

Johanna drehte sich zum Schrank und stützte sich daran ab, in den Ohren das Rauschen von Schuld. Das Mädchen musste sie so nicht sehen.

»Ich will Ihnen keine Probleme machen«, murmelte die Kleine. »Wenn Sie wollen, kann ich gehen, jetzt gleich.«

Johanna schloss die Augen. Ihr Blut pulsierte in den Handflächen, auf denen ihr Gewicht lagerte. Sie hatte verflucht nochmal keine Ahnung, was sie wollte!

Natürlich wäre es das Beste, wenn die Kleine wieder verschwand. Aber wenn sie jetzt hinausging in den Wald, wäre das ihr sicherer Tod. Vermutlich wäre sie erfroren, bevor Jochens Männer sie erwischten. Wollte Johanna auch noch diese Schuld auf sich laden?

»Du bleibst«, sagte sie schließlich und stieß sich vom Schrank ab. »Zumindest für die Nacht, dann sehen wir weiter.«

Die Kleine hatte angeboten, sich auf den Boden zu legen, aber Johanna hatte sich auf diese Diskussion nicht eingelassen.

»Wenn du dich heute Nacht nicht erholst, werde ich dich nie

wieder los«, hatte sie mehr geknurrt als gesprochen, um jedes Widerwort direkt im Keim zu ersticken. Das Mädchen hatte sich erstaunlich einsichtig gezeigt und sich wortlos auf die Liege gelegt. Noch während Johanna das Geschirr gereinigt hatte, war sie eingeschlafen.

Für Johanna hingegen war an Schlaf nicht zu denken. Wie konnte ein einziger Tag ihre Welt derart auf den Kopf stellen?

Sie hatte nicht damit gerechnet, dass ihr Leben noch einmal so aus den Fugen geraten könnte. Nicht ohne Grund hatte sie damals alles von sich gestoßen, was Unsicherheiten barg, hatte ihr Dasein entleert, bis nur noch das Nötigste übergeblieben war. Kein Mensch, kein Komfort, nichts, was ihr noch wehtun oder Trost verschaffen konnte. Nur sie allein und der Wald, der jede Erinnerung schluckte wie ein Schatten das Licht. Warum hatte er das Mädchen nicht verschluckt, wieso nicht seinen Hilferuf?

Leise zog Johanna einen Stuhl zurück und setzte sich an den Tisch. Ein harter Kanten Brot lag noch im Korb in der Tischmitte. Johanna nahm ihn in die Hand, betastete ihn unschlüssig mit ihren rauen Fingern, roch sogar daran. Doch auch jetzt regte sich kein Hungergefühl.

Nicht mehr lange, dann würde die Flamme der Kerze mit einem letzten leisen Aufflackern erlöschen, und die Dunkelheit, die sich draußen bereits über das Leben gelegt hatte, würde auch hier drinnen alles verschlingen. Johanna mochte den Augenblick, in dem die Welt erlosch, aber sie ahnte, dass es heute anders sein würde. Keine Dunkelheit war finster genug, um das Mädchen unter sich zu begraben.

Der Atem der Kleinen ging regelmäßig. Immer wieder ertappte Johanna sich dabei, wie sie unverhohlen ihr Gesicht anstarrte. Kaum etwas war so beruhigend wie ein schlafendes Kind.

Johanna hatte es geliebt, Marie beim Schlafen zu beobachten. Oft war sie erst spätabends aus dem Labor gekommen, und während Thomas sich dem Abwasch gewidmet hatte, hatte sie sich an Mariechens Bett gesetzt und ihren leisen Atemzügen gelauscht. In den weichen Gesichtszügen ihrer Tochter hatte all der Frieden gelegen, der in der Welt manchmal fehlte, hier ruhte mehr Unschuld, als Johanna ertragen konnte.

Auch die Kleine auf der Liege strahlte diesen Frieden aus, dabei war sie längst nicht so unschuldig wie Marie. Johannas Blick wanderte weiter zu ihrem Bauch. Wie weit sie wohl war? Ohne Jacke war die Wölbung nicht zu übersehen, aber es war kein besonders ausladender Bauch. Sie konnte nicht viel weiter sein als im sechsten Monat, allerhöchstens im siebten. Beschwören wollte Johanna das aber nicht. Es gab Frauen, die bereits im dritten Monat aussahen, als würden sie jeden Moment Mehrlinge gebären, und andere, bei denen man selbst kurz vor dem Stichtag nicht sicher war, ob nun ein Baby dahintersteckte oder doch eher ein üppiger Sonntagsbraten. Johanna selbst hatte eher zur zweiten Kategorie gehört. Ihre Schwangerschaft mit Marie war unkompliziert gewesen, sie hatte fast bis zum Schluss durchgearbeitet, sodass sich die neun Monate im Rückblick anfühlten wie ein Wimpernschlag. Johannas Bauch war so klein und fest gewesen, dass schon fünf Tage nach der Geburt niemand mehr auf die Idee gekommen wäre, dass bis vor kurzem noch ein Mensch darin herangewachsen war.

Thomas' Schwester Miriam hatte den fehlenden Körperumfang auf mangelnde Vorfreude geschoben. »Es gibt Frauen, die fürs Muttersein geboren wurden, und andere, die eher nebenbei Kinder kriegen. So als wäre ein Kind nur ein Schmuckstück, das in der Sammlung noch fehlt.«

Natürlich hatte Johanna sich maßlos darüber geärgert, aber gesagt hatte sie nichts. Sie wollte sich nicht dafür rechtfertigen, dass sie ihre Arbeit mochte, und noch viel weniger wollte sie jemanden davon überzeugen müssen, wie sehr sie Marie liebte. Denn das tat sie, vom ersten Atemzug an, bis zu dem Tag, an dem ...

Johannas Kehle schnürte sich zu, die Kälte kroch in ihren Nacken.

Das Problem war nicht das Mädchen selbst, sondern die verfluchten Erinnerungen, die es in ihr hervorrief. Sie hatte nicht alles hinter sich gelassen, um ausgerechnet hier und jetzt von der Vergangenheit eingeholt zu werden.

Das Mädchen musste weg, so viel stand fest! Gleich morgen früh würde sie ihr ein kleines Proviantpaket packen und sie dann fortschicken, hinaus in den Wald und in die Arme der Freiheit, von der sie sich in diese Sackgasse hatte locken lassen. Was kümmerte es Johanna schon, wie weit sie dabei kommen würde? Sie war kein guter Mensch, war keine von denen, die eine Welt vor dem Zusammensturz bewahrten, selbst wenn diese Welt noch so klein war, rund und fest wie ein Sechsmonatsbauch. Wenn das Mädchen alt genug war, sich schwängern zu lassen, musste es auch die Verantwortung für den Rest übernehmen. Johanna jedenfalls konnte sie nicht retten!

Entschlossen blies sie die Kerze aus, richtete sich ein Nachtlager aus Handtüchern und Decken auf dem Boden ein und rollte ihre Jacke zu einem Kopfkissen. Nicht das gemütlichste Bett, aber für eine Nacht würde es gehen. Morgen Abend würde sie wieder auf ihrer Pritsche liegen.

Noch bevor Johanna in der Früh die Augen aufschlug, bemerkte sie den pelzigen Belag auf ihrer Zunge und ein seltsames Ziehen hinter ihrem Bauchnabel. Es dauerte einen Augenblick, bis die Erinnerung zurück in ihr Gedächtnis sickerte und sie verstand, warum sie auf dem Holzboden lag.

Das Mädchen ...

Es hatte ihre Welt derart durcheinandergebracht, dass sie den ganzen Tag nichts gegessen und viel zu wenig getrunken hatte. Ihr Körper rächte sich nun mit Magenkrämpfen und einem Geschmack im Mund, als hätte sie eine halbverweste Ratte verschluckt. Außerdem tat ihr Kopf weh, und als sie sich mit einem Ächzen vom Boden erhob, spürte sie, dass auch ihr restlicher Körper Schmerzen für sie bereithielt. Ihr Rücken war steif, ihre Schultern und Ellenbogen drückten, und ihre Hüfte fühlte sich an, als hätte sie unter einem umgestürzten Baumstamm gelegen.

Sie wusste ja, dass sie mit ihren fünfzig Jahren nicht mehr die Jüngste war, aber heute fühlte sie sich zum ersten Mal alt.

Stöhnend stützte sie sich am Küchenschrank ab, griff nach dem Wasserkrug und füllte einen Becher bis zum Rand. Erst als sie ausgetrunken hatte, drehte sie sich zum Mädchen um und ließ im selben Moment den Becher fallen. Ein paar Mal rieb sie sich über die trockenen Augen, aber auch dann änderte sich nichts: Die Liege war leer – das Mädchen weg, einfach verschwunden.

Nur die zerwühlte Decke erinnerte daran, dass jemand auf der dünnen Matratze geschlafen hatte.

Ungläubig schnellte Johanna vor und tastete über das Laken. Es war noch warm, nur ein wenig, aber immerhin. Sie konnte noch nicht lange weg sein. War sie denn nicht bei Sinnen, dass sie alleine in den Wald hinauslief, ohne Schutz oder einen Plan, aber dafür mit einer Schusswunde an der Wade und einem Baby im Bauch?

In Johanna stieg ein grässliches Gefühl der Machtlosigkeit auf. Wie konnte die Kleine nur so kurzsichtig sein, so naiv? Wollte das dumme Ding wirklich sterben?

Johannas Puls schoss in die Höhe. Alle Schmerzen waren vergessen, dafür drehte sich die Hütte vor ihren Augen. Was zum Teufel passierte nur mit ihr? Gerade war sie doch noch fest entschlossen gewesen, die Kleine ohnehin wegzuschicken! Warum versetzte ihr Verschwinden sie dann in solche Unruhe, wieso empfand sie Hilflosigkeit statt Erleichterung, weshalb gefror ihr das Blut in den Adern? Das alles machte keinen Sinn, schlimmer noch: Es machte sie wahnsinnig!

Und dann kam Johanna ein anderer Gedanke. Was, wenn die Kleine nicht nur verschwunden war, sondern sie auch noch bestohlen hatte?

Blitzschnell wanderten ihre Augen durch den Raum. Auf den ersten Blick sah alles unverändert aus. Aber wer wusste schon, wie tief Johanna geschlafen hatte? Sie eilte auf den Küchenschrank zu und riss die Türen auf. Die Dose mit dem Bargeld war noch immer an ihrem Platz, und auch das Holzkästchen befand sich dort, wo sie es gestern verstaut hatte. Als Johanna sich zum Tisch umdrehte, sah sie, dass nicht mal der letzte Kanten Brot verschwunden war. War das Mädchen etwa gegangen, ohne zu essen? Wenn ja, war die Kleine noch kurzsichtiger, als Johanna angenommen hatte. Der Wald war keine Speisekammer, den meisten Menschen war er ja nicht einmal ein Freund! Und dass der Winter bereits seine Finger ausstreckte, machte die Sache nicht einfacher.

Johanna biss sich auf die Unterlippe, bis der Schmerz unerträglich wurde. Am schlimmsten war nicht, dass ihre Gedanken verrücktspielten, sondern dass sich ihre Gefühle nicht greifen ließen. Was war nur los mit ihr? Wieso konnte sie die Sorgen um das Mädchen nicht abstreifen und bei allen anderen Erinnerungen begraben?

Weil es einen Unterschied macht, schoss es ihr durch den Kopf, und sie zuckte zusammen. Sie konnte Marie nicht mehr helfen und auch sich selbst nicht. Aber das Mädchen lebte noch, es hatte eine Chance. Johanna hatte zwar keine Ahnung, wie diese aussehen sollte, aber sie musste ihr zumindest helfen, wieder auf die Beine zu kommen. Hinterher konnte die Kleine gehen, wohin sie wollte.

Ohne weiter nachzudenken, riss Johanna die Tür auf und stürmte hinaus in den Wintermorgen. Der Boden war heute zum ersten Mal gefroren, und auch die Luft war schneidend kalt. Johannas Jacke lag noch immer aufgerollt auf ihrem Nachtlager, aber sie konnte sich jetzt nicht mit der Frage aufhalten, ob sie fror oder nicht.

Ihr Blick sprang zwischen den Baumstämmen hin und her, die wie stumme Wächter im Kreis salutierten. Nichts wies darauf hin, in welche Richtung die Kleine verschwunden war. Johanna konnte aber nicht einfach blind loslaufen, das wäre leichtsinnig und würde nirgendwohin führen – außer vielleicht zu einer schlimmen Erkältung.

Schweratmend schloss sie die Augen. Sie musste sich konzentrieren, es musste etwas geben, was sie tun konnte!

»Ist Ihnen nicht kalt?«

Johanna riss die Augen auf und fuhr auf der Stelle herum. Rechts bei den Eimern stand das Mädchen und blickte sie fragend an. Es hatte wie gestern all seine Hosen übereinander gezogen und die Jacke fest vorm Bauch verschlossen.

In Johannas Ohren rauschte es, das Blut pulsierte in ihren Schläfen. Doch statt Erleichterung spürte sie blinde Wut in sich aufwallen. »Bist du nicht bei Trost? Du kannst nicht einfach hier draußen herumspazieren!«

Sie stapfte auf die Kleine zu und wollte sie packen, aber das Mädchen drehte schützend die Arme zur Seite. »Vorsicht, sonst gehen sie kaputt!«

»Kaputt?« Johanna hielt inne und sah sie verständnislos an. Ein Lächeln legt sich auf die Lippen der Kleinen. Stolz schob sie ihre Hände vor, und erst jetzt bemerkte Johanna, dass sich darin etwas verbarg.

»Ich war beim Huhn.« Als das Mädchen die Hände öffnete und seinen Schatz preisgab, verschlug es Johanna den Atem. »Zwei Eier«, freute sich die Kleine. »Wenn das kein gutes Zeichen ist!«

Sprachlos sah Johanna von den offenen Handflächen zum Gesicht des Mädchens und wieder zurück und konnte es selbst nicht glauben.

Die verdammte Henne hatte zwei Eier gelegt. Ausgerechnet heute.

MYLÈNE
April 2019

Mylène hatte keine Ahnung, in welche Richtung sie gefahren war, sie wusste nur, dass sie nicht aufhören durfte, zu strampeln. Solange sie in Bewegung war, konnte sie nichts und niemand einholen, nicht Henri und Marianne, nicht ihr Geständnis und auch nicht die Wahrheit – vor allen Dingen nicht die Wahrheit!

Mylène wollte losschreien, aber dafür fehlte ihr die Luft. Schweißperlen rannen wie Regentropfen an ihrer Stirn hinab und brannten in ihren Augen, ihr Shirt klebte an ihrem Rücken wie eine zweite Haut. Am liebsten hätte sie sich diese Haut mitsamt der Erinnerung an diesen ganzen verfluchten Tag vom Leib gerissen.

Noch immer ergab es keinen Sinn! Mylène schaffte es nicht, die Puzzleteile zu einem klaren Bild zusammenzusetzen, die Seiten griffen nicht ineinander, sie fügten sich nicht ein, und das machte die Sache nur noch schmerzhafter. Jedes noch so kleine Teil war der Splitter einer Bombe, die ihre Eltern gezündet hatten, und diese Splitter bohrten sich nun in ihr Fleisch, fraßen sich hungrig in ihr Herz und löschten das aus, was sie für wahr gehalten hatte. Ein Mensch war die Summe seiner Erfahrungen – aber was blieb von ihm übrig, wenn diese Erfahrungen falsch waren, nichts weiter als eine Lüge?

Mylène stieß nun doch einen Schrei aus, der von der Pariser Nacht verschluckt wurde. *Eltern* ... Sie hatte keine Eltern! Zumindest waren es nicht die, die sie ihr Leben lang so genannt hatte. »Maman« und »Papa« waren nicht mehr als leere Worte, die Hülsen von etwas, was eigentlich hätte wertvoll sein sollen und sich jetzt als ein riesengroßer Verrat entpuppt hatte. Am liebsten hätte sie die beiden vertrauten Worte ausgespuckt wie zwei faule Trauben! Wie hatten die beiden nur so egoistisch sein können, warum hatten sie ihr die Wahrheit all die Jahre vorenthalten?

Adoption. Ein weiteres Wort, das sich völlig falsch anfühlte, weil es nichts damit zu tun hatte, was sie bis gerade eben noch für ihr Leben gehalten hatte.

»Als wärst du unser eigenes Kind«, hatten Marianne und Henri gesagt, mehrfach sogar, und dabei hatten beide leise geweint. Dabei wäre Mylène doch diejenige gewesen, die das Recht gehabt hätte zu weinen! *Sie* war es, die an ein Phantom von Familie und Sicherheit geglaubt hatte. *Ihr* Leben war es, das auf einer Lüge basierte, einer Lüge, die groß war und stank wie einer dieser gigantischen Hundehaufen an den Uferläufen der Seine. Von einer Sekunde auf die andere hatte sie keine Eltern mehr, hatte im Grunde nie welche gehabt.

Bei diesem Gedanken wurde ihr schwindelig.

Ihr linker Fuß glitt vom Pedal. Sie versuchte noch, das Gleichgewicht wiederherzustellen, aber es war zwecklos. Sie würde einen Sturz nicht verhindern können, im Grunde befand sie sich ja schon längst im freien Fall ...

Vom Aufprall selbst spürte sie kaum etwas, nur die Geräusche, die damit einhergingen, waren aufdringlich und fremd. Da waren ein Scheppern, ein dumpfer Schlag und irgendwann das

Kreischen von Bremsen. Schritte, die sich näherten, ein Ächzen – die Melodie der Kapitulation?

Und dann doch noch Schmerz, unvermittelt und an mehr Stellen, als Mylène benennen konnte. Sie versuchte sich auf dem Asphalt auf die Seite zu drehen, tastete blind nach ihrer Stirn, die Welt vor ihren Augen verschwommen.

Ihren Helm hatte sie bei Henri und Marianne liegen lassen, hatte überstürzt nach Umschlag und Tasche gegriffen und war hinausgestürmt. Das hier war wohl die Quittung. Blut an den Fingerkuppen, wässrig und warm, Platzwunde …

»Nicht bewegen!« Fremde Hände drückten sie zurück auf den Boden, rollten sie vorsichtig auf die Seite. »Wir müssen dich stabilisieren.«

Mylène musste lachen, aber es tat weh. »Ich brauche keine Seitenlage.« Sie schlug die Hände weg und erschrak über den Klang ihrer Stimme. Wie hatte sie sich so schnell so fremd werden können?

»Vielleicht ist irgendwas gebrochen, der Sturz sah wirklich mies aus. Du bist mindestens drei Meter weit geflogen!«

Mylène drehte den Kopf und betrachtete den jungen Mann an ihrer Seite. Ein paar Meter hinter ihm stand sein Auto, die Fahrertür weit aufgerissen. Sie schirmte ihre Augen gegen das grelle Scheinwerferlicht ab und versuchte, sich aufzurichten.

Der Fremde schob ungefragt seinen Arm unter ihre Achseln und half ihr auf. »Du solltest nicht …«

»Mir geht's gut.«

»Sieht aber nicht so aus.«

Mylènes Finger folgten seinem Blick an ihre Stirn. Als sie ihre Augenbraue ein zweites Mal berührte, fuhr der Schmerz wie ein Stromschlag in alle Glieder. Sie stöhnte.

»Ich rufe einen Krankenwagen.« Der Fremde fischte ein Smartphone aus seiner Gesäßtasche, aber Mylène protestierte mit einem Kopfschütteln.

»Nein.«

»Du blutest und …«

»Ich will keinen Krankenwagen!« Mit einem Mal wurde sie von einer derartigen Wut gepackt, dass sich ihre Stimme überschlug. »Ich brauche keine Hilfe, von niemandem! Die Einzige, auf die ich mich verlassen kann, bin ich selbst – also lasst mich verdammt nochmal in Ruhe!«

Natürlich galt ihr Zorn im Grunde nicht ihm, aber er verfehlte seine Wirkung nicht. Der junge Mann stand reglos da, den Mund halb geöffnet, als hätte sie ihn mit der Pausentaste einer Fernbedienung zum Stillstand verdammt. Mylène nutzte die Gelegenheit und hob ihre Tasche vom Boden auf. Ihr Rad war in sich verdreht, sie würde es liegen lassen, zurücklassen als Teil dieses nächtlichen Stilllebens aus Speichen und Entsetzen im kegelförmigen Licht. Mit einem Ächzen schob sie sich den Riemen ihrer Tasche über die Schulter und humpelte davon.

Es dauerte eine Weile, bis sie einen Weg zum Fluss fand. Die Seine war die Hauptschlagader von Paris, ein pulsierender Strom aus Leben und Verderben, Auftrieb und Untergang. Von hier aus würde sie überallhin finden – und nirgendwo.

Obwohl es spät war, herrschte noch immer reger Verkehr. Mylène wich Autos, Radfahrern und Joggern aus, einen weiteren Zusammenstoß wollte sie nicht riskieren. Mit jedem Schritt sickerten mehr Schmerzen aus ihren Gliedern in ihr Bewusstsein. Die Wunde über dem Auge hatte offenbar aufgehört zu bluten, aber ihr Hüftknochen pochte, und sie hatte sich die Ellenbogen aufgeschlagen.

Eine Frau im Cape, die mit ihrem Pudel am Quai entlangspazierte, zuckte bei ihrem Anblick zusammen und bot Hilfe an, aber Mylène lehnte auch diesmal ab. Sie wollte keine Hilfe und keinen Arzt. Kein Pflaster, keine Medizin der Welt konnte den Schmerz lindern, der sich hinter ihren Rippenbögen festgesetzt hatte.

Stöhnend stieg sie die unebenen Stufen zur Seine hinunter und ließ sich am Ufer nieder. Unter den beleuchteten Brückenbögen schipperten noch immer eine Handvoll Bateaux Mouches hindurch, versprachen ihren Gästen ein Bootsabenteuer bei Nacht – und wirksame Tabletten gegen Übelkeit.

Mylène krempelte die Hosenbeine ihrer weitgeschnittenen Jeans bis zu den Knien hinauf. Der hellblaue Jeansstoff war schmutzig, aber nicht zerrissen. Trotzdem waren beide Kniescheiben darunter aufgeschürft. Kein Wunder, dass jeder Schritt wehtat. Sie tupfte vorsichtig etwas Speichel auf die Wunden, als das Handy in ihrer Tasche zu klingeln begann.

Wie auf Knopfdruck schoss Mylènes Puls in die Höhe. Sie zögerte, zog das Telefon heraus und blickte auf das Display – aber es waren nicht Henri und Marianne, wie sie erwartet hatte, sondern Frédéric.

Mylène schämte sich, dass sie keine Erleichterung spürte, im Gegenteil. Sie wollte nicht mit Frédéric sprechen, dabei konnte er nichts dafür. Vermutlich hatten Marianne und Henri ihn angerufen und aufgeklärt, aber selbst wenn er noch nichts von alldem wusste, was ihre Welt so gewaltig aus den Fugen gebracht hatte, konnte sie jetzt nicht mit ihm reden. Wie sollte sie etwas erklären, was sie nicht verstand?

Mit einem schlechten Gewissen drückte sie den Anruf weg

und stellte das Telefon lautlos. Sie brauchte Ruhe und musste nachdenken, musste sich klar darüber werden, wo sie stand und woran sie noch festhalten konnte. Glich nicht jedes Leben einem Haus, das auf einem Fundament gebaut wurde? Wenn ihr dieses Fundament nun aber unter den Füßen weggezogen wurde, was bliebe dann noch von ihrem Haus?

Frédéric war der Mann, mit dem sie ihre Zukunft teilen wollte, aber wie sollte das gelingen, wenn ihre Vergangenheit wie ein Kartenhaus in sich zusammenfiel? An wen oder was sollte sie noch glauben, wenn sich selbst ihre Erfahrungen als Illusion entpuppten, auf was jemals wieder vertrauen? Verloren wiegte sie den Kopf auf ihren Schultern hin und her.

Übelkeit stieg in ihr auf. Ihr ganzer Körper rebellierte. Die Wunden pochten wie verrückt, und das Blut pulsierte so laut in ihren Ohren, dass es beinahe wehtat. Ihre schmerzhaften Gedanken aber konnte es nicht übertönen. Konnte sie überhaupt noch sagen, wer sie war, wenn sie nicht wusste, welcher Teil von ihr auf einer Illusion basierte, auf einer Lüge? Diese Verunsicherung tat am meisten weh. In den letzten Jahren hatte sie so hart gekämpft, niemand hatte gewusst, ob *Choupinette* überhaupt funktionieren würde. Aber sie hatte es trotzdem gewagt, weil sie sich einer Sache immer ganz sicher gewesen war: dass Mylène Benoît nicht tief fallen konnte, weil Marianne und Henri für sie da waren und unerschütterlich daran glaubten, dass ihre Tochter immer auf den Füßen landen würde. Weil sie ihr, wenn die Dunkelheit kam, stets ein Licht ins Fenster stellten, an dem sie sich orientieren konnte. Doch durch die Lüge war dieses Licht erloschen, genau wie das Vertrauen in alles, worauf sie ihr Leben aufgebaut hatte. Wie sollte sie noch stehen bleiben, wenn da kein Grund mehr war, der sie trug?

Mylène spürte, wie ihre Augen feucht wurden. Reichte es nicht, dass sie mit aufgeschlagenen Knien am Flussufer saß, musste sie nun auch noch losheulen wie ein Kind? Sie presste die gereizten Lider aufeinander und griff nach dem Schlüssel an ihrem Hals. Sein vertrautes Profil gab ihr sofort Geborgenheit.

Trotzdem waren die Fragezeichen in ihrem Kopf so groß, dass sie problemlos unter ihrem Gewicht hätte ersticken können. Wenn Marianne und Henri nicht ihre leiblichen Eltern waren, wer war es dann? War sie nicht erwünscht gewesen, wurde sie nicht vermisst, nie gesucht? Und hatte sie wirklich niemals gespürt, dass etwas nicht stimmte, dass sie anders war, dass …?

Plötzlich kamen ihr die Worte des Anwaltes in den Sinn. *Sie werden es verstehen, wenn Sie den Brief gelesen haben.*

Der Brief, natürlich …

Mit ihm hatte heute Mittag alles angefangen. Er hatte ihr Leben aus der Spur gebracht, aber Mylène bezweifelte, dass er es auch wieder zurücksetzen würde. Unsicher zog sie den Umschlag aus der Tasche. Weiches Papier, fast warm. Das Rauschen in ihren Ohren verstärkte sich erneut. Wenn sie den Finger unter die Lasche schob, würde es kein Zurück mehr geben.

Natürlich wünschte sie sich Antworten. Sie wusste nur nicht, ob sie bereit dafür war. Wo blieb das Licht im Fenster, der Spalt zwischen den schweren Vorhängen?

Vermutlich war es am einfachsten zu ertragen, wenn sie es schnell hinter sich brachte, wie das Abziehen eines Pflasters.

Das Papier riss, ein Geräusch, das hier nicht hingehörte, nicht an den Fluss, nicht in die Nacht, nicht in ihr Leben. Mylènes Finger zitterten, als sie den Brief aus dem Umschlag zog, an ihren Spitzen noch immer Blüten aus Blut, trocken und rostbraun.

Wenn sie die Hand öffnete, würde der Brief hinausgleiten –

ihn dem Strom zu überlassen wäre ganz leicht. Aber wer würde ihr dann Antworten geben?

Das Horn eines Schiffes ertönte, füllte die milde Nachtluft mit der Ahnung von Aufbruch.

Mylène sah auf das Papier hinab. Der Kopf voll, das Herz leer.

Wenn sie weiter weglaufen wollte, musste sie wissen, vor wem.

HOLLY
Mai 2003

Holly fühlte sich wie die Hauptfigur in einem schlechten Agentenfilm. Statt eines maßgeschneiderten Anzugs trug sie eine himmelblaue Joggingkombination, die an den Hüften schlackerte, weil sie in den letzten Wochen ein paar Kilo verloren hatte, und anstelle einer kleinkalibrigen 007-Waffe klammerte sie sich krampfhaft an einem lächerlichen Stück Papier fest.

Wenigstens hatte sie sich eine von Sashas Riesensonnenbrillen ausgeliehen, hinter der sie nun ihr halbes Gesicht, vor allem aber ihre gigantischen Augenringe verbergen konnte.

Hollys Vater war der größte James-Bond-Fan aller Zeiten, letztes Jahr hatten sie gemeinsam *Stirb an einem anderen Tag* im Kino gesehen, und Holly versuchte sich zu erinnern, ob Pierce Brosnan oder einer seiner Vorgänger jemals Schatten in der Größe von Untertassen unter den Augen zur Schau getragen hatten.

Aber natürlich hinkte der Vergleich. James Bond hatte zwar viele Gesichter, aber er war ein Held, einer von den Guten, wohingegen Holly McAllister nur ein zu groß gewachsenes Mädchen war, das eine Grand-Canyon-tiefe Schuld auf sich geladen hatte. Wie hätte sich der Schatten dieser Schuld *nicht* auf ihr Gesicht legen können?

Die Adresse, die Jay ihr notiert hatte, lag in einer Seitenstraße in Westchester, die Häuser waren niedrig gebaut. Sicherlich wohnten hier nicht die oberen Zehntausend, aber die Nachbarschaft schien sicher und freundlich, und die Hauseingänge und Fenster vermittelten den Eindruck, als würde man sich hier umeinander kümmern.

In einigen Fenstern konnte Holly Blumenvasen und karierte Vorhänge erkennen, auf zwei Fensterbänken hockten Katzen, und vor ein paar Hauseingängen hatten die Anwohner sogar Pflanzen in großen Kübeln aufgestellt.

Natürlich war nichts davon vergleichbar mit Grand Rapids, das hier war immerhin eine Megastadt und nicht Michigan. Trotzdem vermittelten all diese Details eine Art Gemütlichkeit, die Holly sofort wieder Tränen in die Augen trieb. Ihretwegen hatte die Gemütlichkeit einen Riss bekommen, sie war dafür verantwortlich, dass das Idyll aus dem Gleichgewicht gebracht worden war und ein Mitglied fehlte und fortan für immer fehlen würde. Der Kloß in Hollys Kehle wurde größer und größer. Sie durfte jetzt auf keinen Fall anfangen zu hyperventilieren wie beim ersten Mal, als sie hier gewesen war.

Letzte Woche war sie schon einmal hierhergekommen, allerdings nach Einbruch der Dunkelheit. Wie ein Eindringling hatte sie sich von Mülltonne zu Mülltonne geschlichen, um im Zweifelsfall hinter irgendetwas abtauchen zu können. Aber keine Blechtonne hatte sie vor dem schützen können, was sie dann überrollt hatte. Es gab keinen Ort, an dem sie sich vor ihren Gefühlen verstecken konnte.

Sie war gerade mal bis zur Hausnummer Siebzehn gekommen, als ihre Knie wie Jell-O-Wackelpudding nachgegeben hatten. Nach Luft ringend war sie auf alle viere gesunken, hatte die Augen geschlossen und versucht, sich zu beruhigen. Aber vergebens. Die lärmenden Vorwürfe in ihrem Kopf hatten sie beinahe um den Verstand gebracht. Hätte sie nicht irgendwann jemand an der Schulter berührt und zur Flucht bewegt, wäre sie vermutlich an Ort und Stelle bewusstlos geworden.

Heute würde ihr das nicht passieren. Sie war vorbereitet und wollte es endlich hinter sich bringen.

Natürlich wusste sie nicht mit Sicherheit, ob es ihr helfen würde, sich der Wirklichkeit zu stellen, aber irgendetwas tief in ihr sagte ihr, dass sie nicht weiterkam, wenn sie es nicht versuchte.

Angespannt blickte Holly zur Seite. Sie war bis zum Haus Nummer dreiundsechzig gekommen und hatte sich bisher an keiner einzigen Mülltonne festgehalten. Allerdings wurde das Papier in ihrer Hand langsam feucht. Es war warm und wellte sich an den Rändern, aber zum Glück hatte Jay die Adresse mit einem Kugelschreiber notiert. Die Buchstaben konnten nicht davonschwimmen.

Holly gab sich einen Ruck und marschierte weiter. Als sie ein paar Minuten später vor dem Haus mit der Nummer iii stehen blieb, wurden ihre Knie doch wieder weich.

In ihrer Vorstellung war Jays Zuhause immer schemenhaft geblieben, ein wenig weichgezeichnet, nicht greifbar. Dieses Haus hier war ziemlich real, *zu* real für Hollys Geschmack. Sie stand zwar auf der gegenüberliegenden Straßenseite, aber selbst mit diesem Sicherheitsabstand fühlte sie sich auf seltsame Weise von dem Gebäude bedrängt. Viermal blickte sie auf den Notizzettel, nur um jedes Mal aufs Neue festzustellen, dass sie ihr Ziel tatsächlich erreicht hatte.

Dabei sah dieses Mehrfamilienhaus auch noch ziemlich

schön aus. Die Fassade war in einem hellen Blau gestrichen, das haargenau zu Hollys Jogginganzug passte. Im Zweifelsfall konnte sie sich einfach vor die Wand stellen und mit dem Hintergrund verschmelzen, dann würde vielleicht niemand Notiz von ihr nehmen. Die Haustür war mohnblumenrot, und Holly erkannte aus der Ferne, dass sich daneben mindestens fünf Klingelschilder befanden, vielleicht sogar sechs. Hier hatte Jay also gelebt.

Hier lebte ihr Freund noch immer.

Holly versuchte zu schlucken, aber ihre Kehle war plötzlich staubtrocken. Als ihr Blick an der Hausfassade hinaufglitt, rauschte es in ihren Ohren. Hinter einem dieser Fenster war vor wenigen Wochen eine Welt zerbrochen. Aber hinter welchem?

Eigentlich hatte Holly damit gerechnet, dass ihr das Elend direkt ins Gesicht springen und sie niederreißen würde, so wie sie es verdient hatte. Jetzt aber stellte sie fest, dass sich das Unglück erstaunlich gut tarnte. Nichts an diesen Fenstern dort drüben wirkte verzweifelt oder gequält, vielmehr strahlte das Haus eine unerschütterliche Friedlichkeit aus.

Aber dieser Schein musste trügen.

Holly biss sich auf die Lippe, bis ihr der Schmerz erneut Tränen in die Augen trieb. Sie zwang sich, genauer hinzusehen. Irgendwo musste es einen Hinweis darauf geben, welches Leben sie zerstört hatte.

Sie hob Sashas Riesenbrille kurz an, aber auch so konnte sie hinter den Fenstern nicht viel mehr entdecken als ein paar Vorhänge und eine Handvoll Zimmerpflanzen. Unmöglich zu sagen, wer hinter diesen Fenstern lebte oder litt. Für mehr Gewissheit müsste sie vermutlich näher heran, doch Holly war sich nicht sicher, ob sie das wollte.

Mit einem Mal packte sie wieder Panik. Was hatte sie sich nur bei der ganzen Sache gedacht? Es war wahnsinnig herzukommen, unverschämt! Sie hatte alles kaputtgemacht, also hatte sie kein Recht, hier zu sein, im Grunde hatte sie ja nicht einmal das Recht zu atmen! Dieses Recht hatte sie Jay gestohlen, und jetzt stand sie vor der Wohnung des Mannes, der sie geliebt hatte, und erwartete was genau? Tränen, Beschimpfungen – *Vergebung?*

Holly fuhr sich mit der Hand über den Mund. Wollte sie ernsthaft an Matts Tür klopfen und mit ihm reden? Wollte sie sich zu erkennen geben und ihm ihre Schuld offenbaren? Oder reichte es, hier gewesen zu sein und sich davon überzeugt zu haben, wie es Jays Freund ging? Und wie sollte es ihm schon gehen, wenige Wochen, nachdem er seine Freundin verloren hatte?

Plötzlich wurde ihr speiübel.

Am liebsten hätte sie ein Loch in den Asphalt gegraben, um für immer darin zu versinken. Wie hatte sie nur so dumm sein können, herzukommen? Sie wusste doch gar nichts über diesen Matt! Es konnte gut sein, dass das hier gar nicht sein Zuhause war, sondern nur Jays Adresse. Sie hatte zwar gesagt, er würde für sie kochen, aber das bedeutete nicht automatisch, dass er sich mit ihr die Wohnung teilte. Und selbst wenn er hier lebte, wie sollte sie ihn unter allen Hausbewohnern identifizieren? Sie wusste seinen Nachnamen nicht, kannte ja nicht einmal den von Jay! An welche Tür sollte sie klopfen, hinter welcher Klingel verbarg sich der Spiegel ihrer Schuld?

Niedergeschlagen ließ Holly ihre Schultern sinken. Die ganze Sache war ein Fehler gewesen, sie war noch nicht bereit dafür, vielleicht würde sie es niemals sein. Aber heute und in ihrem Zustand konnte sie diesem Matt auf keinen Fall unter die Augen treten.

Eine Welle der Erleichterung packte Holly – und sie ließ versehentlich den Zettel in ihrer Hand los. Noch während sie sich nach dem Stück Papier bückte, wurde es von einem Windstoß ergriffen, wie ein tanzendes Kind durch die Luft gewirbelt und auf die Straße getragen. Ohne nachzudenken, hastete Holly hinterher. Erst als der Ausreißer am Kantstein auf der gegenüberliegenden Seite hängenblieb, bekam sie ihn zu fassen.

Zufrieden richtete Holly sich auf, als sich die rote Tür der III öffnete und ein junger Mann auf den Gehweg trat. Er war vielleicht Ende dreißig, hatte ebenso blondes Haar wie sie und war höchstens einen halben Kopf größer.

Holly erstarrte. Konnte das Matt sein?

Am liebsten wäre sie kopfüber in eine Hecke gesprungen, aber leider war keine in Sicht. Der Mann beachtete sie allerdings nicht. Er nestelte einen Moment an den Kopfhörern seines silbernen Discmans herum und setzte sich dann in Bewegung. Als er an Holly vorbeispazierte, hatte sie das Gefühl, in ihrem Kopf würde sich literweise Blut stauen. Es pochte und rauschte und pulsierte, und Holly fürchtete schon, unter dem Druck zu explodieren, doch dann bog der Fremde endlich um die Straßenecke, und sie traute sich wieder zu atmen.

Das *musste* Matt gewesen sein! Er war aus dem richtigen Haus gekommen, hatte in etwa das richtige Alter – und dann war da noch dieser Hauch von Wehmut auf seinem Gesicht, den Holly beim Vorbeigehen wahrgenommen hatte.

Jetzt wusste sie also, wie er aussah. Matt. *Matt, Matt, Matt.* Sie wiederholte seinen Namen in Gedanken, um herauszufinden, was das mit ihr machte, aber es ließ sich kein Gefühl greifen. Vielleicht musste sie mehr über ihn in Erfahrung bringen, um das Ausmaß dessen zu verstehen, was sie ihm angetan hatte?

Sein Nachname wäre ein guter Anfang.

Mechanisch setzten sich Hollys Beine in Bewegung und steuerten auf die Mohnblumentür zu. Obwohl Matt gerade erst verschwunden war und sicher nicht gleich zurückkehren würde, war Holly ziemlich aufgeregt, als ihr Blick über die Klingelschilder glitt. Sie nahm Sashas Sonnenbrille ab, und trotzdem kam ihr keiner der Namen bekannt vor. Jeder Name war in einer anderen Handschrift notiert, und Holly fiel ein, dass sie die Handschriften mit Jays Notiz vergleichen konnte – vorausgesetzt, Jay hatte ihr eigenes Klingelschild beschriftet. Nervös öffnete Holly ihre Finger um das warme Stück Papier und studierte die Buchstaben.

»Kann ich Ihnen weiterhelfen?«

Holly zuckte zusammen und drehte sich ruckartig um. Hinter ihr stand eine ältere Dame in einem viel zu warmen, bodenlangen Mantel und lächelte sie freundlich an. Ihre dünnen Arme wurden von einem schweren Einkaufsbeutel nach unten gezogen.

Holly verlagerte ihr Gewicht von einem Bein aufs andere und wieder zurück. »Ich wollte nur …«

Die ältere Dame schob sich lächelnd an ihr vorbei und steckte ihren Schlüssel ins Schloss. Dabei fiel ihr Blick auf die Notiz in Hollys Hand. »Suchen Sie jemanden?«

Ertappt stopfte Holly das Beweismittel in ihre Hosentasche. »Hab mich in der Tür geirrt.«

»Nicht doch, Schätzchen«, erwiderte die fremde Frau und lächelte noch breiter. »Das hier ist die 111, genau wie Sie notiert haben.«

Holly schloss für einen Moment die Augen. Am liebsten hätte sie sich geohrfeigt. Warum hatte sie auch so nah herankommen müssen?

Doch bevor sie sich eine glaubhafte Ausrede ausdenken konnte, spürte sie die Hand der Frau auf ihrem Unterarm. »Sie wollen zu Matt, oder?« Ein seltsamer Ausdruck der Begeisterung legte sich um die Fältchen an ihren Augen.

Holly verzog das Gesicht. Viel schlimmer konnte es wirklich nicht werden! Jetzt half nur noch die Flucht nach vorne.

»Sie haben mich ertappt«, gab sie zu und hob vorsichtshalber die Hände.

Die Alte drückte grinsend die Tür zum Treppenhaus auf. »Na, dann kommen Sie mal mit rein.«

»Nein, nein, ich …«

»Sie sind sicher wegen der Anzeige da.«

»Anzeige?« Holly hatte keinen Schimmer, wovon sie sprach, aber die ältere Dame interessierte sich nicht für ihre offenkundige Unwissenheit.

»Wenn Sie schon mal hier sind, können Sie mir vielleicht den Einkauf hochtragen. Ich habe meine Kräfte heute etwas überschätzt.« Mit einem filmreifen Ächzen ließ sie ihren Einkaufsbeutel zu Boden sinken.

Holly klammerte sich an Sashas Riesenbrille fest. Ihr war nicht wohl bei dem Gedanken, in dieses Haus einzudringen. Aber konnte sie die arme Frau einfach stehen lassen und ihr ihre Hilfe verweigern?

»Natürlich trage ich Ihnen die Tasche hoch«, gab sie sich schließlich einen Ruck.

»Sie sind ein Schatz, das habe ich sofort gesehen!« Die Fremde griff bereits nach dem Treppengeländer und zog sich in Zeitlupe die Stufen hoch. »Ich muss in den ersten Stock. Dann können Sie gleich weiter zu Matt.«

Holly hob den schweren Einkaufsbeutel vom Boden und

folgte ihr mit einem Kloß im Hals. »Matt ist leider nicht da, ich habe schon …«

Ein gewaltiges Poltern ließ sie schlagartig verstummen, und im nächsten Moment ertönte ein Kreischen von oben.

Während Holly verstört auf dem Treppenabsatz stehen blieb, drehte sich die ältere Dame grinsend zu ihr um. »Der gute Matt ist wohl doch da!« Beinahe triumphierend setzte sie ihren Aufstieg fort.

Die feinen Härchen auf Hollys Unterarmen stellten sich auf. Matt hatte das Haus doch gerade erst verlassen – wie konnte seine Nachbarin sich dann so sicher sein, dass er da war? Und was hatte dieser schreckliche Lärm damit zu tun?

Holly spürte, dass sich ihre Muskulatur versteifte, und folgte der alten Dame mit gesenktem Blick. Sie musste diese Sache hier so schnell wie möglich hinter sich bringen, den Einkauf auf der nächstbesten Fußmatte abstellen und dann die Flucht ergreifen, bevor die Frau Matts Namen auch nur noch ein einziges Mal erwähnen konnte.

Doch kaum hatte sie den ersten Stock erreicht, ertönte ein weiteres heftiges Poltern hinter einer der beiden Türen, gefolgt von einem ohrenbetäubenden Schrei. Fassungslos starrte Holly von der Tür zur älteren Dame. Die wiederum wirkte nicht sonderlich verstört.

»Ich habe ja gesagt, sie sind zu Hause.«

Sie? Jetzt verstand Holly überhaupt nichts mehr.

»Ich stelle Ihnen die Tasche hier hin«, stammelte sie, lehnte den Beutel in den Türrahmen und eilte zurück zur Treppe.

In diesem Moment sprang die Tür der gegenüberliegenden Wohnung auf, und ein kleiner Junge stürmte kreischend heraus. »Ich will nicht, ich will nicht, ich will nicht!«

Holly versuchte, ihm auszuweichen, aber er rannte mit Volldampf in sie hinein. Während sie mit einem Schrei das Gleichgewicht verlor und zu Boden ging, huschte der kleine Kerl wie ein Wirbelwind an ihr vorbei und die Stufen hinab. Aus den Augenwinkeln konnte sie sehen, dass er keine Hosen trug, dafür aber eine Art Sieb auf dem Kopf, dann waren seine nackten Füße auch schon verschwunden.

Im nächsten Augenblick hörte sie eine neue Stimme hinter sich. »Oh Gott, es tut mir so leid! Sind Sie okay?«

Benommen rappelte Holly sich vom Boden auf und blickte in das erschrockene Gesicht eines Mannes. Seine Haare standen in wilden braunen Locken vom Kopf ab, unter seinen blauen Augen lagen dunkle Schatten, und überall auf seinem Shirt waren dünne Nudeln wie Pinselstriche drapiert. Sogar an seinem linken Ohr baumelten ein paar verlorene Spaghetti. Das hier war also Matt, der *echte* Matt.

Holly wollte etwas sagen, wusste aber nicht, was, und bevor sich ihr Mund auch nur öffnen konnte, war Matt aus der Hocke hochgeschnellt und brüllte seinerseits durchs Treppenhaus: »Lucas! Komm sofort zurück!«

»Weit kann er nicht kommen«, mischte sich nun die Nachbarin ein. »Du weißt ja, wie schwer die Haustür schließt. Vermutlich ist er wieder im Hof.« Sie zwinkerte und deutete dann mit unverkennbarer Begeisterung auf Holly. »Die junge Dame ist übrigens wegen der Anzeige hier.«

Matts Augen weiteten sich, und ein Ausdruck bodenloser Verzweiflung legte sich über sein müdes Gesicht. »Es tut mir leid! Er ist nicht immer so, das müssen Sie mir glauben!«

Holly verstand noch immer nicht, in welchem Film sie hier gelandet war. Matt aber schoss die Treppe hinab. »Geben Sie mir zwei Minuten, dann zeigen wir uns von unserer besten Seite!«

Mit einem Ächzen kam Holly zurück auf die Beine. Egal, was hier gerade im Gange war, es wurde höchste Zeit zu verschwinden.

»Lucas ist wirklich ein lieber Junge«, meldete sich die Nachbarin von der Seite. Sie hatte ihre Wohnungstür geöffnet und zog den schweren Einkaufsbeutel über die Schwelle. »Er hatte es nur nicht leicht in letzter Zeit. Seine Mutter ist gestorben.«

Sofort legte sich eine Klaue um Hollys Kehle und schnürte ihr die Luft ab. Obwohl sie sich Mühe gab, nicht zu genau hinzusehen, setzten sich die Einzelteile nun zu einer Gewissheit zusammen, einer neuen Wirklichkeit, der sie sich liebend gerne entzogen hätte.

Jay war tot, das wusste sie. Aber sie hatte nicht geahnt, dass dieser kleine Junge ihr …

Holly schloss die Augen und versuchte krampfhaft, das Bild zu verdrängen. Wieso hatte sie nicht gewusst, dass Jay ein Kind hatte?

»Alles in Ordnung?«, fragte die Nachbarin und legte ihre Hand auf Hollys Arm.

Holly musste die Tränen in ihren Augen zurückdrängen. Nichts war in Ordnung – und dass Jay einen Sohn hatte, machte alles noch viel, viel schlimmer! Holly hatte nicht nur Matts Leben zerstört, sondern auch das von Lucas. Wie sollte sie mit diesem Wissen jemals wieder in den Spiegel sehen können?

»Ich muss jetzt gehen«, presste sie hervor und senkte den Blick, damit die Nachbarin ihre Tränen nicht sah. Aber kaum hatte sie zwei Stufen hinabgenommen, tauchte ein schweratmender Matt am unteren Ende der Treppe auf. Er trug den schmollenden Lucas auf dem Arm und fegte sich ungeschickt ein paar Nudeln vom Oberkörper.

Geradezu hilflos blinzelte er Holly an. »Bitte gehen Sie nicht! Geben Sie uns eine Chance!«

»Eine Chance?« Holly runzelte verunsichert die Stirn.

Matt und Lucas kamen weiter auf sie zu. »Ich bitte Sie aus tiefstem Herzen: Vergessen Sie, was Sie gerade gesehen haben, und lassen Sie uns nochmal von vorne beginnen. Lucas und ich, wir sind … eigentlich ganz nett. Stimmt's, Kumpel?«

Er warf seinem Sohn einen auffordernden Blick zu, aber Lucas schob nur seine Unterlippe vor und vergrub das Gesicht am Hals seines Vaters.

Matt seufzte und kam weiter die Treppe hoch. »Wir brauchen einfach etwas Zeit und ein bisschen Unterstützung. Es würde schon reichen, wenn Sie an ein oder zwei Nachmittagen vorbeikommen.«

Jetzt blieb Holly vollends die Luft weg. Sie öffnete den Mund, um zu protestieren, doch Matt griff schon nach ihrer Hand und sah ihr flehend in die Augen. »Sie können sich nicht vorstellen, wie schwer es ist, in dieser Stadt einen vernünftigen Babysitter zu finden.«

JOHANNA
November 1987

Sie aßen schweigend, aber Johanna konnte nicht abstreiten, dass das verfluchte Ei besser schmeckte als je eines zuvor. Heute schlang das Mädchen nicht, sondern kaute langsam und bewusst, und es achtete darauf, immer erst nach Johanna zuzugreifen.

Johanna hatte eine Kanne Tee gekocht, und die warme Flüssigkeit half, das harte Brot aufzuweichen und in kleinen Bissen herunterzuschlucken. Sie musste dringend neues Brot backen, Mehl hatte sie zum Glück noch genug.

Außerdem ertappte sie sich bei der Sehnsucht nach einem Schluck Kaffee, dem echten. Sie konnte sich nicht daran erinnern, wann sie zuletzt einen getrunken oder das Bedürfnis danach verspürt hatte. Vielleicht konnte sie bei ihrem nächsten Besuch im Dorf ja welchen auftreiben?

Als Becher und Teller geleert waren, stand das Mädchen auf und trug das Geschirr zum Küchenschrank.

»Dein Humpeln ist stärker geworden«, stellte Johanna fest.

»Das ist nichts«, sagte das Mädchen und sah sich um. »Gibt es hier kein Wasser?«

»Natürlich gibt es Wasser.« Mit einem Nicken deutete Johanna auf den Krug. »Wenn's nicht genug ist, hole ich neues aus dem Brunnen.«

Die Kleine warf einen Blick in den Steinkrug. »Für das Geschirr wird's reichen.« Sie krempelte die Ärmel ihres Strickpullovers hoch und griff nach dem roten Lappen auf dem Fensterbrett.

Johanna erhob sich vom Tisch und nahm ihr den Stofffetzen aus der Hand. »Mit dem Ding putze ich Fenster und Schränke.« Sie nahm den richtigen Lappen. »Setz dich hin, ich mache das lieber selbst.«

Das Mädchen blieb einen Moment auf der Stelle stehen, bevor es sich schließlich in Bewegung setzte und mit einem unterdrückten Stöhnen zu seinem Stuhl zurückhumpelte.

»Sag mir lieber, was mit deinem Bein ist.«

»Das ist wirklich nichts«, wiederholte die Kleine und versuchte, sich ihre Schmerzen beim Hinsetzen nicht anmerken zu lassen.

Johanna rieb die Teller mit dem kalten Lappen ab. »Sieht aber nicht nach nichts aus. Oder wurdest du schon mit Schmerzen und einem Hinkebein geboren?«

Die Kleine schwieg.

Dass sie nun auch noch Sturheit an den Tag legte, konnte Johanna wirklich nicht gebrauchen. Gereizt stellte sie die Teller zum Trocknen neben den Ofen und drehte sich zu ihr um. »Dieses Humpeln kann darüber entscheiden, ob du da draußen lebst oder stirbst! Denkst du denn, ich lasse dich ewig hierbleiben?«

»Ich will ja gar nicht bleiben«, murmelte die Kleine trotzig.

»Wunderbar, ich will dich nämlich loswerden, am liebsten heute noch. Aber dafür wär's gut, wenn ich wüsste, was mit deinem Bein ist.«

Die Kleine zögerte und gab dann mit einem Stöhnen nach.

»Es tut heute mehr weh als gestern. Wo mich die Kugel getroffen hat.«

Johanna vergrub die Finger im nassen Lappen. Es konnte gut sein, dass die Kleine heute mehr Schmerz empfand, gestern hatte sie unter Schock gestanden. Wenn das Adrenalin, das sie direkt nach dem Schuss betäubt hatte, aus dem Blutkreislauf verschwunden war, konnten durchaus Schmerzen auftreten, die sie vorher nicht wahrgenommen hatte. Das alles musste nichts bedeuten. Trotzdem musste sie sich die Sache ansehen, bevor sie über weitere Schritte nachdenken konnte.

»Setz dich aufs Bett.« Johanna legte den Lappen weg und rieb sich die Hände an der Hose trocken, doch das Mädchen machte keine Anstalten, vom Stuhl aufzustehen.

»Mach schon!«, mahnte Johanna, und die Kleine schleppte sich mit einem Ächzen auf die Liege hinüber.

Wortlos und beherrscht schälte sie sich erst aus der ersten und dann aus der zweiten und dritten Hose. Johanna ging vor ihrer Wade in die Hocke und betrachtete die Wunde. Die Kugel hatte eine rillenartige Schneise hinterlassen, an deren Rändern das Fleisch rot und geschwollen aussah. Als Johanna behutsam mit den Fingern darüberstrich, zuckte das Mädchen zusammen.

»Hat sich entzündet«, stellte Johanna fest, auch wenn ihr diese Erkenntnis nicht gefiel.

Das Mädchen blinzelte sie unsicher an. »Aber Sie haben doch dieses Zeug draufgetan. *Sepso?*«

Ungläubig hob Johanna die Augenbrauen. Wollte die Kleine etwa ihr die Schuld für alles in die Schuhe schieben?

Schnaubend fuhr sie aus der Hocke hoch. »Was musst du dich auch mitten im Wald anschießen lassen! Wenn du zu Hause geblieben wärst, wär' das nicht passiert.«

»Ich habe kein Zuhause«, murmelte die Kleine und presste ihre blassroten Lippen zu einer schmalen Linie zusammen. Dann drehte sie das Gesicht zur Wand.

Johanna betrachtete sie eindringlich, Naivität und Trotz im Profil eines Kindes, und gab sich große Mühe, ihre Wut aufrechtzuerhalten, aber irgendwann ließ sie die Schultern sinken.

Dass sich die Wunde entzündet hatte, war nicht optimal, aber es musste auch noch kein Weltuntergang sein. Mit den richtigen Kräutern konnte sie sicher eine Salbe anrühren, die der Entzündung entgegenwirken würde. Ihre Mutter hatte das früher oft gemacht, Beinwellwurzel und Schafgarbe waren eine gute Grundlage, sie musste sich nur noch an die Einzelheiten erinnern.

Sie legte die Hand auf die Stirn des Mädchens, aber die Kleine schüttelte sie sofort ab. »Fieber hast du nicht«, murrte Johanna und nahm den Krug, der nun leer auf der Fensterbank stand.

»Heißt das, ich kann gehen?«

»Das heißt, wir müssen abwarten«, stellte Johanna klar und stiefelte zur Tür. »Ich hole Wasser und Kräuter, dann sehen wir weiter.«

Das Fieber kam am frühen Nachmittag. Die Kleine versuchte, sich nichts anmerken zu lassen, aber Johanna bemerkte sofort den trüben Glanz in ihren Augen, die Lider, die sich wie schwere Vorhänge nach unten senkten. Kurz danach bekam die Kleine Schüttelfrost, und an ihren Schläfen bildeten sich kleine, kalte Schweißperlen. Ihr Anblick weckte ein weiteres Mal Erinnerungen an Marie.

Johanna rang mit sich. Am liebsten hätte sie sich ihre Gefühle verboten, wäre aus ihnen hinausgeschlüpft wie aus einem staubigen Mantel, aber leider waren die Plagegeister stärker als sie. Sie konnte sich nicht vor ihnen verschließen, und deshalb konnte sie dem Mädchen auch nicht ihre Hilfe verwehren. Sie hatte das hier angefangen, also musste sie es zu Ende bringen. Auch wenn sie keinen Schimmer hatte, wie dieses Ende aussehen sollte.

Eines stand jedenfalls fest: Die Kleine würde mindestens zwei, vielleicht sogar drei oder vier Tage bleiben, bis die Entzündung abgeklungen wäre. Und das wiederum bedeutete, dass Johanna Vorkehrungen treffen musste.

Nach all den Jahren, in denen Johanna nur darauf reagiert hatte, was der Tag ihr brachte, war es seltsam, nun einen Plan schmieden zu müssen. Johanna hatte seit acht Jahren nicht mehr strategisch gedacht, aber die Anwesenheit des Mädchens machte es unerlässlich, einige Maßnahmen zu ergreifen – auch zu Johannas Schutz. Wenn Jochens Männer oder Gisa hier herumschnüffelten und das Mädchen fanden, würde es auch ihr an den Kragen gehen. Selbst wenn sie Glück hatte und Kurt wie immer zwei Augen zudrückte, wäre es mit ihrem ruhigen Leben hier draußen vorbei, sie würde ihr Refugium verlieren. Das konnte sie nicht riskieren, für keine verlorene Seele dieser Welt.

Zuerst musste sie sich um die Spuren kümmern, die kleinen, verborgenen Hinweise, die der Wald nicht verschluckt hatte und die Jochens Männer am Ende womöglich zu ihrer Hütte führen würden.

Die Kleine hatte zwar nicht stark geblutet, aber es konnte trotzdem sein, dass sie unterwegs ein paar Tropfen verloren hatte. Jochens Männer würden Letztere wohl kaum mit bloßem Auge erkennen, aber einige hatten Hunde bei sich, und die würden vermutlich eine Fährte aufnehmen. Johanna wusste, dass sie nicht jeden Tropfen Blut würde verwischen können. Es begann bereits zu dämmern, und die Nasen der Hunde sahen mehr, als ihre Augen es selbst bei Sonnenschein getan hätten. Sie würde die Köter irgendwie täuschen müssen, so viel stand fest.

Außerdem musste sie den Waldboden auf Fuß- oder Schleifspuren untersuchen. Sie hatte das Mädchen gestützt und nach Hause geführt, es war wahrscheinlich, dass sie dabei Spuren hinterlassen hatten, die kaum eine andere Erklärung als die Wahrheit zuließen.

Johanna öffnete den Küchenschrank, nahm die alte Taschenlampe heraus und überzeugte sich davon, dass die Batterien noch funktionierten.

»Wo gehst du hin?«

Offenbar hatte das Fieber die Kleine derart außer Gefecht gesetzt, dass sie das Siezen vergaß. Johanna störte das nicht. Hier draußen gab es keine Etikette, hier gab es nur den Menschen in seiner schlichtesten Form, ein atmender Klumpen Fleisch, der überleben wollte, selbst wenn es dafür keinen Grund gab.

»Ich muss mich um ein paar Dinge kümmern.« Johanna nahm ein Messer aus dem Block, vorsichtshalber. Wer wusste schon, wofür sie es unterwegs gebrauchen konnte.

»Ein paar Dinge?«, hakte das Mädchen heiser nach und hob mühevoll den Kopf von der Liege. »Du bringst aber nicht das Huhn um, oder?«

Das Huhn? Beinahe musste Johanna lachen. »Ruh dich aus, und kümmere dich nicht um das dumme Federvieh«, mahnte sie, aber die Kleine funkelte sie ernst an.

»Versprich es, sonst schleppe ich mich jetzt gleich in den Wald hinaus!«

»Du kannst dich doch kaum auf den Beinen halten.«

»Ich will trotzdem nicht, dass das Huhn meinetwegen stirbt. Also versprich es!«

Johanna stöhnte, griff nach ihrer grünen Strickmütze und öffnete die Tür. »Ich verspreche es. Und jetzt schlaf gefälligst, und werde gesund, sonst überlege ich's mir doch noch anders.«

Dabei hatte sie gar nicht vorgehabt, die dumme Henne zu töten – nicht heute zumindest. Aber die Sorge des Mädchens hatte sie auf eine Idee gebracht.

Das erste Stück des Weges legte sie ohne das Licht der Taschenlampe zurück. Es dämmerte zwar, aber Johanna war an Dunkelheit gewöhnt, immerhin spendete sie ihr auch Schutz. Erst als sie tiefer in den Wald vordrang und die Schatten der Baumkronen das letzte Tageslicht aufsogen, schaltete sie die Lampe an. Ihr Vater hatte sie einst für ihre Mutter gekauft, aber Margarethe hatte mit »diesem modernen Zeug« nie etwas anfangen können und Zeit ihres Lebens auf Kerzen zurückgegriffen.

Heute war die Lampe längst nicht mehr modern, in Dresden hatten sie ein besseres Modell besessen, und plötzlich fiel Johanna ein, wie Thomas Marie damit manchmal Geschichten unter der Bettdecke vorgelesen hatte.

»Warum lasst ihr nicht einfach die Decke weg und macht die Zimmerlampe an?«, hatte Johanna die beiden gefragt, weil sich ihr die Sinnmäßigkeit der Aktion nicht erschlossen hatte.

»Weil wir gar nicht hier sind, Mama, sondern in einer Höhle«, hatte Marie sie aufgeklärt und mit funkelnden Augen ihren Vater angesehen.

»In einer Höhle?« Stirnrunzelnd hatte Johanna von ihrer

Tochter zu Thomas gesehen, aber auch der hatte nur geheimnisvoll die Augen zusammengekniffen.

»In einer Höhle tausend Meter unter dem Erdboden«, hatte er flüsternd verkündet. »Dort, wo die Trolle und Feen leben und sich der größte Schatz der Welt verbirgt!«

Johanna hatte müde gelacht. »Und was soll das für ein Schatz sein?«

»Um das herauszufinden, müsstest du schon zu uns runterkommen«, hatte Thomas gesagt und die Decke ein Stück angehoben.

Aber Johanna war nicht zu ihnen darunter geschlüpft.

Sie war nicht mit ihnen in die Höhle hinabgestiegen, hatte keine Trolle und Feen gesehen und erst recht keinen Schatz. Für so etwas war sie einfach nicht gemacht. Stattdessen hatte sie Thomas am Abend gebeten, Marie nicht immer solche Flausen in den Kopf zu setzen. »Stell dir vor, sie erzählt in der Schule, sie wäre bei den Trollen gewesen. Dann nimmt sie doch keiner mehr ernst!«

»Ich kann mir Schlimmeres vorstellen«, hatte Thomas grinsend erwidert. »Stell dir vor, sie lernt nicht zu *träumen*.« Dann hatte er ihr einen Kuss gegeben und war in seinem Arbeitszimmer verschwunden.

Träumen. So ein Unfug ...

Auch jetzt noch konnte Johanna darüber nur bitter auflachen. Träume führten einen nur auf den Irrweg! Sie hatten nichts zu tun mit dem Leben, dem echten Leben, und wenn man nicht aufpasste und sich blenden ließ, lockten sie einen mitten hinein ins Unglück. Johanna musste sich zusammenreißen, um nicht selbst vom Weg abzukommen. Sie war zwar nie eine große Träumerin gewesen, aber seitdem das Mädchen da war, wurde sie immer häufiger von ihren Erinnerungen eingeholt – und auch die konnten sie direkt in den Abgrund führen.

Marie war gestorben, und mit ihr jede Möglichkeit, je wieder glücklich zu werden. Johannas Kehle schnürte sich zusammen, als sie feststellte, dass sich ihr Todestag bald zum neunten Mal jährte.

Die Tage vor Weihnachten waren für die meisten Menschen eine Zeit des Friedens und der Vorfreude auf gemütliche Stunden im Kreise der Familie, mit Kerzenschein, Keksen und dem warmen Gefühl der Dankbarkeit im Bauch. Für Johanna hingegen waren diese Tage die dunkelste Zeit im Jahr, nur zu ertragen in Einsamkeit. Hoffentlich war das Mädchen bis dahin verschwunden.

Nach einer halben Stunde konnte Johanna endlich den verwitterten Hochstand zwischen den Bäumen ausmachen. Unterwegs hatte sie nichts Verdächtiges gesehen, hatte aber trotzdem ein paarmal Laub mit den Stiefeln aufgewirbelt und einen dicken Ast mit feinen Zweigen wie einen Rechen hinter sich hergezogen. Fußspuren des Mädchens würden sie so sicher nicht mehr finden.

Die Sache mit dem Blut war komplizierter. Als Johanna den Hochstand erreicht hatte und mit dem Licht der Lampe den Boden abtastete, konnte sie tatsächlich ein paar rostige Flecke im plattgetretenen Gras entdecken. Sie konnte zwar nicht mit Sicherheit sagen, ob es wirklich Blut war, musste aber davon ausgehen. Und deswegen musste sie jetzt auch handeln und ihren Plan in die Tat umsetzen.

Der Idee folgend, auf die das Mädchen sie gebracht hatte, würde sie das Blut der Kleinen mit anderem Blut überdecken, ihrem eigenen. Wenn die Hunde dann Witterung aufnahmen und ihr bis zur Hütte folgten, hätten sie hoffentlich Johannas Fährte in der Nase und würden bellend bei ihr anschlagen. Es war nicht so, dass Johanna auf diese Art von Begegnung mit Jochens Hunden hoffte, aber wenn es so weit käme, hätte sie zumindest eine Erklärung parat, die erfolgreich vom Mädchen ablenken würde.

Mit einem Seufzen schaltete sie die Taschenlampe aus und holte das Messer hervor. Mittlerweile war es dunkel. Trotzdem konnte Johanna noch die feinen weißen Wölkchen sehen, die sich beim Ausatmen vor ihren Lippen bildeten, Gespenster der eigenen Seele. Behutsam wickelte sie das Messer aus dem Tuch. Sie hatte keine Angst vor dem Schmerz, nur die Vorstellung einer möglichen Infektion bereitete ihr Sorgen. Wenn sie Fieber bekam, wäre niemand da, um sie zu versorgen. Im schlimmsten Fall würde sie ins Dorf gehen müssen.

Johanna schüttelte die schlechten Gedanken ab. Sie würde nicht tief schneiden und auf direktem Wege nach Hause gehen. Außerdem waren Messer und Tuch sauber, es würde also nichts passieren. Und sie konnte sich ja auch etwas von dem Zeug draufschmieren, das sie vorhin für das Mädchen angerührt hatte.

Als sie die Messerspitze an die linke Handfläche setzte, hörte sie ein Geräusch. Instinktiv hielt sie den Atem an und lauschte.

Da war es wieder!

Johannas Puls schnellte in die Höhe. Sie krallte ihre Finger um den Griff des Messers und ging unter dem Hochstand in Deckung, ärgerte sich aber sogleich darüber. Wenn jemand hier war, würde es sie doch nur verdächtig machen, wenn sie sich versteckte! Aber vielleicht hatte sie sich auch geirrt und das Geräusch nur eingebildet?

Im nächsten Augenblick allerdings hörte sie es wieder und spannte die Schultern an. Es war ein Rascheln, vermutlich von Laub, aber Johanna konnte auch ein leises Schnauben ausmachen. Atemgeräusche.

Ihre Ohren waren geschult genug, um zu erkennen, aus welcher Richtung sie kamen. Schritte näherten sich, unregelmäßig. Es klang, als würde jemand versuchen, geräuschlos voranzukommen.

Johanna verstärkte den Griff um das Messer, dabei wusste sie selbst nicht, warum. Egal, wer dort kam: Sie würde doch niemanden mit einem Messer bedrohen, das war lächerlich!

Aber wenn sie sich nicht verteidigte, was sollte sie dann tun, was sollte sie sagen? Wie sollte sie begründen, dass sie in der Dunkelheit unter einem verfallenen Hochstand hockte, mit einem Messer in der Hand?

Im Dorf hielt man sie ohnehin für verrückt – vielleicht würde man ihr also auch diese Sache hier durchgehen lassen?

Sie wollte gerade den Kopf schütteln über diesen Gedanken, als sie ein Paar Augen sah. Sie waren ebenso glasig wie die des Mädchens, und Johanna verstand sofort, dass sie keine Angst haben musste. Das hier war nur ein junger Rehbock, niemand, dem sie würde Rechenschaft ablegen müssen.

Einen Augenblick fixierten die beiden sich durch die Dunkelheit. Johanna rechnete damit, dass das Jungtier jeden Moment umdrehen und die Flucht ergreifen würde, aber stattdessen machte der Bock ein paar weitere, wackelige Schritte auf sie zu und ließ sich dann schnaubend neben ihr unter dem Hochstand nieder.

Das Tier war verletzt. Man musste keine Ärztin sein, um zu erkennen, dass das vordere Bein gebrochen war. Johanna ging auf die Knie und strich dem Bock vorsichtig übers Fell. Das Tier zuckte nicht mal zusammen, sondern ließ die Berührung widerstandslos über sich ergehen. Es hatte nichts mehr zu befürchten, daran bestand kein Zweifel. Es war hergekommen, um zu sterben.

In einem Sommer vor unendlich vielen Jahren hatte sie mit ihrem Vater schon einmal ein Reh mit gebrochenem Lauf im Wald gefunden. Sie hatte Fritz gebeten, das Tier zu versorgen, ihm das Bein zu schienen, aber er hatte sie nur mitleidig angesehen und ihr dann die Wahrheit gesagt: »Das Einzige, was wir für das Tier tun können, ist, es zu erlösen.«

Johanna war neun, vielleicht zehn gewesen, aber sie erinnerte sich noch genau an den Stich in ihrer Brust und den Geschmack der Tränen, die sie vergossen hatte, als ihr Vater sie alleine zur Hütte vorgeschickt hatte und erst eine Stunde später nachgekommen war, den schlaffen Leib über seinen Schultern.

Auch jetzt stellte sie überrascht fest, dass sich ihre Augen mit Tränen füllten. Wie lange hatte sie nicht mehr geweint? Das letzte Mal schien zwei Leben entfernt.

Vorsichtig rückte sie näher an den Bock heran und legte ihre kalte Wange an seinen Rücken. Seine Atmung war noch immer kräftig, aber in seinem Blick hatte Johanna längst erkannt, dass er um sein Schicksal wusste. Für ihn war die Reise zu Ende.

Trotzdem ließ sie sich noch eine Weile vom Auf und Ab seines Brustkorbes wiegen. Sie erinnerte sich, wie sie als Kind gelegentlich auf dem weichen Bauch ihrer Mutter gelegen hatte, wenn Margarethe ihre dunklen Phasen gehabt hatte. In diesen Momenten hatte Johanna den Klang des Schweigens kennengelernt, die Sprache der Stille, die ihr noch heute Trost spendete.

Sie musste dem Leiden ein Ende bereiten. Das Tier sollte

sich nicht unnötig quälen, es hatte den Weg zu ihr unter den Hochstand gefunden, ausgerechnet heute Abend, also konnte sie ihm ihre Hilfe nicht verwehren. War es nicht ein Zeichen, dass sie das Messer dabeihatte?

Die Vorstellung, dem Rehbock die Kehle durchtrennen zu müssen, gefiel ihr nicht, aber er würde wenigstens nicht umsonst sterben. Sein Fleisch würde das Mädchen kräftigen und außerdem die letzten verräterischen Spuren überdecken. Wenn sie es geschickt anstellte, musste sie nur einen einzigen Schnitt setzen, dann konnte sie das blutende Tier hinter sich her zur Hütte ziehen. Natürlich würden die Hunde weiter anschlagen – aber sicher nicht, weil sie ein Kind mit einer Streifwunde witterten.

Johanna vergrub die Nase im kurzen Fell des Tieres und griff nach ihrem Messer.

Ich kann mir Schlimmeres vorstellen, schossen ihr Thomas' Worte durch den Kopf, als sie den Schädel des Rehbocks in ihrem linken Ellenbogen fixierte und sich mit dem rechten Handrücken eine Träne von der Wange wischte.

Stell dir vor, sie lernt nicht zu träumen.

MYLÈNE
April 2019

Mylène schloss die Augen und lehnte ihren Kopf an die Scheibe. Die Wunde über ihrer Augenbraue pulsierte noch immer, aber wenigstens tat das kühle Fensterglas gut.

Etwa eine halbe Stunde saß sie nun schon bei Etienne im Auto, aber gesprochen hatten sie bisher kaum ein Wort. Neben dem dumpfen Schmerz, den der Sturz überall in ihrem Körper verursacht hatte, herrschte in Mylènes Kopf nur Chaos. Es gab nichts, über was sie hätten reden können – und gleichzeitig Millionen Dinge.

Der Brief hatte sie noch einmal gewaltig aus der Bahn geworfen, aber er hatte ihr auch klar vor Augen geführt, was sie als Nächstes zu tun hatte: Sie musste nach Amsterdam – und zwar sofort!

Frédéric hatte sie eine kurze Nachricht geschickt, weil sie ahnte, dass er mehr Fragen haben würde als sie Antworten:

Bin in ein paar Tagen zurück. Bitte mach dir keine Sorgen! Ich liebe dich.

Dann hatte sie Etiennes Visitenkarte aus ihrer Tasche gefischt.

Er hatte nicht mal sonderlich überrascht über ihren Anruf gewirkt. Erst als sie ihn gefragt hatte, ob er sofort aus Paris abreisen und sie auf dem Weg nach Berlin in Amsterdam absetzen könne, hatte er irritiert aufgelacht. »Ich dachte eigentlich, wir trinken nur einen Wein und brennen nicht gleich durch.«

Aber Mylène war nicht zum Scherzen zumute gewesen, das hatte er zum Glück schnell verstanden und versprochen, sie am Quai einzusammeln.

Sie hatte das Telefonat kaum beendet, als ihr Handy ein weiteres Mal geklingelt hatte. Frédéric, natürlich …

Mylènes Brustkorb hatte sich vor Scham und Sehnsucht zusammengezogen, aber dann hatte sie den Anruf doch wieder weggedrückt. Sie konnte einfach nicht mit ihm reden, noch nicht. Erst musste sie die Teile finden, die in ihrem Puzzle fehlten, musste das große Ganze verstehen. Vorher war an ein Weitermachen nicht zu denken. Frédéric liebte die Mylène, die er vor anderthalb Jahren im Aufzug kennengelernt hatte, *diese* Mylène wollte er heiraten. Aber konnte sie diese Frau überhaupt noch sein, jetzt, da das Fundament ihres Lebens unter ihren Füßen wegbrach? Wie stabil würde ihre Ehe sein können, wenn Mylène sich im freien Fall befand?

Gib mir bitte etwas Zeit, ich brauche Antworten, hatte sie ihm in einer zweiten Nachricht geschrieben, und weil sie sicher war, dass es nur Sekunden dauern würde, bis er wieder anrief, war sie einem spontanen Impuls gefolgt und hatte ihr Handy kurzerhand in die Seine geworfen. Mit beeindruckender Gleichgültigkeit war es im braunen Flusswasser versunken.

Nun saß sie also auf Etiennes Beifahrersitz, lauschte dem monotonen Brummen des Motors und verfluchte sich für die Sache mit dem Telefon. Selbst wenn sie wollte, hatte sie jetzt keine Möglichkeit mehr, irgendjemanden zu erreichen. Nicht Frédéric, nicht Céline und auch nicht Luc. Vermutlich würde

Letzterer morgen früh ein Polizeiaufgebot bestellen, wenn sie nicht im Büro erschien.

»Erzählst du mir irgendwann, warum du so aussiehst?«, mischte sich Etiennes vertraute Stimme in ihre Gedanken.

Mylène öffnete die Augen, bereute es aber sofort, weil selbst diese kleine Bewegung schmerzte. »Bin hingefallen.«

»Hingefallen?«

»Mit dem Fahrrad.« Sie rieb über einen Fleck am Armaturenbrett, der nicht existierte.

»Verstehe«, murmelte Etienne, dabei war Mylène sich ziemlich sicher, dass er rein gar nichts verstand. Sie verstand ja auch nicht mehr, warum sie ausgerechnet ihn angerufen und in diese Sache hineingezogen hatte. Der Brief hatte sie durcheinandergebracht, sicher, aber musste sie deshalb den einen Mann um Hilfe bitten, der ihr wie kein anderer das Herz gebrochen hatte? Viele Jahre hatte sie keinen Gedanken an ihn verschwendet, und gerade heute musste er wiederauftauchen, an dem Tag, an dem ihr Leben aus den Angeln gehoben wurde. Konnte das wirklich Zufall sein? Mylène tastete nach ihrem Schlüssel, aber er gab ihr keine Antwort.

Dafür öffnete Etienne schon wieder den Mund. »Soll das so eine Art Junggesellenabschied werden?«

»Was?«

»Die ganze Sache hier. Du rufst mitten in der Nacht einen alten Freund an, stehst völlig verbeult mit deiner Handtasche am Straßenrand …«

»Ein alter Freund, ernsthaft?« Mylène schüttelte den Kopf und lachte ungläubig.

»Das bin ich doch, oder?« Er grinste sie von der Seite an, und auch wenn sie den Gedanken nur ungern zuließ, musste sie sich eingestehen, dass er immer noch gut aussah. Seine Schultern waren etwas breiter geworden, und rund um die Mundwinkel gab es ein paar Fältchen, aber in seinen grauen Augen blitzte noch immer der Übermut eines Sechzehnjährigen.

»Ich würde eher sagen, du bist ein Kollege.«

Etienne runzelte amüsiert die Stirn. »Dann hast du mich also nur angerufen, weil wir zukünftig zusammenarbeiten?«

Mylène kniff warnend die Augen zusammen und schlug ihm auf den Oberarm. Er zuckte nicht einmal zusammen, sondern grinste nur noch breiter. »Gehört das etwa auch zu deiner Strategie: neue Geschäftspartner zu verprügeln? Finde ich ziemlich innovativ, vielleicht schlage ich es meinem Chef vor und …«

»Hör auf damit, Etienne! Mein Leben ist gerade wirklich nicht witzig.« Stöhnend ließ sie ihren Kopf gegen die Nackenstütze sinken.

Etiennes Lächeln erlosch. Unschlüssig trommelte er auf dem Lenkrad herum. »Wir fahren also nicht zum Vergnügen nach Amsterdam?«

Mylène sah müde auf ihre schmutzigen Fingerkuppen hinab. Auch unter ihren Nägeln war Blut eingetrocknet. »Es ist ziemlich kompliziert.«

Sie hoffte, dass er den Wink verstand und das Thema fallen ließ, aber stattdessen tippte er beinahe naiv auf das Navi. »Wir haben noch fünf Stunden Zeit.«

»Ich glaube kaum, dass du der Richtige bist für diese Art von seelischer Offenbarung.«

»Dann geht es also um Frédéric?« Neugierig hob er die Augenbrauen.

Mylène musste schluckte und versuchte, sich auf den Schmerz

hinter ihrer Stirn zu konzentrieren, aber ihr Herz zog sich trotzdem zusammen. »Nein. Es geht um Henri und Marianne.«

»Sag bloß, sie haben wieder ihr Auto mit deinem Namen beschmiert und sind hupend durch die halbe Stadt gefahren?«

Obwohl ihr nicht zum Scherzen zumute war, ließ diese Erinnerung sie nun doch lächeln. Zu ihrem Schulabschluss hatten Marianne und Henri den Familienwagen großflächig mit stolzen Bekundungen rund um die Leistungen ihrer Tochter besprüht – nur um zwei Tage später alarmiert festzustellen, dass sie die falsche Farbe benutzt hatten und sich die gigantischen Schriftzüge nicht abwaschen ließen. Henri hatte den Wagen für sehr viel Geld neu lackieren lassen müssen.

Die Nachbarn hatten ihn noch ewig damit aufgezogen, und Mylène hatte die ganze Angelegenheit ziemlich peinlich gefunden, aber rückblickend musste sie sich eingestehen, dass der Einsatz ihrer Eltern und ihr uneingeschränkter Stolz auch etwas Liebenswertes hatten.

Allerdings änderte das nichts an der Wahrheit, die sich ihr heute aufgedrängt hatte. Marianne und Henri hatten sich vielleicht so aufgeführt, aber sie waren nicht ihre Eltern! Sie waren einfach nur sehr gute Lügner. Wieder wanderten Mylènes Gedanken zu dem Brief in ihrer Tasche. Sie würde ihn vermutlich noch ein drittes und viertes Mal lesen müssen, um sicherzugehen, dass sie sich alles nicht nur eingebildet hatte.

»Ich hatte heute Besuch von einem Anwalt.« Mylène zuckte zusammen, als sie feststellte, dass sie gesprochen hatte. Eigentlich wollte sie Etienne nicht noch tiefer in die Sache hineinziehen, es reichte schon, dass er einen Umweg in Kauf nahm, um sie mitten in der Nacht nach Amsterdam zu fahren. Aber das Bedürfnis, mit jemandem zu sprechen, wurde immer größer, ihr Handy mit den Nummern ihrer Freunde lag auf dem Grund der Seine – und immerhin kannte Etienne Marianne und Henri.

»Und dieser Anwalt hat dich …?« Er sah irritiert auf ihre Platzwunde.

»Er hat mich nicht vermöbelt, nein. Es ging um eine Frau in Amsterdam, die mir ihre Wohnung vererbt hat.«

»Du hast eine *Wohnung* geerbt?« Etiennes Stimme überschlug sich, und im Bruchteil einer Sekunde wechselte sein Gesichtsausdruck von ungläubig zu begeistert. Ungeniert lachte er auf. »Du warst schon immer ein Glückskind, Mylène!«

»Ein Glückskind?«

»Ja, du hast das Glück angezogen wie das Licht einen Schwarm Motten! Das war früher schon so und hat sich offenbar nicht geändert.«

Mylène suchte in seinem Lächeln nach Anzeichen für Ironie, aber da war nichts. Er schien alles ernst zu meinen. Schnaubend fuhr sie sich mit der Hand über den Mund.

»Was ist?« Etienne sah verunsichert zur Seite, sein Gesicht flackerte im Schein der Autobahnlaternen. »Hab ich was Falsches gesagt?«

»Nein, hast du nicht«, gab sie zu und schloss mit einem Seufzen die Augen. »Ich frage mich nur, wie ich auf dieser Welt irgendwas anziehen soll, wenn ich nicht mal mit beiden Beinen auf dem Boden stehe.« Und bevor Etienne etwas erwidern konnte, begann sie zu erzählen.

Als sie endlich fertig war, hatten sie bereits die belgische Grenze hinter sich gelassen. Etienne hatte sie nicht ein Mal unterbrochen, aber jetzt drückte er sich mit einem tiefen Atemzug zurück in seinen Sitz. »Wow, das klingt ganz schön …«

»Beschissen?«, half Mylène aus, aber er bedachte sie nur mit einem Lächeln.

»*Aufregend* wollte ich sagen.« Er setzte den Blinker, um von der Autobahn abzufahren.

Mylène sah ihn misstrauisch an. »Sag bloß, du willst mich an einer Raststätte aussetzen, nachdem ich dir mein Herz ausgeschüttet habe?«

»Keine Sorge, ich weiß, dass es weit mehr als einen Raststättenparkplatz bräuchte, um dich loszuwerden.« Etienne zwinkerte, steuerte den Wagen in eine Parklücke hinter den Zapfsäulen und löste seinen Gurt. »Ich muss dringend pinkeln. Brauchst du was?«

Mylène zuckte mit der Schulter, aber selbst das tat weh. »Ein neues Leben wäre ganz schön …«

Etienne schüttelte lachend den Kopf. »Ich schlage vor, wir bringen erstmal dein altes in Ordnung.« Er stieg aus und schlug seine Tür zu, bevor Mylène nachhaken konnte, wen oder was er mit »wir« meinte.

Während er in der Tankstelle verschwand, drückte sie ihre Tür ein Stück auf. Frische Luft konnte nicht schaden. Ihre Knie und Ellenbogen schmerzten selbst, wenn sie sie ruhig hielt, und hinter ihrer Augenbraue pochte es, als würde ein Elefantenbaby von innen gegen ihren Schädel treten. Mylène schloss die Augen und sank zurück in den warmen Ledersitz. Dass sie ausgerechnet Etienne in ihre Geschichte eingeweiht hatte, war natürlich seltsam und unangemessen. Aber auf gewisse Weise fühlte sich seine Anwesenheit auch tröstlich an, beinahe vertraut. Jetzt, wo sich ihr Leben im freien Fall befand, kam ihr sein Lächeln vor wie ein altes Zuhause, ein Ort, den sie kannte, an dem es Sicherheit gab.

Dabei war es überhaupt nicht gut, dass sie so empfand!

Vielleicht sollte sie einfach auf den Fahrersitz rutschen, den Schlüssel im Zündschloss drehen und mit quietschenden Reifen davonfahren? Nach allem, was er ihr damals angetan hatte, hätte er es mehr als verdient, an einer belgischen Tankstelle ausgesetzt zu werden.

»Kannst du mir mal helfen?«

Mylène schreckte auf. Etienne stand neben ihrer halb geöffneten Tür, in den Händen zwei Becher Kaffee und eine braune Papiertüte.

»Nur Milch, kein Zucker«, verkündete er mit einem gewissen Stolz, als sie ihm einen der Becher abnahm. »Und außerdem ein Croissant mit Mandelcreme.«

»Das weißt du noch?«

»Natürlich weiß ich noch, wie du Croissant und Kaffee am liebsten hast«, antwortete er und ging um den Wagen herum, um sich auf den Fahrersitz zu setzen. »Und auch, wie du deinen Fisch magst und welchen Käse du auf deinen Nudeln willst – obwohl ich noch immer der festen Überzeugung bin, dass es ein Vergehen ist, meine *Vongole* unter einem Berg Gouda zu begraben. Genau genommen ist das nicht mal ein Käse, sondern ein Verbrechen am menschlichen Gaumen.«

Mylène musste sich verkneifen, ihn ein weiteres Mal zu boxen, sie wollte nicht riskieren, dass noch mehr Vertrautheit zwischen ihnen entstand. Stattdessen schüttelte sie einfach den Kopf, zog ihr Croissant aus der Tüte und biss hinein.

»Gut?«, hakte Etienne nach und stellte seinen Becher in den Halter in der Mittelkonsole.

»Sehr gut sogar«, bestätigte sie mit vollem Mund und biss nochmal hinein.

»Ich habe noch was für dich.« Er verlagerte sein Gewicht

auf dem Sitz und zog ein blaues Gelkissen aus seiner Hosentasche.

»Ein Kühlpaket?«

»Hast du was anderes erwartet? Mit Gummikäse kann man deine Schrammen jedenfalls nicht kühlen.«

Mylène stöhnte und schlug ihn jetzt doch nochmal. »So großartig finde ich Gouda gar nicht!«

»Oh doch, das tust du.« Amüsiert nahm Etienne seinen Kaffee. »Aber genau genommen macht das natürlich Sinn, jetzt, wo du offenbar deine Wurzeln in Amsterdam hast.«

Mylène verschluckte sich am Blätterteig und hustete. Doch als Etienne ihr auf den Rücken klopfen wollte, stieß sie seinen Arm weg. »Das ist nicht witzig! Diese Sache mit Amsterdam ist kein Scherz, sondern mein Leben – und ich wäre dir sehr dankbar, wenn du dich nicht darüber lustig machen würdest!« Wütend schob sie ihr angebissenes Croissant zurück in die Tüte. Der Appetit war ihr vergangen.

»Tut mir leid«, murmelte Etienne nach einer Weile. »Du kennst mich doch. Das war nur ein dummer Spruch.«

Mylène richtete ihren Blick auf das Geschehen vor der Windschutzscheibe. Auf einem der Parkplätze vor ihnen riss ein Vater seine Tochter von der Rückbank und eilte mit ihr in Richtung Gebüsch, aber das Mädchen erbrach sich schon auf dem Weg dorthin. Eine junge Frau mit nach vorne gebeugten Schultern und zu viel Make-up trat hastig ihre Zigarette aus, als ihr Freund aus der Toilette trat, in den Händen zwei Packungen Kondome. *Jeder hat sein eigenes Drama*, dachte Mylène und legte das Kühlpaket an ihre Stirn. Die erste Berührung tat weh, aber dann linderte die Kälte den Schmerz. Müde lehnte sie ihren Kopf zurück. »Keiner hat gesagt, dass ich aus Amsterdam komme.«

»Aber der Brief kam aus Amsterdam«, erwiderte Etienne irritiert. »Und du hast dort eine Wohnung geerbt, insofern denke ich …«

»Da stand nicht, dass ich in Holland geboren wurde.«

»Die Frau, die dir die Wohnung vermacht hat, kannte aber deine Mutter.«

Mylène stöhnte und ließ das Kühlpaket in ihren Schoß sinken. »Ich hätte dir nicht davon erzählen sollen.«

»Natürlich musstest du mir davon erzählen.«

»Damit du dich über meine Vorliebe für schlechten Käse lustig machen kannst?« Sie sah ihn stirnrunzelnd an.

»Damit du mit der ganzen Sache nicht alleine bist«, sagte er und legte seine Hand auf ihre. »Kein Mensch sollte mit so was alleine sein, Mylène, erst recht nicht du.«

Mylène hielt den Atem an und blieb viel zu lang an seinem Blick hängen, bevor sie das Gesicht endlich abwandte und ihre Hand wegzog.

Auch nach all den Jahren hatte sie noch immer das Gefühl, dass Etienne sie sah, wie sie wirklich war, sogar jetzt, wo sie selbst nicht wusste, wer sie sein sollte – und das war alles andere als richtig. Warum nur fühlte es sich trotzdem so gut an, warm und irgendwie tröstlich?

Mylène schüttelte den Kopf und löste ihren Sicherheitsgurt. »Rutsch rüber.«

Irritiert sah Etienne zu, wie sie über die Mittelkonsole kletterte. »Was tust du da?«

»Ich übernehme das nächste Stück«, klärte sie ihn auf und schob sich umständlich an ihm vorbei. »Dann kannst du etwas schlafen.«

Etienne hatte Schwierigkeiten, seinen Kaffee nicht zu verschütten, während Mylène ihn vom Fahrersitz drängte. »Wer sagt denn, dass ich schlafen will?«

»Es wäre vernünftig, wenn du schläfst. Sobald wir in Amsterdam sind, steige ich aus, und du musst alleine weiterfahren. Dann sitzt niemand mehr neben dir, der dich mit heiteren Geschichten über Gouda wachhalten kann.«

Etienne lachte unschlüssig auf. »Willst du mich etwa loswerden?«

»Kann schon sein«, erwiderte Mylène mit einem vielsagenden Blick und startete den Motor.

HOLLY
Mai 2003

Stöhnend wälzte Holly sich auf den Rücken und starrte an die Zimmerdecke. Seit einer Dreiviertelstunde versuchte sie nun schon, sich von dem, was passiert war, abzulenken, hatte jeden einzelnen Riss in der hässlichen Fototapete gezählt und ihre Fingernägel bis auf ein Minimum heruntergekaut, aber es brachte nichts. Es war schlichtweg verrückt, dass sie zu Matt gefahren war – und noch verrückter war es, dass sie ihm zugesagt hatte, in Zukunft gelegentlich auf Lucas aufzupassen! Welcher Teufel hatte sie nur geritten?

Am schlimmsten aber war, dass sie mit niemandem darüber reden konnte. Sasha würde ihr den Kopf abreißen, wenn sie von der Sache erfuhr, und auch ihre Eltern wären alles andere als begeistert. Und sie hatten natürlich recht.

Am liebsten hätte Holly sich in den Hintern gebissen, aber weil das anatomisch unmöglich war, nahm sie stattdessen ihr Kissen und biss mit einem dumpfen Schrei hinein. In der Rangliste ihrer dümmsten Idee rangierte diese Aktion definitiv auf einem der obersten drei Plätze.

Schnaubend warf Holly das Kissen an die Wand. Vielleicht kam sie ja doch noch irgendwie aus der Nummer raus, vielleicht gab es einen Weg, alles rückgängig zu machen?

Unsicher zog sie das silberfarbene Handy, das ihre Eltern ihr vor dem Umzug nach Los Angeles geschenkt hatten, aus der Hosentasche. Es war kompakt und erstaunlich leicht, hatte sogar ein Farbdisplay, aber irgendwie waren die Tasten zu klein für ihre Finger. Eine kurze SMS an Matt würde sie trotzdem hinbekommen, sie musste die ganze Angelegenheit so schnell wie möglich wieder abblasen. Doch als sie das Textnachrichtenprogramm geöffnet und Matts Nummer rausgesucht hatte, wusste sie nicht, was sie schreiben sollte.

Tut mir leid, ich kann unmöglich auf deinen Sohn aufpassen, denn ich bin schuld am Tod seiner Mutter? Undenkbar ...

Vielleicht konnte sie einfach ein Zeitproblem vorschieben? Sie hatte ihm einen Abend und einen Nachmittag pro Woche zugesagt, aber wer sagte denn, dass sie das auch würde einrichten können? Sie war schließlich eine schwerbeschäftigte Frau und Los Angeles die Stadt der tausend Möglichkeiten. Wenn sie die alle ausschöpfen wollte, konnte sie unter keinen Umständen zweimal die Woche auf ein wildfremdes Kind aufpassen.

Obwohl ihr Kopf diesen Ansatz nicht so doof fand, gehorchten Hollys Finger nicht und verweilten wie versteinert über den winzigen Tasten. Mit einem Stöhnen gab sie es schließlich auf und legte das Telefon neben sich auf das zerwühlte Bett.

Die Wahrheit war, dass sie *nicht* schwerbeschäftigt war, im Gegenteil.

Sie ging ja nicht mal mehr ins Büro. Margie hatte in den letzten Wochen ein paarmal ihre Assistenten bei ihr anrufen lassen und sich nach Hollys Gesundheitszustand erkundigt, aber nachdem Holly sich nie zurückgemeldet hatte, war gestern eine schriftliche Kündigung eingetrudelt, gemeinsam mit der Aufforderung, ihre Sachen aus dem Büro zu holen.

Sasha war natürlich sofort alarmiert gewesen. »Ich habe dir doch gesagt, du musst sie zurückrufen! Eine Frau wie Margie kann man nicht einfach ignorieren und davon ausgehen, dass sie dir deinen Job freihält.«

»Wer sagt denn, dass sie mir den Job freihalten soll?«, hatte Holly müde erwidert, aber das hatte Sasha nur noch mehr aus der Fassung gebracht.

»Machst du Witze? Wovon willst du denn die Miete zahlen, wenn du keinen Job mehr hast?« Dann hatte sie sich aber doch noch neben Holly gesetzt und ihre Hand gedrückt. »Du weißt, dass ich dich liebhabe. Aber wenn wir die Miete nicht zahlen können, landen wir beide auf der Straße. Sprich einfach mit deiner Chefin! Sie weiß ja nicht mal, warum es dir so schlecht geht. Wenn du ihr die Umstände erklärst, wird sie sicher Verständnis haben, und dann gibt es vielleicht doch noch einen Weg zurück.«

Bei dem Gedanken musste Holly sich auch jetzt noch ein bitteres Lachen verkneifen. Sie wusste, dass Sasha es gut meinte, aber es gab definitiv keinen »Weg zurück«. Sie wollte und konnte nicht zurück, niemals. Wie hätte sie jemals wieder in diesem Büro arbeiten können, an dem Ort, an dem sie Jay kennengelernt und ins Verderben geschickt hatte? Diese Vorstellung war so schrecklich, dass Holly jedes Mal übel wurde.

»Ich suche mir einen anderen Job«, hatte sie Sasha abgewimmelt und das Gespräch damit beendet.

Und genau genommen hatte sie schon einen neuen Job gefunden. Matts Geld würde zwar bei weitem nicht für ihren Mietanteil reichen, aber es war ein Anfang, und Holly konnte sich ja noch einen weiteren Aushilfsjob suchen.

Einen Moment lang versuchte sie sich einzureden, dass sie Lucas' Vater wirklich nur wegen der Kohle zugesagt hatte, aber dann gab sie den Selbstbetrug auf. Sie hatte ihm ihre Hilfe nicht wegen der Miete zugesagt, im Gegenteil. Am liebsten hätte sie sogar auf jegliche Bezahlung verzichtet – immerhin waren Matt und Lucas nur ihretwegen in dieser furchtbaren Lage. War sie es ihnen nicht im Grunde schuldig, zu helfen?

Als Matt sie im Treppenhaus so flehend angeblinzelt hatte, mit dem schmollenden, halbnackten Lucas auf seinem Arm, hatte sie es nicht übers Herz gebracht, ihm seine Bitte abzuschlagen. Er hielt sie offenbar für eine Bewerberin auf die Zeitungsanzeige, und wie hätte sie ihm in diesem Augenblick die Wahrheit sagen sollen? Dass sie einzig und allein wegen ihrer Schuldgefühle hergekommen war, weil sie die Frau war, an deren Stelle Jay gestorben war.

Der Anblick von Jays kleinem Sohn hatte alles noch schlimmer gemacht. Holly hatte damit gerechnet, einen trauernden Exfreund vorzufinden, aber doch nicht auch noch ein unschuldiges Kind, das ihretwegen seine Mutter verloren hatte! Und dass dieses Kind ohne Hosen seinen völlig überforderten Vater mit Nudeln und Geschrei terrorisierte, hatte den Schatten ihrer Schuld ins schier Unermessliche wachsen lassen.

Deshalb hatte sie das Missverständnis nicht aufgeklärt.

Deshalb hatte sie Matt und Lucas darüber im Dunkeln gelassen, wer sie wirklich war.

Deshalb war sie den beiden schließlich sogar in die Wohnung gefolgt.

Matt hatte seinen Sohn angezogen, provisorisch ein paar Nudeln von den Wänden gekratzt und darauf bestanden, Holly nebenbei noch einen Kaffee zu kochen, um anschließend in Ruhe die Details zu besprechen.

Mehrfach hatte Holly mit dem Gedanken gespielt, sich

zwischendurch aus der Sache herauszureden, aber je länger sie Matt betrachtet hatte, desto stärker war ein anderer, ein neuer Gedanke in ihr herangereift. Was, wenn das hier eine Chance war? Eine Chance, die Schuld, die sie auf sich geladen hatte, wiedergutzumachen?

Natürlich konnte sie Jay nicht zurückholen, und sie wollte sie auch unter keinen Umständen ersetzen. Aber vielleicht war das die Gelegenheit, Matt und Lucas etwas zurückzugeben und ihre Schuld zu begleichen?

Sasha und ihre Eltern redeten ihr seit Wochen ein, sie hätte solches Glück gehabt, dem Tod durch einen Zufall entkommen zu sein, aber Holly hatte nie einen Hehl daraus gemacht, dass sie dieses »Glück« nicht haben wollte. Es stand ihr nicht zu, und sie hätte es liebend gerne auf Jay übertragen. Doch diese Möglichkeit bestand leider nicht.

Jetzt aber tat sich plötzlich eine etwas andere Möglichkeit auf. Sie konnte versuchen, das Glück, das sie Jay gestohlen hatte, in kleinen Raten an Matt und Lucas zurückzuzahlen, konnte probieren, das Leben der beiden ein bisschen zu erleichtern. War das im Grunde nicht sogar ihre Pflicht? Nicht nur Jays Familie gegenüber, sondern auch sich selbst?

Nichts war jedenfalls schlimmer, als ihre Schuld weiter tatenlos zu ertragen, und deshalb konnte sie auch keinen Rückzieher machen. In zwei Tagen würde sie wieder zu Matt fahren und den Nachmittag mit Lucas verbringen, so wie sie es ihm versprochen hatte.

Mit einem Ruck richtete Holly sich vom Bett auf. Fest entschlossen zu sein fühlte sich nach den vielen Wochen der Verlorenheit seltsam an, und plötzlich spürte sie noch ein anderes, längst vergessenes Gefühl: Sie hatte Hunger. Genau genommen knurrte ihr Magen auf einmal wie ein ausgewachsener Berglöwe. Hatte sie das in den letzten Wochen überhört, oder war das Raubtier nun lauter geworden, da sie endlich wieder eine Aufgabe hatte?

Leider war ihr Magen zu leer, als dass ihr Kopf eine Antwort darauf hätte geben können. Das Einzige, was sie mit Gewissheit sagen konnte, war, dass sie schleunigst etwas zu essen brauchte, sonst würde sie am Ende noch den Goldfisch in die Pfanne werfen, den Sasha vor ein paar Wochen auf dem Jahrmarkt gewonnen hatte und der seitdem seine traurigen Runden im Kochtopf auf der Fensterbank drehte.

Der Kühlschrank gab leider nichts Vielversprechendes her. Sasha ernährte sich manchmal tagelang von ihren Fingernägeln, um schlank zu bleiben, und bevor Holly sich tatsächlich dem armen Fisch widmen konnte, eilte sie lieber zur Wohnungstür, griff sich ihre Geldbörse und verschwand nach draußen.

Obwohl sie erst vor etwa zwei Stunden von Matt zurückgekehrt war, fühlte sich die Luft ganz anders an, frisch und irgendwie belebend. Holly nahm einen tiefen Atemzug und beschloss, zum Supermarkt zu spazieren.

Mittlerweile lebte sie schon fast vier Monate in Los Angeles, und trotzdem war ihr die Stadt noch immer fremd. In der ersten Zeit hatte sie sich voll und ganz auf den Job in der Produktionsfirma und ihren Traum vom Schreiben konzentriert, und die Großstädter hatten nicht gerade den Eindruck erweckt, als hätten sie darauf gewartet, Holly McAllister in ihren Kreis aufzunehmen.

Dann war die Sache mit Jay passiert, und die ganze Welt war vor Hollys Augen in sich zusammengestürzt. Die Explosion der Gasleitung war eine Zeitlang Stadtgespräch gewesen, immerhin waren außer Jay noch sieben weitere Menschen gestorben und etliche verletzt worden.

Los Angeles hatte mit seinen Bewohnern getrauert, aber irgendwann hatten sich andere Schlagzeilen in den Vordergrund gedrängt und die Trauer um die Opfer zur Nebensache gemacht. Holly hatte das als Verrat empfunden. Am liebsten hätte sie die ganze Stadt angebrüllt und mit einem dicken Stinkefinger Hals über Kopf verlassen. Aber ihre Schuld hatte sie vollkommen gelähmt. Und wo hätte sie außerdem hingehen sollen?

Natürlich hatten ihre Eltern sie aufgefordert, nach Hause zu kommen und sich erst mal von dem Schreck zu erholen. Doch für Holly war diese Vorstellung fast so fürchterlich wie Jays Tod selbst. Ihre Eltern rechneten damit, dass sie ihre Tochter zurückbekamen, aber Holly war nicht mehr das naive Mädchen, das Grand Rapids Anfang Februar mit einem Traum im Gepäck verlassen hatte. Manchmal bezweifelte sie sogar, dass sie überhaupt noch ein Mensch war.

Ihren Eltern konnte sie so jedenfalls nicht unter die Augen treten, und deshalb hatte sie den einfachsten und zugleich schwersten Weg gewählt und war geblieben.

Wenn sie nun versuchen würde, ihr ungerechtfertigtes Glück bei Matt und Lucas abzustottern wie einen Immobilienkredit, sollte sie vielleicht auch Los Angeles noch eine Chance geben.

Ermutigt durch diesen Gedanken beschloss Holly, nicht den großen Supermarkt am Ende der Straße aufzusuchen, sondern bog stattdessen in eine Seitenstraße ab, der sie bisher nie Beachtung geschenkt hatte.

Überrascht stellte sie fest, dass sich hier eine Handvoll Restaurants und Läden aneinanderreihten. Irgendwann blieb sie vor dem Fenster eines kleinen Cafés stehen. Pastellfarbene Vorhänge zierten die Seiten des Schaufensters, und im Ladeninneren befanden sich etwa ein Dutzend kleiner Tische mit unterschiedlichen Holzstühlen. Nichts wirkte hier perfekt, dafür aber umso gemütlicher. Oben im Fenster hing ein Schild mit dem Namen des Cafés: *Chez Clémentine.* Französisch also.

Während der Schulzeit hatte Holly immer von einer Reise nach Paris geträumt, aber sie hatte die Staaten bisher kein einziges Mal verlassen. Sie besaß nicht mal einen Reisepass.

Neugierig rückte sie mit der Nasenspitze noch etwas näher an das Schaufenster und spendete sich mit der Hand Schatten, um besser hineinsehen zu können. Als sie die zauberhafte kleine Theke mit den Spitzendeckchen und den vor Glasur glänzenden Eclairs entdeckte, war es endgültig um sie geschehen. Ihr Magen stieß ein extralautes Brüllen aus, dabei war Holly auch ohne Zureden ihres Körpers längst überzeugt: Sie musste unbedingt in dieses Café und ihren Hunger stillen.

Ein Glöckchen erklang, als sie die Tür aufdrückte und über die Schwelle trat. Hollys Blick schweifte über die goldgerahmten Bilder an den Wänden. Sie zeigten den Eiffelturm, ein paar flache Boote auf der Seine und Croissants in allen erdenklichen Variationen. Genauso hatte sie sich einen Ausflug nach Paris vorgestellt.

Hollys Magen knurrte ein weiteres Mal, und im nächsten Moment lachte jemand auf. »Das klingt nach vielversprechender Kundschaft!«

Holly drehte sich zur Theke, hinter der eine junge Frau auftauchte. Sie war ziemlich klein, sehr hübsch und hatte ihre tiefschwarzen Haare in einem wilden Dutt hochgesteckt.

Holly fehlten weiterhin die Worte – dafür übernahm ihr

Magen die Kommunikation und brüllte ein weiteres Mal lauter, als ihr lieb war.

Die junge Frau schlug die Hände über dem Kopf zusammen und lachte ungeniert. »Eigentlich öffne ich erst in einer Stunde, aber ich kann dich wohl kaum verhungern lassen. Frauen in Not halten zusammen, nicht wahr?« Sie sprach fließend, allerdings mit einem leichten Akzent, der durchaus Französisch sein konnte.

»Tut mir leid, ich wusste nicht, dass Sie noch geschlossen haben. Ich habe durchs Schaufenster gesehen und …« Der Löwe in Hollys Bauch schnitt ihr mit einem beeindruckenden Knurren das Wort ab.

»Kein Problem.« Die Gastgeberin winkte amüsiert ab. »Such dir einen Tisch aus, noch hast du freie Wahl. Und dann bringe ich dir ein Baguette. Schinken oder Käse? Oder lieber etwas Süßes?«

Holly war völlig überfordert. Alles, was dort in der Theke lag, sah köstlich aus. Vermutlich hätte sie im Zweifelsfall sogar die Spitzendeckchen gegessen.

Die junge Frau bemerkte ihre offensichtliche Überforderung und zwinkerte. »Setz dich einfach hin, ich stelle dir eine Auswahl zusammen.« Bevor Holly widersprechen konnte, war sie bereits wieder hinter ihrem Tresen abgetaucht.

Was sie wenige Minuten später vor Holly auftischte, war keine Auswahl, sondern vielmehr ein Potpourri der allerfeinsten Leckereien: knusprige Brötchenhälften mit luftigem Schinken und würzigem Käse neben buttrigen Mini-Croissants und Cremetörtchen. Holly konnte sich nicht erinnern, wann und ob sie jemals etwas so Köstliches gegessen hatte. Irgendwann setzte sich die junge Fremde zu ihr an den Tisch und grinste sie unverhohlen an.

Ertappt wischte Holly sich Schokoladencreme aus dem Mundwinkel. »Tut mir leid, es schmeckt wirklich fantastisch.«

»Für ein Kompliment musst du dich doch nicht entschuldigen.«

»Aber dafür, dass ich eine Stunde vor Ladenöffnung hier reinplatze und dir die Theke leeresse.«

»Schon in Ordnung«, entgegnete die Fremde. »Wenn es nach mir ginge, würde ich ohnehin viel früher öffnen. Aber ich habe bisher noch keine Aushilfe für den Vormittag gefunden, und alleine schaffe ich es nicht.«

Holly nahm die Schale Milchkaffee und deutete auf das Namensschild im Schaufenster. »Dann bist du also *Clémentine*?«

Die junge Frau schüttelte lachend den Kopf, sodass sich ein paar tiefschwarze Strähnen aus ihrem Dutt lösten. »Nein, mein Name ist Parivash, aber das macht sich nicht so gut als Name für ein französisches Café. *Chez Parivash* – da denken die Leute doch an einen Hundewaschsalon und nicht an *Tarte Tatin* und *Café au lait*.«

Holly verschluckte sich vor Lachen an ihrem Kaffee. Es war unmöglich, Parivash nicht zu mögen. »Dann kommst du gar nicht aus Frankreich?«

»Zumindest nicht direkt«, erwiderte sie. »Meine Eltern sind kurz nach meiner Geburt aus dem Iran geflohen. Wir haben zehn Jahre in Paris gelebt, bevor mein Vater einen Job in den Staaten angenommen hat. Aber mein Herz ist immer in Frankreich geblieben. Und Clémentine war meine allerbeste Freundin. Insofern ist der Name eine Hommage an Freundschaft und wirklich gutes Essen.«

»Das beste Essen der Welt«, korrigierte Holly sie und hob feierlich ihren Milchkaffee.

Parivash grinste. »Wenn ich davon ausgehen darf, dass du wiederkommst, kannst du mich gerne Pari nennen.«

»Und wenn *du* mir versprichst, mir niemals Hausverbot zu erteilen, kannst du mich gerne Holly nennen.«

Pari hob ihre dichten Augenbrauen. »Warum sollte ich dir denn Hausverbot erteilen?«

»Vielleicht weil ich dir die ganze Theke leeresse?«

»Solange du dafür bezahlst, habe ich nichts dagegen.«

Holly stimmte in ihr Lachen ein – nicht ahnend, dass eben-diese Bezahlung ein Problem darstellen könnte. Denn kaum hatte sie den letzten Tropfen Milchkaffee aus ihrer Schale ge-schlürft und nach ihrer Geldbörse gegriffen, stellte sie fest, dass sich kein Cent Bargeld darin befand.

Sie erinnerte sich vage, dass sie Sasha in den letzten Tagen ein paarmal erlaubt hatte, sich etwas Geld zu nehmen – aber dass nun gleich alles weg war, stellte sie vor eine ziemlich un-angenehme Situation.

»Du nimmst sicher auch Kreditkarten, oder?«, hakte sie nach, bemerkte aber sofort den unglücklichen Ausdruck, der sich auf Parivashs Gesicht legte.

»Noch nicht. Es gab Probleme mit dem ersten Gerät, deshalb warte ich noch auf Ersatz. Hast du kein Bargeld dabei?«

»Leider nicht«, gab Holly zu. »Meine Mitbewohnerin hat sich meine letzten Dollar gegriffen.«

»Ist nicht schlimm. Bring mir das Geld einfach in den nächs-ten Tagen vorbei. Ich weiß ja, dass du wiederkommst.« Sie zwin-kerte, und plötzlich regte sich in Holly eine verwegene Idee.

»Vielleicht gibt es ja noch eine andere Möglichkeit, meine Schulden zu begleichen«, murmelte sie und sah Pari unsicher an. »Hast du nicht gesagt, du suchst eine Aushilfe für den Vormittag?«

JOHANNA
November 1987

Das Mädchen schlief, als sie zurückkam, und Johanna war froh darüber. Das Reh über den Waldboden nach Hause zu schleifen und vor der Hütte zu zerlegen, hatte sich als große Sauerei entpuppt, und das viele Blut an Johannas Händen und ihren Kleidern hätte die Kleine mit Sicherheit verstört.

Auch sie selbst hatte die ganze Angelegenheit nicht kaltgelassen. Sie war schon immer eher pragmatisch gewesen, eine Wissenschaftlerin durch und durch, die keine Probleme damit hatte, sich auch mal die Finger schmutzig zu machen – und der Tod des Tieres war zweifelsohne in vielerlei Hinsicht von Nutzen. Und dennoch hatte die Sache sie seltsam durcheinandergebracht. Immer wieder waren ihr zwischendurch Tränen in die Augen gestiegen, und ihre Hände hatten gezittert, als sie die Keulen grob vom Rumpf trennte. Beim Ausweiden war ihr übel geworden, und sie hatte ein paar Meter zur Seite taumeln und sich auf ihren Knien abstützen müssen, bis der Brechreiz abgeklungen war.

Wenigstens spielte ihr die Winterluft in die Hände. Die Temperaturen machten nicht nur die Lagerung des Fleisches einfacher, sondern hatten am Ende auch geholfen, ihren Kopf und ihre Sinne kühl und klar zu halten.

Als Erstes würde sie eine Brühe kochen. Die würde nicht nur dem Mädchen, sondern auch ihr Kraft spenden für die nächsten Schritte und Überlegungen.

Auch das Fell des Rehs würde sicher für irgendetwas zu gebrauchen sein, wenn Johanna es nur etwas bearbeitete. Sie war kein Profi auf diesem Gebiet, aber auch kein Dummkopf. Mit ein bisschen Verstand ließ sich bestimmt das gesamte Tier verwerten.

Allerdings musste sie sich zuerst das Blut vom Körper waschen. Ihre Arme waren bis zu den Ellenbogen rostrot gefärbt, es sah aus, als trüge sie Handschuhe aus getrocknetem Blut. Beim Blick in die dunkle Fensterscheibe stellte sie fest, dass sogar ihr Gesicht verschmiert war. Die Flecken glichen einer Kriegsbemalung.

Johanna versicherte sich, dass das Mädchen fest genug schlief, und schlüpfte dann aus ihren Kleidungsstücken. Im Inneren der Hütte war es angenehm warm, denn sie sorgte dafür, dass zu jeder Zeit genug Holz im Ofen brannte. Blut ließ sich am besten mit kaltem Wasser aus der Kleidung waschen, aber für ihren Körper wollte sie es heiß. Sie füllte den Kessel und setzte ihn auf die Ofenplatte.

Während sich das Wasser erhitzte, griff Johanna nach einem sauberen Messer und kratzte damit die getrockneten Blutreste unter ihren Fingernägeln heraus. Als sie schließlich zum Lappen griff und mit dem heißen Wasser über ihre Unterarme fuhr, fühlte sie sich, als würde sie sich häuten, als würde hier, unter dem eingetrockneten Blut, eine neue Johanna zum Vorschein kommen.

Aber das war natürlich Blödsinn. Nur weil sie einem verletzten Tier die Kehle durchgeschnitten hatte, war sie noch lange kein neuer Mensch. Sie wollte auch gar kein neuer Mensch sein. Im Grunde war alles gut gewesen, bevor das Mädchen aufgetaucht war. Sie musste sich nicht ändern, sondern nur dafür sorgen, dass die Kleine schnell wieder auf die Beine kam und dann ihrer Wege ging. Wohin auch immer diese sie führen würden …

Unglücklicherweise verschlechterte sich der Zustand der Kleinen aber.

Als Johanna gewaschen und mit einem heißen Teller Suppe an die Liege herantrat, war das Mädchen kaum ansprechbar. Seine Lippen waren spröde, dafür bildete sich auf der Stirn kalter Schweiß. Johanna schob die Hand in ihren Nacken und merkte, dass das Fieber gestiegen war.

»Du musst essen«, flüsterte sie ihr zu. »Die Flüssigkeit wird dir guttun.« Doch die Kleine reagierte kaum.

Johanna zögerte und begann dann, den Löffel vorsichtig an ihre Lippen zu führen. Wenn das Mädchen nicht eigenständig essen konnte, würde sie es eben füttern. Sie war zwar nicht der Typ, der andere bemutterte, das hatte sie ja nicht mal bei ihrer Tochter hingekriegt, aber im Moment hatte sie wohl keine andere Wahl. Die Kleine musste zu Kräften kommen, damit sie sie wieder loswurde. Wenn sie hier auf ihrer Liege verstarb, war niemandem geholfen.

Als etwa die Hälfte der Suppe im Mund des Mädchens gelandet war, tupfte Johanna mit einem Tuch seine Mundwinkel ab und aß selbst einen Teller. Kaum war ihr Magen gefüllt, überkam sie eine unbändige Müdigkeit. Ein weiteres Mal richtete sie sich ihr Nachtlager auf dem Boden ein, löschte die Kerze und sank in einen tiefen, traumlosen Schlaf.

Leider besserte sich der Zustand des Mädchens auch am darauffolgenden Tag nicht. Das Fieber war immer noch viel zu hoch, und die Kleine wimmerte mit geschlossenen Augen, war darüber hinaus aber nicht ansprechbar. Auch heute flößte Johanna ihr Brühe ein und versorgte die Wunde an ihrer Wade, aber ob das alles etwas brachte, vermochte sie nicht zu sagen.

Als sie merkte, dass sie selbst immer unruhiger wurde, widmete sie sich ein weiteres Mal dem Reh. Das Fell hing zum Trocknen an der Dachrinne. Johanna zog es runter und begann sorgsam, die Unterhaut und mit ihr alle Fett- und Fleischreste zu entfernen. Als sie einigermaßen zufrieden war, widmete sie sich dem Fleisch. Sie hatte das Tier zwar schon grob zerlegt, aber nun schnitt sie es in kleinere, handlichere Stücke, löste Knochen vom Fleisch und entfernte Knorpel und Sehnen. Einen Teil würde sie trocknen und räuchern, ihr Vater hatte dafür eigens eine kleine Kammer auf der Rückseite der Hütte angelegt. Bisher hatte sie diese zwar noch nie benutzt, aber es hatte ja auch keinen Anlass gegeben.

Einen weiteren Teil des Fleisches würde sie in Salz einlegen, und die Keulen konnten im Keller aushängen. Die Innereien würde sie als Erstes zubereiten müssen, bevor sie verdarben. Vielleicht konnte sie ein Ragout daraus zubereiten?

Solange genug Licht war, hantierte Johanna draußen herum. Sie schaffte Platz im Kellerloch, befreite die Regenrinne von Laub und ging noch einmal in den Wald, um eine Handvoll Pilze zu suchen, denen der Frost nichts angehabt hatte.

Allerdings hatte sie kein gutes Gefühl dabei, das Mädchen allzu lange allein zu lassen. Was, wenn Gisa wiederkam und herumschnüffelte, ausgerechnet dann, wenn sie nicht da war? Johanna hatte sicher nicht diesen ganzen Aufwand betrieben, um das Mädchen in Gisas gierigen Griff zu übergeben.

Als sie aus dem Wald zurückkehrte, war das Tageslicht fast erloschen. Bevor sie mit den Pilzen zurück ins Warme trat, sah sie bei der Henne vorbei und stellte fest, dass das blöde Vieh schon wieder zwei Eier gelegt hatte. Vielleicht hatte es endlich verstanden, dass Johanna nicht davor zurückschreckte, kurzen Prozess zu machen. »Mir tanzt niemand auf der Nase rum.« Zufrieden schob sie das gescheckte Huhn mit dem Stiefel zur Seite – nur um im nächsten Moment zuzusehen, wie es ihr dabei mit Genugtuung auf die Schuhspitze schiss.

Als das Fieber auch am dritten Tag nicht zurückging, begann Johanna sich Sorgen zu machen. Um sich abzulenken, kochte sie aus einem mageren Stück Fleisch und den Wildinnereien Gulasch und füllte es zum Konservieren in Einmachgläser. Während die Gläser kopfüber auf der Fensterbank auskühlten, ging sie hinaus und stopfte trockenes Laub in ein paar alte Säcke. Ihr Rücken tat von den Nächten auf dem Boden weh, sie musste ihr Nachtlager dringend komfortabler gestalten.

Als auch das vollbracht war, fiel ihr nichts mehr ein, mit dem sie sich hätte ablenken können, also zog sie sich einen Stuhl heran und setzte sich neben die Liege des Mädchens. Sie war hin- und hergerissen. Einerseits scheute sie davor zurück, allzu genau hinzusehen, denn dann würde sie womöglich erkennen, dass es wirklich übel aussah. Andererseits regte sich in ihr mit jeder Stunde, die verging, stärker das Bedürfnis, etwas zu tun. Aber was sollte das sein? Vermutlich brauchte die Kleine einen Arzt oder zumindest echte Medikamente, aber die gab es hier nicht. Sollte Johanna also ins Dorf gehen und sich darum kümmern? Würde sie damit nicht zu viel Aufmerksamkeit auf sich ziehen, würden die Leute nicht anfangen, Fragen zu stellen? Wenn Gisa

Wind davon bekam, würde sie ganz sicher wieder aufkreuzen und ihre Nase in Dinge stecken, die sie nichts angingen. Johanna konnte das Mädchen kaum vor ihr verstecken – erst recht nicht in seinem jetzigen Zustand. Das Dorf konnte also nur die letzte, die allerletzte Option sein.

Johanna stand auf und versorgte noch einmal die Wunde, bevor sie die kalten Wickel wechselte, die sie der Kleinen umgelegt hatte. An Füttern war heute nicht zu denken. Bei ihrem letzten Versuch am Vormittag hatte sich die Kleine derart verschluckt, dass Johanna schon befürchtete, sie würde ersticken. Seufzend setzte sie sich zurück auf den Stuhl.

Das Mädchen drehte sich mit einem Wimmern auf den Rücken. Dabei rutschte ihr Shirt ein Stück hoch und legte den Bauch frei. Johanna musste schlucken, als ihr Blick auf die kleine, pralle Kugel fiel. Sie hatte mit alldem hier nie etwas zu tun haben wollen, aber dass es so endete, wollte sie auch nicht.

Das Baby konnte doch nichts dafür. Jeder Mensch hatte eine Chance verdient, fand Johanna, und dass ausgerechnet dieses Ungeborene hier keine haben sollte, versetzte ihr einen Stich. Behutsam streckte sie die Hand aus und legte sie auf den Bauch des Mädchens. Kurz darauf spürte sie, wie sich etwas kleines Festes gegen ihre Handfläche drückte, und zuckte zurück.

Johannas Blut schoss in ihre Wangen. Sie zögerte, dann legte sie ihre kalte Hand noch einmal auf den Bauch. Da war es wieder! Diesmal schreckte sie nicht zurück, sondern erwiderte den Druck sanft. Als das Baby zurückdrückte, musste sie leise lachen.

Sie hatte vergessen, wie es sich anfühlte, die Tritte eines Ungeborenen zu spüren. Mit einem Mal erinnerte sie sich daran, wie seltsam es sich angefühlt hatte, wenn Marie in ihrem Bauch Schluckauf gehabt hatte.

»Bist du sicher, dass es ein Mensch ist?«, hatte Thomas sie beim Anblick des hüpfenden Bauches aufgezogen. »Vielleicht trägst du ein Froschbaby aus.«

Aber Mariechen war ein Mensch gewesen, der schönste Mensch der Welt. Johanna schloss die Augen. Plötzlich hatte sie das Gefühl, den Geruch eines Neugeborenen in der Nase zu haben, diesen süßlichen, warmen Geruch von neuem Leben, der mit keinem anderen dieser Welt vergleichbar war. Sie öffnete ihre Augen erst wieder, als eine Träne über ihr Gesicht gelaufen war und vom Kinn auf ihren Unterarm hinabtropfte.

Das Baby im Bauch hatte aufgehört zu treten, und Johanna zog langsam ihre Hand zurück.

»Du solltest einen Namen haben«, flüsterte sie. »Alles wird erst richtig real, wenn es einen Namen hat.« Eigentlich sprach sie vom Baby, aber in diesem Augenblick wurde ihr klar, dass auch das Mädchen keinen Namen hatte. Zumindest kannte sie ihn nicht.

Nachdenklich beugte Johanna sich vor und strich der Kleinen die kurzen, verschwitzten Haare aus der Stirn. Sie wimmerte und drehte sich auf die Seite, sodass ihre rechte Hand schlaff von der Bettkante hing.

Johanna zögerte. Vorsichtig zog sie das T-Shirt zurück über den Bauch und legte die Decke über die Hüften der Kleinen. »Ich würde gern deinen Namen erfahren«, mahnte sie leise und griff nach den Fingern des Mädchens. »Also denk nicht mal dran, mir einfach wegzusterben!«

Plötzlich war Johanna klar, was sie tun würde.

Sie würde einfach hier sitzenbleiben, hier an der Seite der Kleinen, und ihre Hand halten.

Ihre Hand halten, bis sie wieder zu sich kam.

MYLÈNE
April 2019

Irgendwann war Etienne eingeschlafen. Er hatte sich lange gesträubt und darauf bestanden, dass sie das Radio einschalteten, aber kurz hinter der holländischen Grenze war sein Kopf dann doch zur Seite gesackt. Seitdem ging sein Atem ruhig und regelmäßig, und die vorbeiziehenden Straßenlaternen warfen ein fahles Schauspiel aus Licht und Schatten auf sein entspanntes Gesicht.

Mylène hatte das Radio erst ausgeschaltet, aber bald gemerkt, dass ihr die Stille nicht guttat. Es war nicht die Müdigkeit, die ihr Sorgen bereitete, sondern die Gedanken, die durch ihren Kopf geisterten und einfach keine Ruhe gaben. Also hatte sie das Radio wieder angestellt und den Lärm unter ihrer Schädeldecke mit leiser, leichtverdaulicher Popmusik betäubt.

Gegen drei Uhr nachts erreichten sie die Stadtgrenze von Amsterdam. Mylène war noch nie zuvor hier gewesen, und wie so oft, wenn sie zum ersten Mal in eine Stadt hineinfuhr, war sie enttäuscht. Die Bilder, die sie in ihrer Vorstellung von Amsterdam abgespeichert hatte, waren viel hübscher als der erste Eindruck in den Randbezirken. Mitten in der Stadt war es mit Sicherheit schöner, versuchte sie sich einzureden – und außerdem war sie ja nicht wegen der Sehenswürdigkeiten hier.

Der Brief mit der Adresse der Wohnung befand sich noch immer in ihrer Tasche, und die lag zu Etiennes Füßen. Umständlich versuchte Mylène sich über seinen Schoß zu beugen und nach dem Träger zu greifen, aber ihr Ellenbogen ließ sie jedes Mal vor Schmerz zusammenzucken, sobald sie den Arm durchstreckte. Außerdem zog der Gurt sie rücksichtslos in den Sitz zurück. Während der Fahrt würde sie vermutlich nicht unfallfrei an die Adresse kommen, also setzte sie bei der nächsten Gelegenheit den Blinker und fuhr von der Stadtautobahn ab.

Die Straße führte in ein Industriegebiet, grau in grau, und war nur spärlich beleuchtet. Nicht gerade einladend, aber Mylène hatte ja auch nicht vor, hier eine Teegesellschaft mit dem holländischen Königspaar abzuhalten.

Sie parkte den Wagen in der Einfahrt zu einer abgelegenen Lagerhalle. Als der Motor mit einem Seufzen verstummte, wartete sie kurz, ob Etienne von der Stille aufwachte. Aber er schnarchte nur einmal leise auf und drehte den Kopf zur anderen Seite, bevor sich seine Atmung wieder im gleichmäßigen Schlafrhythmus einpendelte.

Mylène löste ihren Gurt und beugte sich zum Fußraum des Beifahrersitzes runter. Etiennes Knie waren zur Seite geklappt und im Weg, sodass sie die Tasche nicht herüberziehen konnte und am Ende lediglich den Brief aus dem Innenfach fischte.

Es war faszinierend, wie ein einfaches Stück Papier so viel Chaos anrichten konnte. Vor vierundzwanzig Stunden hatte sie noch nichtsahnend in Frédérics Armen gelegen und sich vor der Dunkelheit gefürchtet. Jetzt saß sie mitten in der dunkelsten Stunde ihres Lebens, Etienne an ihrer Seite, und fürchtete sich vor dem, was in dieser fremden Stadt auf sie wartete.

Ihre Hände zitterten, als sie den Brief aus dem Umschlag zog und auffaltete. Am Ufer der Seine hatte sie ihn schon zweimal gelesen, und trotzdem war sie wieder überrascht von der Schrift. Wäre das hier ein Film, dann hätte die Handschrift in einem solch gewichtigen Brief anders ausgesehen, elegant und schwungvoll vermutlich, mit hoher Wahrscheinlichkeit eine anmutige Schreibschrift. Diese Buchstaben hingegen waren schnörkellos und gedrungen und wirkten an einigen Stellen verzerrt, geradezu unbeholfen. Obwohl die Rechtschreibung tadellos war, war die Verfasserin des Briefes offensichtlich keine Vielschreiberin. Aber natürlich war das äußere Erscheinungsbild nebensächlich. Wie so oft waren es die inneren Werte, die zählten.

Mylène holte leise Luft, lehnte sich mit dem Brief ans Fenster und las ihn ein drittes Mal:

Amsterdam, 2019

Liebe Mylène,

ich vermag mir nicht vorzustellen, wie du dich fühlst, wenn du diese Zeilen liest, welchen Teil der Geschichte du schon kennst und was dir vielleicht neu ist. Was ich allerdings mit Sicherheit sagen kann, ist, dass ich tot bin, wenn du dieses Stück Papier in deinen Händen hältst.

Du kennst mich nicht, zumindest erinnerst du dich nicht an mich, und natürlich erfüllt es mich mit einer gewissen Scham, dass ich dir nicht persönlich Rede und Antwort stehe. Es gab viele Gründe, warum ich mich nicht früher bei dir gemeldet und mich zu erkennen gegeben habe, aber nur einen einzigen, warum ich es jetzt tue: Bevor ich für immer von dieser Welt verschwinde, möchte ich dir die Möglichkeit geben, deine Geschichte kennenzulernen.

In dieser Geschichte spiele ich eine Rolle, aber in erster Linie handelt sie von deiner Mutter, die ich zwar nicht lange, aber gut genug gekannt habe, um mich für dich und dein Glück verantwortlich zu fühlen. Denn das tue ich und habe es all die Jahre getan, auch wenn du vielleicht nie etwas davon mitbekommen hast.

Natürlich steht es dir frei, mein Angebot abzulehnen. Du kannst diesen Brief zerreißen und vergessen und nie wieder auch nur einen Gedanken an mich und die Vergangenheit verschwenden, und glaub mir: Ich würde dir das nicht verübeln. Wenn du aber erfahren möchtest, was damals passiert ist, dann reiche ich dir meine Hand und begleite dich noch ein Stück. In der Wohnung, die ich dir hinterlasse, findest du Antworten.

Egal, wie du dich entscheidest, lass dir eines von Herzen gesagt sein: Du wurdest geliebt.

Darunter befand sich eine kaum lesbare Unterschrift sowie die Adresse der Wohnung, von der auch der Anwalt in Paris gesprochen hatte. Mylènes Kopf sank gegen die Nackenstütze.

Etiennes Wagen hatte ein integriertes Navigationssystem, in das sie die Adresse eingeben könnte. Egal, wo sich die Wohnung befand, es konnte höchstens eine Stunde dauern, bis sie an Ort und Stelle wäre. Aber wollte sie das wirklich schon?

Es war mitten in der Nacht. Etienne würde ohnehin nicht sofort weiterfahren, er schlummerte wie ein Baby. Und mit einem Mal spürte auch Mylène, wie sich eine gewaltige Erschöpfung in ihr breitmachte. Hinter ihren Lidern brannte es, und ihr Kopf und ihre Glieder taten höllisch weh. Das war mit Sicherheit nicht der richtige Zustand, um ihrer Vergangenheit entgegenzutreten. Sie würde sich einfach etwas ausruhen, den Sitz zurückstellen und ein paar Stunden schlafen, dann sah die Welt bestimmt schon anders aus.

Vorsorglich schob sie den Brief zurück in den Umschlag, lehnte ihre pochende Schläfe ans Fenster und schloss die Augen.

Das Nächste, was sie wahrnahm, war ein heftiges Poltern direkt neben ihrem Ohr. Erschrocken fuhr sie aus ihrer Schlafposition hoch und brauchte einen Moment, um sich zu orientieren, aber der Lärm wurde nur noch aufdringlicher.

Auch Etienne rappelte sich auf seinem Sitz auf und blinzelte irritiert zu den Seiten. »Scheiße, was ist los?«

Ganz genau konnte Mylène das auch nicht sagen, allerdings stand ein ziemlich aufgebrachter Mann mit Halbglatze neben ihrem Fenster und klopfte wie von Sinnen gegen die Scheibe. Dabei gestikulierte und schimpfte er, als hätte sie gerade frisch in seinen Vorgarten uriniert. Leider verstand Mylène kein Wort von dem, was ihn in Wirklichkeit so aufgebracht hatte, denn er brüllte in einer fremden Sprache.

Etienne stöhnte und rieb sich über die Augen. »Wir versperren ihm die Einfahrt.«

»Was?«

»Die Einfahrt«, wiederholte er und deutete mit dem Kopf über die Schulter. Als Mylène seinem Blick folgte, sah sie es auch: Ein gigantischer Lastwagen stand schräg hinter ihnen auf der Straße und hatte sich beim Wendemanöver nicht gerade geringfügig verkeilt. Das erklärte auch die ungesunde Gesichtsfarbe des Fahrers. Mylène hatte ihm nicht nur die Zufahrt erschwert, sondern ihn auch noch an die Grenzen seiner Manövrierfähigkeiten gebracht – und das war für den nicht mehr ganz so jungen Mann offenbar ein Grund, die Contenance zu verlieren.

Als Mylène nach ihrem Türgriff fasste, hielt Etienne sie zurück. »Ich mache das schon.«

Mylène sah ihn belustigt an. »Weil du ein Mann bist?«

»Weil ich Niederländisch spreche«, belehrte er sie und stieg kopfschüttelnd aus.

Mylène sank zurück in den Sitz und sah fasziniert zu, wie Etienne um den Wagen herumging und den Hitzkopf beruhigte – das hatte er schon immer draufgehabt. Schon in der Schule hatte ihm niemand lange böse sein können. Obwohl er stinkfaul war und seine Hausaufgaben ständig vergaß, wickelte er die Lehrerinnen und Lehrer immer wieder mit seinem Charme um den Finger. Am Ende hatte er sogar fast ein ebenso gutes Abitur wie Mylène gemacht, dabei hatte sie sich mit viel Fleiß und Disziplin auf ihren Abschluss vorbereitet. Die Tatsache, dass es für ihn so einfach war, hatte sie zwar kurz gewurmt, aber natürlich hatte auch sie Etienne seinen leichtfüßigen Erfolg nicht lange übelgenommen. Keiner konnte das.

Auch der Lastwagenfahrer beruhigte sich erstaunlich schnell. Mylène sah, wie Etienne ihm einen Zwanziger hinhielt, den der Mann nach kurzem Zögern annahm, bevor er mit hochrotem Kopf zu seiner Fahrerkabine zurückstiefelte.

Auch Etienne eilte um den Wagen herum und ließ sich auf den Beifahrersitz fallen. Mit einem vielsagenden Grinsen zog er die Tür zu und legte sich den Gurt an. »Er sagt, wir sollen uns nächstes Mal ein Zimmer nehmen.«

Mylène brauchte einen Moment, bis sie verstand, doch dann spürte sie, wie ihr zu viel Blut ins Gesicht schoss und ihr Mund aufklappte. »Oh Gott. Denkt er etwa, wir haben hier …?«

»Genau das denkt er.« Etienne ließ seine Augenbrauen auf und ab hüpfen.

Mylène konnte beim besten Willen nicht verstehen, was daran lustig sein sollte. »Du hast das hoffentlich aufgeklärt!«

»Spinnst du? Ich habe ihm den Floh ja erst ins Ohr gesetzt. Wir sind hier in Amsterdam, hier kriegst du Sex im Schaufenster und Gras im Café. Ehrlich gesagt gab es keine bessere Erklärung. Wir sind zwei gutaussehende Menschen im besten Alter, auf der Suche nach dem gewissen Kick …« Er zuckte zufrieden mit den Schultern und machte Mylènes Fassungslosigkeit damit perfekt.

Im nächsten Augenblick begann der Lastwagenfahrer hinter ihnen zu hupen. Etienne griff grinsend über Mylène hinweg und befestigte ihren Gurt. »Du solltest jetzt deinen Mund wieder schließen und aufs Gas treten, sonst ruft er am Ende vielleicht doch noch die Polizei.«

Als sie eine Viertelstunde später bei schlechtem Kaffee und einem noch schlechteren Brötchen in einem Tankstellenbistro saßen, war Mylène die Empörung immer noch ins Gesicht geschrieben.

»Komm wieder runter«, versuchte Etienne sie zu beruhigen und zupfte ein trauriges Büschel Petersilie von seiner Brötchenhälfte. »Früher warst du doch auch nicht so prüde! Liegt das an Frédéric?«

»Erstens bin ich kein bisschen prüde«, zischte sie. »Und zweitens hat Frédéric mit alldem überhaupt nichts zu tun.«

Etienne hob versöhnlich die Hände. »Ich wollte dir nicht zu nahe treten. Außerdem weiß ich natürlich, dass dein *Freddy* kein Kind von Traurigkeit ist.« Er grinste und biss in sein armseliges Brötchen.

Mylène lehnte sich stöhnend auf ihrem Plastikstuhl zurück und kreuzte die Arme vor der Brust, obwohl ihre Ellenbogen immer noch wehtaten. Sie war es gewohnt, Gespräche dieser Art zu führen – vor allem mit Menschen, die Frédéric nicht kannten. »Lass uns die Sache bitte abkürzen: Hast du blöde Vorurteile, oder bist du einfach nur neidisch?«

»Was?« Etienne hustete ertappt.

»Das sind normalerweise die Gründe, warum völlig fremde Leute auf ihm herumhacken. Sie neiden ihm sein Geld und mir die Hochzeit – und deshalb wollen sie sich und mir einreden, dass es ohnehin nicht klappen kann, weil Frédéric eine bewegte Vergangenheit hat. Aber diese Leute kennen ihn nicht, und du tust das auch nicht! Sonst wüsstest du nämlich, dass er lieber eine Handvoll Regenwürmer essen würde, als sich von jemandem *Freddy* nennen zu lassen.«

Jetzt stand Etienne der Mund offen. Seine Selbstsicherheit war wie weggeblasen, und auch sein freches Grinsen hatte sich wie ein gescholtenes Kind in die Ecke verzogen.

Einen Augenblick wirkte er wie versteinert, dann räusperte er sich und legte sein angebissenes Brötchen auf die Serviette zurück. »Tut mir leid. Ich habe nicht darüber nachgedacht, was ich sage – und ich wollte dich ganz sicher nicht verletzen.« Er zögerte und legte über den Tisch hinweg seine Hand auf ihren Unterarm. »Du hast recht, ich kenne Frédéric nicht, ich kenne nur die Version aus den Zeitungen. Aber ich kenne dich, Mylène, und glaub mir: Es gibt keinen Menschen auf der ganzen weiten Welt, dem ich es mehr gönne, glücklich zu sein.«

Mylène fehlten die Worte. Sie hing derart gebannt an seinen Lippen, dass sie fast vergaß zu atmen. Viel zu spät schaffte sie es, ihren Blick abzuwenden. Wieso gelang es ihm immer noch, sie derart zu berühren? Nach all den Jahren war Etienne doch praktisch ein Fremder und dennoch … Unsicher schüttelte sie seine Hand von ihrem Arm und nahm den furchtbaren Kaffee. »Entschuldigung angenommen.«

Etienne lächelte erleichtert. »Und wie geht es jetzt weiter?«

Gute Frage … Der Brief mit der Adresse lag wieder sicher in ihrer Handtasche. Sobald sie dieses grausame Frühstück runtergekriegt hatte, würde sie ohne Umwege die Wohnung von Madame de Vries aufsuchen und sich ihrer Vergangenheit stellen.

Mylène legte ihre Finger um die Kaffeetasse wie um einen Rettungsring. »Du kannst gerne weiterfahren nach Berlin, ich nehme mir für den restlichen Weg ein Taxi.«

»Machst du Witze?« Empört zog Etienne seine Augenbrauen zusammen und schüttelte den Kopf. »Ich bringe dich natürlich noch zu dieser Wohnung!«

»Das musst du nicht.«

»Ich will aber«, erwiderte er bestimmt. »Das bin ich dir schuldig.«

»Du meinst, weil du nur meinetwegen diesen schönen Abstecher nach Amsterdam gemacht hast und für einen Rückbankrammler gehalten wurdest?«

»So viel Spaß ist mir nur selten vergönnt.« Er zuckte mit der Schulter. »Und außerdem muss ich dringend in Erfahrung bringen, warum die Holländer immer noch wie Menschen aussehen, obwohl sie sich offensichtlich von so was hier ernähren.« Er bohrte seine Fingerspitze in die Brötchenhälfte, als wäre sie ein toter Frosch, den er zwar abstoßend fand, aber dennoch aus unerfindlichen Gründen anfassen musste.

Mylène musste lachen.

»Mal ehrlich«, fuhr er verschwörerisch fort. »In Frankreich würdest du verklagt werden, wenn du damit deine Katze fütterst. Ich kann dich jedenfalls nicht alleine hier herumirren lassen.

Wer weiß, was die dir dann noch alles unterjubeln? Du sprichst ja nicht mal die Sprache.«

Mylène schüttelte den Kopf und blieb ein weiteres Mal an Etiennes Lächeln hängen. Sie sah die kleine Narbe unter seiner Unterlippe, die er sich beim Volleyball in der Oberstufe zugezogen hatte, und die drei winzigen Muttermale neben seinem linken Ohr, vertraut wie ein Sternbild, das schon seit Jahrtausenden am Himmel stand. Hatte sie das alles wirklich vermisst, oder sehnte sie sich im Grunde nur nach der Unwissenheit, die sie damals vor dem Schmerz bewahrt hatte, den sie heute spürte? Seit sich Marianne und Henri als Lügner entpuppt hatten, war es schwer, zu erkennen, was wahr war …

Mylène schluckte ihre Unsicherheit mit einem gruseligen Schluck Kaffee runter. »Seit wann sprichst *du* eigentlich Niederländisch?«

Etiennes Stuhl quietschte, als er sich darauf zurücklehnte und die Arme hinter dem Kopf verschränkte. »Ich bin Einkäufer für den deutschsprachigen Raum und die Benelux-Staaten, da werden ein paar Grundkenntnisse vorausgesetzt. Flämisch, Niederländisch, Deutsch – ich kann dir alles bieten. Nur bei Schwyzerdütsch bin ich raus.«

Wieder musste Mylène lächeln.

»Also gut«, sagte sie schließlich und stellte ihre halbvolle Kaffeetasse zurück aufs Tablett. »Du darfst mich noch zur Wohnung fahren.«

Etienne formte Faust und Gesicht zu einer Siegergeste, doch Mylène nahm ihm sofort den Wind aus den Segeln: »Aber hinterher trennen sich unsere Wege, verstanden? Du fährst endlich weiter nach Berlin und kümmerst dich nicht mehr um meine Angelegenheiten.«

Für einen Moment schien Etienne ihren Vorschlag abzuwägen, dann runzelte er verständnislos die Stirn. »Ich verstehe leider kein Wort von dem, was du gesagt hast – vielleicht könntest du es noch mal auf *Schwyzerdütsch* wiederholen?«

HOLLY
Mai 2003

»Du darfst das nicht persönlich nehmen«, versuchte Matt sie zu trösten, während er einen gigantischen Vorrat Konservendosen in den Oberschrank räumte. »Lucas hat sich den ganzen Vormittag auf dich gefreut.«

Holly fiel es schwer, das zu glauben – und genauso schwer fiel es ihr, die ganze Sache tatsächlich nicht persönlich zu nehmen.

Seit sie über die Türschwelle der Wohnung getreten war, hatte sich Matts Sohn auf den Fußboden im Badezimmer geschmissen und stundenlang kein einziges Wort außer »Nein!« von sich gegeben.

Mittlerweile hatte Holly unzählige Variationen davon gehört: gebrüllte Neins, geknurrte Neins, trotzige Neins, mit wilden Tritten und Schlägen untermauerte Neins und zwischendurch auch eine ganze Menge stumme Neins. Egal, was sie Lucas vorgeschlagen hatte, seine Antwort lautete immer aufs Neue: »Nein!«

»Vielleicht sollte ich beim ersten Mal hierbleiben?«, hatte Matt zu Beginn vorgeschlagen, aber Holly wusste, dass er einen Termin hatte – und sie war schließlich hier, um zu helfen und sein Leben ein wenig einfacher zu machen. Deshalb hatte sie großmütig abgelehnt.

»Lucas und ich müssen nur etwas warm miteinander werden, dann läuft es ganz sicher wie am Schnürchen.« Doch schon bald hatte sie diese Einschätzung bitter bereut. Denn auch als Matt verschwunden war, bewegte sich Lucas keinen Zentimeter vom Fleck.

»Wir könnten ein Spiel spielen«, hatte Holly vorgeschlagen, aber Lucas hatte nur »Nein!« gezischt.

»Oder mit der Eisenbahn in deinem Zimmer spielen?«

»Nein!«

»Wollen wir nicht in den Park gehen? Da ist heute wieder dieser Mann, der mit Fackeln jongliert.« Aber Lucas' Antwort lautete immer nur Nein, Nein, Nein! Selbst als Holly ihn mit Fernsehen und Eis zu bestechen versuchte, blieb er seiner Linie treu.

Irgendwann hatte Holly es aufgegeben und sich neben ihn auf den Badezimmerboden gehockt. Dort hatten sie schweigend ausgeharrt, bis Matt zwei Stunden später mit ein paar Einkäufen von seinem Termin zurückgekehrt war.

Jetzt tat nicht nur ihr Hintern weh, auch ihr Brustkorb zog sich mal wieder schmerzhaft zusammen. Sie hatte versagt. Lucas konnte sie nicht ausstehen, und das konnte sie ihm nicht mal übelnehmen. Vielleicht spürte er ja, dass sie nicht nur irgendeine Fremde war, sondern die Frau, die für den Tod seiner Mutter verantwortlich war?

Bei diesem Gedanken wurde Holly schlecht. Unsicher lehnte sie sich in den Rahmen der Küchentür und beobachtete Matt beim Einräumen der Einkäufe. »Du solltest dir einen anderen Babysitter suchen, ich bin vermutlich nicht die Richtige für den Job.«

Überrascht drehte Matt sich zu ihr um – und im nächsten

Moment sah sie auch schon Panik in seinem Blick aufflackern. »Auf keinen Fall! Du bist die Richtige, daran gibt es keinen Zweifel. Richtiger als du kann man gar nicht sein, du bist richtiger als richtig.« Mit einer Raviolidose in der Hand ging er ein paar Schritte auf sie zu, doch als er ihr verstörtes Gesicht bemerkte, blieb er stehen und kratzte sich am Kinn. »Das klang ziemlich verzweifelt, oder?«

»Schon ein bisschen ...«

»Tut mir leid.« Matt ließ die Schultern sinken. »Aber ich brauche dringend Unterstützung. Auf die Anzeige haben sich nur eine Handvoll Menschen gemeldet, und den meisten von denen würde ich nicht mal meinen Toilettenschlüssel anvertrauen, geschweige denn meinen Sohn.« Seufzend lehnte er sich mit der Hüfte gegen die Küchenzeile. Er sah unheimlich müde aus, erschöpft und unter alldem auch wahnsinnig traurig, was dazu führte, dass Holly sofort wieder von ihrem schlechten Gewissen überrollt wurde.

»So schlimm sind die sicher nicht gewesen«, versuchte sie ihn aufzumuntern, aber er warf ihr einen vielsagenden Blick zu.

»Glaub mir, sie waren sogar noch viel schlimmer. Auf einer Skala von nett bis furchtbar waren das menschliche Katastrophen, Totalausfälle. Ein Student aus Montana hat mich gefragt, ob es mich stören würde, wenn er seine Anakonda zum Babysitten mitbringt, und eine junge Frau mit pinken Haaren wollte mich vertraglich zusichern lassen, dass sie Lucas auf keinen Fall den Hintern abwischen muss. Und sie wollte ihm auch nicht vorlesen, mit ihm vor die Tür gehen oder Rollenspiele mit ihm spielen. *Wenn ich mir bei euch Läuse einfange, verklage ich dich bis aufs letzte Hemd* – so in etwa hat sie es formuliert.«

Holly runzelte die Stirn. »Klingt ziemlich sympathisch.«

»Ja, so sympathisch wie Brechdurchfall und ein Schädelhirntrauma zusammen. Ernsthaft, wir brauchen dich! Ich konnte mein Glück kaum fassen, als du auf unserer Fußmatte standst – und Lucas ist auch begeistert.«

Holly warf ihm einen skeptischen Blick zu, bis er schließlich mit einem Augenrollen einknickte. »Er wird begeistert sein, wenn er dich besser kennenlernt. Er ist erst vier und manchmal ein bisschen stur, gib ihm noch eine Chance.«

»Die Frage ist wohl eher, ob er mir jemals eine Chance gibt«, gab sie mit einem leisen Seufzen zu bedenken.

Matt beobachtete sie einen Moment, dann wanderten seine Mundwinkel zu einem Grinsen auseinander. »Wieso bleibst du nicht noch zum Essen?«

»Zum Essen?« Holly war davon wenig überzeugt.

»Seit Lucas seine Mutter verloren hat, isst er leider nur noch Dosenravioli – aber zum Glück haben wir genug davon.« Er deutete auf die unzähligen Konserven, die er eben erst eingeräumt hatte, und brüllte dann rüber ins Bad: »Hey Kumpel, wäre es nicht toll, wenn Holly noch zum Abendessen bleibt?«

»Nein!«, schmetterte Lucas ihnen ohne Umschweife entgegen, aber Matt lächelte Holly zufrieden an.

»Für mich klang das nach einem klaren ›Das wär' super‹!«

Holly lächelte müde zurück. Sie konnte beim besten Willen nicht verstehen, woher er diese Kraft nahm. Mit Jay war nicht nur Lucas' Mutter verstorben, sondern auch Matts Partnerin. Schlagartig war er allein für sein vierjähriges Kind verantwortlich, jonglierte mit Haushalt und Job und brachte es gleichzeitig noch fertig, witzig zu sein. Wie schaffte er das nur?

Holly biss sich auf die Unterlippe. »Und ich kann dich wirklich nicht davon überzeugen, mich rauszuschmeißen und dir eine neue Babysitterin zu suchen?«

»Nicht, solange du keine Anakonda aus deiner Handtasche ziehst«, erwiderte Matt grinsend und fischte drei Dosen aus dem Schrank.

Die Ravioli waren nicht das beste Essen ihres Lebens, aber bei weitem auch nicht das schlechteste. Nur Matt schien sich permanent dafür entschuldigen zu wollen. »Du glaubst mir das wahrscheinlich nicht, aber in Wirklichkeit bin ich ein ganz passabler Koch. Wenn ich dürfte, würde ich sogar den Nudelteig selber machen.«

Sofort schoss Holly Jays Einladung durch den Kopf. *Matt macht die beste Lasagne der Welt.* Sie verdrängte die schmerzhafte Erinnerung, indem sie sich schnell eine weitere Nudeltasche in den Mund schob. »Ich finde Dosenessen super, ehrlich.«

Misstrauisch kniff Matt die Augen zusammen. »Ich weiß nicht, was ich bedenklicher finden würde: Wenn du das wirklich ernst meinst oder einfach schamlos lügst, um dich einzuschleimen.«

Holly musste lachen, aber bevor sie etwas zu ihrer Verteidigung sagen konnte, mischte sich auf einmal Lucas ein, den Mund großzügig mit Tomatensoße verschmiert. »Was ist *einschleimen*?«

Holly verschluckte sich beinahe an ihrer Nudeltasche. Sie hatte nicht damit gerechnet, dass sie aus Lucas' Mund jemals ein anderes Wort als Nein hören würde. Die ganze Zeit über hatte der Kleine krampfhaft geschwiegen und seinen Blick kaum vom eigenen Teller gehoben, aber jetzt war er offensichtlich satt und blinzelte seinen Vater neugierig an.

Matt wischte die Soße auf seinem Teller mit einem Stück Weißbrot auf. »Einschleimen ist, wenn ...«

»Wenn jemand etwas tut oder sagt, um einer anderen Person zu gefallen«, setzte Holly seinen Satz fort und schenkte Lucas ein Lächeln.

Der Kleine kniff misstrauisch die Augen zusammen und blickte wieder zu seinem Vater. »Und warum schleimt Holly uns ein?«

Matt lachte und tupfte Lucas mit einer Serviette die Soßenreste aus dem Gesicht. »Holly schleimt uns nicht ein. Wenn überhaupt, könnte sie sich *bei* uns einschleimen. Aber das war ehrlich gesagt nur ein Scherz, ich habe das nur so dahingesagt. Weil ich genau weiß, dass Holly sich wünscht, dass du sie magst, verstehst du? Sie kommt jetzt jede Woche ein- oder zweimal, und da wäre es doch cool, wenn ihr Freunde wärt, findest du nicht?«

Lucas schien die Worte seines Vaters einen Augenblick abzuwägen, aber dann warf er Holly einen extrafinsteren Blick zu. »Nein!« Mit diesem Wort schob er seinen Stuhl zurück und tapste barfuß aus der Küche.

Holly sah ihm unglücklich hinterher. »Meinst du immer noch, ich soll das nicht persönlich nehmen?«, fragte sie Matt, aber auch der verzog nur entschuldigend sein Gesicht.

»Da bist du ja! Ich hätte fast einen Suchtrupp losgeschickt.«

Als Holly zu Hause durch die Tür trat, schlug ihr eine dichte Dampfwolke entgegen, und gleich darauf stieg ihr ein ziemlich aufdringlicher Geruch in die Nase. Sasha stand an der kleinen Küchenzeile und blickte sie erwartungsvoll an. Sie trug eine Schürze, darunter aber nur Unterwäsche, und deutete mit dem Kochlöffel direkt auf Holly. »Wo bist du gewesen?«

»Ich habe einen Spaziergang gemacht«, log sie, weil ihr auf die Schnelle nichts Besseres einfiel.

Sasha musterte sie misstrauisch. »Kein Mensch geht freiwillig in Los Angeles spazieren. Wenn du dich einer Sekte angeschlossen hast, gib es lieber gleich zu. Ich rieche so was drei Meilen gegen den Wind.«

Holly bezweifelte allerdings, dass ihre Mitbewohnerin bei dem Gestank hier überhaupt noch etwas riechen konnte.

Der Küchenbereich sah wie ein Schlachtfeld aus. Auf jeder freien Fläche stapelten sich Kochtöpfe und Schüsseln, und auf dem Herd brodelten mindestens vier unterschiedliche Eintöpfe vor sich hin.

Normalerweise aß Sasha wie ein Spatz, um ihre Figur für mögliche Hauptrollen zu halten, aber alle paar Wochen packte sie ein seltsames Fieber, und sie bereitete auf einen Schlag eine Handvoll üppiger Gerichte zu, so als wollte sie alles nachholen, was sie ihrem Magen in den letzten Wochen vorenthalten hatte.

»Ich habe gekocht«, flötete sie jetzt heiter, während sie mit ihrem Löffel im größten der vier Töpfe herumrührte.

»Wär' mir gar nicht aufgefallen«, erwiderte Holly.

»Ich hatte Lust auf einen russischen Abend«, fuhr Sasha unbeeindruckt fort. »Das wird lustig, nur du und ich und ein Haufen Essen.«

Holly verzog das Gesicht. »Sorry, Sash, aber ich habe überhaupt keinen Hunger.« Sie hatte aus Verlegenheit viel mehr Dosenravioli gegessen, als gut gewesen wären. Wenn sie jetzt noch einen einzigen Bissen herunterschlucken müsste, würde sie vermutlich platzen.

Sasha fuhr zu ihr herum und nagelte sie mit einem Killerblick fest. »*Kein Hunger* akzeptiere ich heute nicht! Du hast viel zu wenig gegessen in den letzten Wochen, aber ab jetzt weht hier ein anderer Wind. Ich werde schon dafür sorgen, dass du wieder zu Kräften kommst.«

Holly wusste, dass sie es gut meinte, aber das änderte nichts daran, dass ihr bei dem Gedanken an mehr Essen die Nudeltaschen wieder hochkamen. Vermutlich würde sie aus dieser Nummer nur rauskommen, wenn sie Sasha die Wahrheit sagte – oder zumindest einen Teil davon.

»Das ist echt lieb von dir, aber ich habe schon gegessen.«

Misstrauisch kniff ihre Mitbewohnerin die Augen zusammen. »Was soll das heißen, du hast schon gegessen?«

»Dass ich eben gerade einen riesigen Haufen Ravioli verdrückt habe.«

»Ravioli?« Angewidert verzog Sasha das Gesicht. »Du meinst doch nicht etwa diese unsäglichen Teigklumpen, die sie ahnungslosen Unterschichtsbürgern in Dosen verkaufen?«

»Schuldig im Sinne der Anklage«, gab Holly zu.

Sasha klappte der Mund auf – doch dann besann sie sich und verschränkte die Arme. »Ich dachte, du warst spazieren?«

»War ich auch.«

»Aber du hast behauptet, du hättest Ravioli gegessen!« Sie grinste, als hätte sie Holly überführt.

»Das schließt sich doch nicht aus.«

»Natürlich schließt sich das aus! Ich wüsste nämlich nicht, wo auf der Straße Ravioli verkauft werden.« Zufrieden drehte sie sich wieder zu ihren Töpfen um. »Ich will jetzt keine Ausreden mehr hören. Mach dich lieber nützlich und deck den Tisch.«

Hollys Blick wanderte zu der Stelle, an der ihr Tisch stand. Jetzt war dort nur ein gigantischer Berg Chaos auszumachen. Schmutzige Pfannen stapelten sich abenteuerlich übereinander und begruben dabei auch unzählige Schneidbretter und Teller unter sich.

»Ich helfe dir gerne beim Aufräumen, Sash, aber ich schwöre dir, dass ich heute keinen Bissen mehr runterkriege.«

Ein weiteres Mal fuhr ihre halbnackte Mitbewohnerin zu ihr herum und funkelte sie an, als hätte sie gerade ihr Vaterland verraten.

Aus Verlegenheit fing Holly an, den Tisch abzuräumen. »Ich habe wirklich Dosenravioli gegessen!«

»Und wo, bitte?«

Angespannt hielt Holly inne. Sie konnte ihr unmöglich sagen, dass sie bei *Matt* gewesen war – sie hatte den Namen von Jays Freund ein paarmal nach dem Unfall erwähnt. Deshalb hielt sie an ihrer altbewährten Strategie fest und erzählte einfach nur einen Teil der Wahrheit – den Teil, der sie nicht in Verlegenheit brachte. »Ich habe jemanden kennengelernt.«

Sasha war derart überrascht, dass sie ihren Kochlöffel fallen ließ. Sie kniff die Augen zusammen. »Einen Mann?«

»Einen Mann, ja«, gab Holly zu, obwohl es genau genommen sogar zwei waren. »Aber wir sind nur … Freunde.«

»Und dieser ›Freund‹ hat dich zu *Ravioli* eingeladen?«

»Wenn das hier ein Verhör wird, sollte ich mir vielleicht lieber einen Anwalt nehmen«, versuchte Holly die Situation aufzulockern, aber Sasha blieb ernst.

»Kriege ich auch ein paar Details?«

Holly seufzte. »Ich will nicht darüber reden. Noch nicht. Das wäre … nicht richtig.«

Sasha zögerte, aber dann hob sie den Kochlöffel vom Boden und warf ihn in die Spüle. »Also gut. Solange es dir bessergeht, brauche ich keine Details.«

»Wirklich?«

»Wirklich«, sagte Sasha und drückte Holly unvermittelt an sich. Doch im nächsten Augenblick rückte sie schon wieder von ihr ab. »Nur seinen Namen musst du mir verraten.«

»Seinen Namen?«

Sasha verdrehte die Augen. »Es gibt jeden Namen mindestens zehntausendmal in Los Angeles, also mach dir nicht ins Hemd! Aber falls du irgendwann spurlos vom Erdboden verschwindest, möchte ich wenigstens einen Anhaltspunkt haben, das ist nicht zu viel verlangt. Wer weiß schon, was dieser Kerl im Schilde führt? Vielleicht ist er ein Kettensägen-Mörder, und dein Oberschenkel fehlt noch in seiner Sammlung?«

Holly starrte sie einen Moment an und schüttelte dann lachend den Kopf. Sasha war einfach unmöglich! Aber genauso unmöglich war es, ihr zu verraten, dass ein gewisser »Matt« sie auf eine Dosenmahlzeit an seinem Küchentisch eingeladen hatte. Sie würde den Zusammenhang sofort durchschauen und ihre Nase weiter in Sachen hineinstecken, die Holly selbst noch nicht einschätzen konnte.

»Jetzt sag schon«, drängte Sasha. »Ich verspreche auch, in den nächsten Tagen nur mäßig neugierig zu sein.«

Holly lächelte und holte tief Luft. »Er heißt Lucas«, sagte sie schließlich. Und das war nicht einmal gelogen …

JOHANNA
November 1987

Verschlafen drehte Johanna sich auf die Seite und grub ihre Nase in die Wolldecke. Es dauerte einen Augenblick, bis sie verstand, dass etwas nicht stimmte. Warum lag sie auf der Liege und nicht auf dem Boden? Und wichtiger noch: Wenn sie hier oben lag, wo war dann das Mädchen?

Alarmiert richtete sie sich aus der Waagerechten auf, aber im nächsten Moment sah sie die Kleine am Ofen stehen.

»Ich habe Holz nachgelegt und Wasser aufgesetzt«, sagte sie und drehte sich lächelnd zu ihr um. »Willst du Tee trinken?«

Vor Johannas Augen drehte sich alles. Träumte sie noch, oder spielte ihr Kopf ihr einen Streich? Mühsam schwang sie die Beine auf den Boden und ließ ihr Kinn zum Brustkorb sinken. Dann endlich kam die Erinnerung zurück. Aber auch die passte nicht zu der Realität, die sich vor ihren Augen abspielte. Sie räusperte sich und blickte das Mädchen misstrauisch an. »Dir geht's besser ...« Es war mehr eine Feststellung als eine Frage, aber die Kleine antworte trotzdem mit einem Nicken.

»Ja. Ich kann mich kaum an die letzten Tage erinnern.«

Auch Johanna hatte offenbar Erinnerungslücken. Unschlüssig strich sie über die warme Matratze. »Warum liege ich auf deinem Bett?«

»Genau genommen ist es ja deins«, antwortete die Kleine. »Als ich aufgewacht bin, saßt du an meiner Seite, und dein Oberkörper war vornüber aufs Bett gekippt. Ich bin aufgestanden und habe dich ganz auf die Matratze geschoben. Sah nämlich nicht gemütlich aus.«

Richtig. Sie hatte an der Seite der Kleinen gesessen und ihre Hand gehalten, daran erinnerte sich Johanna wieder. Offensichtlich war sie dabei selbst eingenickt.

Ächzend richtete sie sich auf, zog die Schultern zurück. »Dein Fieber ist weg?«

»Ich denke schon«, erwiderte die Kleine. »Ich habe zumindest Bärenhunger.«

Hunger war in der Tat ein gutes Zeichen.

»Und dein Bein?«

Das Mädchen drehte die Hüfte zur Seite und zog die Hose hoch, um Johanna einen Blick auf die Wunde zu gewähren. »Es tut noch ein bisschen weh, aber ich glaube, es geht bergauf.«

Tatsächlich sah die Wunde viel besser aus. Die Rötung war zurückgegangen, ebenso wie die Schwellung. Offenbar hatte die Salbe doch noch Wirkung gezeigt.

Das Mädchen ließ den Stoff wieder sinken und sah Johanna verblüfft an. »Lächelst du etwa?«

Ertappt zuckte Johanna zusammen, fuhr sich über den Mund. »Unsinn.«

»Es sah aber aus, als hättest du gelächelt.«

»Ich lächele niemals.«

»Niemals?«

»Nein, nie«, blaffte Johanna sie an.

Das Mädchen wirkte trotzdem amüsiert. »Ich mein ja nur. Es sah aus, als würdest du …«

»Werde nicht frech!« Johanna stieß ein drohendes Schnauben aus. »Sonst überlege ich mir nochmal, ob ich die Eier im Korb mit dir teile.«

Der Blick des Mädchens flackerte vor Aufregung. »Es gibt Eier?«

»Ich habe auch Brot gebacken und Gulasch gekocht«, murrte Johanna. »Hast ja lang genug geschlafen.«

»Du hast für das Gulasch aber nicht …?«

Stöhnend rollte Johanna mit den Augen. »Die Henne lebt. Ich habe ein Stück Wild aufgetrieben.«

Ein zufriedenes Grinsen breitete sich auf dem Gesicht der Kleinen aus. »Ich liebe Gulasch!«

»Leg dich wieder hin«, wies Johanna sie an und trat an den Herd, Glieder und Kopf noch ganz taub vom Schlaf. »Ich mache das schon.«

»Ich will aber helfen«, protestierte die Kleine, doch Johanna warf ihr einen mahnenden Blick zu.

»Du hilfst am meisten, wenn du gesund wirst! Ich mach Frühstück und wecke dich im Zweifelsfall.«

Das Mädchen rührte sich nicht vom Fleck.

»Das ist keine Bitte, sondern ein Befehl!«, stellte Johanna klar, und endlich folgte die Kleine ihrer Anweisung. Mit einem leisen Stöhnen humpelte sie zurück zur Liege und ließ sich auf die quietschende Matratze sinken.

»Und du hast *doch* gelächelt«, murmelte sie trotzig. Doch als Johanna empört zu ihr herumfuhr, hatte sie sich schon zur Wand gedreht und streckte ihr schweigend den Rücken entgegen.

Beim Essen schien die Kleine kein Bedürfnis zu haben, sich zu unterhalten, aber Johanna wusste, dass es Dinge gab, die sie endlich besprechen mussten. Wenn sie einen vernünftigen Plan schmieden wollte, würde sie ein paar Details in Erfahrung bringen müssen. Das hatte nichts mit Neugier zu tun, sondern mit Verantwortungsbewusstsein, Gründlichkeit und Kompetenz, alles drei Eigenschaften, die ihr damals in Dresden eine beispiellose Karriere ermöglicht hatten. Trotzdem wusste Johanna nicht, wie sie die Sache ansprechen sollte, ohne pietätlos oder aufdringlich zu erscheinen.

Während die Kleine mit gesundem Appetit das Eingekochte herunterschlang, kaute Johanna nachdenklich auf ihrem Stück Brot herum.

»Isst du das nicht?«, hakte die Kleine nach und deutete schmatzend auf das Ei, das unberührt auf Johannas Teller lag.

»Hat dir keiner gesagt, dass man nicht mit vollem Mund spricht?«

Das Mädchen grinste und schob sich einen weiteren Löffel Gulasch in den Mund. »Isst du es jetzt oder nicht?«

Stöhnend schob Johanna ihr das Ei rüber.

Als die Kleine begann, die Schale abzupellen, gab Johanna sich einen Ruck. »Wie ... weit bist du denn?«

Überrascht hielt das Mädchen inne. »Wenn es in Ordnung ist, esse ich noch das Ei. Und falls du noch was von dem Fleisch hast ...«

»Ich meine nicht das Essen.« Johanna nickte auf den Bauch der Kleinen. Sie folgte ihrem Blick, widmete sich dann aber achselzuckend dem Ei.

Johanna starrte sie ungläubig an. »Was soll das heißen?« Sie imitierte das gleichgültige Zucken, aber das Mädchen sah nicht einmal auf.

»Keine Ahnung.«

»Keine Ahnung, was das Schulterzucken heißt, oder keine Ahnung, wie weit du bist?«

Die Kleine sank zurück gegen die knarrende Stuhllehne. »Das ist privat.«

Privat? Meinte sie das ernst?

Wütend legte Johanna ihr Brot zurück auf den Teller. »Mein Leben hier ist auch privat – und trotzdem setze ich alles für dich aufs Spiel! Wenn jemand Wind davon bekommt, dass du hier bist und ich dir helfe, gibt es für mich kein *privat* mehr. Erst vor ein paar Tagen war jemand hier und hat nach dir gesucht – und es werden sicher nicht die Letzten sein. Wenn sie wiederkommen, solltest du verschwunden sein, aber dafür brauchen wir einen Plan. Einen vernünftigen Plan, hörst du? Denn sonst schaffst du es nicht etwa nach drüben, sondern landest tot in einem Graben oder kauerst in einer Zelle – und davon hat dein kleines ›Privatvergnügen‹ auch nichts, oder?«

Mit offenem Mund starrte die Kleine Johanna an. Irgendwann presste sie die Lippen aufeinander und pulte ihr Ei weiter. »Ich wusste gar nicht, dass du am Stück so viel reden kannst.«

Johanna runzelte die Stirn. »Das ist keine Antwort auf meine Frage.«

Wieder zögerte die Kleine, hob aber schließlich das Gesicht an und sah ihr misstrauisch in die Augen. »Du willst mir also helfen?«

»Was habe ich denn bitte die letzten Tage getan? Du hast hier einen Platz zum Schlafen und genug Essen, um wieder zu Kräften zu kommen. Und deine Verletzungen habe ich auch versorgt!« Dass sie außerdem ihre Hand gehalten und an ihrer Seite geweint hatte, verschwieg Johanna lieber. »Würde ich so was tun, wenn ich dir nicht helfen wollte?«

Es fühlte sich seltsam an, es auszusprechen, aber es entsprach nun mal der Wahrheit. Und vor der konnte Johanna wohl kaum die Augen verschließen. Sie war von Natur aus kein Mensch, der half, aber in den letzten Tagen hatte sie die Entscheidung getroffen, das Mädchen nicht sterben zu lassen. Und jetzt musste sie dabei bleiben.

»Ich meine ja nicht nur das alles hier«, murmelte die Kleine verunsichert. »Hilfst du mir auch dabei, hier … wegzukommen? Über die Grenze?«

Johanna verschränkte die Arme vor der Brust. »Ich kann nicht versprechen, dass es klappt. Aber ich stecke schon viel zu tief drin, um einen Rückzieher zu machen. Also werde ich mir Mühe geben, einen Weg zu finden. Dafür muss ich allerdings ein paar Dinge wissen«, sagte sie und blickte ein weiteres Mal auf den Babybauch.

Das Mädchen legte schützend die Hände auf die Wölbung und zögerte.

»Ich weiß es nicht genau«, sagte sie schließlich.

»Aber du musst doch wissen, wann …?«

»Wann ich Sex hatte?«, sprach die Kleine es ungeniert aus.

Johanna griff schnell nach der Tasse und trank einen Schluck Tee. Als sie jung gewesen war, hätte sie niemals dieses Wort in den Mund genommen – erst recht nicht vor Fremden. Aber die Kleine schien sich regelrecht zu erfreuen an ihrer offensichtlichen Unsicherheit.

Amüsiert biss sie in das Ei hinein. »Sex allein sagt noch lange nichts aus. Ich könnte jederzeit welchen gehabt haben – sogar gestern! Und ich bin sicher nicht erst seit gestern schwanger.« Zufrieden tätschelte sie ihren Bauch.

Johanna sah sie stirnrunzelnd an. »Gestern warst du hier bei mir. Und ich kann dir versichern, dass du keinen … *du weißt schon* gehabt hast.«

»Du weißt schon?« Die Kleine kicherte, aber Johanna beugte sich warnend zu ihr vor.

»Das ist nicht witzig, es geht hier um Leben und Tod.«

»Ich find es schon witzig, dass du das Wort nicht aussprechen kannst. Sex, Sex, Sex – ist eigentlich ganz einfach.«

Erschöpft rieb Johanna sich über die Augen. Warum konnte die Kleine nicht wieder im Fieberwahn im Bett liegen? Das wäre ihr gerade lieber gewesen als diese unsinnige Provokation.

»Mich interessiert nicht, wann du zuletzt Verkehr hattest, sondern vielmehr, wann dein Kind zur Welt kommt.«

Als das Mädchen merkte, dass es Johanna nicht weiter aus der Reserve locken konnte, ließ es die Schultern sinken und wurde endlich ernst. »Kann ich nicht genau sagen. Hab erst vor ein paar Monaten gemerkt, dass ich überhaupt schwanger bin.«

»Aber du musst doch bemerkt haben, dass deine Blutung ausbleibt.« Johanna schob ihren Stuhl zurück und begann, den Tisch abzuräumen.

»Eigentlich nicht«, gab das Mädchen zu und rutschte unruhig auf seinem Platz hin und her. »Ich hatte andere Probleme.«

»Andere Probleme?« Fragend hob Johanna die Augenbrauen, aber die Kleine senkte den Kopf und sah zur Seite.

»Ich habe eben meine Gründe, warum ich hier wegwill.«

»Ist das Baby einer dieser Gründe?«

»Auch«, gab das Mädchen zu.

Johanna rang einen Moment mit sich, dann ließ sie die Teller auf der Küchenanrichte stehen und setzte sich zurück an den Tisch. »Denkst du wirklich, dass es drüben einfacher ist?«

Sie war in ihrem Leben schon oft Traumtänzern begegnet,

Menschen mit rosaroten Brillen, die sich der Illusion hingaben, dass auf der anderen Seite alles schöner und besser und unkomplizierter war. Aber machten sich diese Leute nicht etwas vor? Das Glück hielt sich nicht an Landesgrenzen, es ließ sich nicht aufhalten von Mauern, Zäunen und Gräben, genauso wie das Unglück dies nicht tat. Es war ein böser Irrglaube, davon auszugehen, dass man nur seinen Standort wechseln musste, um frei zu sein, und insgeheim hoffte Johanna noch immer, dass sie das Mädchen davon würde überzeugen können, einfach nach Hause zurückzukehren.

Es war ja kein Vergehen, ein Kind zu bekommen, und irgendwie würde sich eine Lösung finden, besser sogar als im Westen vermutlich.

Johanna hatte Marie bereits nach sechs Wochen in die Kinderkrippe gegeben, obwohl Thomas protestiert hatte. Aber sie hatte nie ein Geheimnis daraus gemacht, dass sie ihren Job liebte und ihr die Forschung wichtig war.

Der Blick der Kleinen aber, der sie nun unvermittelt traf, machte ziemlich deutlich, dass Zurückkehren keine Option war.

»Ich glaub nicht, dass es einfacher ist«, sagte sie schließlich mit brüchiger Stimme. »Aber der Vater ist drüben.«

»Der Vater des Kindes?«

Die Kleine nickte und senkte den Blick erneut.

»Dann kommt er aus dem Westen?«

»Aus Frankreich«, korrigierte die Kleine zögerlich.

»Ein Franzose?« Überrascht lehnte Johanna sich zurück. »Und er weiß, dass du kommst?«

Die Kleine schüttelte den Kopf. »Er weiß ja nicht mal von dem Kind.«

»Du hast ihm nichts gesagt?«

»Ich habe es zu spät bemerkt, da war er schon wieder weg.«

Johanna gab sich Mühe, die Informationen zu sortieren. »Vielleicht könnten wir ihn kontaktieren, dann ...«

»Nein«, unterbrach die Kleine sie unglücklich. »Ich habe keine Adresse. Genau genommen kenne ich nicht mal seinen Nachnamen.«

Johanna sah sie verblüfft an. »Du kennst seinen Namen nicht?«

»Schau mich nicht so an! Ich bin keins von diesen leichten, dummen Mädchen. Es war auf jeden Fall Liebe!«

»Liebe?«

»Ja«, erwiderte die Kleine trotzig. »Dafür braucht man keinen Nachnamen, oder?«

Seufzend vergrub Johanna das Gesicht in den Händen. Es brachte nichts, sich jetzt in Diskussionen über Liebe und Verantwortung zu verstricken, sie musste strategisch vorgehen. Doch bevor sie etwas sagen konnte, fuhr das Mädchen fort.

»Er war ganz anders als die Jungs, die ich sonst kenne. So witzig und charmant. Und klug – er ist wirklich klug! Vielleicht haben wir manchmal zu viel getrunken ...«

Mit einem leisen Ächzen massierte Johanna sich die Stirn. »Wie alt ist dein französischer Einstein?«

»Einundzwanzig«, murmelte die Kleine. »Er ist Sprachlehrer und war nur ein paar Monate hier.«

»Und wie alt bist du?«

»Achtzehn«, sagte das Mädchen nach kurzem Zögern, aber als Johanna skeptisch die Augenbrauen hob, gab es mit einem Stöhnen nach. »Ich bin siebzehn, okay? Und das stimmt wirklich!«

»Und was sagen deine Eltern dazu?« Johanna bemerkte, wie

das Mädchen erneut ihrem Blick auswich und die Lippen aufeinanderpresste.

»Sag bloß, sie wissen nichts davon?«

Die Kleine blieb eine Weile stumm, doch dann sah sie wohl ein, dass es keinen anderen Weg gab, als zu antworten. »Ich lebe bei meiner Tante. Also … *lebte* bei ihr. Aber da konnte ich nicht bleiben.«

»Warum nicht?«

»Weil sie mich hasst und eine genauso große Verräterin ist wie mein Vater!«, platzte es mit einer geballten Ladung Wut aus ihr heraus. »Sie hätte mir das Baby weggenommen – und wer weiß, was sie dann damit getan hätten!«

Johanna runzelte die Stirn. Mit Sicherheit übertrieb die Kleine. War es nicht normal, dass Heranwachsende gegen ihre Erziehungsberechtigten rebellierten und alles doof fanden, was die Alten taten?

Mit Marie hatte sie diese Erfahrung nicht machen dürfen, ihre Tochter hatte nicht die Chance gehabt, sich gegen ihre Mutter aufzulehnen. Aber bevor dieser Gedanken sie traurig machen konnte, schüttelte Johanna ihn ab und konzentrierte sich auf das Problem vor ihrer Nasenspitze.

»Es ist bestimmt nicht so schlimm, wie du sagst. Familie ist und bleibt Familie. Deine Tante ist vielleicht nicht begeistert, aber vermutlich würde sie dich am Ende doch unterstützen.«

So war es bei ihrer eigenen Familie gewesen. Thomas hatte ihr keine Vorwürfe gemacht, und er hätte sich im Leben nicht von ihr getrennt. Doch Johanna hatte es nicht ertragen, noch länger in seiner Nähe zu sein, denn jedes Mal, wenn sie in seine Augen sah, erkannte sie darin ihre Schuld. Sein Blick war ein Spiegel, der niemals blind würde.

Das Mädchen schnaubte. »Du kennst meine Tante nicht. Sie hat mich nur bei sich aufgenommen, weil mein Vater das bestimmt hat. Er hatte schon immer das Sagen, nicht nur in der Familie.«

Obwohl die Kleine den Blick abwandte, konnte Johanna darin Wut und Ekel erkennen, aber gleichzeitig sammelten sich auch Tränen in ihren Augen.

»Und was ist mit deiner Mutter?«, wagte sie einen weiteren Vorstoß, doch das Mädchen reagierte nicht. Erst nach einer Weile sah es Johanna wieder an.

»Februar.«

»Februar?«

»Du wolltest wissen, wann das Baby kommt. Ich schätze im Februar.«

Offenbar hatte sie nicht vor, von ihrer Mutter zu erzählen, und Johanna entschied, es fürs Erste dabei zu belassen.

Im Kopf überschlug sie den Kalender. Morgen würde der Dezember beginnen. Optimal war das nicht. Selbst wenn sie in den letzten Jahren gelernt hatte, die Zeichen des Waldes zu lesen, konnte der Winter ihr immer noch auf der Nase herumtanzen und etwas ganz anderes tun, als sie erwartete. Sie würde ein paar Tage abwarten müssen, um die Witterung genau zu beobachten. Jede falsche Entscheidung konnte das Todesurteil bedeuten.

»Sagst du jetzt gar nichts mehr?«, riss die Kleine sie irgendwann aus ihren Gedanken.

»Ich denke nach.«

»Worüber?«

»Das sag ich dir, wenn ich fertig bin.«

»Und wann wird das ungefähr sein?«

Johanna erhob sich mit einem Ruck vom Tisch. »Wenn du nicht endlich Ruhe gibst, vermutlich erst in ein paar Jahren.«

»Super«, erwiderte das Mädchen und verzog sein Gesicht zu einem schiefen Grinsen. »Dann läuft das Baby vielleicht von alleine über die Grenze.«

Ungläubig schüttelte Johanna den Kopf. »Du bist unmöglich.«

»Ich weiß«, sagte die Kleine und lächelte noch breiter. »Und trotzdem magst du mich.«

Das wurde ja noch schöner! Johanna stieß einen Zischlaut aus und griff nach ihrer Jacke. »Ich hole Wasser und sehe draußen nach dem Rechten – und du machst in der Zwischenzeit etwas Ordnung, verstanden?«

Sie wartete die Antwort des Mädchens nicht ab, sondern marschierte auf die Tür zu. Erst als sie schon durch den Türrahmen in die Kälte hinausgetreten war, hörte sie die Stimme des Mädchens noch einmal.

»Ich mag dich auch«, sagte es, und obwohl Johanna sich nicht mehr zu ihr umdrehte, spürte sie, dass die Kleine dabei grinste.

MYLÈNE
April 2019

Obwohl Mylène auf dem Papier die rechtmäßige Eigentümerin der Wohnung war und einen Schlüssel besaß, fühlte es sich falsch an, einfach einzudringen. Das hier waren mehr als ein paar Räume auf einem Grundriss oder eine bloße Kapitalanlage, es war ein Zuhause. Das Zuhause einer Frau, die offenbar mehr über Mylène gewusst hatte als sie selbst.

Mit einem Mal war sie doch ganz froh, dass sich Etienne nicht hatte abschütteln lassen.

Das Haus, in dem die Wohnung lag, befand sich mitten in der Stadt, direkt an einem hübschen Kanal. Die Wasserstraßen hier sahen ganz anders aus als der große Strom in Paris, irgendwie verspielt, wie eine kleinere Version des echten Lebens. An den gusseisernen Geländern und auf den Brücken lehnten Fahrräder in den unterschiedlichsten Formen und Farben, was Mylène sofort sympathisch fand. Radfahren war für sie schon immer die schönste Art der Fortbewegung gewesen – aber dass das vielleicht ein Hinweis auf ihre Herkunft sein konnte, versetzte ihr einen Stich. War sie wirklich in Amsterdam zur Welt gekommen, wie Etienne in der Nacht an der Raststätte vermutet hatte? Und wenn ja: Setzte sich eine Zweiradliebe in den Genen durch? Das war doch eher unwahrscheinlich …

Mit den unsicheren Schritten eines Menschen, der zum ersten Mal eine Bühne betrat, streifte Mylène durch das kleine Wohnzimmer. Gemütlich war es, keine Frage, aber auch durch und durch fremd.

Einen Fernseher gab es nicht, dafür Unmengen an Büchern. Sie nahmen gleich zwei Wände ein, als wären die Mauern in dieser Welt nicht aus Beton gebaut, sondern aus Papier und Wörtern. Der Parkettboden trug die Spuren mehrerer Jahrzehnte und hätte vermutlich genauso viele Geschichten erzählen können, aber alles, was er preisgab, als Mylène sich durch den Raum bewegte, war ein leises Knarren – grad so wie eine Warnung. In der Mitte des Raumes stand ein breites Sofa aus dunkelblauem Samt. Mylène konnte noch die Kuhlen im Polster erkennen, dort, wo offenbar am liebsten gesessen wurde. Abdrücke eines erloschenen Lebens.

Auf dem Couchtisch lag eine alte Tageszeitung, und in einem der hohen, schmalen Fenster hing ein länglicher Kristall, der das Licht der Morgensonne brach und den ganzen Raum mit Sommersprossen aus kleinen Regenbögen sprenkelte.

Mylène fühlte sich, als wäre sie in einer Ausstellung gelandet, als bewegte sie sich durch eine Installation oder gar eine Geschichte, dabei gehörte sie hier doch gar nicht hin. Oder etwa doch?

Unsicher trat sie ans Fenster und versetzte dem Kristall einen leichten Stoß. Während er sich um die eigene Achse drehte und langsam auspendelte, blickte sie hinaus auf die kleine gepflasterte Straße und den Kanal.

Sie hatten das Auto in der Nähe abgestellt, nachdem sie zuvor etwa eine Dreiviertelstunde auf Parkplatzsuche um den Block gefahren waren. Mylène war sich nicht sicher, ob sie diesmal einen echten Parkplatz erwischt hatten, die Straßen hier im Grachtengürtel waren schmal und verwinkelt, aber Etienne hatte irgendwann keine Lust mehr gehabt, weiterzusuchen.

»Wir legen einfach meine Handynummer ins Fenster. Wenn der Wagen stört, können sie uns ja anrufen.«

Mylène hingegen hätte nichts dagegen gehabt, noch ein paar Stunden weiter zu suchen, denn je näher sie der Adresse auf dem Navi gekommen waren, desto heftiger hatte ihr Herz geschlagen.

Auch jetzt pochte es noch immer wie verrückt, und ihre Hände waren feucht und warm. Nachdenklich beobachtete sie die Menschen, die unten vor dem Fenster vorbeizogen, auf Fahrrädern oder zu Fuß, alleine und auf ihre Handys konzentriert, aber auch zu zweit oder in größeren Gruppen. Kurz hintereinander fuhren drei Frauen auf Lasterädern vorbei und bugsierten ihre Kinder in gigantischen Körben durch die schmalen Gassen. Im letzten Lastenrad saßen gleich vier Kinder und alberten so ausgelassen herum, dass Mylène selbst vom Zusehen gute Laune bekam.

Gleichzeitig wühlte sie ihr Anblick auf. Sie hatte sich immer ein Geschwisterkind gewünscht, jahrelang hatte sie Henri und Marianne damit in den Ohren gelegen, aber die beiden hatten diesen Wunsch stets wie einen Scherz abgetan.

»Wir sind mit dir sehr zufrieden und außerdem ausgelastet«, hatte Marianne sich einmal zu einem ernsthaften Kommentar hinreißen lassen. Nun, da Mylène wusste, dass sie keine Kinder bekommen konnte, erschien die ganze Angelegenheit natürlich in einem anderen Licht. Warum hatten sie ihr nicht einfach die Wahrheit gesagt? Das hätte so vieles erklärt. Jetzt kam Mylène sich einfach nur unfassbar dumm und betrogen vor.

Auch ein anderer Gedanke verunsicherte sie. Wenn sie nicht

gemerkt hatte, dass Marianne und Henri sie jahrelang belogen hatten, wie konnte sie dann sicher sein, dass es nicht auch Frédéric tat oder tun würde?

Sticheleien, wie die von Etienne, hörte sie zuhauf. Kaum ein Franzose traute Frédéric Leclerc zu, sich geändert zu haben.

Einmal Playboy, immer Playboy – dieser Satz schwang permanent mit, sobald über ihre Hochzeit geredet wurde. Selbst wenn die Leute so viel Taktgefühl hatten, es nicht auszusprechen, dachten sie es.

Bisher hatte Mylène nicht viel darauf gegeben. Sie hörte nicht auf fremdes Gerede und machte sich nichts aus blöden Vorurteilen und alten Geschichten. Sie liebte Frédéric, so wie er war und wie sie ihn kennengelernt hatte: als fürsorglichen, liebevollen Mann, der unter seiner Oberfläche viel mehr zu bieten hatte als nur ein schönes Gesicht und eine Menge Geld.

Aber seit die Wahrheit mit diesem Brief in ihr Leben geplatzt war, war alles anders. Mit einem Mal stellte sie alles, was sie für wahr gehalten hatte, in Frage, und in diese Kategorie fielen leider auch Frédéric und seine Liebe zu ihr. Was, wenn sie hier genauso blind gewesen war wie bei ihren Eltern? Wenn er sie am Ende nur heiraten wollte, um seine Eltern zufriedenzustellen und weil sie naiv genug war, nicht zu erkennen, was er hinter ihrem Rücken trieb? Wenn die Geschichten und Vorurteile wahr waren? Konnte ein Mensch sich wirklich in so kurzer Zeit ändern? Sie kannten sich schließlich erst anderthalb Jahre – reichte das aus, um eine Entscheidung für die Ewigkeit zu treffen?

Mylène konnte sich nicht ausstehen für diese Gedanken. Und noch viel weniger konnte sie es ausstehen, dass sie auf einmal all diese bösen Zweifel plagten! Bisher hatte sie sich immer auf ihr Bauchgefühl verlassen, war nicht vor Entscheidungen zurückgeschreckt, auch wenn diese eine Menge Mut erforderten. Aber mit einem Mal war ihre Entschlossenheit wie weggeblasen, und zurückgeblieben war nur ein verunsichertes, zutiefst verletztes Etwas, das weder zurück noch nach vorn zu schauen wagte.

Mit einem leisen Seufzen glitten Mylènes Finger zu ihrer Kette. Der kleine Schlüssel war warm und vertraut. Konnte sie nicht einfach hier stehen bleiben und für den Rest ihres Lebens die anderen beobachten, die dort unten vorbeizogen und ihren Träumen nachjagten?

Diese fremde Frau hatte ihr die Wohnung vererbt und ihr damit die Möglichkeit eingeräumt, nicht zurückgehen zu müssen. Wenn sie wollte, konnte sie die Zukunft ausblenden – zumindest für eine gewisse Zeit.

Mylène schloss die Augen. Natürlich war es keine ernsthafte Option, wegzulaufen und einfach unterzutauchen. Was würde dann aus *Choupinette* werden? Sie hatte all ihr Herzblut in die Firma gesteckt, und es war kein Geheimnis, dass sie liebte, was sie tat. Außerdem ging es dabei ja nicht nur um sie, sondern auch um ihre Mitarbeiter. Der arme Luc war vermutlich schon außer sich vor Sorge, dass sie verschwunden und nicht erreichbar war. Unerwartete Wendungen und Kurzschlussreaktionen brachten ihn völlig um den Verstand, vor allem, wenn er nicht haargenau darüber Bescheid wusste, was vor sich ging. Mit großer Wahrscheinlichkeit hatte er sie bereits als vermisst gemeldet. Vielleicht konnte sie ihm später wenigstens eine Postkarte mit einer kurzen Nachricht schicken?

Ein ohrenbetäubendes Scheppern riss sie aus ihren Gedanken, und direkt darauf erfolgte ein ebenso beeindruckendes Fluchen.

Mylène eilte in die Küche und entdeckte Etienne über einem Haufen zerbrochenem Geschirr. »So ein Scheiß!« Als er

Mylène im Türrahmen bemerkte, fuhr er sich durch die Haare und bückte sich aufgebracht nach den Scherben. »Ich wollte nur Kaffee kochen, aber als ich den Oberschrank geöffnet habe, ist mir der halbe Hausstand entgegengefallen.«

»Klingt nach einem Hinterhalt«, fasste sie zusammen und kreuzte die Arme vor der Brust.

»Allerdings!« Etienne hob warnend die Augenbrauen. »Und lebensgefährlich war es noch dazu. Wenn ich's nicht besser wüsste, würde ich sagen, dass du das mit voller Absicht so arrangiert hast: Ich locke meinen wahnsinnig gutaussehenden Freund in eine Falle und erschlage ihn dann mit einem Haufen Geschirr! *10 Ways To Kill Your Boyfriend* – so könnte der Film dazu heißen.«

Mylène rollte müde mit den Augen. »Erstens bist du nicht mein *Boyfriend,* und zweitens habe ich dich nicht hergelockt. Du hast dich eher aufgedrängt.«

»Aufgedrängt?« Etienne fuhr aus der Hocke hoch und fixierte sie mit seinem eisgrauen Blick.

»Du musst gar nicht so gucken«, erwiderte sie eine Spur zu trotzig, weil sie spürte, dass seine Augen sie immer noch nervös machten.

»Wie guck ich denn?«

»So wie du immer guckst, wenn du anfängst, Spielchen zu spielen.«

»Spielchen?« Etienne ließ empört die Schultern sinken und umklammerte vorsichtig ein paar größere Scherben mit seinen Händen.

»Im Gegensatz zu dir bin ich erwachsen geworden«, warnte Mylène ihn und lehnte sich haltsuchend in den Türrahmen »Ich falle ganz sicher nicht darauf rein.«

Etienne ließ sich von ihrer vermeintlichen Standhaftigkeit nicht beeindrucken. Stattdessen veränderte sich etwas in seinem Blick, das Mylène nicht gefiel. War es Ehrgeiz oder Begeisterung? Auf jeden Fall schien er ihre Unsicherheit zu genießen.

»Wann habe ich jemals Spielchen mit dir gespielt? Ich kann so was gar nicht, Spielchen spielen.« Seine Stimme klang plötzlich dunkel und weich, wie ein Samtkleid, das sich warm an den Körper schmiegte, und ohne dass Mylène es bemerkt hatte, war Etienne ein paar Schritte näher gekommen.

Sie musste schlucken und wandte den Blick ab. Am meisten ärgerte sie sich nicht darüber, dass er sie ungeniert aufzog, sondern dass sie so empfänglich dafür war. Das hier war – wenn überhaupt – ein dummer Flirt und nicht etwa ein Rettungsring, der sie in sichere Gefilde zog. Warum bloß hatte sie dann plötzlich das fast übermächtige Bedürfnis, sich einfach fallen zu lassen?

Am liebsten hätte sie Etienne von sich gestoßen, aber dazu fehlte ihr die Kraft. Sie war müde, verunsichert, leer, und als sie es endlich schaffte, den Blick zu heben, ertönte plötzlich ein gewaltiges Rumpeln von der Wohnungstür.

Mylène schaffte es nicht einmal aufzuschreien, da stürmte auch schon ein beeindruckendes Aufgebot an bewaffneten Polizisten auf sie zu und brachte ihre Welt vollends aus dem Gleichgewicht.

Es dauerte ewig, bis sich die Lage entspannt und Etienne die Angelegenheit geklärt hatte. Mylène stand auch jetzt noch, gut anderthalb Stunden nach dem gewaltvollen Aufbrechen der Wohnungstür, unter Schock. Als Etienne endlich die letzten Polizisten hinausgeleitete, saß sie auf einem der Küchenstühle und versuchte krampfhaft, das Zittern ihrer Schultern unter Kontrolle zu kriegen.

»Die Tür muss ausgewechselt werden.« Etienne zog einen Stuhl zurück, um neben ihr Platz zu nehmen. »Ich konnte sie nur mit viel Druck schließen, das Schloss ist ziemlich …«

»Scheiß auf das Schloss!«, fauchte Mylène und merkte, dass das Zittern stärker wurde. »Was zur Hölle ist hier gerade passiert?«

»Ein dummes Missverständnis.« Er legte vorsichtig seine Hand auf ihren Oberschenkel, aber Mylène schüttelte sie wütend ab.

»Ein *Missverständnis*? Die haben die Tür eingetreten und ihre Waffen auf uns gerichtet!«

»Ich weiß.« Seufzend lehnte er sich zurück. »Sie haben uns angeblich für Einbrecher gehalten. In letzter Zeit hat es in der Gegend wohl einige Vorfälle gegeben.«

»Einbrecher? Aber ich habe einen Schlüssel, diese Wohnung gehört mir!«

»Das wusste die Nachbarin von unten aber nicht«, versuchte Etienne sie zu beruhigen. »Sie hat den Lärm hier oben gehört, vermutlich mein Missgeschick mit dem Geschirr. Und nachdem sie wusste, dass die Eigentümerin erst am Sonntag verstorben ist und keine Verwandten hat, ist sie davon ausgegangen, dass sich jemand unrechtmäßig Zutritt verschafft hat. Also hat sie die Polizei verständigt.«

Mylène starrte ihn fassungslos an. »Aber … da kommt man doch erstmal hoch und fragt, bevor man ein Sondereinsatzkommando bestellt! Die hätten uns *töten* können – und alles nur, weil irgendeine Nachbarin hört, wie du Geschirr zerbrichst?« Sie stieß einen längst überfälligen Schrei aus und sprang vom Stuhl auf. »Ich werde diese Verrückte zur Rede stellen, jetzt gleich! Die kann was erleben!«

»Mylène …« Etienne folgte ihr in den Flur. »Ich glaube nicht, dass das …«

»Wie kann sie es wagen, uns die Polizei auf den Hals zu hetzen? Was stimmt nicht mit den Leuten hier? Ich bin es so was von leid, dass mir andere Leute ihren Mist vor die Füße werfen, es reicht!« Sie hatte die Wohnungstür erreicht und griff nach der Klinke, aber in diesem Moment packte Etienne ihr Handgelenk und drehte sie zu sich herum. Wieder heftete er seinen Blick eindringlich auf ihr Gesicht, aber diesmal lag nichts Spielerisches oder Amüsiertes darin.

»Ich kann verstehen, dass du wütend bist. Und du kannst gerne mit dieser Nachbarin sprechen – aber nicht jetzt und in diesem Zustand. Du bist müde, verwirrt und stehst unter Schock. Was meinst du, wo so eine Unterhaltung hinführen würde?«

Mylène kniff die Augen zusammen und presste ihre Lippen aufeinander, um die Tatsache zu verdrängen, dass er höchstwahrscheinlich recht hatte. Etwas Gutes würde bei dieser Begegnung vermutlich nicht herauskommen.

»Du legst dich jetzt hin und holst etwas Schlaf nach«, fuhr Etienne fort und lockerte den Griff um ihr Handgelenk. »In der Zwischenzeit versuche ich, etwas Essbares für uns zu finden.«

»Ich will aber nicht schlafen. Und essen will ich auch nicht!« Sie kam sich vor wie ein bockiges Kind, aber das war ihr jetzt auch egal.

Etienne hingegen blieb erstaunlich gefasst. »Mit einer Mütze Schlaf und einer vernünftigen Mahlzeit im Bauch sieht die Welt schon ganz anders aus. Wir finden eine Lösung, und wir finden einen Weg, das verspreche ich dir.«

»Wir?« Mürrisch zog Mylène ihre Hand zurück. »Solltest du nicht langsam nach Berlin weiterfahren?«

»Sollte ich, ja«, gab er zu und verzog das Gesicht. »Aber erstmal muss ich einen Arzt suchen, der sich das hier ansieht.« Er hielt ihr seine rechte Hand hin, und jetzt bemerkte Mylène, dass ein Schnitt in der Handfläche klaffte, den er bisher mit einem Küchenhandtuch abgedrückt hatte.

Erschrocken griff sie nach seinen Fingern. »Wie ist das passiert?«

»Hab mich an den Scherben geschnitten, als die Polizei hier reingestürmt ist. Vermutlich ist es weniger schlimm, als es aussieht, aber es fängt immer wieder an zu bluten. Insofern sollte ich wohl einen Profi draufschauen lassen.«

Mylène schloss schuldbewusst die Augen. Sie hatte sich wie eine Wahnsinnige aufgeführt, während Etienne ernsthafte Verletzungen davongetragen hatte. »Ich komme mit zum Arzt«, sagte sie und rieb sich übers Gesicht.

»Nein. Du legst dich hin und schläfst. Ich nehme den Schlüssel mit und wecke dich, wenn ich wiederkomme.«

Am liebsten hätte Mylène widersprochen, aber auf einmal packte sie eine gewaltige Erschöpfung. Nicht nur ihr Geist war müde, auch ihre Glieder fühlten sich an, als wären sie mit Blei gefüllt. Jeder Atemzug zog sie weiter Richtung Boden, und als Etienne sie bestimmt in Richtung Schlafzimmer schob, zögerte sie keinen Augenblick und ließ sich auf das fremde Bett fallen. Noch bevor er die Wohnung verlassen konnte, fiel sie in einen tiefen Schlaf.

Als sie die Augen wieder aufschlug, war nicht nur eine Stunde vergangen und auch nicht zwei, sondern so viele, dass es draußen bereits dämmerte. Mylène richtete sich verschlafen auf dem Bett auf und fasste sich an den Kopf. Hinter ihrer Stirn hämmerte es, als hätte jemand eine Großbaustelle über ihrer Augenbraue errichtet. Sie hatte es noch nie gut vertragen, tagsüber zu schlafen, aber mit den Nachwehen des Fahrradsturzes und den Erlebnissen der letzten vierundzwanzig Stunden, fühlte sie sich, als hätte sie unter einem Siebentonner gelegen.

Mit einem leisen Stöhnen blinzelte sie gegen ihre Schmerzen an und ließ den gequälten Blick durch das fremde Schlafzimmer gleiten. Das letzte Tageslicht, das durch das Fenster drang, reichte gerade aus, um die Lampen nicht anschalten zu müssen.

Mylène hörte Geräusche aus der Küche, ein leises Klappern von Töpfen und Tellern, und Etienne, der irgendein Lied summte, aber sie wollte ihm noch nicht unter die Augen treten. Sie brauchte noch einen Moment, um durchzuatmen und sich zu sammeln und um ein bisschen Ordnung in ihre Gedanken zu bringen.

Wer hatte hier gelebt? Und was hatte diese Person mit ihr zu tun?

Am Klingelschild an der Haustür stand *W + J de Vries*, aber welcher der beiden Buchstaben zu der Frau gehörte, die ihr diese Wohnung vermacht hatte, wusste sie noch immer nicht. Auch die Antworten, die die Fremde in ihrem Brief angekündigt hatte, ließen bisher auf sich warten.

Aber was hatte sie schon erwartet? Dass sie gleich hinter der Türschwelle von einer mannshohen Leuchtreklametafel empfangen wurde, die ihr in schillernden Lettern verkündete, wer sie war oder woher sie kam? Oder was es mit ihrer Mutter auf sich hatte?

Vermutlich würde Mylène für diese Informationen ein bisschen herumschnüffeln müssen, auch wenn das nicht ihrem Naturell entsprach. Für Luc wäre diese Aufgabe ein gefundenes Fressen gewesen! Er steckte sein feines Näschen liebend gern in Angelegenheiten, die ihn nichts angingen. Vermutlich würde er nicht einen Moment zögern, hier nach Herzenslust Schränke und Schubladen aufzureißen, mit einer Taschenlampe unter dem Bett herumzuleuchten oder in fremder Unterwäsche zu wühlen. Mylène hingegen widerstrebte es, sich in anderer Leute Leben einzumischen. Das Problem war nur, dass dieses Leben hier auch sie betraf.

Unsicher richtete sie sich auf dem Bett auf und nahm den Raum in Augenschein. Die Wände waren in einem hellen, wenn auch warmen Fliederton gestrichen, der perfekt zu den etwas dunkleren Samtvorhängen passte. Das Doppelbett war mit einer gesteppten Tagesdecke abgedeckt, die allerdings unter Mylènes Körper verrutscht war. Am Kopfende befand sich eine hohe Polsterung, die Mylène auch von Frédérics Bett kannte. Das Ehepaar de Vries hatte ohne Zweifel Geschmack gehabt und ein Händchen für Einrichtung. Außer einem alten Bauernschrank gab es rechts von der Tür noch eine Kommode mit breiten Schubladen und antiken Messingbeschlägen sowie zwei Nachttische neben dem Bett. Auf dem Tisch an der Fensterseite standen ordentlich aufgereiht eine Handvoll Bilderrahmen. Mylène zögerte, robbte dann über die Matratze und betrachtete die Fotos genauer.

Das vorderste Bild zeigte ein älteres Ehepaar. Die Frau hatte kurzes graugelocktes Haar und blickte lachend in das Gesicht ihres Mannes. Er war deutlich größer als sie und hatte ebenfalls grauweißes Haar, allerdings mit einem leichten Stich ins Rötliche. Vielleicht lag dieser Eindruck aber auch nur am Licht oder der Qualität der Kamera. Weder Licht noch Technik konnten allerdings den Eindruck verfälschen, dass die beiden sehr verliebt wirkten. Mylène nahm den Rahmen und strich mit dem Finger über die fremden Gesichter. So hatte sie sich das Älterwerden mit Frédéric immer vorgestellt.

Sie wusste nicht, ob sie sich Kinder wünschte, und Frédéric respektierte ihre Unschlüssigkeit. Er konnte sich Kinder zwar vorstellen, viele sogar, aber er hatte stets beteuert, sie genug zu lieben, um im Zweifelsfall auch darauf zu verzichten. *Du bist alles, was ich will*, klangen seine Worte auf einmal in ihren Ohren nach. Er hatte das schon oft gesagt, und allein der Gedanke daran reichte aus, um auch jetzt wieder ein warmes Gefühl in Mylènes Mitte zu pflanzen.

Frédéric. Mylène musste schlucken. Ohne Zweifel war es ein Fehler gewesen, das Handy einfach in die Seine zu werfen. Er konnte nichts für all das hier, im Gegenteil – vermutlich machte er sich sogar große Sorgen. Es war nicht fair, ihn einfach auszuschließen, und dass sie stattdessen ausgerechnet Etienne mit in die Sache hineingezogen hatte, fühlte sich gerade wie ein extrafetter Verrat an. Was war denn nur in sie gefahren? Sie erkannte sich selbst nicht wieder.

Seufzend stellte sie das Foto zurück und beschloss, Frédéric anzurufen. Sie war zwar ein Opfer ihres Mobiltelefons und kannte seine Nummer nicht auswendig, aber über Etiennes Handy ließ sich ein Kontakt aus dem Internet fischen. Zur Not rief sie in der Firma seines Vaters an, dort würde man ihr auf jeden Fall weiterhelfen können.

Mylène wollte sich gerade von der Matratze erheben, als ihr Blick auf eines der hinteren Fotos auf dem Nachttisch fiel. Es war ein kleines Schwarz-Weiß-Bild und an den Rändern seltsam verfärbt. Offenbar war es schon sehr alt – und es zeigte ein Baby.

Im ersten Moment dachte Mylène, sie hätte sich geirrt. Vielleicht spielten ihr ihre müden Augen einen Streich?

Doch als sie den silbernen Rahmen an sich nahm und einen genaueren Blick auf das Bild warf, stockte ihr der Atem. Das konnte nicht sein!

Mehrfach schloss und öffnete sie ihre Augen und rieb über das alte Foto, als könnte sie das Bild dadurch verändern, aber nichts dergleichen geschah. Die Wahrheit ließ sich nicht verwischen. Auch wenn Mylène es noch immer nicht glauben konnte: Dieses Baby da auf dem Foto trug eine Kette um den Hals – und an dieser Kette baumelte ein kleiner Schlüssel. *Ihr* Schlüssel!

Fassungslos schnappte Mylène nach Luft, Tränen schossen in ihre Augen. Ihre Finger glitten ihren Hals entlang, bis sie das kleine Schmuckstück endlich zu fassen kriegte. Ihr Herz schlug so heftig, dass sie es in jeder einzelnen Faser ihres Körpers spürte, und ihr Atem ging alles andere als regelmäßig. Aber wie sollte sie in so einer Situation auch ruhig bleiben?

Sie hatte noch immer keine Ahnung, wer sie wirklich war. Aber wie es aussah, hatte sie soeben einen Hinweis darauf gefunden, als wer sie einst zur Welt gekommen war.

HOLLY
Juni 2003

Pari preschte aus der Küche, ein großes Tablett mit Schokoladeneclairs vor der Brust balancierend, und warf Holly einen flehenden Blick zu. »Kannst du heute ausnahmsweise auch den Nachmittag übernehmen?«

Holly runzelte die Stirn und nahm ihrer Chefin die Kuchen ab, um sie in der Auslage zu drapieren. »Lässt die Neue dich schon wieder hängen?«

»Sie ist nicht mehr die Neue – höchstens die neue *Ex*-Mitarbeiterin!« Pari schnaubte. Sie hatte wirklich kein Glück mit den Nachmittagskräften. Jetzt hatte sie bereits die Nächste rausgeworfen – wenn Holly richtig zählte, die dritte innerhalb eines Monats. »Sag bitte, dass du länger bleiben kannst«, bettelte sie und wischte sich die Hände an der Schürze ab. »Ich muss dringend neuen Blätterteig vorbereiten, sonst gibt es morgen keine Croissants!«

»Das wäre eine Katastrophe. Ein Tag ohne Croissants – ich fürchte, die Sonne würde sich weigern aufzugehen.« Holly musste sich ein Grinsen verkneifen, aber Pari runzelte misstrauisch die Stirn.

»Ist das ein Ja?«

»Krieg ich eine Gehaltserhöhung?«

»Nein«, erwiderte ihre Chefin nüchtern, ließ sich dann aber doch noch zu einem Friedensangebot hinreißen. »Aber wenn du dich benimmst, darfst du wieder ein paar Eclairs für deine Mitbewohnerin mitnehmen.«

»Besser nicht …« Holly widmete sich der Kaffeemaschine. »Beim letzten Mal musste ich mir hinterher tagelang Sashas Gejammer über Kalorien und Speckfalten anhören. Sie hat bis zum Wochenende nur Trockenfleisch und Rohkost gegessen, um den Überschuss auszugleichen, und ich musste ihre schlechte Laune ertragen. Das war kein Vergnügen.«

Pari grinste, wurde aber schnell wieder ernst. »Spaß beiseite. Könntest du wirklich länger bleiben?«

»Du weißt doch, dass du auf mich zählen kannst.« Holly zwinkerte. »Ich sag nur schnell Brad Pitt ab und lass meinen Manager wissen, dass er für heute ohne mich klarkommen muss.«

Pari stieß eine gewaltige Menge Luft aus und schlang die Arme um ihre Mitarbeiterin des Monats. »Du bist die Beste! Ich weiß nicht, womit ich dich verdient habe.«

»Vielleicht denkst du mal darüber nach, was *ich* dafür verdient hätte«, rief Holly ihr nach, während ihre Chefin schon wieder in der Küche verschwand. »Zum Beispiel eine saftige *Gehaltserhöhung*!«

Pari zeigte ihr einen freundschaftlichen Vogel und ließ die Küchentür hinter sich zuschwingen.

Tatsächlich verdiente Holly viel weniger, als angemessen gewesen wäre, aber sie wusste, dass Pari sich noch keine höheren Gehälter leisten konnte. Sie selbst lebte in der Abstellkammer neben der Küche, um die Fixkosten für Miete und Einkäufe ungefähr decken zu können. Ihr Vater hatte zwar angeboten, ihr finanziell unter die Arme zu greifen, aber Pari wollte es alleine schaffen, und Holly zollte ihr dafür den höchsten Respekt. Außerdem wusste sie, dass ihre Chefin den Lohn anheben würde, sobald mehr Geld in die Kassen kam. Das Problem war, dass ihre Preise im Moment einfach zu niedrig waren.

In den ersten Wochen hatte es zu wenig Kunden in den Laden gezogen. Obwohl Holly ihr zugeredet hatte, Geduld zu bewahren und auf die Qualität ihrer Produkte zu vertrauen, hatte Pari sich in einem Anflug von Panik und bloßer Existenzangst zu einer ziemlich unüberlegten Kurzschlussaktion hinreißen lassen und die kommenden Monate zum ›Zwei-Dollar-Quartal‹ erklärt. Was nichts anderes bedeutete, als dass alle Produkte lächerliche zwei Dollar kosteten – und zwar für ganze drei Monate!

Pari hatte ihre Entscheidung schon nach zwei Tagen bitter bereut und versucht, die ganze Aktion rückgängig zu machen und ohne viel Aufsehen unter den Teppich zu kehren. Aber leider hatte zu diesem Zeitpunkt bereits die Lokalzeitung, die gratis im Supermarkt auslag, über die Aktion berichtet, und seitdem liefen ihnen die Leute die Tür ein. Über mangelnde Kundschaft konnte Pari sich nun nicht mehr beklagen, allerdings fraßen ihr die Leute buchstäblich die Haare vom Kopf und spülten dabei kaum genug Geld in die Kassen, um die Unkosten zu decken.

Holly hatte ihr vorgeschlagen, an das Verantwortungsbewusstsein der Gäste zu appellieren und darauf zu vertrauen, dass sie ihre missliche Lage verstehen würden. Aber ihre Chefin wollte davon nichts wissen.

»Ich habe mir diese Suppe eingebrockt, also muss ich sie auch auslöffeln. Alles andere wäre doch unseriös.«

»Es wäre aber auch unseriös, wenn du am Ende so pleite und erschöpft bist, dass du deine Schnürsenkel aufisst«, hatte Holly versucht, sie doch noch zur Vernunft zu bringen, aber Pari war ziemlich stur geblieben.

»Wir müssen diese drei Monate einfach irgendwie überstehen, hinterher läuft der Laden dann wie von selbst! Und ganz ehrlich: Schnürsenkel schmecken gar nicht so übel.«

Bis heute war Holly sich nicht sicher, ob ihre Chefin wusste, wie Schnürsenkel schmeckten – dafür konnte sie eine andere Sache mittlerweile mit hundertprozentiger Gewissheit sagen: dass sie bereits drei Wochen nach Beginn der Aktion ziemlich am Ende waren. Abends, wenn sie ins Bett fiel, taten Holly alle Glieder weh, und ihre Füße sahen aus wie Schlauchboote. Trotzdem wusste sie, dass der Dauerstress auch etwas Gutes hatte: So musste sie sich nicht permanent schlecht fühlen und ständig an Jay denken – und an die Schuld, die sie auf sich geladen hatte.

Holly schreckte aus ihren Gedanken auf, als das Handy in ihrer Gesäßtasche piepte. Irgendjemand hatte ihr eine SMS geschickt – und als Holly sah, wer es war, sackte ihr das Herz in die Hose: *Matt …*

Seit ihrem gemeinsamen Ravioliessen hatten sie sich nicht mehr gesehen. Die nächsten drei Termine hatte Matt abgesagt, weil Lucas sich einen Magen-Darm-Infekt zugezogen hatte. Holly hatte allerdings die starke Vermutung, dass das nur eine Ausrede war und Jays Sohn sie schlicht und ergreifend nicht wiedersehen wollte. Deshalb hatte sie anschließend behauptet, selbst krank zu sein.

Je länger sie Matt und Lucas nicht sah, desto größer wurde ihre Gewissheit, dass die ganze Angelegenheit ohnehin ein Fehler gewesen war. Sie konnte unmöglich in Jays Leben eindringen und versuchen, irgendetwas wiedergutzumachen, und es war nicht fair, dass sie sich Matt und Lucas nicht wenigstens zu erkennen gegeben hatte als die, die sie in Wirklichkeit war: die Frau, an deren Stelle Jay gestorben war. Auch jetzt wurde ihr wieder schwindelig, wenn sie nur daran dachte.

Aber warum in aller Welt meldete Matt sich plötzlich wieder?

Insgeheim war sie sich sicher gewesen, dass es vorbei war, dass er eventuell sogar schon einen neuen Babysitter gefunden hatte, zumindest aber kein Bedürfnis verspürte, seinen Sohn noch weiter in ihre unzulängliche Obhut zu geben. Vielleicht sollte sie die Nachricht gar nicht erst lesen, sondern lieber gleich löschen? Immerhin brummte der Laden schon wieder, alle Tische waren besetzt, und auch die Auslage musste dringend neu sortiert werden. Aber dann gab sie sich einen Ruck und öffnete die SMS:

Ich weiß, es ist kurzfristig, aber kannst du heute Nachmittag vorbeikommen und auf Lucas aufpassen? Vorausgesetzt es geht dir besser, natürlich ...

Hollys Puls raste.

Warum hatte sie ihr Handy nicht hinten in ihrer Handtasche gelassen? Dann hätte sie von der Nachricht nichts mitbekommen und hätte wahrheitsgemäß behaupten können, sie hätte sie erst viel zu spät gelesen! Jetzt aber musste sie entscheiden, ob sie antworten sollte, und wenn ja, was.

Hollys Finger verharrte ein paar Sekunden zitternd über den Tasten, dann beschloss sie, Matt die Wahrheit zu sagen: dass sie heute leider nicht konnte, weil sie im Café aushelfen musste. Punkt.

Doch noch bevor sie den ersten Buchstaben tippen konnte, klingelte das Telefon in ihrer Hand. Holly zuckte zusammen und ließ das Handy fallen, als wäre es ein brennendes Holzscheit. Es fiel auf das Tablett mit den frischen Windbeuteln.

Holly sah sich um und hob es hastig von den gefüllten

Brandteigteilchen. Es hatte ein paar Windbeutel zerdrückt, und der Bildschirm war mit Vanillecreme und Puderzucker vollgeschmiert, aber das störte Holly weit weniger als die Tatsache, dass es noch immer klingelte. Nervös drehte sie sich von den Kunden weg und nahm den Anruf an: »Hallo?«

»Holly? Stör ich grad?« *Matt.* Natürlich war es Matt. »Ich wusste nicht, ob du die Nachricht liest, deshalb habe ich gedacht, ich ruf lieber nochmal durch.« Er klang ziemlich angespannt.

Holly biss sich auf die Unterlippe. »Ich … kann grad …«

»Sag bitte, dass du auf Lucas aufpassen kannst«, schnitt Matt ihr das Wort ab. »Es ist ein Notfall!«

»Ein Notfall?« Ihre Finger krallten sich derart fest um das kleine Telefon, dass ihre Gelenke schmerzten.

»Es gibt Probleme in der Kanzlei. Meinem Assistenten ist ein Fehler unterlaufen, und ich fürchte, dass ich meinen Job los bin, wenn ich nicht hinfahre und das geradebiege!«

Holly musste schlucken. »Aber … ist Lucas nicht im Kindergarten?«

»Die haben heute geschlossen. Ich hatte mir freigenommen, aber dann kam der Anruf von meinem Chef. Ich bitte dich, Holly: Ohne dich bin ich aufgeschmissen! Ich kann Lucas nicht in die Kanzlei mitnehmen. Du musst mir bitte, bitte das Leben retten!«

Holly schloss die Augen. Ihr Herz schlug so wild, dass sie befürchtete, es würde gleich aus ihrem Brustkorb springen und schreiend die Flucht ergreifen, so wie sie selbst es am liebsten getan hätte.

Sie steckte in einer Zwickmühle. Sie hatte fest vorgehabt, Matt abzusagen – aber dass er womöglich seinen Job verlieren würde, machte die Sache komplizierter. Ihretwegen hatte er bereits seine Frau verloren. War es jetzt nicht ihre Pflicht, dafür zu sorgen, dass er wenigstens seinen Job behielt?

Auf der anderen Seite hatte sie Pari versprochen, die Nachmittagsschicht zu übernehmen. Die Vorstellung, dass sie nun entweder ihre Chefin oder Matt würde enttäuschen müssen, bereitete ihr Kopfzerbrechen.

»Oder bist du noch krank?«, riss Matt sie aus ihren Gedanken. Offenbar kam ihm das lange Schweigen in der Leitung verdächtig vor.

»Nein, ich bin wieder gesund«, sagte Holly und rieb sich mit der Hand über die Augen. »Aber ich muss heute Nachmittag arbeiten.«

Wie auf Bestellung räusperte sich in diesem Moment jemand hinter ihr. »Was ist? Krieg ich hier einen Kaffee, oder muss ich dafür erst eine Nummer ziehen?«

Holly drehte sich um und sah in das Gesicht eines unsympathischen Anzugträgers. Er tippte drängend auf seine teure Armbanduhr.

»Du arbeitest?«, hakte Matt am anderen Ende der Leitung nach. »Du meinst in diesem Café?«

Holly hatte ihm zwischen zwei Nudeltaschen von ihrem Job bei Pari erzählt. Jetzt warf sie dem Anzugträger ein entschuldigendes Lächeln zu und deutete ihm mit dem Finger an, einen Moment zu warten, was er sogleich mit einem genervten Stöhnen quittierte.

»Ja«, flüsterte Holly. »Meine Chefin hat mich gebeten, länger zu bleiben. Der Laden ist ziemlich voll, und alleine ist das kaum zu schaffen.«

Während Holly den ungeduldigen Gast noch einmal mit einem Lächeln vertröstete, schwieg Matt einen Augenblick. Es brach Holly das Herz, ihm nicht helfen zu können, aber sie hatte keine Wahl.

Matt schien das allerdings anders zu sehen. »Könntet ihr vielleicht noch eine weitere Hilfskraft gebrauchen?«

»Wie bitte?« Holly war derart irritiert, dass ihr das Lächeln aus dem Gesicht rutschte. Wollte er ihr etwa jemanden aus der Kanzlei vermitteln, damit sie selber gehen und sich um Lucas kümmern konnte?

»Na ja, ich kenne rein zufällig einen jungen Mann, der für sein Leben gern Kaufladen spielt und Kuchen isst.«

Holly schloss die Augen und ließ ihre Schultern sinken. So meinte er das also: Er wollte Lucas vorbeibringen.

»Es gibt Leute hier, die *arbeiten* müssen!«, nörgelte der Bürohengst, und mit einem Mal fehlte Holly die Kraft, noch länger freundlich zu bleiben.

»Und es gibt auch Leute, die *echte* Probleme haben! Wenn Sie das nicht verstehen, sollten Sie Ihren Kaffee vielleicht einfach woanders trinken!«

Dem Anzugträger klappte der Mund auf – und auch Matt war irritiert.

»Sprichst du mit mir?«

»Nein, hier ist nur … eine Menge Kundschaft. Ich glaub nicht, dass das die richtige Umgebung für Lucas ist. Und ich weiß auch gar nicht, ob meine Chefin das überhaupt …«

»Bitte, Holly! Ich verspreche dir, dass er sich benimmt! Und sobald ich meinen Arsch gerettet habe, hole ich ihn wieder ab. Aber ich weiß wirklich nicht, was ich tun soll, wenn du mir nicht hilfst. Unsere Nachbarin ist verreist – und ich kann ihn doch schlecht im Auto lassen, während ich arbeite. Ich zahle dir auch das Doppelte, aber ich bitte dich: Lass mich nicht untergehen!«

Holly verzog unglücklich das Gesicht. Wie konnte sie noch Nein sagen? Sie griff nach den Windbeuteln und schob sich ein zerdrücktes Brandteigteilchen in den Mund. »Kannst du ihm wenigstens ein Malbuch einpacken, damit er sich hier beschäftigen kann?«

»Ich packe ihm eine ganze Schrankwand an Malbüchern ein«, erwiderte Matt, und Holly konnte durch den Hörer spüren, dass sie ihn gerade sehr glücklich gemacht hatte.

JOHANNA
Dezember 1987

Sie schloss inzwischen jedes Mal die Tür ab, wenn sie die Hütte verließ oder sich schlafen legte. Zwar versuchte Johanna sich einzureden, dass das keine Bedeutung hatte, aber insgeheim war sie zu schlau, um sich zu belügen. Natürlich bedeutete es etwas.

In den letzten acht Jahren hatte es in ihrem Leben nichts gegeben, was es sich mit einer verriegelten Tür zu schützen gelohnt hätte, aber nun war es anders. Selbstverständlich lag die Kleine mit ihrer Vermutung falsch: Johanna mochte sie nicht – aber sie mochte sie eben auch nicht *nicht*. Diesen Umstand fand sie selbst so verwirrend, dass sie vermied, weiter darüber nachzudenken. Zum Glück gab es genügend andere Dinge zu tun.

Das Mädchen erholte sich gut. Nach ein paar Tagen konnte sie wieder ohne zu humpeln auftreten, und sie aß, als hätte sie nicht nur ein Kind im Bauch, sondern mindestens vier. Johanna war das ganz recht. Solange sie den Mund voll hatte, konnte sie nicht reden und sie provozieren oder in Verlegenheit bringen.

Ein paar Tage respektierte sie, dass Johanna Ruhe brauchte zum Nachdenken und Planen, aber irgendwann fing sie doch wieder an, Fragen zu stellen. »Wann kann ich endlich aufbrechen?«

Johanna stellte sich diese Frage selbst jeden Tag, aber sie

wollte sich nicht zu einer vorschnellen Antwort verleiten lassen, die sie am Ende vielleicht bereuen würde.

»Ich denke, es wird Schnee geben«, murmelte sie, während sie ein trockenes Stück Holz in den Ofen schob. Es hatte die Form einer Klaue, verschlungen und krumm, und die Flammen griffen danach, als hätten sie nur darauf gewartet.

Das Mädchen saß am Tisch und schälte eine Handvoll kleiner Kartoffeln für das Abendessen, es schnitt meist zu viel weg. »Und was heißt das?«

»Hast du noch nie von Schnee gehört?«, erwiderte Johanna und schloss die Klappe des Ofens, doch die Kleine quittierte ihre Frage nur mit einem Stirnrunzeln. »Das bedeutet vor allem, dass du noch etwas bleiben musst«, gab sie schließlich nach. »Schnee ist gefährlich.«

»Weil ich unterwegs erfrieren könnte?«

»Das auch.« Johanna nahm drei Rüben aus dem Korb und bürstete ein paar Erdreste von ihren Oberflächen. »In erster Linie ist er aber ein Verräter, weil deine Fußspuren nicht nur erzählen, dass du da warst, sondern auch, wohin du gegangen bist.«

Das Mädchen schien den Gedanken abzuwägen und drehte dann den Kopf zum Fenster. »Ich sehe keinen Schnee.«

»Ich spür aber, dass er kommt.« Sie rechnete eigentlich schon seit ein paar Tagen damit, dass der erste Schneefall einsetzen würde.

Das Mädchen lachte leise. »Bist du so was wie ein Marsmännchen und hast Antennen am Kopf?«

Johanna warf ihr einen warnenden Blick zu. Dann nahm sie sich ein Brett, ein Messer und die Rüben und setzte sich ihr gegenüber an den Tisch. »Ich riech so was.«

»Du riechst den Schnee?«

Johanna nickte, ohne den Blick zu heben. »Ich kann es auch hören.«

Einen kurzen Moment befürchtete sie, die Kleine würde wieder lachen, aber stattdessen wirkte sie eher beeindruckt. Eine Weile blieb sie still und schien nachzudenken, dann gab sie ihrer Neugier nach. »Wie hört sich Schnee denn an?«

»Es ist nicht der Schnee selbst, den ich höre, sondern der Moment, bevor er fällt.«

»Du hörst etwas, was gar nicht da ist?«

»Im Prinzip«, gab Johanna zu und verspürte eine seltsame Freude darüber, dass das Mädchen sich dafür interessierte. »Bevor Schneefall einsetzt, verändern sich die Geräusche im Wald. Der Wind verstummt, und die Tiere halten den Atem an. Dann legt sich eine Stille über alles, die mit nichts zu vergleichen ist.«

Wieder schien das Mädchen nachzudenken, betastete dabei eine Kartoffel in der Hand, als wäre sie ein Stück Gold. »Meinst du, die Tiere wissen es auch?«

»Natürlich. Alles hängt hier draußen zusammen. Jeder von uns ist ein Teil des Ganzen, und diese Teile stehen zu jeder Zeit in Verbindung miteinander, selbst, wenn wir schweigen oder stillstehen. Alles hat eine Bedeutung, auch und besonders das Fehlen von etwas.«

In Gedanken versunken fuhr sich das Mädchen mit den Schneidezähnen über die Unterlippe, der linke Zahn stand etwas schief, schien sich hinter dem rechten verstecken zu wollen. »Dann hat es vielleicht auch eine Bedeutung, dass ich hier bei dir gelandet bin.«

Überrascht sah Johanna von ihren Rüben auf. Sie betrachtete die Kleine und schüttelte den Kopf. »Nein, ich denke, das war nur Zufall.«

Eine Weile bearbeiteten sie schweigend das Gemüse, jede für sich.

Natürlich war die Kleine nicht aus einem bestimmten Grund in ihr Leben getreten. Es war eine Aneinanderreihung unglücklicher Umstände, die dazu geführt hatten, dass sie nun gemeinsam hier am alten Tisch ihrer Mutter saßen und alles anders war, als Johanna es gewohnt war. Es ging bei der ganzen Sache auch nicht darum, dem dummen Kind zu helfen, sondern vielmehr darum, Verantwortung zu übernehmen für das, was sie sich neulich am Hochstand eingebrockt hatte.

»Wie lange lebst du schon hier?«, unterbrach das Mädchen Johannas Gedankengang.

»Eine ganze Weile.«

»Geht das auch genauer?« Wie immer, wenn die Kleine nicht zufrieden war mit einer Antwort, hob sie die Augenbrauen und runzelte die Stirn.

Johanna überlegte, ihr eine willkürliche Zahl zu nennen, blieb dann aber doch bei der Wahrheit. »Acht Jahre. Im Frühjahr werden es neun.«

Fassungslos ließ das Mädchen das Kartoffelmesser auf den Tisch sinken. »*Neun Jahre* in dieser Hütte? Hast du denn kein richtiges Zuhause?«

Johanna murrte und wollte das Gespräch damit beenden, aber der Blick der Kleinen blieb hartnäckig. »Das hier ist ein *richtiges* Zuhause.«

»Nein, es ist eine Datsche. Und sie ist nicht mal komfortabel.«

»Tut mir leid, dass dir die Ausstattung nicht gefällt«, erwiderte Johanna gereizt. »Mein Vater hat die Hütte vor vielen Jahren für meine Mutter gebaut. Für ihre Ansprüche war es gut genug.« Sie widmete sich wieder den Rüben, spürte aber den Blick aus den grünen Augen des Mädchens auf sich lasten.

»Lebt deine Mutter noch?«

»Nein«, gab Johanna zu, ohne zu wissen, warum. »Sie ist vor zehn Jahren gestorben, kurz vor meinem Vater.«

»Bist du deshalb hergezogen? Weil du sie vermisst?«

Herrgott, dieses Kind war eine Plage! Stöhnend schob Johanna die geschnittenen Rüben in den Topf, der in der Tischmitte zwischen ihnen stand. Erstaunlicherweise spürte sie aber keine Wut über die Neugier des Mädchens. Vielleicht war sie einfach zu müde?

»Ich vermisse sie nicht. Ich bin eher weggelaufen vor etwas.«

»Und vor was?«

Vor was? Johanna lehnte sich auf ihrem Stuhl zurück und richtete den Blick nach innen. Es irritierte sie, dass sie keinerlei Zorn verspürte, sie war nicht einmal aufgebracht. Normalerweise trieb sie jede Erinnerung an damals in den Wahnsinn, und der Schmerz, der damit einherging, nährte ihren andauernden Fluchtreflex. Doch jetzt spürte sie nichts als eine übergroße Erschöpfung. Mit einem Mal war sie wirklich zu müde, um weiter wegzulaufen.

»Ich hatte eine Tochter …«, öffneten sich ihre Lippen und gaben die Wahrheit frei, die sie so lange unter Verschluss gehalten hatten. »In Dresden, dort haben wir gelebt.«

»Eine Tochter?« Das Mädchen legte eine Kartoffel nach der anderen in den Topf, behutsam, ohne dabei Geräusche zu machen oder den Blick von Johanna zu wenden. »Und wo ist sie jetzt?«

Johanna schluckte, es brannte im Hals und hinter ihrem

Brustkorb, im Ofen knackte das Holz. »Sie ist tot. Ihr Todestag jährt sich nächste Woche zum neunten Mal.«

Endlich senkte die Kleine den Blick, sah betroffen auf die Tischplatte. »War sie krank?«

»Nein, es war ein Unfall. Sie ist …« Johanna blickte zur Seite, um die Tränen zurückzudrängen, die sich in ihren Augenwinkeln sammelten. Erst als sie sicher war, die Fassung nicht zu verlieren, sprach sie weiter. »Sie ist von einem Auto überfahren worden. Direkt vor der Schule.«

»Das ist schrecklich«, sagte die Kleine, und Johanna merkte, dass es auch ihr schwerfiel, die richtigen Worte zu finden. Dabei wusste sie das Schrecklichste noch nicht einmal.

»Es war meine Schuld«, flüsterte sie, bevor der Mut sie wieder verlassen konnte. Viele Jahre hatte sie nicht darüber gesprochen, sie war sich nicht einmal sicher, ob sie es jemals so direkt gesagt hatte, aber jetzt fühlten sich die Worte beinahe an wie eine Erleichterung. »Es war meine Schuld«, wiederholte sie mechanisch und konnte nicht mehr verhindern, dass Tränen über ihr Gesicht liefen. »Ich bin schuld am Tod meiner Tochter, ich allein …«

Die Kleine sah sie verständnislos an. Johanna erkannte durch den Tränenschleier, dass sie ihr nicht glaubte. »Ich sollte sie von der Schule abholen, aber ich habe es vergessen, weil ich mit meiner Arbeit beschäftigt war. Ich war in der Forschung tätig, Kernphysik, und wir hatten einen Vorfall, der meine Aufmerksamkeit erfordert hat. Also habe ich sie vergessen. Und ich habe auch vergessen, ihren Vater anzurufen, damit er sie abholen kann.« Johannas Blick wanderte ins Leere, verlor sich zwischen damals und heute, nie gesagt und oft gedacht. »Drei Stunden hat sie vor der Schule gewartet. Es war kalt, und irgendwann wurde es dunkel. Die Straßen waren glatt, und sie ... Ich weiß nicht, vielleicht war sie wütend auf mich oder einfach nur unkonzentriert, aber sie ist über die Straße gelaufen, um den Bus zu kriegen, der auf der anderen Seite hielt, und dabei hat sie übersehen, dass ...« Nun versagte ihr doch die Stimme. Dabei war sie ganz ruhig, und auch ihr Atem ging erstaunlich gleichmäßig. Es fühlte sich beinahe an, als würde nicht sie selbst diese Geschichte erzählen oder als wäre es nur ein Unglück, das jemand anderem, einer Fremden, widerfahren war.

Aber natürlich war Maries Tod noch immer *ihre* Geschichte, es war *ihr* Leben und *ihre* Schuld. Daran würde sich auch jetzt nichts ändern.

Mit einer ruhigen Handbewegung wischte sie sich die Tränen von den Wangen und blickte das Mädchen an. »Hast du schon mal von der Halbwertszeit gehört?«

Die Kleine verneinte mit einem unsicheren Kopfschütteln.

»In der Physik ist die Halbwertszeit die Zeitspanne, in der sich die Menge eines bestimmten Stoffes um die Hälfte reduziert. Für uns Kernphysiker ist das besonders interessant, aber im Prinzip zerfällt alles irgendwann.«

Die Kleine kräuselte verunsichert die Stirn, also stand Johanna auf und ging zum Schrank. Das rotbraune Holzkästchen stand noch immer dort, wo sie es vor ein paar Tagen versteckt hatte. Jetzt zog sie es wieder aus der Ecke hervor und stellte es behutsam auf den Tisch. Als sie ihren Schatz öffnete, wurde sie doch noch unruhig. Kaum hatte der schwere Deckel einen gewissen Winkel überschritten, erklangen auch schon die ersten, zaghaften Töne der Melodie, die ihre Mutter so sehr geliebt hatte, und das winzige Paar im Inneren des Kästchens begann zu tanzen.

Unwillkürlich schlich sich ein Lächeln auf das Gesicht des Mädchens. »Also doch eine Spieluhr.«

Auch Johanna lächelte. »Mein Vater hat sie für meine Mutter gemacht.«

»Er muss sie sehr geliebt haben, wenn er ihr auch diese Hütte gebaut hat«, stellte das Mädchen fest, aber Johanna schüttelte den Kopf.

»Nein, mein leiblicher Vater hat diese Spieluhr gemacht. Er war Uhrmacher und ist im Krieg gestorben. Aber meine Mutter hat seinen Verlust nie richtig überwunden, obwohl Fritz, mein Stiefvater, sie und mich über alles geliebt hat. Er hat ihr jeden Wunsch von den Augen abgelesen.«

Das Mädchen legte den Kopf schief und lauschte der Melodie. »Das klingt schön.«

Johanna nickte und fuhr mit den Fingern über die warmen, weichen Holzkanten. »Ein altes französisches Kinderlied, das mir mein Vater immer vorgesungen hat. Meine Mutter hat sich ständig in dieser Melodie und in den beiden Tanzenden verloren. Als Kind habe ich nicht verstanden, warum sie wieder und wieder dieses blöde Lied hören wollte, warum sie die Spieluhr ein ums andere Mal neu aufgezogen hat, denn im Grunde hat es sie nur kurz glücklich gemacht und hinterher jedes Mal trauriger als zuvor.« Wehmütig betrachtete Johanna die beiden kleinen Figuren. Noch drehten sie sich zu den Klängen der Spieluhr, aber bald schon würde die Musik verstummen, und dann standen auch sie still, gefangen in ihrer Liebe. Johanna hatte ein Gespür dafür, wenn etwas zu Ende ging.

Sie musste kräftig schlucken, weil sich zum zweiten Mal Tränen in ihre Augenwinkel drängten. »Ich habe es erst verstanden, als meine Tochter gestorben ist.«

Das Mädchen wartete einen Moment ab, aber dann hakte es nach. »Was hast du verstanden?«

Johanna hob den Blick und sah ihr in die Augen. »Dass auch das Glück eine Halbwertszeit hat. Es zerfällt direkt vor unseren Nasen, rinnt zwischen unseren Fingern hindurch, und wir merken es nicht – manchmal verstehen wir ja noch nicht einmal, dass wir überhaupt glücklich sind. Aber wir können es nicht festhalten, das Glück, egal, wie sehr wir es auch versuchen. Wir können nicht dafür sorgen, dass die Melodie für immer spielt und die Liebenden bis in alle Ewigkeit tanzen.« In diesem Augenblick verlangsamte sich der Takt, und die letzten Töne klangen aus, bevor auch die Figuren im Inneren erstarrten und die Stille ihren Schlussakkord setzte.

Behutsam klappte Johanna den Deckel zu. »Jedes Mal, wenn meine Mutter diese Melodie gehört hat, war sie für ein paar Minuten glücklich. Dafür hat sie in Kauf genommen, dass der Schmerz, der hinterher kam, sie fast umgebracht hat. Nichts ist schlimmer, als zu erkennen, dass dein Glück für alle Zeit zerronnen ist.«

Die Kerze auf dem Tisch war fast heruntergebrannt und warf ein unstetes Flackern auf ihre Gesichter, das jeden Moment erlöschen konnte. Aber Johanna fühlte sich nicht in der Lage, aufzustehen und eine neue Kerze aus der Schublade zu holen.

Hatte dieses Gespräch tatsächlich stattgefunden, oder hatte sie sich alles nur eingebildet? Noch nie hatte sie diese Gedanken mit jemandem geteilt. Warum hatte sie dann ausgerechnet jetzt damit angefangen, und warum hatte sie das Mädchen mit hineingezogen? Das alles machte keinen Sinn.

»Wie heißt deine Tochter?«, durchbrach das Mädchen die Stille.

Johanna hielt den Atem an. »Sie ist tot.«

»Aber einen Namen hat sie doch trotzdem«, erwiderte die Kleine und dachte nicht daran, ihren durchdringenden Blick abzuwenden.

»Marie«, gab Johanna schließlich zu und stellte fest, wie seltsam es war, den Namen nach so vielen Jahren wieder auszusprechen. »Meine Tochter heißt Marie.«

»Ein schöner Name«, sagte das Mädchen und legte über den Tisch hinweg seine schmale Hand auf Johannas.

Johanna sah erschrocken auf ihre Finger hinab. Nähe, Berührung, Wahrheit, das war viel zu viel – und doch nicht genug?

»Ja«, flüsterte sie irgendwann und drückte die Hand der Kleinen, die Seele nackt, das Herz wund und warm. »Es ist ein schöner Name.«

MYLÈNE
April 2019

Die Erinnerungen kamen aus dem Nichts. Sie sprangen sie an wie Schatten, die keinen Ursprung hatten, wohl aber eine Bedeutung.

All die Details, in denen sie sich auf dem kleinen Foto wiedererkannte, waren wie Fingerzeige auf die Andersartigkeit von Marianne und Henri. Eine längst vergessene Biologiestunde drängte sich in ihr Gedächtnis. Sie hatten über Mendel gesprochen. Darüber, dass braune und grüne Augen dominant vererbt wurden, und graue und blaue rezessiv. Dass blauäugige Eltern – wie Henri und Marianne – im Grunde keine grünäugigen Kinder – wie Mylène – bekommen konnten. *Im Grunde, im Grunde, im Grunde …*

Dann war da plötzlich die dicke Frau beim Metzger, der an der rechten Hand der kleine Finger fehlte und die behauptet hatte, Mylène sähe ihren Eltern gar nicht ähnlich, und ihr dann freundlich ein Würstchen geschenkt hatte. Marianne hatte es ihr vor der Tür weggenommen und ins Gebüsch geworfen, und sie hatten ihr Fleisch fortan im Supermarkt gekauft. *Im Grunde, im Grunde …*

Mylène wurde schwindelig. Wie betäubt erhob sie sich vom Bett und schleppte sich in die Küche, den silbernen Bilderrahmen noch immer in ihrer Hand. *Im Grunde …*

Etienne stand am Herd, es blubberte und dampfte aus zwei Töpfen. Als er sie in der Tür bemerkte, zwinkerte er ihr zu und ließ eine großzügige Prise Salz in beide Töpfe rieseln. »Perfektes Timing, ich bin fast fertig! Vielleicht kannst du schon mal den Tisch decken?«

Mylène fühlte sich nicht angesprochen, ihr fehlte schlichtweg die Kraft. Benommen zog sie einen Stuhl zurück, er kratzte unschön über den Holzboden, und ließ sich darauf nieder, das alte Foto fest in ihrem Schoß.

Nun wirkte Etienne verunsichert. »Bist du böse, weil ich dich nicht früher geweckt habe?« Er nahm ein geblümtes Küchenhandtuch, das neben der Spüle hing, und trocknete seine linke Hand darin ab. Die rechte Hand war verbunden, aber der Verband hatte ein paar hellrote Spritzer abbekommen, vermutlich Tomatensoße. »Ich hab's versucht, ehrlich. Aber du hast geschlafen wie ein Stein, also habe ich die Zeit genutzt, um in Ruhe eine Kleinigkeit für uns zu zaubern. Und außerdem habe ich noch eine Überraschung für dich.« Er zog sich auch einen Stuhl zurück und setzte sich direkt vor Mylène. »Ich habe mit der Nachbarin gesprochen! Nicht mit der Verräterin von unten, die hat nicht reagiert, als ich geklingelt habe, um mich in deinem Namen zu beschweren, aber mit einer sehr, sehr netten jungen Frau von oben. Sie wohnt zwar erst seit ein paar Wochen hier und kannte Madame de Vries nicht sonderlich gut, aber sie hat erzählt, dass Monsieur de Vries wohl schon vor ein paar Jahren verstorben ist. Und sie hat mir verraten, dass die Beerdigung am …« Er fischte mit der linken Hand einen kleinen Zettel aus seiner Hosentasche und warf einen Blick auf das eilig Notierte. Doch dann hielt er inne und sah Mylène stirnrunzelnd an. »Hörst du mir eigentlich zu?«

Tatsächlich hatte Mylène Schwierigkeiten, ihm zu folgen. Viel zu sehr war sie mit dem beschäftigt, was sie eben gefunden hatte – und mit den unzähligen *im Grundes* ... Sie öffnete den Mund, fand aber weder die richtigen Worte noch die Kraft, sich zu erklären.

»Du siehst aus, als hättest du ein Gespenst gesehen«, sagte Etienne. »Geht's dir nicht gut?«

Mylène hob den Blick und sah ihm in die Augen, aber auch jetzt brachte sie einfach kein Wort über die Lippen. Stattdessen hielt sie Etienne den Bilderrahmen hin.

»Was ist das?«

»Die Frage ist eher, *wer* das ist.«

Etienne nahm das Foto an sich und betrachtete es eingehend. Dann zuckte er mit den Schultern. »Ein Baby. Ein ziemlich altes Baby.«

»Nicht das Baby ist alt, sondern das Foto«, korrigierte Mylène ihn und fuhr sich mit den Händen übers Gesicht. »Sieh dir die Kette an.«

Etienne kniff die Augen zusammen und führte das Foto dicht vor seine Nasenspitze. »Ist das etwa ...?« Überrascht sah er zu Mylène, an ihrem Hals hinab und dann wieder auf das Schwarz-Weiß-Bild. »Das ist ...«

»Ich bin das Baby, Etienne.« Sie schluckte. »Ich bin dieses Baby.«

Es auszusprechen machte es irgendwie erst richtig real, und plötzlich wurde Mylènes Körper von einem heftigen Zittern ergriffen. Sie schnappte nach Luft, stieß ihren Stuhl zurück und begann, wie eine Wildkatze in der Küche auf und ab zu tigern. »Das ist mein Schlüssel, verdammt, *mein* Schlüssel!« Ihr Puls ging viel zu schnell, und dann wurde ihr wieder schwindelig, die vielen *im Grundes* stürzten auf sie ein. Auf einmal verschwamm alles vor ihren Augen, und in ihren Ohren rauschte es. Sie stützte sich an der Küchenzeile ab, aber auch dort fand sie kaum Halt.

Etienne legte den Bilderrahmen auf den Tisch. »Hey, ist gut.« Er machte zwei Schritte auf sie zu und legte seine Arme um sie. »Ist schon gut …«

»Nichts ist gut!«, schrie Mylène und versuchte, ihn von sich zu stoßen, aber er blieb hartnäckig. »Wieso hat diese Frau ein Foto von mir? Warum weiß sie, woher mein Schlüssel kommt, aber ich weiß es nicht?« Tränen strömten über ihr Gesicht. Sie hatte das Bedürfnis, um sich zu schlagen und zu treten, aber irgendwann gab sie den Kampf auf und ließ sich schluchzend gegen Etiennes Brust sinken.

Eine Weile standen sie so da, mitten in der fremden Küche einer noch fremderen Frau, und Mylène weinte in Etiennes Armen um all die Dinge, die sie nicht wusste.

Erst als sich ihr Puls wieder beruhigte und ihr Schluchzen verstummte, lockerte Etienne seinen Griff, und Mylène löste sich aus seiner Umarmung.

»Meinst du, du kannst was essen?«, fragte er und deutete auf Nudeln und Soße, die noch immer auf dem Herd köchelten.

Mylène nickte und wischte sich mit dem Handrücken über die Wangen, während sie sich zurück auf ihren Stuhl setzte.

»Wir verzichten auf Teller«, beschloss Etienne, schüttete die Nudeln in die Soße und stellte den Pastatopf auf ein Brett in der Tischmitte. »Das ist fast wie damals auf dem Campingplatz bei Bordeaux, weißt du noch? Da haben wir auch direkt aus dem Topf gegessen.«

Mylène musste lächeln. Endlich eine Erinnerung, die nicht

schmerzte. »In Bordeaux haben wir viele verrückte Sachen gemacht.«

»Ja, das war eine gute Zeit.« Etienne setzte sich ihr gegenüber.

Mylène sah zu, wie er mit seiner Gabel in den Topf fuhr, die langen, dünnen Nudeln darauf aufdrehte und mit dem Appetit eines Halbwüchsigen zu essen begann – und plötzlich breitete sich ein warmes Gefühl in ihrer Brust aus. Er hatte recht. Was sie in Bordeaux getan und erlebt hatten, war schön gewesen, eine gute Zeit. Sie waren gerade mit der Schule fertiggeworden, und Etiennes Eltern hatten ihnen zum Abschluss einen Sommer im Campingbus spendiert. Sie hatten sich einfach treiben lassen, quer durch Europa, die Zeit und das Leben. Mylène konnte sich nicht erinnern, ob sie sich jemals wieder so frei und lebendig gefühlt hatte wie damals, so verliebt und glücklich.

Aber natürlich war das lange vorbei. Nicht mal drei Jahre später hatte Etienne alles kaputtgemacht, und Mylène war überrascht, dass auch das immer noch wehtat.

»Was ist?«, hakte er nach, als er merkte, dass sie ihn beobachtete anstatt zu essen.

»Nichts«, log sie und wandte den Blick ab.

Etienne drehte eine weitere Gabel Nudeln auf. »An deiner Stelle würde ich mich beeilen, sonst ist der Topf gleich leer.«

Mylène nahm seine Warnung ernst und griff endlich selbst zu. Die Pasta schmeckte hervorragend – selbst ohne Gouda! Etienne hatte schon immer ein Händchen fürs Kochen gehabt, und je mehr Nudeln Mylène sich in den Mund schob, desto größer wurde ihr Appetit. Wann hatte sie zuletzt eine vernünftige Mahlzeit zu sich genommen? Das Tankstellenbrötchen heute Morgen konnte man wohl kaum dazuzählen.

»Was ist denn nun mit deiner Hand?«, fragte Mylène, als der Topf leergegessen war. Sie fühlte sich satt und schwer, aber auch einigermaßen gefestigt.

»Ich habe einen Arzt in der Nachbarschaft gefunden, der Schnitt musste genäht werden.«

»Das tut mir leid.«

»War ja nicht deine Schuld, dass dieses Großaufgebot an Polizei hier reingestürmt ist«, winkte Etienne ab und trank einen Schluck Wasser. »Außerdem wirst du Gelegenheit finden, es wiedergutzumachen.«

»Wie meinst du das?«, hakte sie verunsichert nach.

Er lehnte sich grinsend auf seinem Stuhl zurück. »Der Verband darf nicht nass werden, also fällt der Abwasch in deinen Zuständigkeitsbereich.« Aber als Mylène kopfschüttelnd aufstand, um Topf und Besteck in die Spüle zu stellen, wirkte er auf einmal verlegen. »Da ist noch etwas …« Sie drehte sich interessiert zu ihm um. Etienne zögerte und sagte dann seufzend: »Ich darf mit dem Verband nicht Auto fahren.«

Es dauerte einen Augenblick, bis Mylène verstand, was das genau bedeutete. »Heißt das, du … willst noch hierbleiben?« Der Gedanke bereitete ihr Unbehagen. Etiennes Anwesenheit fühlte sich nach wie vor angenehmer an, als es eigentlich gut gewesen wäre. Die Erinnerungen an früher verwirrten sie – und noch mehr Verwirrung konnte sie gerade wirklich nicht gebrauchen. *Im Grunde, im Grunde …*

Offenbar merkte er, dass ihr die Vorstellung, dass er blieb, nicht gefiel. »Ich rede nur von ein, zwei Tagen! Sobald die Naht verheilt ist, kann der Verband ab, und ich kann mich wieder ans Steuer setzen.«

Mylène drehte sich nachdenklich zum Spülbecken und ließ

Wasser einlaufen. »Du könntest ja auch fliegen. Oder mit dem Zug fahren.«

»Und was passiert dann mit meinem Wagen?«

Der Wagen, richtig. Daran hatte sie nicht gedacht.

»Ich schlafe auf der Couch, okay?«, fuhr Etienne engagiert fort. »Du wirst gar nicht merken, dass ich da bin! Und außerdem ist es doch ganz nett, wenn ich dir beim Suchen helfe. Vier Augen sehen mehr als zwei. Und falls du die Nachbarin von unten noch beschimpfen möchtest, biete ich mich gerne als Übersetzer an.«

Mylène schloss die Augen und hielt ihre Finger in den Wasserstrahl. Zu kalt für den Abwasch, aber richtig für ihre Gedanken. »Also gut«, gab sie schließlich nach. »Du kannst bleiben, bis deine Hand wieder einsatzfähig ist. Das bin ich dir wohl schuldig.«

»Finde ich auch«, erwiderte Etienne zufrieden. »Vielleicht hast du Glück, und ich bleibe sogar bis zur Beisetzung.«

»Beisetzung?« Irritiert drehte Mylène sich zu ihm um, das Wasser tropfte von ihren Fingern auf den Boden.

»Ich habe dir doch gesagt, dass ich mit der Nachbarin von oben gesprochen habe.« Er zog noch einmal den Zettel hervor und schwenkte ihn wie eine Fahne durch die Luft.

Mylènes Unbehagen wuchs. »Und diese Frau hat was genau gesagt?«

»Eine ganze Menge. Zum Beispiel, dass die Alte von unten nicht alle Tassen im Schrank hat. Und dass Amsterdam zu dieser Zeit besonders schön ist.«

»Was hat sie über die *Beisetzung* gesagt, Etienne?«

»Nur, wo sie stattfindet. Und natürlich wann. Steht alles hier drauf.« Er hielt ihr den Notizzettel hin.

Weil ihre Hände noch nass waren, fasste sie ihn nur an der unteren Ecke an und las. »Das ist nächste Woche.«

»Der Friedhof ist ein Stück außerhalb, hat Lis gesagt.«

Mylène verzichtete darauf, noch weiter nach Lis zu fragen. Stattdessen konzentrierte sie sich auf die grünweißen Kacheln an der Wand, legte den Zettel zur Seite und widmete sich dann wieder dem Abwasch.

Hinter sich hörte sie, wie Etienne leise mit den Fingern auf der Tischplatte trommelte. »Du wirst doch hingehen, oder?«

»Ich weiß nicht.«

»Machst du Witze? Natürlich gehst du hin!«

»Ich kannte diese Madame de Vries doch überhaupt nicht.«

»Gerade deshalb musst du da hin, Mylène! Da sind sicher ein paar Leute, die sie gut kannten und dir etwas über sie erzählen können.«

Mylène warf einen gereizten Blick über ihre Schulter. »Ich will aber nichts über diese Frau wissen, sondern über mich.«

»Eben.« Etienne nahm das Babyfoto vom Tisch und hielt es ihr wie eine stille Mahnung vor die Nase. »Mit großer Wahrscheinlichkeit bist du mit dieser Frau verwandt, sonst hätte sie wohl kaum ein Foto von dir in ihrer Wohnung. Wenn du also wissen willst, wer *du* bist, solltest du schleunigst in Erfahrung bringen, wer *sie* war!«

Mylène hielt die Luft an. Dann ließ sie den Teller, den sie gerade abgewaschen hatte, zurück ins Schaumwasser gleiten und drehte sich zu Etienne um. Seufzend lehnte sie sich gegen die Spüle. Vermutlich hatte er recht. Aber die Vorstellung, sich auf der Beerdigung einer fremden Frau unter die Trauergäste zu mischen und herumzuschnüffeln, behagte ihr trotzdem nicht. »Vielleicht muss ich ja gar nicht bis zur Beisetzung warten.« Unsicher rieb sie sich den Ellenbogen, er schmerzte noch immer. »Vielleicht finde ich ja schon Hinweise in der Wohnung. Kann doch sein, dass sie noch einen Brief für mich versteckt hat oder alte Dokumente. Sie hat schließlich geschrieben, dass ich hier Antworten finde.«

Etienne betrachtete sie einen Moment mit zusammengekniffenen Augen. »Du hast Angst, oder?«, fragte er sie dann verblüfft.

»Unsinn!« Mylène lachte auf, konnte damit aber nicht davon ablenken, dass er sie durchschaut hatte. Natürlich hatte sie Angst. Sie wollte dringend wissen, wer sie war, und gleichzeitig fürchtete sie sich vor kaum etwas mehr. Haltsuchend griffen ihre nassen Finger nach dem Schlüssel.

Etienne entging diese Geste nicht. Noch einmal hielt er sich das Foto dicht vors Gesicht, und Mylènes Blick fiel zum ersten Mal auf die Rückseite des Rahmens. Sie zuckte zusammen, schnappte sich das fleckige Geschirrtuch und trocknete hastig ihre Hände darin ab. »War das Papier vorhin schon da?«

»Papier?« Etienne sah sie verständnislos an.

Mylène nahm ihm den Rahmen aus der Hand und betrachtete die Rückseite. Dort, wo sich die Öffnung befand, durch die man das Bild hineinlegen konnte, lugte die Ecke eines Zettels heraus. Überrascht sah Etienne von dem Stück Weiß zu Mylène und wieder zurück. Ihr Puls begann zu rasen. Mit zittrigen Fingern schob sie den winzigen Riegel zur Seite und klappte die Rückseite aus fester dunkler Pappe hoch.

Dahinter kam ein kleiner Zettel mit ihrem Namen zum Vorschein, und Etienne pfiff beeindruckt. »Volltreffer! Du hättest zur Spurensicherung gehen sollen.«

Mylène aber wusste, dass es keine Meisterleistung war, die kleine Notiz zu finden. Sie war offensichtlich so drapiert worden, dass jeder, der sich für das Foto interessierte, unwillkürlich darüber stolpern würde.

Auch die Schrift erkannte sie sofort wieder, es war dieselbe wie in dem Brief, den Monsieur Picard ihr gestern Mittag überreicht hatte. Sie hatte also recht gehabt: Es gab weitere Botschaften von Madame de Vries.

Angespannt zog sie den Zettel aus seinem halbherzigen Versteck und drehte ihn um. Auf seiner Rückseite befand sich jedoch kein weiterer Brief, sondern eine Aneinanderreihung seltsamer Buchstaben und Zeichen. Mylène legte die Stirn in Falten.

»Was steht da?«, wollte Etienne wissen.

»Keine Ahnung. Vielleicht ist das eine Art Geheimcode. Oder die Nummer zu einem Schließfach?«

»Lass mich mal sehen.« Etienne nahm ihr den Zettel aus der Hand. Es dauerte nur ein paar Sekunden, dann lächelte er. »Das ist kein Geheimcode. Es sind GPS-Daten!«

»Was?« Mylène riss den Zettel zurück, wurde aber auch jetzt nicht schlau aus den seltsamen Ziffern.

»Die geben an, wo sich ein Ort genau befindet.«

»Und wo befindet sich dieser Ort bitte?«

»Ich habe keinen blassen Schimmer«, antwortete Etienne zufrieden. »Aber wenn du die Ziffern in dein Handy eingibst, wissen wir sicher bald mehr.«

»Mein Handy liegt auf dem Grund der Seine«, erinnerte sie ihn.

»Richtig, da war ja was.« Er schüttelte lachend den Kopf. »Sieh's mal positiv: Da unten wird es wenigstens nicht geklaut.« Grinsend beugte er sich zu ihr vor. »Wenn du nett fragst, könnte ich mir vorstellen, dir eventuell meins zu borgen.«

Mylène kniff die Augen zusammen und boxte ihm in die Seite. Er ächzte, taumelte theatralisch ein paar Schritte zurück und zog entwaffnend sein Smartphone aus der Hosentasche. »Okay, okay, das war nett genug. Du diktierst, ich tippe.«

Es dauerte nur wenige Minuten, bis sie ein Ergebnis hatten. Vermutlich wäre es noch schneller gegangen, aber Mylène verhaspelte sich vor Aufregung ein paarmal, und Etienne drückte zweimal versehentlich zu früh auf »Suche«, sodass sie nochmal von vorne anfangen mussten. Dann aber war alles korrekt und das Ergebnis eindeutig. Für Mylène jedoch war es nur *eindeutig* verwirrend.

»Wo ist das?«, hakte sie nach, weil es so aussah, als läge ihr Ziel mitten im Nichts.

Etienne vergrößerte den Radius und bestätigte ihren ersten Eindruck. »Das ist irgendwo im Nirgendwo.«

»Und in welchem Nirgendwo?«

»Deutschland«, stellte er im nächsten Moment fest und runzelte überrascht die Stirn. »Und zwar mittendrin.«

»Deutschland?« Mylène stand völlig auf dem Schlauch. »Bist du sicher, dass du dich nicht vertippt hast?«

»Wenn überhaupt hast *du* nicht richtig diktiert!« Er nahm ihr den kleinen Zettel aus der Hand und wiederholte die Suche hochkonzentriert. Aber das Ergebnis war dasselbe. »Tut mir leid. Ich kann dir leider keine coolere Vergangenheit bieten.«

Mylène schnaubte missbilligend. »Wer sagt denn, dass dort meine Vergangenheit liegt?«

Statt zu antworten, hob Etienne nur den Zettel.

»Das muss überhaupt nichts bedeuten! Wir wissen ja nicht mal, ob diese Koordinaten überhaupt mit mir in Zusammenhang stehen.«

Etienne sah sie belustigt an. »Dein Name steht auf dem Zettel.«

»Ja, aber das …« Krampfhaft suchte sie nach einer plausiblen Erklärung, aber auf die Schnelle fiel ihr nichts ein. *Im Grunde, im Grunde, im Grunde.* »Verdammt, ich bin doch nicht deutsch! Findest du, ich habe irgendwas Deutsches an mir?«

Etienne betrachtete sie amüsiert. »So schlecht sind die Deutschen gar nicht. Das Essen ist jedenfalls besser als das, womit sie uns hier zum Frühstück vergiften wollten. Und außerdem musste ich in Berlin noch nie behaupten, in einem Industriegebiet zu vögeln, um die Polizei außen vor zu lassen.«

Mylène funkelte ihn wütend an. »Das ist nicht witzig, es geht hier um mein Leben! Was soll dieser blinde Fleck in der Landschaft denn bitte mit mir zu tun haben?«

Etienne sah noch einmal auf sein Display, dann zuckte er mit den Schultern. »Lass uns hinfahren und es herausfinden.«

»Was?« Fassungslos starrte Mylène ihn an, aber er fand an dieser Idee offenbar nichts Abwegiges.

»Diese Koordinaten sind der einzige Hinweis auf deine Vergangenheit. Also lass uns ins Auto steigen und nachsehen.«

»Aber … das sind mindestens fünf Stunden Fahrt!«

Etienne tippte auf seinem Bildschirm herum und grinste. »Sechseinhalb.«

Mylène atmete tief aus und vergrub das Gesicht in ihren Händen. Das konnte doch nicht wahr sein. Noch eine weitere Nacht mit Etienne in seinem Wagen, auf einer Autobahn, die in ein riesengroßes Fragezeichen hineinführte.

»Wir können natürlich auch hierbleiben und die Beisetzung abwarten«, schlug Etienne achselzuckend vor. »Oder wir wühlen einfach noch ein bisschen in den Schränken herum.«

Erschöpft ließ Mylène die Schultern sinken. Sie wollte nicht blind herumwühlen, und auch die Teilnahme an der Beerdigung reizte sie nicht sonderlich. Außerdem gab es genau genommen keinen Zweifel daran, dass diese Koordinaten für sie bestimmt waren. Ihr Name stand auf der Vorderseite – und der Zettel war hinter ihrem Babyfoto versteckt gewesen. Einen eindeutigeren Wink mit dem Zaunpfahl hätte es wohl kaum geben können.

Trotzdem braute sich eine gewaltige Wutwelle in ihr zusammen. Warum zum Teufel konnte die Wahrheit nicht einfach ausgerollt vor ihr auf dem Tisch liegen? Mylène fühlte sich, als befände sie sich auf einer albernen Schatzsuche – dabei gehörte dieser Schatz doch eigentlich ihr! Es war *ihre* Vergangenheit, *ihre* Geschichte. Sie hatte verdammt nochmal ein Recht darauf, sie endlich zu erfahren! Wieso musste sie dann wie eine blöde Spielfigur von einem Feld aufs nächste rücken, in der Hoffnung, sich dem Ziel irgendwann zu nähern?

»Also gut, wir fahren!« Entschlossen schob sie sich die Locken aus der Stirn.

Etienne hob seine verbundene Hand. »Du fährst – aber ich leiste dir Gesellschaft. Allerdings sollten wir vielleicht erst morgen früh aufbrechen. Du siehst mitgenommen aus, vermutlich solltest du erst etwas schlafen.«

»Ich habe den ganzen Tag geschlafen«, widersprach Mylène und ging in den Flur. »Wir fahren jetzt sofort! Ich bin es leid, noch länger im Dunkeln zu tappen.«

Doch leider entpuppte sich dieses »Sofort« als Trugschluss. Denn als sie durch den lauen Amsterdamer Abend zu Etiennes Wagen spaziert waren, standen sie buchstäblich vor dem Nichts.

»Bist du dir sicher, dass der Wagen hier stand?« Mylène

blickte sich verunsichert zu allen Seiten um, aber Etienne raufte sich bereits die Haare.

»Natürlich bin ich sicher! Wir haben doch ewig gesucht und sind dreimal hier vorbeigefahren, bevor wir geparkt haben.« Er warf fassungslos seinen Kopf in den Nacken. »Die haben uns abgeschleppt – die haben uns einfach abgeschleppt!«

HOLLY
Juni 2003

»Danke, dass er hier sein darf.« Holly hatte noch immer ein schlechtes Gewissen, dass sie Matt erlaubt hatte, Lucas herzubringen, und warf Pari ein entschuldigendes Lächeln zu. Aber ihre Chefin winkte ab und richtete zwei Schinkenbaguettes auf Tellern an.

»Kein Problem. Außerdem bin ich diejenige, die in deiner Schuld steht: Du hast mir mit der Nachmittagsschicht das Leben gerettet.«

Holly wusste, dass Pari recht hatte – und trotzdem fühlte sich das alles hier nicht richtig an. Seit Lucas da war, konnte sie sich kaum noch auf das Geschehen im Café konzentrieren. Um den Kleinen konnte sie sich allerdings auch nicht kümmern. Sie hatte ihn mit einem Stapel Malhefte und Stifte an einem der Tische in der hinteren Ecke geparkt und ihm ein Stück Kuchen hingestellt, das er noch immer nicht angerührt hatte.

Matt hatte sie zwar überschwänglich an sich gedrückt und ihr ungefähr eine Million mal gesagt, dass sie »die Allerallerbeste« sei, bevor er zur Ladentür hinausgestürmt war – aber das konnte Holly nicht darüber hinwegtäuschen, dass sie eine miserable Babysitterin war. Lucas' Gesichtsausdruck ließ daran zumindest keinen Zweifel.

»Er ist wirklich süß«, riss Pari sie aus ihren Gedanken, als sie die Baguettes bei dem japanischen Pärchen am Fenster abgeliefert hatte.

»Süß ja«, gab Holly zu. »Aber leider hasst er mich.«

»So ein Blödsinn.« Pari lachte auf und schlug ihr gegen den Oberarm. »Man kann dich gar nicht hassen! Du bist so ziemlich der netteste Mensch der Welt.«

Stirnrunzelnd nickte Holly in Lucas' Richtung. »Er kriegt das jedenfalls ganz gut hin.«

Pari betrachtete den Kleinen nachdenklich. »Warum passt du denn auf ihn auf, wenn du das Gefühl hast, dass er dich nicht ausstehen kann?«

»Ich ... kann die Kohle ganz gut gebrauchen«, murmelte Holly und hoffte, dass ihre Chefin die Erklärung einfach schluckte, aber Pari runzelte sofort misstrauisch die Stirn.

»Außerdem hat Matt niemand anderen«, gab Holly zu. »Ich habe ihm schon vorgeschlagen, sich einen anderen Babysitter zu suchen, aber der Markt ist offenbar ziemlich abgegrast.«

»Na klar ...« Pari konnte sich ein vielsagendes Grinsen nicht verkneifen.

Holly blickte sie fassungslos an. »Was soll das denn heißen?«

»Nichts«, erwiderte ihre Chefin und hob unschuldig die Hände. »Aber ich bin nicht blind. Es war nicht zu übersehen, dass er dich mag.«

Holly war derart überrumpelt, dass ihr der Mund aufklappte. »Er mag mich *nicht*! Er benötigt nur meine Hilfe, und ich bringe es einfach nicht übers Herz, Nein zu sagen, verstanden?«

»Natürlich!« Pari versuchte, ihr Lächeln zu unterdrücken, aber es gelang ihr nicht mal ansatzweise.

Holly stöhnte wütend. Wie konnte Pari nur so einen Mist behaupten? Dass Matt sie mochte, war vollkommen absurd! Er mochte höchstens, dass sie nicht sofort das Weite gesucht hatte, nachdem ein halbnackter Lucas sie im Treppenhaus umgerannt hatte. Und vielleicht imponierte ihm auch, dass sie den schier endlosen Nachmittag auf dem kalten Badezimmerboden durchgehalten hatte und ihm nun ein weiteres Mal aus der Patsche half. Aber damit hatte es sich auch getan.

Schnaubend drehte Holly sich zur Kaffeemaschine um und fuchtelte engagiert am Milchaufschäumer herum, obwohl niemand Kaffee verlangt hatte.

Pari ließ sich davon allerdings nicht abschütteln. »Was ist denn mit Lucas' Mutter?«

Holly hielt in ihrer Bewegung inne und schloss die Augen. Dass sich das Gespräch in diese Richtung entwickelte, war alles andere als gut. Aber Pari hatte wie immer den richtigen Riecher für Katastrophen.

»Wir brauchen neue Milch«, wich Holly aus, doch ihre Chefin fiel darauf nicht rein.

»Lass mich raten.« Sie rückte Holly verschwörerisch grinsend auf die Pelle. »Die beiden haben sich getrennt?«

»Nein«, erwiderte Holly und blickte sie finster an. »Lucas' Mutter ist …« Eigentlich hatte sie vorgehabt, Pari die Wahrheit mit voller Wucht um die Ohren zu hauen, aber jetzt versagte ihr die Stimme. Sie musste schlucken, doch als Pari sie weiter erwartungsvoll anstarrte, gab sie sich einen Ruck. »Sie ist tot, okay? Lucas' Mutter ist gestorben. Bist du jetzt zufrieden?«

Von Zufriedenheit war im Gesicht ihrer Chefin jedoch nichts zu erkennen. Holly konnte zusehen, wie ihr Lächeln Stück für Stück verebbte und einer großen Unsicherheit wich. Einen

Moment hielt sie Hollys Blick noch stand, dann wanderten ihre Augen zu Lucas. »Scheiße, das ... tut mir leid.«

»Du konntest es ja nicht wissen.« Holly lehnte sich neben ihr gegen den Tresen und sah zu Lucas, der konzentriert auf seinem Bild herumkritzelte.

»Wie lange ist das her?«

»Ein paar Wochen erst«, gab Holly unglücklich zu.

»So frisch noch.« Pari rieb sich über die Oberarme, als würde sie plötzlich frieren. »Kein Wunder, dass er so verloren aussieht.« Dann hatte sie plötzlich eine Idee. »Ihr solltet in die Küche gehen und etwas backen. Kekse vielleicht.«

»Kekse?« Holly runzelte die Stirn.

»Kekse«, wiederholte Pari zufrieden. »Wenn sie gut aussehen, könnten wir sie sogar verkaufen.«

Jetzt stand Holly vollends auf dem Schlauch. Was war nur in ihre Chefin gefahren? »Kekse stehen doch gar nicht auf unserer Karte. Und außerdem will Lucas nicht mit mir spielen, also gehe ich auch nicht davon aus, dass er mit mir Kekse backen will.«

Aber Pari ließ sich nicht von ihrer Idee abbringen. »Kekse zu backen ist kein Spiel, sondern eine Aufgabe – und Kinder lieben es, wenn ihnen Aufgaben aufgetragen werden.«

Ungläubig blinzelte Holly sie an. »Woher willst du das wissen?«

»Weil ich selbst mal ein Kind war«, antwortete Pari, und ein Grinsen breitete sich auf ihrem Gesicht aus. Holly verdrehte die Augen, aber Pari ließ sie nicht zu Wort kommen. »Als wir Frankreich damals verlassen haben, habe ich um alles Mögliche getrauert: meine Freunde, die Sprache, das gute Essen. Ich war ein richtiger Trauerkloß – und ein Trotzkopf.«

»Kann ich mir gar nicht vorstellen«, erwiderte Holly nüchtern.

Aber ihre Chefin ignorierte sie. »Ich habe meinen Eltern das Leben zur Hölle gemacht, habe alles boykottiert – bis sie mich zur Putzfrau ernannt haben.«

»Putzfrau?«

»Ich habe geputzt wie der Teufel. Bäder, Küchen, Böden – am Ende sogar für die Nachbarn. Und sie haben mich dafür bezahlt.«

»Das nennt man Kinderarbeit«, klärte Holly sie auf. »Und ich denke kaum, dass es legal ist, wenn ich Lucas fürs Kekse backen bezahle.«

»Wir bezahlen ihn nicht, keine Sorge. Ich habe ja kaum genug Geld, um *dich* zu bezahlen. Aber wir übertragen ihm eine Aufgabe, eine wichtige Aufgabe. Wenn wir die Kekse hinterher verkaufen, fühlt er sich garantiert großartig, du wirst schon sehen.«

Nachdenklich blickte Holly zu Lucas. »Ich weiß nicht …«

»Hast du eine bessere Idee?«, hakte Pari nach und sah sie erwartungsvoll an. »Wenn er Nein sagt, kann er immer noch für ein paar Stunden in der Ecke hocken und mit den Stiften sein Bild malträtieren. Aber vielleicht ist das ja eine Chance für euch beide, einander ein bisschen näherzukommen.«

Was Pari sagte, klang sinnvoll, auch wenn Holly sich das nur ungern eingestehen wollte. War nicht genau das ursprünglich ihr Plan gewesen? Etwas Ablenkung und Freude in Lucas' Leben zu bringen, wo sie ihn schon seiner Mutter beraubt hatte? Vielleicht wäre eine Aufgabe tatsächlich das richtige Mittel, um ihn aus seinem Schneckenhaus zu locken …

»Und was ist mit den Croissants und all den Gästen? Ich dachte, du brauchst mich hier vorne an der Front?«

»Manchmal verschieben sich die Fronten eben.« Pari nahm Holly die Servierschürze ab. »Ich übernehme hier vorne, und du probierst dein Glück mit Lucas. Die Croissants kann ich auch heute Nacht noch backen. Schlaf wird ohnehin überbewertet.«

Holly musste lächeln, sah ihre Chefin dann aber nochmal eindringlich an. »Wenn er Nein sagt, bleibe ich hier vorne und du gehst Blätterteig machen, abgemacht?«

»Er wird nicht Nein sagen«, antwortete Pari und scheuchte Holly mit einer Handbewegung in Lucas' Richtung.

Als Matt am Abend aus der Kanzlei nach Hause kam, war es bereits kurz vor zehn, aber Lucas schlief noch immer nicht. Wie ein kleiner, aufgeregter Frosch sprang er aus seinem Bett und flitzte in den Flur, um sich an seinen überraschten Vater zu heften. »Ich habe zwanzig Dollar verdient, Daddy, *zwanzig*! Das ist ziemlich viel Kohle.«

»Ho Kumpel, nicht so wild.« Matt hatte Schwierigkeiten, das Gleichgewicht nicht zu verlieren. Außerdem konnte er den Worten seines Sohnes nicht mal ansatzweise folgen.

Lucas schien das jedoch nicht zu interessieren. Er drehte sich ein paarmal aufgekratzt im Kreis und hüpfte dann auf der Stelle auf und ab. »Können wir morgen in den Spielzeugladen gehen und den T-Rex kaufen? Den mit den Feueraugen?«

»Nicht so schnell«, versuchte Matt ihn zu bremsen, ließ seine Aktentasche auf den Boden gleiten und nahm Lucas auf den Arm. »Dein Vater ist ein müder alter Mann. Du musst mir das in Ruhe erklären, okay?«

Sein Blick glitt zu Holly, die in der Kinderzimmertür lehnte und nicht wusste, ob sie lachen oder sich doch eher entschuldigen sollte. Matt sah ziemlich fertig aus – und sie konnte ihm jetzt nicht mal ein schlafendes Kind präsentieren, sondern nur einen aufgedrehten Knallfrosch.

»Hast du Spaß gehabt mit Holly?« Neugierig tippte Matt an Lucas' Nasenspitze.

Lucas nickte und sprang von seinem Arm, um ihn ins Kinderzimmer zu zerren. »Wir haben Kekse gebacken, Daddy, echt coole Kekse! Und dann haben wir sie im Café verkauft: jeder Keks ein Dollar.« Begeistert deutete er auf die Scheine, die er akkurat auf seinem Spielteppich aufgereiht hatte.

»Zwanzig Dollar«, murmelte Matt anerkennend. »Ich würde sagen, du bist ein reicher Mann. Vielleicht kann ich mich endlich zur Ruhe setzen, und du verdienst hier das Geld?«

Lucas kicherte und fiel auf die Knie, um sein Geld gleich noch einmal zu sortieren. »Kann ich morgen wieder mit Holly ins Café?«

Holly verzog das Gesicht. »Das geht leider nicht, Lucas. Ich arbeite morgen nur am Vormittag, und da bist du im Kindergarten.«

Das Lächeln auf seinem Gesicht erlosch, und er ließ sich enttäuscht auf den Hintern sinken. Dann wandte er sich Matt zu. »Muss ich wirklich in den Kindergarten? Ich bin doch schon groß.«

»Du bist *großartig*, Sportsfreund, und ich bin sehr stolz auf dich! Aber der Kindergarten ist wichtig, damit du noch größer wirst. Und weißt du, was dafür auch noch wichtig ist?« Matt gingen neben Lucas in die Hocke. »Eine Mütze voll Schlaf!«

Lucas rollte mit den Augen und stöhnte. »Ich bin aber gar nicht müde.«

Hilfesuchend sah Matt zu Holly.

Sie freute sich, Lucas so aufgeregt zu erleben, hatte aber

gleichzeitig ein schlechtes Gewissen, weil sie das Gefühl hatte, Matt mit Lucas' neuer Leidenschaft fürs Geldverdienen Probleme zu bereiten. »Was hältst du davon, wenn wir übermorgen gemeinsam backen?«, schlug sie deshalb vor und lehnte den Kopf an den Türrahmen.

In Lucas' Augen blitzte Begeisterung auf. »Im Café?«

»Nein, aber ich könnte vorbeikommen, und wir backen hier bei euch. Und hinterher könnte ich die Kekse ins Café mitnehmen.«

Lucas dachte einen Moment darüber nach, dann breitete sich ein Grinsen auf seinem Gesicht aus. »Oder wir könnten unseren eigenen Laden aufmachen. Vielleicht im Park!«

»Vielleicht«, stimmte Holly zu und suchte Matts Blick. »Vorausgesetzt natürlich, dein Dad hat nichts dagegen.«

Erwartungsvoll sah Lucas seinen Vater an. Matt zögerte seine Antwort ein paar Sekunden hinaus, zog Lucas dann aber auf seinen Schoß. »Ich bin einverstanden – unter zwei Voraussetzungen: Erstens müsst ihr mir ein paar Kekse zum Vorzugspreis verkaufen, ich bin schließlich mit dem Chefbäcker verwandt. Und zweitens gehst du jetzt ohne Umwege ins Bett, verstanden?«

»Verstanden.« Lucas sprang zufrieden von Matts Schoß, um in sein Bett zu krabbeln. »Kann Holly mir noch eine Geschichte vorlesen?«

Matt erhob sich vom Teppich und sah unsicher von Lucas zu Holly und wieder zurück. »Holly hat viel länger gearbeitet, als es geplant war, sie hat jetzt eigentlich Feierabend.«

»Aber du hast auch viel länger gearbeitet!«, protestierte Lucas.

»Schon gut«, lenkte Holly ein und setzte sich auf die niedrige Bettkante. »Ich habe heute ohnehin nichts mehr vor. Eine kurze Geschichte ist schon noch drin.«

»Bist du sicher?« Verunsichert schob Matt seine Hände in die Hosentaschen und sah auf einmal selbst aus wie ein kleiner Junge.

»Klar bin ich sicher«, erwiderte Holly und nahm sich ein Buch von Lucas' Nachttisch. »In der Küche sind noch Reste vom Abendessen, falls du Hunger hast.«

Mit einem dankbaren Lächeln verschwand Matt aus dem Kinderzimmer, und Holly begann zu lesen.

Matt saß am Küchentisch und sah von seinem Reisteller auf, als Holly zehn Minuten später aus dem Kinderzimmer kam. »Schläft er?«

»Wie ein Baby«, sagte sie und blieb unsicher in der Küchentür stehen.

Matt fixierte sie einen Moment, dann öffnete er endlich den Mund und flüsterte: »Danke …«

Er klang erschöpft, und seine dunklen Augen sahen unfassbar müde aus, sodass Holly sofort wieder einen kleinen Stich spürte. »Kein Problem. War ja nur eine kurze Geschichte.«

»Ich meine nicht nur die Geschichte, sondern alles«, fuhr Matt fort und schob sich einen großen Löffel Reis in den Mund. »Ich habe schon seit Ewigkeiten nicht mehr so etwas Gutes gegessen.«

Holly musste lachen und schüttelte den Kopf. »Mach dich nicht lustig über mich. Ich kann nicht viel mehr als gebratenen Reis.«

»Ich mach mich nicht lustig, ich meine das todernst. Seit drei Monaten ernähren wir uns nur von Dosenravioli. Wie in aller Welt hast du es geschafft, dass er Reis akzeptiert? Bei meinem letzten Versuch, ihm Spaghetti zu servieren, hat er mir die

Nudeln um die Ohren geworfen und ist wie ein Tasmanischer Teufel aus der Wohnung gestürmt.«

Holly lächelte ihn mitfühlend an. »Daran erinnere ich mich noch ziemlich lebhaft. Er hat mich im Treppenhaus umgerannt.«

»Richtig.« Matt lehnte sich mit einem misstrauischen Blick zurück. »Hast du meinen Sohn verhext, oder warum kleben nirgendwo Reis und Erbsen in deinen Haaren?«

Holly hob unschuldig die Hände. »Ich kann leider nicht hexen. Und ich musste ihn auch nicht überzeugen, den Reis zu essen. Er war so aufgeregt und hat die ganze Zeit über seine zwanzig Dollar und die Kekse geredet, dass er gar nicht darauf geachtet hat, was vor ihm auf dem Teller stand. Am Ende hat er sich sogar Nachschlag genommen.«

Matt blickte sie fassungslos an. »Du bist *doch* eine Hexe! Oder zumindest eine gute Fee.« Während Holly lächelte, stand er auf und stellte seinen Teller in die Spüle. »Ich stehe tief in deiner Schuld. Du hast mir heute Kopf und Kragen gerettet.«

»Dann konntest du die Sache also regeln?«

»Ja, ist gerade noch mal gutgegangen.« Erschöpft lehnte er sich gegen die Spüle und rieb sich über die Augen. »Ich habe den Assistenten eigentlich nur eingestellt, damit er mir etwas Arbeit abnimmt, und nicht, damit er mich meinen Job kostet. Das war wirklich knapp heute.«

Unsicher verzog Holly das Gesicht. »Er wollte das bestimmt nicht. Jeder macht mal Fehler.«

»Natürlich«, sagte Matt, und sein Blick schweifte müde zur Seite. »Aber ich kann mir im Moment leider keine Fehler leisten.«

Holly musste kräftig schlucken. Selbstverständlich brauchte

Matt Hilfe, jetzt, wo er mit Lucas ganz alleine war. Es gab keine Jay mehr, die ihm unter die Arme greifen konnte, die einsprang, wenn er länger im Büro bleiben musste, oder die ihm den Rücken stärkte, ihn ablenkte, mit ihm lachte. All das und noch viel mehr hatte er verloren, als Holly Jays großzügiges Angebot angenommen hatte.

Am liebsten wäre sie vor Ort und Stelle in einem großen, schlammigen Erdloch versunken, aber Matt riss sie aus ihren Gedanken, als er seine Geldbörse zückte und ihr hundertfünfzig Dollar hinhielt.

Eigentlich wollte Holly kein Geld von ihm annehmen, immerhin war sie es ihm doch schuldig zu helfen. Aber wenn sie die Bezahlung ablehnte, würde Matt misstrauisch werden – und außerdem war sie schrecklich knapp bei Kasse.

»Das ist zu viel«, sagte sie leise, aber Matt kam auf sie zu, griff sich ihre Hand und legte die Scheine hinein.

»Glaub mir, das ist nicht mal ansatzweise genug.«

Holly wollte protestieren, aber Matt hob warnend seine Augenbrauen.

»Du bist ziemlich kurzfristig eingesprungen, das gibt einen Spontaneitätszuschlag.« Gedankenverloren wanderte sein Blick zum dunklen Kinderzimmer. »Außerdem habe ich Lucas seit Monaten nicht mehr so glücklich erlebt. Das ist unbezahlbar, Holly, wirklich.«

Holly konnte sehen, wie seine Augen glasig wurden. Wenn er von Jay und ihrem Verlust anfangen würde, würde sie sicher losheulen und in ihrer Schuld versinken wie ein Häufchen Elend. So weit durfte sie es nicht kommen lassen.

»Ich muss jetzt los«, murmelte sie deshalb und schob sich das Geld in die Hosentasche.

»Soll ich dir ein Taxi rufen?«, fragte Matt, aber Holly schlüpfte bereits in ihre Turnschuhe.

»Nicht nötig.«

Unsicher folgte er ihr in den Flur. »Dann sehen wir uns am Donnerstag?«

Holly biss sich auf die Lippe und zögerte, aber dann gab sie sich einen Ruck und lächelte. »Wir sehen uns am Donnerstag.«

Mit einem kaum hörbaren Seufzen zog sie die Tür hinter sich zu. Und fragte sich in derselben Sekunde, ob sie gerade den größten Fehler ihres Lebens beging.

JOHANNA
Dezember 1987

Der Schnee kam, wenn auch später als erwartet. Er setzte in den frühen Abendstunden ein, und als sie am nächsten Morgen hinausging, um Wasser zu holen, war der Wald unter einer weißen Decke begraben. Johanna schloss die Augen und atmete. Zum ersten Mal in ihrem Leben hatte sie das Gefühl, dass der Schnee etwas Befreiendes hatte. In ihm lag ein Anfang, das spürte sie, sie wusste nur nicht, wohin er sie führen würde.

Heute erst einmal zum Brunnen.

Der Schnee knirschte vertraut unter den Sohlen ihrer Stiefel, und als sie den Eimer in den dunklen Schacht hinabließ, bemerkte sie noch ein weiteres Gefühl. War es Erleichterung?

Dass sie mit ihrer Vorhersage recht gehabt hatte, beruhigte sie. Aber seltsamerweise behagte ihr auch der Gedanke, dass das Mädchen noch etwas bleiben würde. Im Grunde war das absurd, denn es sorgte nur dafür, dass sie länger auf der Hut sein musste, aber zu ihrem Erstaunen überwog bei alledem ein gutes Gefühl.

Das konnte sie der Kleinen natürlich nicht sagen. Sie sollte nicht denken, dass Johanna sie ins Herz geschlossen hatte, nur weil sie ihr Letzteres geöffnet und über Marie gesprochen hatte.

Johanna stieß ein ungläubiges Lachen aus, während sie den schweren Eimer wieder heraufzog. Es war ziemlich ungewöhnlich, dass das Mädchen nun Maries Namen kannte, nicht aber Johannas.

Als die Kleine beinahe ihrem Fieber erlegen war, hatte Johanna gehofft, ihren Namen noch zu erfahren. Aber jetzt war es anders. Der Zeitpunkt für diese Offenbarung war verstrichen, sie konnte sich nicht vorstellen, die Kleine plötzlich mit einem echten Namen anzusprechen.

Sie beide waren bloß zwei Fremde, die einen kurzen Abschnitt ihrer Geschichte miteinander teilten. Das Fehlen von Namen fühlte sich dabei beinahe wertvoll an, wie ein kleiner Schatz, den sie teilten, etwas Kostbares. Außerdem war es besser, wenn sie so wenig wie möglich voneinander wussten, das würde ihnen am Ende vermutlich Scherereien ersparen.

Als Johanna zurück zur Hütte kam, hielt sie die Luft an. Im Schnee waren Fußspuren, die nicht von ihr stammten!

Angespannt kniff sie die Augen zusammen und verfolgte die Spur mit ihrem Blick, schmale Abdrücke im weichen Weiß, aber dann verstand sie, dass sie nur zum Hühnergehege führten und wieder zurück in die Hütte. Das Mädchen musste bei der Henne gewesen sein, vermutlich hatte es auf Eier gehofft. Sie musste ihr dringend einbläuen, vorsichtiger zu sein, gerade jetzt, wo jeder Schritt hier draußen eine Offenbarung war. Kopfschüttelnd stiefelte sie zurück ins Warme.

»Du kannst nicht einfach draußen herumspazieren, wie es dir gefällt«, murrte sie, ohne das Mädchen anzusehen. Doch bevor es etwas erwidern konnte, bemerkte Johanna ein seltsames Geräusch – eines, das hier nicht hingehörte! Fassungslos hob sie den Blick und starrte auf das Huhn, das zu Füßen des Mädchens über den Holzboden taumelte, die braun-weißen Federn schüttelte und dabei wie von Sinnen gackerte.

Ungläubig funkelte sie die Kleine an. »Bist du verrückt geworden?«

Das Mädchen sah begeistert auf. »Es hat geschneit, du hattest recht.«

»Natürlich hatte ich recht! Aber was macht das verdammte Vieh hier drinnen?« Mit einem Scheppern setzte sie den Wassereimer auf dem Boden ab.

Das Mädchen bückte sich zur Henne und hob sie auf seinen Schoß. »Ich habe sie reingeholt.«

»Das sehe ich! Aber warum?«

»Weil es draußen kalt ist. Die Arme friert doch. Sie hat nicht mal ein Ei gelegt.« Behutsam drückte sie die Henne an sich, doch das dumme Tier wehrte sich mit wilden Flügelschlägen und flatterte von ihrem Schoß.

Johanna stöhnte. »Du kannst nicht einfach ein Tier hier reinbringen!«

»Wieso nicht?«

Genau in diesem Augenblick flatterte das Huhn auf den Tisch und kackte auf die Holzplatte.

»Deshalb«, erwiderte Johanna und scheuchte das Tier auf den Boden zurück.

Zerknirscht sah das Mädchen auf die Sauerei aus feuchtem Hühnerschiss. »Ich mach das wieder weg.«

»Natürlich machst du das weg – und ich bring in der Zwischenzeit das Mistvieh zurück nach draußen.« Johanna bückte sich zur Henne, aber das Tier war schneller und stakste eilig unter das Bett.

»Wir sollten dem Huhn einen Namen geben«, schlug die Kleine vor, während sie sich einen Kanten Brot vom Tisch nahm und ihn in aller Seelenruhe vor dem Bett auf den Boden legte.

»Was?« Johanna dachte, sie hätte sich verhört.

»Einen Namen«, wiederholte das Mädchen und wartete darauf, dass die Henne sich wieder heraustraute. »Jedes Haustier hat doch einen Namen.«

»Das Huhn ist ein *Nutztier* und kein Haustier«, korrigierte Johanna sie, aber das Mädchen zeigte sich auch davon wenig beeindruckt.

»Was hältst du von Peter?«

Johanna blickte sie fassungslos an. »Peter? Hast du schon mal einen *Peter* gesehen, der Eier legt? Das Tier ist ein Weibchen!«

»Ich find Peter gut«, ignorierte die Kleine ihren Einwand, und als das Huhn im nächsten Moment herauskam und sich greifen ließ, fügte sie zufrieden hinzu: »Und dem Huhn gefällt es auch.« Sie hob die Henne vor ihr Gesicht, als würde sie mit einem Kind reden. »Hallo Peter! Hast du heute schon gefrühstückt?«

Johanna stöhnte. »Willst du ihm jetzt vielleicht noch Hirschbraten servieren?«

»Nein, ich glaube, Peter mag kein Wild«, erwiderte das Mädchen und erhob sich mühsam mit der Henne vom Boden.

»Das Tier bleibt draußen!«, stellte Johanna noch einmal klar und schritt auf die beiden zu, um die Henne an sich zu nehmen. Aber das Mädchen gab sie nur widerwillig her.

»Draußen friert Peter sich doch die Klauen ab.«

»Peter ist ein Huhn, der kann gar nicht frieren.«

Ein Lächeln zeichnete sich auf dem Gesicht des Mädchens ab. »Jetzt hast du den Namen also doch akzeptiert.«

»Hab ich nicht! Und noch viel weniger werde ich akzeptieren, dass das Mistvieh uns hier das Bett vollkackt. Peter kommt raus und damit Schluss!« Sie stiefelte entschlossen zur Tür, aber das Mädchen war schneller und versperrte ihr den Weg.

»Kannst du nicht wenigstens ein neues Hühnerhaus bauen?«

»Ein neues Hühnerhaus?« Johanna lachte ungläubig auf. »Wie wäre es mit Schloss Bellevue? Oder hast du eher an was Moderneres gedacht?«

Das Mädchen verschränkte die Arme vor der Brust. »Komm schon, der alte Verschlag ist total windschief und kaputt! Da drin zieht es bestimmt wie Hechtsuppe. Ich bin mir sicher, dass Peter viel mehr Eier legen wird, wenn ihm das Gefieder nicht abfriert.« Als hätte die Henne jedes Wort verstanden, begann sie wie auf Knopfdruck zu gackern. »Bitte!«, verlieh die Kleine ihrem Anliegen noch einmal Nachdruck. »Denk wenigstens darüber nach, das alte Häuschen auszubessern.«

Johanna presste ihre Lippen aufeinander und schob die Kleine zur Seite. »Ich denk darüber nach, dich nicht rauszuschmeißen, wenn du endlich den Hühnerschiss auf dem Tisch beseitigst.« Schnaubend öffnete sie die Tür und trug die Henne hinaus.

Am Nachmittag war der neue Unterschlupf fertig.

Johanna hatte ein paar Bretter um den alten Verschlag genagelt, aber das Huhn war einfach zu blöd, um zu verstehen, dass es drinnen nun wärmer war, und stakste mit beeindruckender Gleichgültigkeit weiter durch die eisige Kälte.

Das Mädchen war trotzdem zufrieden. Den halben Abend hockte es vor dem Fenster und stierte hinaus ins Gehege.

»Ich wusste, dass du ein gutes Herz hast«, sagte sie, als sie sich endlich zum Abendessen an den Tisch setzten.

Johanna ging nicht darauf ein, sondern begann schweigend zu essen.

»Was meinst du, wann der Schnee wieder weg ist?«, fragte das Mädchen und griff sich ein frisches Stück Brot. Johanna buk jetzt alle zwei Tage, die Luft in der Hütte war teigig und warm.

»Keine Ahnung.«

»Kannst du das etwa nicht riechen und hören?«

Johanna warf ihr einen finsteren Blick zu, aber die Kleine schien es nicht böse gemeint zu haben, sondern sah sie interessiert an.

»Kann schon ein paar Wochen dauern.«

»Wochen?« Erschrocken grub die Kleine ihre Finger ins weiche Brot.

»Oder auch nur einige Tage«, fügte Johanna hinzu.

Nachdenklich senkte die Kleine den Blick auf ihren Bauch.

»Ich denke, Anfang Januar ist realistisch«, sagte Johanna beschwichtigend und trank einen Schluck Tee.

»Januar?«

»Dein Bauch ist zwar größer geworden, aber du bist immer noch beweglich. Wenn das Baby wirklich im Laufe des Februars auf die Welt kommt, ist im Januar die letzte gute Gelegenheit. Früher wäre es natürlich besser.« Johanna kratzte sich an der Wange. »Aber das hängt eben vom Wetter ab.«

Die Kleine nickte nachdenklich. »Januar ist gut«, sagte sie schließlich und biss in ihr Brot. »Dann können wir noch gemeinsam Weihnachten feiern.«

Johanna verschluckte sich beinahe bei diesem Gedanken. Seit Jahren hatte sie kein Weihnachten mehr gefeiert – und sie hatte es nicht vermisst. Wie auch? Weihnachten war ein Familienfest, und Johanna hatte keine Familie mehr.

In Dresden hatten sie immer groß aufgefahren, besonders

Thomas hatte den Anspruch gehabt, sich jedes Jahr zu übertreffen. Sein Lohn war das Funkeln in Maries Augen gewesen, wenn sie den geschmückten Tannenbaum zum ersten Mal sah, und ihr aufgeregtes Quieken, wenn das Glöckchen des Christkinds erklang. Von ihren Kollegen in Rossendorf wurde Johanna dafür belächelt. Die meisten von ihnen folgten der SED-Linie und lehnten christliche Traditionen ab. Auch Johanna tat so, als wäre ihr die ganze Sache egal, insgeheim aber liebte sie Thomas dafür, dass er sich so viel Mühe gab. Als Margarethe und Fritz noch am Leben waren, waren auch sie jedes Jahr angereist, um mit ihnen zu feiern, und manchmal kam sogar Thomas' Mutter dazu. Johanna war jedes Mal erleichtert, wenn der ganze Spuk vorbei war, und schwor sich, Thomas im kommenden Jahr von großen Feierlichkeiten abzuhalten – nur um ihn dann doch wieder gewähren zu lassen.

Aber was stellte sich die Kleine unter Weihnachten hier draußen vor? Erwartete sie etwa, dass sie einen Baum aufstellten, einen Braten in den Ofen schoben und Lieder sangen? Womöglich rechnete sie sogar mit Geschenken.

Schlagartig verging Johanna der Appetit. Nachdenklich schob sie ihren Teller von sich. »Ich werde in den nächsten Tagen in den Wald gehen und nach der besten Route suchen. Da ist eine Stelle, wo der Bach etwas breiter ist, aber dafür flach. Von dort ist es nicht weit nach drüben.«

Das Mädchen sah sie überrascht an. »Komme ich mit?«

»Nein, du bleibst hier. Und es ist wichtig, dass das Licht hier drinnen aus bleibt und die Tür zu jeder Zeit verschlossen! Du darfst die Hütte nicht verlassen, solange ich fort bin.«

»Nicht mal, um nach Peter zu sehen?«

Johanna seufzte. »Nicht mal, um nach Peter zu sehen.«

Die Kleine dachte einen Moment nach. »Und wie soll ich dann wissen, wo dieser Weg langführt?«

Johanna stand auf und begann, ihr Geschirr zu säubern. »Ich werde eine Karte für dich anfertigen, jeden Tag ein Stück weiter. Wenn ich zurückkomme, besprechen wir das nächste Teilstück. Bis Anfang Januar wirst du den Weg blind gehen können.«

»Wenn du den Weg so gut kennst, warum bist du dann selbst noch nicht gegangen?«

»In den Westen?« Mit gerunzelter Stirn drehte Johanna sich zu ihr um, ihre Finger fest um den Lappen geschlossen »Was soll ich denn da?«

»Frei sein«, sagte die Kleine und zuckte mit den Schultern.

Johanna konnte sich ein bitteres Lachen nicht verkneifen. »Ich werde niemals frei sein, an keinem Ort dieser Welt. Nicht einmal auf dem Mond wäre ich frei.«

»Das ist ziemlich weit weg.« Mit einem Mal wirkte das Mädchen traurig.

Johanna gab sich einen Ruck, legte Teller und Lappen weg und setzte sich zurück an den Tisch. »Aber du wirst frei sein, hörst du? Und dann gehst du nach Paris und heiratest deinen …«

»Pierre«, gab die Kleine leise nach.

»Pierre, genau«, sagte Johanna und nahm ihre Hand. »Und dann wird euer Baby geboren, und ihr seid eine richtige kleine Familie.«

Die Kleine runzelte die Stirn und schüttelte lachend den Kopf.

»Was ist?«, hakte Johanna nach. »Glaubst du mir etwa nicht?«

Das Mädchen lächelte. »Doch. Aber ich habe immer gedacht, *ich* wäre eine Träumerin. Nie im Leben wäre ich davon ausgegangen, dass *du* in Wirklichkeit viel schlimmer bist.«

Eine Träumerin? Das sollte wohl ein Scherz sein! Johanna wollte gerade etwas erwidern, als das Mädchen plötzlich seine Hand zurückzog und vom Tisch aufstand. Doch anstatt sich dem Geschirr zu widmen oder auf die Liege zu fallen, kam sie auf Johanna zu und drückte sie unvermittelt an sich. »Danke«, murmelte sie leise.

Und Johanna hatte nicht die Kraft zu widersprechen.

MYLÈNE
April 2019

Unruhig wälzte Mylène sich von einer Seite auf die andere. Es hatte ewig gedauert, bis sie herausgefunden hatten, wohin Etiennes Wagen verschwunden war, und dann nochmal eine geschlagene Stunde, bis sie die Verwahrstelle für abgeschleppte Autos endlich erreicht hatten. Etienne hatte äußerst hartnäckig mit dem Angestellten vor Ort diskutiert, und obwohl Mylène kein Wort verstanden hatte, war doch klargeworden, dass die beiden keine Freunde werden würden. *Vierhundertneunundzwanzig Euro* – so viel kostete sie der Spaß am Ende, zusätzlich zu den unzähligen Nerven und der Zeit, die sie verloren hatten. Mylène bestand natürlich darauf, die Strafzahlung zu übernehmen, aber Etienne hörte nicht zu, sondern zückte schimpfend seine Kreditkarte. Noch während Mylène den Wagen zurück ins Stadtzentrum fuhr, motzte er weiter, als könnte er dadurch den Verlauf des Abends verändern.

»Es war ja nicht mal ersichtlich, dass wir dort nicht parken durften! Das ist Beschiss, Abzocke! Sehe ich aus wie jemand, der sich verarschen lässt?«

»Der Kerl konnte nichts dafür, er hat doch nur seinen Job gemacht«, versuchte Mylène ihn zu beruhigen, aber Etienne machte das nur noch wütender.

»Seinen Job? Besteht sein Job etwa darin, ahnungslose Touristen auszubeuten? Ein *Scheißjob* ist das, und jeder, der bereit ist, so eine Drecksarbeit zu machen, kann sehr wohl etwas dafür. Alles Betrüger, die ganze verdammte Stadt!« Mit einem Rumsen ließ er seinen Kopf gegen die Fensterscheibe prallen und schnaubte.

Mylène seufzte. Auch in dieser Hinsicht hatte er sich also nicht geändert.

Etienne war der lustigste, charmanteste und spontanste Mensch der Welt, aber gleichzeitig auch der größte Hitzkopf. Wenn ihm etwas gegen den Strich ging, konnte er so gehörig dagegen anstinken, dass Mylène früher oft befürchtet hatte, er könnte eine Schlägerei anzetteln oder gar eine Bombe zünden. Allerdings hatte sie diesen Teil von ihm, der ihr schon früher Angst gemacht hatte, in den letzten zehn Jahren erfolgreich aus ihrer Erinnerung verdrängt.

Jetzt war das aber nicht mehr möglich. Immer wieder rumste Etiennes Dickschädel gegen die arme Scheibe. Mit einem Mal war Mylène doch froh, dass sie nochmal in die Wohnung am Kanal zurückfuhren. Um die Reise nach Deutschland anzutreten, war es mittlerweile wirklich zu spät geworden – und außerdem war Mylène sich nicht sicher, ob die Fensterscheibe sechseinhalb Stunden Kopfnüsse überstehen würde.

Darüber hinaus war sie selbst müde geworden. Sie hatte tagsüber zwar etwas Schlaf nachgeholt, aber in den Stunden drum herum hatte einfach ziemlich viel Leben stattgefunden. Mehr Leben, als sie gerade vertragen konnte.

Sie hatten den Wagen in einem überteuerten Parkhaus in der Nähe abgestellt, von wo er ganz sicher nicht verschwinden würde, und waren schweigend zurück in die Wohnung spaziert. Etienne hatte sich wortlos auf die Couch im Wohnzimmer geschmissen, und Mylène hatte es sich verkniffen, ihm die andere Betthälfte anzubieten. Sie wusste nicht, wie lange sie sein Schnauben und Stöhnen hätte ertragen können, ohne es unter einem der Kopfkissen zu ersticken.

Mittlerweile aber war Etienne im Wohnzimmer verstummt, und sie hätte am liebsten in eines der Kissen gebissen, denn sie war zwar nach wie vor hundemüde, konnte aber beim besten Willen nicht einschlafen. Seufzend warf sie einen Blick auf den Wecker mit den riesigen roten Leuchtziffern, offenbar ein Seniorenmodell. Es war bereits nach zwei, und das bedeutete, dass sie schon volle drei Stunden wach in diesem fremden Bett lag und sich von einer Seite auf die andere warf.

Das Problem waren die Gedanken, die ihren Kopf fluteten, sobald sie die Augen schloss. Solange sie sich im Schlafzimmer umsah, konnte sie sich erfolgreich ablenken, aber kaum waren die Lider geschlossen, schossen Erinnerungen, Gedanken und Gefühle heran wie Stechmücken und hielten sie surrend wach.

Es war schon die zweite Nacht, die sie ohne Frédéric verbrachte, und so langsam wuchs ihr schlechtes Gewissen. Was war nur in sie gefahren, ihr Handy in die Seine zu werfen und damit jede Verbindung zu ihrem bisherigen Dasein zu kappen?

Frédéric hatte es nicht verdient, im Dunkeln gelassen zu werden, und noch viel weniger hatte er es verdient, dass Mylène diesen Abschnitt ihres Lebens ausgerechnet mit Etienne teilte. Egal, was sie in den kommenden Tagen über ihre Vergangenheit erfahren und daraus für ihre Zukunft schließen würde: Frédéric verdiente eine Antwort – zumindest aber etwas Sicherheit über ihren Verbleib und ihr Vorhaben.

Dasselbe galt natürlich für Luc. Er war ihr immer ein treuer Freund und Verbündeter gewesen, und es war unverzeihlich, dass sie ihm nicht wenigstens eine kurze Nachricht hatte zukommen lassen. Nicht mal die geplante Postkarte hatte sie ihm geschrieben.

Mylène ärgerte sich darüber, dass sie die Nummern von Frédéric und Luc nicht auswendig kannte – früher hatte sie sich doch alle möglichen Telefonnummern gemerkt! Aber seit sie ihr Hirn nach und nach ans Smartphone verschachert hatte, war ihre Gedächtnisleistung dramatisch zurückgegangen. Die einzigen Nummern, die sie noch immer im Schlaf hätte herunterrattern können, waren der Festnetzanschluss von Marianne und Henri und der von Célines Eltern. Aber mit denen wollte sie gerade nicht sprechen.

Stöhnend drehte sie sich auf den Rücken und betrachtete den schmalen Lichtstreif an der Zimmerdecke. Auch hier hatte sie vor dem Zubettgehen die Vorhänge einen Spalt zur Seite gezogen.

Nachdenklich tasteten ihre Finger nach ihrem Anhänger. War ihre Angst vor der Nacht vielleicht immer schon ein Hinweis darauf gewesen, dass es dunkle Flecken in ihrer Vergangenheit gab? Dass ein Teil ihrer Geschichte im Verborgenen lag, ein finsterer Teil vielleicht?

Mylène ließ den Kopf zur Seite sinken, um einen Blick auf das alte Schwarz-Weiß-Foto zu werfen, aber es stand ja nicht mehr auf dem Nachttisch. Müde kroch sie aus dem Bett und zog ihre Handtasche zu sich heran. Sowohl die Notiz mit den Koordinaten als auch das Bild hatte sie in ihre Tasche gesteckt. Jetzt nahm sie beides wieder raus, knipste die kleine Schirmlampe auf dem Nachttisch an und betrachtete das Foto.

Die Qualität war nicht gut, viel weniger gut als die der Bilder, die Marianne und Henri von ihr in ihren Fotoalben gesammelt hatten. In der Grundschule hatten sie einmal ein Babyfoto von sich mitbringen sollen, auch daran erinnerte sich Mylène plötzlich. Sie hatte nur Fotos von sich als Kleinkind gefunden, und als sie nach dem Grund gefragt hatte, warum es keine älteren Bilder von ihr gab, hatte Henri von einem Wasserrohrbruch im Keller erzählt. Alle alten Bilder ruiniert. *Im Grunde, im Grunde …*

Mylène musste schlucken. Am Ende war sie vielleicht gar nicht das Baby auf dem Bild? Es trug den Schlüssel am Hals, *ihren* Schlüssel, aber im Prinzip konnte es natürlich ein beliebiges Baby sein. Sahen sich nicht alle Babys irgendwie ähnlich?

Aber wenn sie es nicht war, warum hatte dann der Zettel mit den Koordinaten und ihrem Namen auf der Rückseite im Rahmen gesteckt?

Unschlüssig legte Mylène das Bild neben sich aufs Bett und betrachtete die anderen Fotos auf dem Nachttisch. Da war das Bild der Eheleute, das sie sich schon angesehen hatte, und ein weiteres, das das Ehepaar de Vries etwas jünger zeigte, aber auch nicht blutjung. Die Kleidung der beiden und der kleine, schlichte Strauß aus Pfingstrosen in den Händen der Frau ließen vermuten, dass es sich um ein Hochzeitsbild handelte – zumindest von einer standesamtlichen Trauung. Wenn Mylène mit dieser Vermutung recht hatte, hatten die beiden erst im Alter geheiratet. Der Qualität des Fotos nach zu urteilen, schätzte Mylène seinen Ursprung auf das Ende der Neunzigerjahre, vielleicht auf die Jahrtausendwende.

Ihr gefiel der Gedanke, dass es kein Ablaufdatum für die Liebe gab, dass auch ältere Herrschaften ihr Herz verschenken konnten und sich trauten. Diese beiden hier sahen auf den Fotos sehr zufrieden und verliebt aus. Es gab noch zwei weitere Fotos von ihnen, offensichtlich Urlaubsaufnahmen. Eines zeigte die

Frau beim Wandern in den Bergen und ein weiteres den Mann in Pisa. Ein fünftes Bild zeigte einen Langhaardackel, aber nachdem es in der Wohnung keine Hinweise auf einen Hund gab, ging sie davon aus, dass er bereits vor seinem Herrchen und Frauchen verstorben war.

Fotos von Kindern gab es nicht – mit Ausnahme ihres Babybildes.

»Welche Rolle spiele ich in eurer Geschichte?«, flüsterte Mylène und knipste das Nachtlicht wieder aus. Ihre Augen brauchten einen Moment, um sich an die neuen Lichtverhältnisse zu gewöhnen.

Weil sie ahnte, dass sie noch immer nicht würde schlafen können, stand sie auf und streifte durch die Wohnung. Dass das alles nun ihr gehörte, konnte sie noch immer nicht glauben. Sie war zwar keine Expertin, was Immobilien anging, konnte sich aber vorstellen, dass eine Altbauwohnung wie diese hier, mitten im Grachtengürtel von Amsterdam, ein kleines Vermögen wert war. So etwas vererbte man nicht irgendwem, es musste eine Verbindung zwischen ihr und dieser Madame de Vries geben. Sie kannte meine Mutter *nur kurz, aber gut genug*, schossen Mylène die Zeilen aus dem Brief durch den Kopf. Es war also fast ausgeschlossen, dass eine direkte Blutsverwandtschaft bestand. Aber welcher Art war ihre Beziehung dann gewesen?

Der Umstand, dass ihr die ganze Angelegenheit auch nach all der Grübelei ein Rätsel blieb, brachte Mylène fast um den Verstand. Normalerweise vertraute sie sich in solchen Momenten Frédéric an. Mit seinem unvoreingenommenen Blick hatte er sie schon aus so mancher Sackgasse gelotst, wenn es um die Firma ging. Spätestens, wenn sie in seinen Armen lag, lösten sich ihre Probleme meist wie von selbst.

Mylène biss sich auf die Lippe, bis es wehtat. Sie musste Frédéric anrufen, am besten jetzt sofort. Im Flur gab es ein Festnetztelefon, aber das half ihr nicht weiter, solange sie seine Nummer nicht kannte. Sie würde also nicht darum herumkommen, auf Etiennes Handy zurückzugreifen.

Wie eine Einbrecherin schlich sie ins Wohnzimmer. Zum Glück hatte Etienne nicht daran gedacht, die Vorhänge zuzuziehen, sodass das Licht der Straßenlaternen in den Raum fiel und ihr half, sich rasch einen Überblick zu verschaffen.

Er hatte sein Handy auf dem Couchtisch abgelegt. Es von dort wegzunehmen war Mylène deutlich lieber, als es erst aus seiner Gesäßtasche fischen zu müssen. Sie näherte sich behutsam und zuckte jedes Mal zusammen, wenn die alten Dielen unter ihren Füßen knarrten.

Etienne störte sich zum Glück nicht daran. Er hatte sich auf der blauen Couch eingerollt wie ein Igel und atmete ruhig und gleichmäßig durch den leicht geöffneten Mund. Auf seinem Gesicht war nichts mehr von dem Zorn über den Abschleppbetrug zu erkennen. Entspannt, wie er dalag, wirkte er eher wie ein kleiner Junge, hilflos und unbedarft, einer, den man beschützen musste. Céline hatte ihr schon früh vorgeworfen, ihm zu viel durchgehen zu lassen, aber Mylène hatte das erst richtig verstanden, als er ihr das Herz gebrochen hatte. Etienne war kein Unschuldslamm, und er war auch ganz sicher nicht hilflos. Damals hatte sie auf schmerzhafte Weise lernen müssen, dass sie wohl besser sich geschützt hätte, denn am Ende war sie diejenige gewesen, die hilflos am Boden gelegen hatte. Céline war ihr hinterher eine große Stütze gewesen, und auch Marianne und Henri hatten die Scherben ihres Glücks sorgsam zusammengekehrt und ihr Bestes gegeben, um Mylène bei der Heilung zu unterstützen.

Mit einem Mal stiegen ihr Tränen in die Augen. Nicht weil sie den Schmerz von damals wieder fühlte, sondern vielmehr den Trost, den ihre Eltern ihr gespendet hatten. Es war nicht das einzige Mal gewesen, Marianne und Henri hatten sie niemals im Stich gelassen. Bis heute waren die beiden nicht nur ihre größten Unterstützer, sondern auch ihre zuverlässigsten Fans. Marianne hatte Henri sogar genötigt, Mylènes *Choupinette*-Lippenstifte aufzutragen – dabei war Kirschrot wirklich nicht seine Farbe.

Mylène musste lächeln und wischte sich über die Augen. Henri und Marianne liebten sie mit Leib und Seele – und war das nicht genau das, was Eltern auszeichnete? Bedingungslose, grenzenlose Liebe?

Warum tat die Wahrheit dann jetzt so wahnsinnig weh, weshalb machte sie einen derartigen Unterschied?

Es liegt daran, dass sie mich belogen haben, schoss es Mylène durch den Kopf, und sofort versteiften sich ihre Muskeln wieder. Wäre Monsieur Picard am Dienstag nicht mit dem unheilvollen Brief aufgetaucht, wüsste sie noch immer nicht, dass Marianne und Henri nicht ihre leiblichen Eltern waren. Genau dieser Umstand sorgte dafür, dass Mylène sich betrogen und belogen fühlte, und noch dazu völlig verloren. Sie musste endlich mit Frédéric reden.

Angespannt nahm sie das Mobiltelefon, aber natürlich war der Bildschirm gesperrt. Mylène zögerte, dann beugte sie sich zu Etienne herunter und drückte vorsichtig seinen Daumen auf das Touchpad. Er seufzte einmal laut auf und rollte sich auf die andere Seite.

Mylène hielt die Luft an, bis sie ganz sicher war, dass er weiterschlief, dann eilte sie zurück ins Schlafzimmer. Das Smartphone war entsperrt, ein Foto des Berliner Fernsehturms zierte den Hintergrund des Displays. Mylène hatte Etienne nicht zugetraut, sich derart mit seiner neuen Heimat zu identifizieren, und war kurz geneigt, in seinen Fotos nach weiteren Überraschungen zu suchen. Aber dann verwarf sie die Idee. Es ging hier schließlich nicht um Etienne, sondern darum, endlich Frédéric zu erreichen.

Hastig öffnete sie die Suchmaschine und gab seinen Namen ein. Seine Handynummer würde sicher nicht auftauchen, aber ein Firmenkontakt seiner Familie. Vielleicht konnte sie eine Mail schreiben, die ihm weitergeleitet wurde, und ihn so bitten, ihr seine Nummer zu schicken?

Doch als sie kurz darauf einen Blick auf die Suchergebnisse warf, stockte ihr der Atem.

Der erste Treffer zu »Frédéric Leclerc« war die Schlagzeile eines Boulevardmagazins: »Alte Liebe – neues Glück? Freddy Leclerc kann es nicht lassen!« Darunter schimmerte in satten Farben ein Foto von Frédéric in inniger Umarmung mit Colette Brigard.

Mylène spürte, wie sich in ihrer Brust ein Druckgefühl ausbreitete. Hektisch suchten ihre Augen nach einem Datum. Der Artikel war neu – er war sogar erst seit ein paar Stunden online, und das bedeutete wohl, dass auch das Foto aktuell war. Es war durch die Scheibe eines Restaurants aufgenommen worden und deshalb nicht ganz scharf, aber trotzdem bestand nicht der geringste Zweifel, dass es sich bei dem hübschen Paar, das sich dort so vertraut in den Armen lag, um Frédéric und Colette handelte. Mylène wurde schwindelig.

Mit Colette hatte Frédéric vor ein paar Jahren eine spektakuläre On-off-Beziehung geführt, die beinahe minutiös von den französischen Medien dokumentiert worden war. Colette Brigard war Chansonsängerin, eine der erfolgreichsten und jüngsten im Land. Erst im vorletzten Jahr hatte sie beim Eurovision Song Contest den ersten Platz für Frankreich belegt und sich damit endgültig und für alle Zeiten in die Herzen der Franzosen gesungen. Mylène war vermutlich die einzige Französin, die Colette nicht ausstehen konnte – selbst Marianne und Henri waren unverhohlene Fans. Aber wie sollte sich Mylène für die junge Frau erwärmen, wenn sie wusste, dass sie Frédéric eine ganze Weile um den Verstand gebracht hatte? Natürlich hatte sie oft mit ihm über die Beziehung gesprochen, und er hatte ihr mehrfach versichert, dass es für ihn und Colette niemals eine ernsthafte Zukunft gegeben hätte, aber ein kleiner Zweifel war Mylène immer geblieben. Colette Brigard und sie konnten unterschiedlicher kaum sein, da fiel es eben schwer zu glauben, dass ein und derselbe Mann zwei derart verschiedene Frauen lieben konnte.

Colette war gertenschlank und unfassbar hübsch. Sie hatte Beine bis zum Hals und trug diese auch bei jeder Gelegenheit großzügig zur Schau. Ihre seidigen blonden Haare sahen wie frisch aus der Werbung aus, und zu ihrem Schmollmund gesellten sich rund um die Nasenspitze die süßesten Sommersprossen der Welt. Gemeinsam mit ihren großen Augen verliehen diese ihr etwas Rehkitzhaftes, das man unwillkürlich beschützen wollte. Dann waren da noch ihre rauchige Stimme und die absolut perfekten Brüste, die sie wie Trophäen in gewagten Dekolletés präsentierte.

Mylène wusste, dass Frédéric und Colette sich in Freundschaft getrennt hatten, er hatte sogar vorgeschlagen, sie als Markenbotschafterin für *Choupinette* ins Boot zu holen, aber Mylène hatte das entschieden abgelehnt. Außerdem hatte sie ihn gebeten, Colette nicht zur Hochzeit einzuladen.

»Du bist doch nicht eifersüchtig, oder?«, hatte Frédéric sie geneckt und dabei seine Augenbrauen in die Höhe gezogen.

»Natürlich nicht!«, hatte Mylène empört erwidert und versucht zu kaschieren, dass sie es doch war. »Aber Colette zieht alle Aufmerksamkeit auf sich. Wenn sie kommt, wird uns sicher auch die Presse auflauern – und ich will, dass dieser Moment nur uns gehört.«

Dieses Argument wiederum hatte er gut verstehen können und ihr den Wunsch gerne erfüllt.

Dass er sich nun aber, keine vierundzwanzig Stunden, nachdem Mylène verschwunden war, mit seiner Ex getroffen hatte, erwischte sie nicht nur auf kaltem Fuß, sondern machte sie auch rasend vor Wut! Hatten Etienne und all die anderen am Ende etwa recht? Würde Frédéric immer ein Playboy bleiben?

»Verdammt!«, zischte Mylène und ließ Etiennes Handy in ihrer Hand sinken.

Sie wusste natürlich, dass auf die Boulevardpresse kein Verlass war, aber auf ihren eigenen Verstand war im Moment eben genauso wenig Verlass. Sie war verunsichert, einsam und hilflos, und dieser Zustand machte es nicht einfacher, aus der Ferne mit anzusehen, wie ihr Verlobter in Paris die schönste Frau der Welt umarmte. Sollte er nicht nach ihr, Mylène, suchen? Sollte er nicht völlig aufgelöst sein vor Sorge? Die Umarmung auf dem Bild sah aber nicht besorgt aus, sondern eher schmerzlich vertraut.

Sie wollte sich das Foto noch einmal ansehen, aber der Bildschirm war in der Zwischenzeit schwarz geworden und ließ sich ohne Etiennes Daumen nicht wieder entsperren. Stöhnend warf sie das Handy zur Seite und schnappte sich ein Kissen, um ihren Schrei darin zu ersticken. Wie hatte sich ihr Leben nur in so kurzer Zeit in ein solches Trümmerfeld verwandeln können?

Mylène stieß wütend das Kissen von sich und sank zurück auf die Matratze. Entschlossen klammerte sie sich an ihrem Schlüssel fest.

Sie musste endlich vorwärtskommen statt immer nur zurück – und ab sofort würde sie sich dabei von nichts und niemandem mehr aufhalten lassen. Erst recht nicht von Colette Brigard!

HOLLY
August 2003

Lucas besaß einen derart ausgeprägten Geschäftssinn, dass es
Holly beinahe unheimlich war.

Sie hatten in den vergangenen Wochen nicht nur haufenweise Kekse, sondern abwechselnd auch Limonade, Cupcakes
und selbstgebastelte Geburtstagskarten im Park verkauft. Einmal hatte Lucas sogar Spinnen, Regenwürmer und Marien-
käfer in Gläsern gesammelt und zu seinen Leckereien auf den
kleinen, improvisierten Verkaufstresen gestellt, und Holly war
ziemlich schockiert darüber gewesen, dass ausgerechnet die In-
sekten rasenden Absatz gefunden hatten. Fortan hatte sie jegliche Art von Lebewesen diskussionslos von der Sortimentsliste
gestrichen. Lucas hatte zwar ein paar Tage geschmollt, sich dann
aber wieder seinen anderen Verkaufsschlagern gewidmet. *Lucas'
Lieblingsladen* war schon fast eine kleine Institution geworden.
Mittlerweile kannten ihn alle Parkwächter beim Namen, und sie
duldeten nicht nur den Privatverkauf, sondern entpuppten sich
zwischenzeitlich sogar als seine treusten Abnehmer.

In den letzten beiden Monaten hatte Lucas ein kleines Vermögen angehäuft. Matt war mit ihm in den Spielzeugladen gegangen, und sie hatten seinen ersten Verdienst in den besagten
T-Rex investiert, aber seitdem hatte Lucas keinen Cent mehr

ausgegeben. Wenn Holly ihn darauf ansprach, was er mit dem ganzen Geld vorhatte, wiederholte er ein ums andere Mal, dass er sparen wolle. Aber auf was er sparte, blieb ein Geheimnis. Jedes Mal, wenn sie aus dem Park nach Hause kamen, breitete er Geldscheine und Münzen sorgfältig nebeneinander aus und begann zu zählen. Gelegentlich musste Holly ihm aushelfen, weil er mit den Zehnern und Hundertern durcheinanderkam, aber für einen Vierjährigen kam er erstaunlich gut zurecht.

Natürlich freute Holly sich, dass das Eis zwischen ihnen gebrochen war. Sie kam viel öfter als nur zweimal die Woche, manchmal sogar an vier Nachmittagen. Matt kam das sehr gelegen. Er nutzte die neugewonnene Freiheit und blieb oft in der Kanzlei, bis Lucas ins Bett musste. Ein paarmal fragte er Holly dann, ob sie noch auf ein Glas Wein bleiben wolle, aber sie lehnte jedes Mal ab. Obwohl sie sich in Matts Gegenwart und in der Wohnung wohlfühlte, klangen ihr noch immer Paris Worte in den Ohren nach: *Er mag dich.* Die Vorstellung, dass das zwischen ihnen mehr sein könnte als rein geschäftlich, war für Holly ein Graus. Sie waren keine Freunde, sondern Geschäftspartner. Matt bezahlte sie dafür, dass sie sich um Lucas kümmerte und er in Ruhe arbeiten konnte, und das war's.

Matt nahm ihr offenbar nicht übel, dass sie nicht mehr Zeit als nötig mit ihm in der Wohnung verbringen wollte, sondern begnügte sich damit, dass Lucas glücklich war. Und das war er. Von dem kleinen, trotzigen Giftzwerg, der ohne Hosen herumlief und mit Nudeln und Neins um sich warf, war kaum noch etwas zu bemerken. Mrs Jansen, die nette ältere Nachbarin aus der Wohnung gegenüber, kam aus dem Staunen gar nicht mehr heraus.

»Sie haben ihn ordentlich um den Finger gewickelt, Liebes«,

stellte sie an einem Nachmittag unten vor der Tür fest und legte ihre Hand zwinkernd auf Hollys Unterarm. »Ich wusste gleich, dass Sie die Richtige für den Kleinen sind – nach allem, was er durchmachen musste.«

Dass Lucas erst vor wenigen Monaten seine Mutter verloren hatte, merkte man ihm nicht an. Er sprach von sich aus niemals über Jay, und Holly traute sich ihrerseits nicht, nachzuhaken. Dafür ertappte sie sich immer öfter dabei, wie sie in der Wohnung nach Spuren ihrer Arbeitskollegin suchte. An den Wänden hingen ein paar wenige Fotos, und im Zahnputzbecher im Bad standen noch immer drei Zahnbürsten.

Außerdem gab es im Badezimmer noch ein paar mehr Dinge, die zweifelsohne Jay gehört hatten. Eine Haarbürste mit aufgeklebten Edelsteinen, ein Damenrasierer, zwei Parfüms und ein wenig Make-up sowie Hygieneartikel und ein Morgenmantel, in dem Holly manchmal heimlich ihre Nase vergrub. Je tiefer Holly in Jays Privatsphäre eindrang, desto größer und schmerzhafter wurde das Bewusstsein um die Lücke, die sie in diese kleine Familie hineingerissen hatte – dabei sprachen Matt und Lucas nicht einmal über sie. Holly verabscheute sich dafür, dass sie immer wieder und immer weiter in Jays erloschenem Leben herumstöberte, konnte es aber gleichzeitig nicht lassen. Sie fühlte sich wie ein Kind, das den Finger immer wieder in die Kerze hielt, obwohl es genau wusste, dass es sich damit Schmerzen zufügen würde. Irgendwie brauchte sie diesen Schmerz. Sie hatte es nicht anders verdient.

Einmal hatte sie sich abends, als Lucas geschlafen hatte und Matt noch nicht von der Arbeit zurück war, im Schlafzimmer auf das Doppelbett gelegt, bis ihr vor Scham und Schuldgefühl Tränen in die Augen gestiegen waren und sie kaum noch genug Luft zum Atem bekommen hatte. Nur mit Müh und Not hatte sie es anschließend ins Bad geschafft und sich in die kleine Duschwanne erbrochen.

Sie wusste, dass das Herumschnüffeln aufhören musste, ahnte aber auch, dass sie Lucas und Matt nicht mehr würde helfen können, wenn sie sich nicht weiter Schmerzen zufügte. Denn mittlerweile fühlte sie sich bei alledem hier viel zu wohl.

Sie mochte Lucas, und wenn sie ganz ehrlich war, mochte sie auch Matt. Ihre Nachmittage mit dem Kleinen zu verbringen war längst mehr als eine Pflicht oder ein Job, es machte ihr Spaß und ließ sie vergessen. Und genau darin lag das Problem. Sie durfte nicht vergessen, und sie hatte es auch nicht verdient, so etwas wie Glück zu empfinden. Deshalb musste sie bei allem, was sie tat, verdammt vorsichtig sein.

Natürlich freute sie sich, dass es Lucas so viel besserging, dass er in seinem kleinen Geschäft und ihrer Anwesenheit geradezu aufblühte. Und sie war froh, dass sie Matt unter die Arme greifen konnte, ihm etwas Verantwortung und Arbeit abnahm, damit er sich auch ohne Jay um sich und seinen Job kümmern konnte. Aber der Grat zwischen Buße tun und einem unangebrachten Zufriedensein war verdammt schmal, und er wurde mit jedem Tag noch schmaler.

Sasha hingegen war begeistert von Hollys Entwicklung, aber sie ahnte natürlich nicht, womit ihre Mitbewohnerin ihre Nachmittage verbrachte – oder vielmehr mit wem. Die meiste Zeit ging sie davon aus, dass Pari sie schamlos im Café ausbeutete oder dass Holly die Nachmittage mit dem »geheimnisvollen Dosenheld«, wie Sasha ihn getauft hatte, verbrachte. Immer wieder versuchte sie Holly ein paar Details über diesen »ominösen Lucas« aus der Nase zu ziehen, aber Holly hielt sich stets bedeckt und behauptete wahrheitsgemäß, dass sie nicht verknallt sei, sondern einfach gerne Zeit mit ihm verbrachte.

Zum Glück hatte Sasha eine Hauptrolle in einem Studentenfilm ergattert, die zwar kaum Kohle abwarf, sie den Sommer über aber ziemlich in Beschlag nahm. Oft sah Holly sie mehrere Tage nicht und war darüber nicht unfroh. Wenn Sasha gewusst hätte, was sie trieb, hätte sie ihr vermutlich den Kopf abgerissen.

Immerhin hatte sich die Sache mit dem Büro mittlerweile erledigt. Irgendwann hatte Margie es aufgegeben, ihre Assistenten bei Holly anrufen zu lassen, und hatte stattdessen einen Kurier geschickt, der ihr den Karton mit ihren wenigen Habseligkeiten vor die Haustür gestellt hatte. Holly hatte den Karton nicht einmal geöffnet, sondern ihn direkt in der großen Mülltonne entsorgt. Damit hatten sich die Kapitel »Produktionsfirma« und »Filmträume« von selbst geschlossen.

Allerdings nervte Sasha sie immer noch von Zeit zu Zeit mit Olivia Longman. Sie hatte die Regisseurin zufällig bei einem Medienevent getroffen und dabei nicht nur über die Postproduktion des gemeinsamen Filmes gesprochen, sondern auch über Holly und ihr Drehbuch.

»Dass sie dich und dein Buch immer noch nicht vergessen hat, ist ein Zeichen«, bedrängte Sasha Holly seitdem. »Du kannst so eine Chance nicht einfach wegwerfen. Ruf sie wenigstens an, und sag ihr, dass es dir gerade nicht gut geht. So hältst du dir die Tür weiter offen.«

Holly wusste, dass Sasha es gut meinte, aber sie wollte sich diese Tür gar nicht offenhalten. Sie war sogar froh, dass die Tür geschlossen war, wenn es nach ihr ginge, konnte sie für alle Zeiten zugemauert werden. Der Kontakt zu Olivia und der Traum, den Holly daran geknüpft hatte, waren ja dafür verantwortlich, dass sie in dieser abscheulichen Situation war. Sie lebte mit einer Schuld, die kaum zu ertragen war. Dass sie einfach weiter an ihren Träumen festhalten sollte, war nicht nur undenkbar, es wäre ein weiterer unverzeihlicher Verrat an Jay gewesen. Warum sollte Holly es verdienen, glücklich zu werden, wenn Jay nicht mal die Chance hatte, ihren Sohn aufwachsen zu sehen?

Holly hatte zwar keine Ahnung, wohin das alles führte, aber eines wusste sie: Sie würde sich *niemals* bei Olivia Longman melden, und sie würde auch nie wieder ein einziges Wort schreiben! Es gab nur noch eine Geschichte, die sie umschreiben würde, und das war die von Matt und Lucas. Solange es ihr gelang, das Leben von Matt und seinem Sohn etwas leichter und erträglicher zu gestalten, würde sie fortfahren, egal, was es ihr persönlich abverlangte.

Zum Glück hatte sich auch die Lage im Café beruhigt. Das Zwei-Dollar-Quartal war endlich vorüber, Pari hatte zum Abschluss eine Flasche Champagner geköpft und war gemeinsam mit Holly um die Tische getanzt. Dabei hatte die Aktion ihre Wirkung nicht verfehlt: Das *Chez Clémentine* lief auch nach Ende der halsbrecherischen Aktion wie am Schnürchen – und spülte auch genug Kohle in die Kassen! Bereits zwei Tage nach Ende der Aktion hatte Pari Holly mit einer Zweihundert-Dollar-Bonuszahlung überrascht und ihren Stundenlohn um zwanzig Prozent erhöht. Das war zwar immer noch nicht das, was sie bei Margie verdient hatte, aber mit dem zusätzlichen Babysitter-Geld von Matt kam Holly gut über die Runden.

Ihre erste Investition galt vernünftigen Turnschuhen. Die Vormittage im Café forderten auch ihren Füßen einen Tribut ab, und dass sie nachmittags mit einem vierjährigen Wirbelwind mithalten musste, machte es nicht besser. Zum ersten Mal in ihrem Leben konnte Holly ihre Mutter verstehen, die schon lange für solides Schuhwerk schwärmte. Zum Glück gab es in Los Angeles viel mehr Auswahl an Schuhen mit gesundem Fußbett als in Grand Rapids.

Erfreulich war auch, dass Lucas seine Vorliebe für Dosenravioli endgültig abgelegt hatte. In seltenen Fällen griffen sie zwar noch auf die Vorräte im Küchenschrank zurück, aber an den meisten Tagen, an denen Holly das Abendessen übernahm, aß er bereitwillig alles, was sie ihm vorsetzte. Ihr Repertoire an genießbaren Gerichten war zwar übersichtlich, aber Lucas beschwerte sich nicht ein einziges Mal über Pancakes, Mac and Cheese oder Hollys Spezialität Würstchenspaghetti mit Tomatenketchup.

»Wusstest du, dass Ketchup in der High School als Gemüse durchgeht?«, fragte Matt, während er sich eine große Portion auf den Teller schaufelte und unter einem Berg Parmesan begrub. Er freute sich jedes Mal wie ein kleiner Junge, wenn Holly gekocht hatte – und zwar nicht nur, weil Lucas dann schon einen vollen Magen hatte. »Du bist ein Schatz, ehrlich! Ich wüsste nicht, was ich ohne dich tun sollte«, lobte er sie mit vollem Mund, und Holly musste lachen, weil ihm dabei eine Ketchup-Nudel aus dem Mundwinkel hing.

»Vermutlich würdet ihr euch immer noch von Dosenravioli ernähren«, sagte sie und spülte Lucas' Teller ab.

»Lass das stehen«, unterbrach Matt sie. »Du tust schon so viel, der Abwasch fällt definitiv nicht in deinen Aufgabenbereich.«

»Ich spüle nur schnell Lucas' Geschirr«, erwiderte sie und warf ihm einen flüchtigen Blick über die Schulter zu. »Deinen Teller kannst du selbst abwaschen.«

Bevor Matt etwas antworten konnte, kam Lucas in die Küche

gestürmt. Matt runzelte die Stirn. »Hey, Kumpel, ich dachte, du liegst schon im Bett?«

Holly hatte bereits vor einer halben Stunde ihre obligatorische Gute-Nacht-Geschichte beendet und das Licht im Kinderzimmer gelöscht. Lucas aber kletterte unbeeindruckt auf den Schoß seines Vaters. »Hast du Holly schon gefragt, Dad?«

»Gefragt?« Holly drehte sich zu den beiden um und wischte sich die Hände am Geschirrtuch trocken. »Was soll er mich denn gefragt haben?«

Matt blickte seinen Sohn mit hochgezogenen Augenbrauen an und seufzte leise. Offensichtlich war ihm die Situation unangenehm. »Nein, hab ich nicht«, flüsterte er Lucas zu. »Und ich finde ehrlich gesagt, du solltest sie selber fragen.«

Mit einem Mal wirkte der Kleine fast schüchtern und vergrub sein Gesicht in der Armbeuge seines Vaters.

Holly ging vor den beiden in die Hocke. »Du kannst mich alles fragen, Lucas, das weißt du doch.« Ermutigend strich sie ihm über den Rücken, und der Kleine murmelte ein paar unverständliche Worte.

Holly sah fragend zu Matt. Der seufzte noch einmal und gab sich einen Ruck. »Lucas wollte fragen, ob du zu seinem Geburtstag kommst.«

Überrascht richtete Holly sich wieder auf. »Du hast Geburtstag? Wann denn?«

Lucas löste sein Gesicht aus Matts Armbeuge und blinzelte sie verlegen an. »Übernächsten Sonntag. Wir gehen in den Zoo.«

»In den Zoo, wow. Das klingt nach einer Menge Spaß.« Obwohl ihre Hände längst trocken waren, wischte Holly sie noch einmal am Handtuch ab.

Lucas sah sie neugierig an. »Heißt das, du kommst?«

Holly zögerte, rang sich dann aber ein Lächeln ab. »Natürlich komme ich. Wie könnte ich mir das entgehen lassen?«

Jauchzend sprang Lucas vom Schoß seines Vaters und schlang die Arme um Hollys Beine. »Super! Ich wünsch mir einen Game Boy Advance und eine Jahreskarte für die Lakers«, zwitscherte er und verschwand mit kleinen, aufgeregten Trippelschritten in seinem Zimmer.

Matt sah ihm zerknirscht nach, und Holly wurde das Gefühl nicht los, dass ihm das alles nicht recht war. Unsicher strich sie sich eine lockere Haarsträhne hinters Ohr. »Ich ... kann auch sagen, dass ich im Café arbeiten muss.«

Stirnrunzelnd blickte Matt sie an. »Sonntags habt ihr doch geschlossen, oder?«

»Ja, aber wenn du den Tag lieber mit Lucas allein verbringen möchtest ...«

»Was?« Irritiert nahm Matt seine Gabel und drehte ein paar Ketchup-Spaghetti auf. »Wie kommst du denn darauf?«

Holly lehnte ihre Hüfte gegen die Spüle und fuhr sich mit den Fingernägeln über den Unterarm. »Ich ... hatte das Gefühl, dass dir die ganze Sache unangenehm ist. Dass Lucas mich fragt ...«

Matt schloss die Augen und sank seufzend auf seinem Stuhl zurück. Er rieb sich mit der Hand über den Mund und sah sie dann entschuldigend an. »Tut mir leid, wenn das so rübergekommen ist. Ich wollte wirklich nicht, dass du ... dich unerwünscht fühlst. Aber ...« Noch einmal vergrub er das Gesicht in seinen Händen.

»Aber was?«, hakte Holly nach.

Matt hob den Kopf und blickte sie an, müde, fast verloren. »Es war mir unangenehm, dass er dich fragt. Aber nicht, weil ich dich nicht dabeihaben will, sondern weil … ich dich nicht in eine blöde Situation bringen wollte.«

»Eine blöde Situation?«

»Na ja.« Matt stand auf und stellte seinen Teller in die Spüle. »Du tust schon so viel für uns und bist immer da, wenn ich dich brauche. Ich habe einfach ein schlechtes Gewissen, wenn du jetzt auch noch deinen freien Tag opfern musst – zumal ich ja da bin und nicht mal arbeiten muss. Du bist jung, Holly, stehst mitten im Leben. Du hast sicher was Besseres vor, als mit einem Fünf-jährigen und seinem überforderten Vater in den Zoo zu gehen.«

Holly wusste nicht, ob diese Erklärung sie erleichtern oder erst recht runterziehen sollte. Sie war vielleicht jung, aber sie hatte nichts Besseres zu tun, als einen Sonntag mit Lucas im Zoo zu verbringen. Ertappt senkte sie den Blick. *Mitten im Leben …* Stand sie nicht vielmehr in einem Trümmerhaufen, einem, den sie angerichtet hatte? Ihr wurde schwindelig und schlecht zugleich.

Matt verstand ihre Reaktion falsch. »Oh Gott, ich bin ein Idiot«, stammelte er und schenkte ihr hastig ein großes Glas Lei-tungswasser ein. »Bitte glaub mir: Ich würde mich riesig freuen, wenn du mitkommst! Und Lucas wäre außer sich vor Freude, er ist dein allergrößter Fan. Ich glaube sogar, er ist ein bisschen verknallt in dich.«

Holly trank einen Schluck und rang sich ein Lächeln ab. »Nein, er ist nur verknallt in die Kohle, die er mit unserem Ge-schäft scheffelt.«

»Wahrscheinlich hast du recht«, gab Matt verlegen zu. »Was hältst du davon, wenn ich dich für den Geburtstagssonntag be-zahle?«

»Was?« Holly verschluckte sich vor Schreck an ihrem Wasser.

»Du kriegst für den Zootag deinen normalen Stundenlohn und eine Sonntagszulage, in Ordnung?«

Irritiert krallte Holly die Finger um ihr Glas. Meinte er das ernst? »Aber es ist sein Geburtstag. Und ich bin eingeladen.«

»Ich weiß.« Matt begann, seinen Teller abzuspülen. »Aber so muss ich wenigstens kein schlechtes Gewissen haben. Es ist dann ein Job, und du kannst entscheiden, ob sich die Sache für dich lohnt.«

Holly musste schlucken. Diese Vorstellung war maximal unromantisch. Aber vielleicht war das ja genau der richtige Ansatz? Wenn sie bezahlt wurde, hatte sie nicht das Gefühl, sich in Jays Leben zu drängen. Sie machte Lucas eine Freude, und gleichzeitig würde die Beziehung zu Matt rein geschäftlich bleiben.

»Ich bekomme meinen normalen Stundenlohn«, setzte Holly fest und stellte ihr Glas in die Spüle. »Aber eine Sonderzulage will ich nicht.«

Matt sah sie mit gerunzelter Stirn an, bis Holly warnend mit den Augen rollte. »Ich meine es ernst, Matt! Du kannst es dir vielleicht nicht vorstellen, aber ich bin gerne mit Lucas zusammen. Und außerdem stehe ich auf Zootiere.«

Lachend schüttelte er den Kopf. »Also gut, keine Zulage. Aber du kaufst weder den Game Boy noch die Jahreskarte für Lucas, verstanden?«

»Keine Sorge«, beruhigte Holly ihn und schnappte sich ihre Tasche, die neben dem Türrahmen auf dem Boden lag. »Selbst wenn ich wollte: Das könnte ich mir gar nicht leisten.«

»Dann solltest du vielleicht doch über die Sonderzulage nachdenken«, gab Matt zu bedenken. »Ich kenne rein zufällig einen guten Anwalt, der das für dich verhandeln könnte.«

»Wirklich?« Holly sah ihn verblüfft an, konnte sich ein Grinsen aber nicht verkneifen. »*Ich* kenne nämlich nur einen Mann, der mal wieder Nudeln auf dem Hemd spazieren führt.« Und noch während Matt irritiert an sich hinabblickte, war Holly bereits ins Treppenhaus gehuscht und hatte die Tür hinter sich ins Schloss gezogen.

JOHANNA
Dezember 1987

Das Mädchen bestand darauf, dass sie an Maries Todestag zusammensaßen und ein paar Minuten gemeinsam an Johannas Tochter dachten. Sie holten sogar die Spieluhr raus und zogen sie gleich dreimal auf, um dem Paar beim Tanzen zuzusehen.

»Wenn du jetzt ein Gebet sprechen willst, werfe ich dich raus«, murrte Johanna, aber das Mädchen quittierte ihre Drohung nur mit einem Lächeln.

»Keine Sorge, ich glaube nicht an Gott. Aber dafür glaube ich dran, dass es einfacher ist, mit seiner Trauer nicht allein zu sein.« Sie griff über den Tisch nach Johannas Hand.

Johanna zuckte zusammen, widerstand aber dem Impuls, die schmalen, warmen Finger wieder abzuschütteln. »Was weißt du schon von Trauer?«, murmelte sie stattdessen und ließ schwermütig die Schultern sinken.

Sie rechnete nicht mit einer Antwort und war umso überraschter, als das Mädchen nach kurzem Schweigen doch sprach.

»Meine Mutter starb, als ich neun war.«

Verblüfft hob Johanna den Blick. »Das ... tut mir leid.«

Das Mädchen zog seine Finger weg und sah zur Seite. »Kein Unfall oder so. Sie hat sich die Handgelenke aufgeschnitten.«

Unbehaglich lehnte Johanna sich auf ihrem Stuhl zurück und

versuchte Ablenkung im Knarren des Holzes zu finden. Sie hatte die Kleine für eine Träumerin gehalten, ein naives Kind. Nicht einen Moment hatte sie daran gedacht, dass das Mädchen einen ähnlich schweren Verlust wie sie erfahren haben könnte. Das eigene Leid machte blind für den Kummer der anderen.

Johanna schluckte, als könnte sie sich damit Mut für die richtigen Worte verschaffen. »Bist du … Ich meine, hast du sie …?«

»Nein, eine Nachbarin hat sie gefunden. Ich war in der Schule.« Die Kleine sah sie noch immer nicht an, ließ aber die linke Hand auf ihren Bauch sinken.

Johanna wusste nicht, was sie sagen sollte. War es angebracht, in so einer Situation etwas zu sagen? Sie war ja nicht einmal eine gute Rednerin in Zeiten, die leicht und unverfänglich waren, wie sollte sie es jetzt sein?

Aber die Kleine ließ sich von ihrem Schweigen nicht abschrecken. »Mein Vater war schuld.«

Jetzt war Johanna vollends verwirrt. »Du meinst, dein Vater hat ihr …?«

»Nein, sie hat das Messer schon selbst in der Hand gehalten. Aber er hat herausgefunden, was sie vorhatte und …« Das Mädchen seufzte und sah endlich zu Johanna. »Sie waren getrennt. Mein Vater ist ein hohes Tier in der Partei, aber sie hat sich hier nie wohlgefühlt. Sie wollte rüber mit mir, hatte sich einer Freundin anvertraut, die Kontakte hatte, aber … irgendwie hat mein Vater Wind davon bekommen.« Gedankenversunken kratzte die Kleine mit dem Fingernagel der rechten Hand über die Tischplatte. »Er hat sie unter Druck gesetzt und gedroht, sie zu melden und wegzusperren. Da hat sie keinen anderen Weg gesehen.«

Johanna war sprachlos. Was die Kleine erzählte, schockierte sie, aber es erklärte auch einiges. »Willst du deswegen rüber?«

»Ich weiß nicht. Auch deswegen vermutlich. Auf jeden Fall kann ich nicht zurück zu meiner Tante. Mein Vater hat dafür gesorgt, dass ich nach dem Tod meiner Mutter bei ihr lebe. Er hatte längst eine neue Frau und ein Baby, und ich hätte seine Gegenwart ohnehin nicht ertragen. Meine Tante ist aber genauso furchtbar.«

Johanna zögerte, dann beugte sie sich vor und griff ihrerseits nach der Hand des Mädchens. »Ich habe schon ein gutes Stück des Weges aufgezeichnet. Es dauert nicht mehr lange.«

Das Mädchen lächelte sie dankbar an. »Ich weiß.«

Eine Weile saßen sie sich schweigend gegenüber, dann zog die Kleine ihre Hand unter Johannas Fingern weg und verzog schmerzhaft das Gesicht.

»Das Baby?«, hakte Johanna nach.

Die Kleine atmete ein paarmal tief durch, rang sich ein Lächeln ab und nickte.

»Es sind aber keine Wehen, oder?«

»Nein«, versicherte das Mädchen. »Es drückt nur zwischendurch, und der Kleine hat einen ordentlichen Tritt.«

Johanna runzelte die Stirn. »Der Kleine?«

»Ich glaube, es wird ein Junge«, sagte das Mädchen, und sein Gesicht entspannte sich langsam wieder.

»Wie kommst du darauf?«

»Nenn es einfach Bauchgefühl.« Sie grinste, rieb sich über die Kugel und stand auf, um zu ihrer Jacke zu gehen. »Ich habe noch was für dich.«

»Für mich?« Verunsichert kniff Johanna die Augen zusammen.

Das Mädchen kam mit einer kleinen silbernen Tafel zurück an den Tisch.

»Schokolade«, flüsterte sie. »Aus Frankreich. Die hat Pierre mir geschenkt, bevor er zurück ist.« Behutsam wickelte sie das knisternde Papier ab und schnupperte an der Schokolade. »Die ist so gut, viel besser als unsere. Riech mal.« Sie hielt ihr die dunkle Tafel hin.

Johanna beugte sich vor und atmete ein, und ihr stieg ein süßer Duft in die Nase. Trotzdem warf sie der Kleinen einen skeptischen Blick zu. »Du läufst also mit einer Tafel Westschokolade durch den Wald?«

»Immer noch besser, als *ohne* Schokolade durch den Wald zu laufen, oder?«, erwiderte die Kleine und lächelte. Dann wurde sie wieder ernst. »Ich wollte sie dir eigentlich erst zu Weihnachten schenken, aber dann dachte ich, dass es heute vielleicht besser ist. Marie hätte die sicher geschmeckt.« Sie brach ein Stück ab und hielt es Johanna hin.

Plötzlich spürte Johanna, dass ihre Augen feucht wurden. Sie hatte keine Ahnung, was sie sagen sollte, aber die Geste des Mädchens rührte sie.

»Ja«, flüsterte sie und nahm die Schokolade an sich. »Marie hätte die ganz sicher geschmeckt.«

Sie hatte nicht vorgehabt, Weihnachten zu feiern, aber die Sache mit der Schokolade hatte sie in die Enge getrieben. Johanna hatte plötzlich das Gefühl, sie schuldete dem Mädchen etwas. Was natürlich absurd war angesichts dessen, was sie schon alles auf sich genommen hatte. Aber dennoch …

Sie würde es einfach ein bisschen nett für sie beide machen, gemütlich. Sie konnten ein gutes Stück Fleisch vom Reh zubereiten, dazu ein paar süße Äpfel und Kartoffeln. Im Schrank stand noch ein alter Rotwein, den sie zwar nicht trinken würden,

den Johanna aber zum Verfeinern der Soße würde nutzen können. Nur was sollte sie der Kleinen schenken?

Sie rechnete nicht damit, dass das Mädchen noch eine weitere Tafel Schokolade in der Jackentasche versteckte, aber seit Maries Todestag verspürte Johanna das Bedürfnis, ihm ihrerseits eine Freude machen zu wollen. Etwas Kleines nur, nichts Aufwendiges, sie waren ja keine Familie, nicht einmal Freunde. Sie brauchte nur irgendetwas, damit sie nicht mit leeren Händen dastand.

Das Fell des Rehbocks fiel ihr wieder ein. Sie hatte es ordentlich trocknen lassen, nachdem sie die Unterhaut entfernt hatte, und es dann bei den Kartoffeln und Rüben verstaut. Vielleicht konnte daraus eine Decke oder Unterlage für das Baby werden? Johanna hatte keinerlei Erfahrungen mit der Gerberei, und ihr fehlten auch die entsprechenden Werkzeuge, aber trotzdem ließ der Gedanke sie nicht mehr los. Die Idee, dass das Baby sie zwar niemals kennenlernen, wohl aber etwas von ihr behalten würde, gefiel ihr. Das Mädchen konnte es damit zudecken oder das Fell als weichen Teppich auf den Boden legen, wenn es in Sicherheit war und endlich ein Zuhause hatte.

Je länger Johanna den Gedanken in ihrem Kopf herumtrug, desto klarer wurde ihr Entschluss: Sie würde ins Dorf gehen und das Fell bearbeiten lassen. Sie musste ohnehin ein paar Besorgungen tätigen. Die Seife ging bald aus, und sie sehnte sich nach einem Schluck Kaffee. Außerdem brauchten sie neues Mehl und etwas Zucker. Auch die Kartoffeln und Rüben kamen ihr langsam aus den Ohren heraus. Das Mädchen hatte sich zwar nie beschwert, und Johanna hatte jahrelang kein Bedürfnis nach etwas anderem verspürt, aber wenn sie jetzt ohnehin schon ins Dorf ging, konnte sie auch nachsehen, ob sie Alternativen fand.

Etwas Grieß vielleicht, Reis oder Nudeln. Ein paar Konservendosen, eventuell sogar frisches Obst. Johanna schloss die Augen. Mit einem Mal glaubte sie an ihrem Gaumen eine regelrechte Sinfonie an Geschmackserlebnissen wahrzunehmen. Sie hatte so lange nicht an gutes Essen gedacht, dass sie beinahe vergessen hatte, wie herrlich der Saft einer Kirsche schmeckte, wie tröstlich ein Glas warme Milch. Jetzt aber kam die Erinnerung mit voller Wucht zurück und verpasste ihr nicht nur Magenknurren, sondern auch Auftrieb: Sie würde auf jeden Fall ins Dorf gehen.

Der Kleinen bläute sie ein, die Kerzen in der Hütte auszulassen und die Tür unter keinen Umständen zu öffnen, aber daran war sie bereits gewöhnt. Johanna war in den letzten Tagen oft genug in den Wald hinausgegangen, um an ihrem Fluchtplan zu arbeiten, nicht selten war das Mädchen dabei den ganzen Tag über allein geblieben. Hatte sie zuletzt manches Mal die Augen verdreht, schien sie heute ganz erleichtert, ihre Ruhe zu haben. Sie wirkte müde und erschöpft und hielt sich immer wieder den Bauch.

»Bist du sicher, dass ich dich allein lassen kann?«, hakte Johanna nach, denn sie konnte nicht leugnen, dass sie besorgt war.

»Ganz sicher«, beruhigte die Kleine sie. »Ich schlafe nachts nur nicht gut. Mein Rücken tut weh, und es drückt im Magen.«

Johanna konnte sich daran erinnern, dass es bei ihr in den letzten Monaten der Schwangerschaft ähnlich gewesen war. Hoffentlich ging es nicht doch früher los, als die Kleine glaubte.

»Heute Abend bin ich wieder zurück«, sagte sie und schulterte ihren Rucksack.

»Mach dir keine Sorgen«, erwiderte das Mädchen. »Ich lege mich einfach hin und versuche, ein bisschen Schlaf nachzuholen.«

Seit einigen Tagen hatte es keinen Neuschnee mehr gegeben, aber noch stellte sich auch kein Tauwetter ein. Normalerweise brauchte Johanna zu Fuß etwa anderthalb Stunden ins Dorf, aber heute dauerte es länger.

Der Boden war an einigen Stellen gefroren, und Johanna hatte Mühe, nicht auszurutschen. Wenn sie hinfiel und sich ein Bein brach, wäre niemandem geholfen. Was dann mit dem Mädchen passierte, wollte sie sich gar nicht ausmalen. Also Schritt für Schritt, Meter für Meter.

Obwohl es noch immer bitterkalt war, war Leben in den Wald zurückgekehrt. Im Schnee konnte Johanna Spuren von Wildtieren und Hasen ausmachen, und zwischendurch kreuzten immer wieder ein paar Wintervögel ihren Weg. Das erste Mal seit Jahren spürte sie, dass die Stille sich nicht nur tröstlich anfühlte, sondern auch einsam. Unglaublich, was das Mädchen mit ihr gemacht hatte. Die Kleine hatte ihr Leben auf den Kopf gestellt und jede Routine durcheinandergebracht. Sie konnte ihr auf die Nerven gehen wie keine andere, aber gleichzeitig ertappte Johanna sich dabei, beim Gedanken an ihr freches Grinsen lächeln zu müssen. Das war lächerlich, natürlich, und trotzdem fühlte es sich gut an.

Als Johanna am Dorfrand aus dem Schutz des Waldes heraustrat, hielt sie verunsichert inne. Ihr letzter Besuch lag etwa ein halbes Jahr zurück. Sie erwartete nicht, dass sich etwas grundlegend verändert hatte, sie wusste nur nicht, ob *sie* noch dieselbe war. Bis vor kurzem hatte sie nichts zu verbergen gehabt. Jeder im Dorf kannte die Verrückte, die in Dresden Karriere gemacht hatte und nach dem Tod ihrer Tochter in die alte Hütte ihrer Eltern gezogen war. Ihr Schicksal war kein Geheimnis, dafür hatte Gisa mit ihrem Hang zum Tratschen gesorgt, und Johannas schlechte Laune war legendär. Kaum jemand hatte in den letzten Jahren ein Wort mehr mit ihr gewechselt, als nötig gewesen wäre, sie vermutete sogar, dass sich die meisten Dorfbewohner vor ihr fürchteten. Die Kinder jedenfalls taten es.

Aber was, wenn es diesmal anders wäre? Sie hatte ein Geheimnis, etwas, das es zu verstecken und behüten gab. Was, wenn man ihr das ansah, wenn die Leute es riechen konnten wie sie selber den Schnee? Johanna musste schlucken. Ihr Puls beschleunigte sich.

Sie bewegte ein paarmal die Finger, damit sie nicht einfroren, und setzte sich wieder in Bewegung. Ein Schritt nach dem anderen, dann würde schon nichts schiefgehen. Zur Not konnte sie ihr halbes Gesicht immer noch in ihrem Kragen vergraben und herumfluchen, wie die Dorfbewohner es von ihr gewohnt waren.

Zuerst steuerte sie Manfreds Werkstatt an. Auch ihn kannte sie schon seit ihrer Kindheit, er war in der Grundschule zwei Stufen über ihr gewesen. Wenn sie seinen Namen nicht gewusst hätte, hätte sie ihn nach ihrer Rückkehr aus Dresden allerdings nicht mehr erkannt. Er war rund geworden und hatte kaum noch Haare auf dem Kopf, dafür aber ein ehrliches Lächeln im Gesicht. Als er Johanna in der Tür seiner Werkstatt entdeckte, blieb er verblüfft stehen und lächelte dann. »Sag bloß, du willst dir ein Auto zulegen?«

Johanna ignorierte seinen schlechten Scherz. Selbst wenn sie gewollt hätte, hätte sie hier keinen Wagen bekommen, sondern höchstens Ersatzteile. »Bist du noch Jäger?«

»Jäger?« Manfred runzelte die Stirn. »Soll ich jemanden für dich erschießen?«

»Jagst du noch oder nicht?«

Manfred rieb sich die schmutzigen Finger an einem Lappen ab und zuckte mit den Achseln. »Gelegentlich, ja.«

Johanna ließ den Rucksack von ihrem Rücken gleiten und zog das Fell des Rehbocks daraus hervor. »Kannst du das für mich aufarbeiten?«

»Aufarbeiten?« Überrascht kniff Manfred die Augen zusammen. »Ist dir der arme Kerl in die Falle gegangen, oder was?« Aber als Johanna auch jetzt nicht lachte, räusperte er sich und kam auf sie zu. »Lass mich mal sehen.« Er nahm ihr das Fell ab und begutachtete es von allen Seiten.

»Die Unterhaut habe ich schon entfernt und es trocken gelagert.«

»Das sehe ich«, murmelte Manfred, schwieg dann aber.

Johanna wurde von Unsicherheit gepackt. »Wenn es nicht geht, sag es einfach. Ich finde jemanden anderen.« Sie griff nach dem Fell, aber Manfred zog es sofort zurück.

»Doch, doch, das geht schon. Wann brauchst du es denn?«

Johanna presste die Lippen aufeinander. »So bald wie möglich.«

»So bald wie möglich«, wiederholte Manfred und drehte das Fell zu allen Seiten.

»Am besten noch vor Weihnachten.«

Jetzt sah Manfred doch verblüfft auf. »Soll es ein Geschenk werden?«

»Nein«, erwiderte Johanna schneller, als sie über ihre Antwort nachdenken konnte. »Kein Geschenk. Nur ... eine Erinnerung.« Sie schluckte hart und log ihm ins Gesicht. »Meine Tochter hatte so ein Fell. Es war ganz weich.«

»Verstehe.« Manfred wich ihrem Blick aus und sah auf das

hellbraune Fell. »Wenn ich sofort anfange, ist es sicher bis Weihnachten fertig. Wann willst du es abholen?«

Verlegen schob Johanna sich die Strickmütze aus der Stirn. »Ich habe mir gedacht, dass du es vielleicht zum Bunker bringen kannst.«

»Zum Bunker?« Manfred sah sie erstaunt an.

»Am Tag vor Heiligabend zum Beispiel. Dann hast du noch viel Zeit, und ich spare mir ein Stück Weg.«

Der alte Bunker lag nicht auf dem Weg ins Dorf, sondern in der entgegengesetzten Richtung, dafür aber deutlich näher an der Hütte. Er hatte außerdem den Vorteil, dass Manfred mit dem Auto ranfahren konnte. Gisa stellte ihren Wagen dort immer ab, wenn sie Johanna einen ihrer unerwünschten Besuche abstattete. Zu Fuß brauchte Johanna dorthin nur eine Dreiviertelstunde, selbst bei schlechter Witterung.

»Ich kann natürlich auch wieder ins Dorf laufen«, bot Johanna an, als Manfred noch immer nicht reagierte, aber endlich schüttelte er den Kopf und klammerte seine Finger fester um das Fell.

»Nein, nein, das geht schon in Ordnung. Ich bringe es dir raus zum Bunker – sagen wir um drei?«

»Drei klingt gut.« Johanna musste sich ein Lächeln verkneifen, nickte aber dankbar. »Soll ich jetzt gleich bezahlen?«

»Lieber nicht«, erwiderte er. »Ich bin etwas aus der Übung. Am Ende wird es vielleicht nichts, dann will ich lieber kein Geld dafür.«

»Du kriegst auf jeden Fall Geld dafür, Manfred.« Johanna warf ihm einen warnenden Blick zu. Sie wollte keine Almosen, und erst recht wollte sie niemandem einen Gefallen schulden oder in eines anderen Menschen Schuld stehen. Sie besaß genug

Ersparnisse, mehr als sie für ihr Leben im Wald jemals benötigen würde.

»Ich sage dir, was ich kriege, wenn ich fertig bin, in Ordnung?«, schlug er vor.

Johanna blieb skeptisch. »Und wie weiß ich dann, wie viel Geld ich zum Bunker mitbringen soll?«

»Bring einfach mit, was du für angemessen hältst«, sagte Manfred und fasste endlich wieder genug Mut, um zu lächeln. »Wenn es nicht reicht, zahlst du den Rest halt, wenn du das nächste Mal ins Dorf kommst. Ich laufe nicht mehr weg – und du vermutlich auch nicht.«

MYLÈNE
April 2019

Erst als sie Amsterdam am nächsten Morgen über die Autobahn wieder verlassen hatten, wagte Etienne einen Vorstoß, das hartnäckige Schweigen zwischen ihnen zu brechen. »Tut mir leid, dass ich gestern so ausgeflippt bin. Aber ich fand das total unverschämt. Uns einfach wegzuschleppen und dann ein Monatsgehalt dafür zu verlangen, das ist und bleibt eine Frechheit!«

»Du verdienst nur vierhundert Euro im Monat?« Mylène warf ihm einen kurzen Blick zu, konzentrierte sich aber sofort wieder auf den Verkehr. Die Holländer fuhren noch schlimmer als die Franzosen. »Man hört ja, dass die Deutschen knauserig sind, aber dass es so schlimm ist …«

»Mach dich nicht lustig über mich! Ich versuche nur, ein bisschen Konversation zu betreiben und die Wogen zwischen uns zu glätten. Immerhin sitzen wir noch eine ganze Weile in diesem Wagen.«

»Du musst die Wogen zwischen uns nicht glätten. Sie sind schon glatt, spiegelglatt.«

»Und warum sprichst du dann den ganzen Morgen kein Wort mit mir?«

Mylène stöhnte leise. »Das stimmt doch gar nicht. Ich habe

dich freundlich geweckt und dir dann gesagt, dass du dein Shirt wechseln sollst.«

Etienne lachte ungläubig auf. »Dein Wortlaut war: *Aufstehen!* und *Du stinkst!* – und dabei klangst du so freundlich, als wolltest du mich wie eine Schabe unter der Schuhspitze zerquetschen.«

»Du hast nun mal gestunken«, verteidigte sie sich nüchtern. »Aber ich war nicht nur so nett, dich darauf hinzuweisen, sondern hab dir auch noch großzügig eins meiner Shirts spendiert.«

»Du hast ein Shirt aus dem Schrank dieser fremden Frau gezogen.«

»Die mir rein zufällig ihre Wohnung vererbt hat«, klärte Mylène ihn auf. »Mit allem, was sich darin befindet. Wie zum Beispiel dieses wunderschöne Giraffenshirt, das deine Augen so toll zur Geltung bringt.« Nun grinste sie doch noch.

Etienne fixierte sie einen Moment, dann schüttelte er den Kopf und sah zum Seitenfenster hinaus. »Okay, du bist wirklich wütend auf mich. Anders lässt es sich nicht erklären, dass du dich derart zufrieden auf meine Kosten amüsierst.«

Mylène biss sich ertappt auf die Unterlippe. Er sah in diesem Savannenshirt ziemlich lächerlich aus, aber es war nun mal das einzige in seiner Größe gewesen. Die Reisetasche mit seinen Klamotten hatten sie im Kofferraum vergessen, und als sie das Parkhaus am Morgen endlich erreicht hatten, hatte Mylène darauf bestanden, ohne Verzögerung loszufahren. Aber sie wusste natürlich, dass er ihren Groll nicht verdient hatte. Sie war aus vielerlei Gründen gereizt und verärgert, aber wenn sie ehrlich war, zählten Etienne und sein Abschleppgemecker nicht dazu.

»Wir können ja gleich einen Stopp einlegen«, murmelte sie und hoffte im selben Moment, dass er es nicht gehört hatte.

Aber er wandte ihr bereits begeistert das Gesicht zu. »Du meinst, wir frühstücken irgendwo?«

»Nein, wir halten nur kurz, und du ziehst dir was anderes an.« Möglichst beiläufig zuckte sie mit den Schultern. »Vielleicht hast du ja auch noch was für mich in deiner Tasche.«

Etienne runzelte die Stirn. »Du meinst zum Anziehen?«

»Nein, ich meine zum Anzünden.« Sie verdrehte die Augen. »Natürlich zum Anziehen, was denn sonst?« Heute Morgen nach der Katzenwäsche hatte sie das Gefühl gehabt, ihre Klamotten könnten noch einen Tag durchhalten, aber jetzt stellte sich diese Vermutung als Trugschluss heraus. Vielleicht war es die anhaltende Gereiztheit, die sie durch ihre Poren ausschwitzte, oder der tückische niederländische Verkehr, aber sie fing eindeutig an zu riechen.

Etienne schwieg, aber Mylène spürte, wie sein grauer Blick auf ihr lastete.

»Also gut.« Mit einem Schnauben sank er endlich in seinen Sitz zurück. »Es kann sein, dass ich in meiner Reisetasche noch ein Ersatzshirt für dich habe – vielleicht sogar frische Boxershorts. Aber dafür will ich endlich wissen, warum du so schlecht drauf bist.«

Mylène versteifte sich und hielt die Luft an. *Im Grunde, im Grunde, im Grunde.* Es gab so viele Gründe für ihre schlechte Laune – und keiner davon ging Etienne etwas an. Andererseits hatte er ihren Zorn nicht verdient, immerhin konnte er für all das, was ihren Kopf und ihr Herz gerade so schwer machte, nichts.

Müde ließ sie die Schultern sinken. »Ich bin einfach erschöpft, hab kaum ein Auge zugetan heut Nacht. All die Dinge, die in den letzten Tagen passiert sind – das ist ziemlich viel auf einmal. Zu viel.«

Etienne sah sie nachdenklich an. »Kann ich gut verstehen.«

»Das glaube ich kaum«, erwiderte Mylène leise und spürte, wie ihre Augen feucht wurden. »Ich habe grad erst erfahren, dass ich nicht das Kind meiner Eltern bin, und statt der Wahrheit wird mir hier eine Art Schnitzeljagd präsentiert. Ich bin doch keine Figur auf einem Spielbrett, ich bin ein Mensch, und das hier ist mein Leben, aber ich habe keine Ahnung mehr, wo es eigentlich hinführt.« Sie schluckte gegen den Kloß in ihrer Kehle an und wischte mit dem Handrücken über ihre Augen. »Wie soll ich in fünf Wochen heiraten, wenn ich nicht mal weiß, wer ich bin?« Und dann war da auch noch diese Sache mit Frédéric und Colette. Davon allerdings wollte sie Etienne nicht unbedingt erzählen. Zum einen wäre es dadurch nur noch realer geworden, und zum anderen hätte sie dann wohl zugeben müssen, dass sie seinen Daumen missbraucht hatte, um sein Handy zu entsperren.

Während sie krampfhaft versuchte, ihren Atem und die aufsteigenden Tränen im Zaum zu halten, drehte Etienne sich auf seinem Sitz zur Seite und musterte sie. »Natürlich kann ich nicht nachvollziehen, wie du dich bei alledem fühlst, Mylène. Aber ich weiß, wie ungern du die Kontrolle verlierst – und das alles hier ist so ziemlich der Inbegriff von Kontrollverlust. Wenn du ›Kontrollverlust‹ googelst, würdest du vermutlich deine Geschichte finden.«

Mylène schniefte, musste aber gleichzeitig lächeln. »Meinst du, Google weiß auch, wie sie ausgeht?«

»Sie geht auf jeden Fall gut aus.« Etienne strich ihr vorsichtig eine Strähne hinters Ohr. »Aber vielleicht musst du lernen, loszulassen und die Dinge auf dich zukommen lassen.«

»Das war noch nie meine Stärke.«

»Ich weiß. Aber das heißt nicht, dass du es nicht lernen

kannst. Du hast schließlich auch gelernt, Lippenstifte zu produzieren und ein Start-up-Unternehmen aufzubauen. Und das mit dem Auto fahren klappt mittlerweile auch ganz gut.«

Mylène kniff die Augen zusammen und funkelte ihn an. »Was soll das denn heißen? Ich konnte schon immer hervorragend Auto fahren!«

Etienne runzelte die Stirn, hob dann aber die bandagierte Hand. »Ich bin verwundet und werde die Stimmung zwischen uns nicht wieder gefährden. Aber ich erinnere mich noch ziemlich lebhaft an unseren großen Sommertrip – und daran, dass du den Schaltknüppel behandelt hast, als wäre er ein totes Stück Fleisch. Ich wollte schon eine Petition gründen zum Artenschutz: *Auch Schalthebel haben Rechte!*«

Er grinste so breit, dass Mylène ihm nicht einmal böse sein konnte.

Weil sie aus ihren Erfahrungen gelernt hatten, hielten sie für ihre nächste Pause nicht an einer Tankstelle, sondern fuhren von der Autobahn ab und nach Arnhem hinein. Auf einem Parkplatz, auf dem sie zwei Stunden umsonst stehen durften, fischte Etienne Wechselwäsche aus seiner Reisetasche.

Mylène ging auf sein Angebot ein, lieh sich sowohl ein frisches Shirt als auch ein paar saubere Boxershorts und zog sich umständlich auf der Rücksitzbank um. Es war zwar seltsam, in den Unterhosen ihres Exfreundes herumzurennen, aber immer noch besser als gar keine frische Wäsche zu tragen.

Arnhem war eine kleine Stadt, aber im Zentrum genauso malerisch wie Amsterdam. Zwischen alten Fachwerkhäusern und kopfsteingepflasterten Gassen fanden sie schnell ein gemütliches Café, in dem sie nicht nur hervorragenden Kaffee serviert bekamen, sondern auch ein Frühstück ohne Gummikäse oder andere »Verbrechen an der Menschlichkeit«, wie Etienne ihr Tankstellenfrühstück noch immer scherzhaft betitelte.

Auch Mylène spürte, wie mit jedem Bissen und jedem Schluck Kaffee Ruhe und Kraft zurückkehrten. Natürlich war sie noch müde und aufgewühlt, und sie war froh darüber, nicht nach Online-Schlagzeilen über Frédéric suchen zu können. Aber Etienne hatte schon recht: Stück für Stück würde sie sich den Weg zur Gewissheit bahnen, egal, in welche Richtung er sie führte.

Als sie nach zwei Stunden zurück auf die Autobahn fuhren, fühlte Mylène sich wieder wie ein Mensch, und ihre Gereiztheit war verflogen. Etienne schaltete das Radio ein und suchte nach einem vernünftigen Sender, konnte aber kaum ein Lied zu Ende hören, ohne sofort weiterzuschalten. Er war schon immer ungeduldig und sprunghaft gewesen, auch daran hatte sich also nichts geändert.

»Bist du sicher, dass du nicht nach Berlin zurückmusst?«, hakte Mylène nach, weil sie immer noch ein schlechtes Gewissen plagte.

Etienne wedelte mit der verletzten Hand. »Als ich gestern vom Arzt kam, habe ich in der Firma angerufen und mich krankgemeldet.«

»Und davon hast du keine Nachteile?«

Er schüttelte den Kopf. »Solange ich mich unterwegs nicht betrunken in einem zwielichtigen Stripclub ablichten lasse und damit auf der Titelseite der *Berliner Zeitung* lande, sollte es keine Probleme geben. Wie ist es bei dir?«

Mylène sah ihn belustigt an. »Du meinst, ob ich mich in einem Stripclub ablichten lassen möchte?«

»Ich mir ziemlich sicher, dass du insgeheim davon träumst«,

zog er sie auf. »Aber eigentlich spreche ich von deiner Firma. Kommen die klar, wenn du einfach verschwindest?«

Das war einer der vielen Gedanken, die Mylène immer wieder quälten, seit sie Paris verlassen hatte. Sie trug Verantwortung, nicht nur für sich selbst, sondern auch für *Choupinette* und ihre Mitarbeiter, Egoismus konnte sie sich also kaum erlauben. Die größten Magenschmerzen bereitete ihr nach wie vor Luc.

»Ich habe einen Assistenten«, erzählte sie schließlich. »Er kann eine ziemliche Plage sein, und vermutlich lässt er schon mit Hundestaffeln nach mir suchen, aber wenn es drauf ankommt, hat er die Zügel fest im Griff. Ein paar Tage wird er es schon ohne mich schaffen – und außerdem habe ich heute früh eine Postkarte für ihn weggeschickt.«

Sie hatte in einer der alten Küchenschubladen von Madame de Vries Briefmarken gefunden und im Bücherregal eine Tulpenpostkarte mit abgegriffenen Rändern. Die hatte sie mit ein paar beruhigenden Worten für Luc versehen und auf dem Weg ins Parkhaus in einen Briefkasten geworfen.

Etienne schien von dieser Geste allerdings nicht sonderlich beeindruckt. »Eine Postkarte?« Er starrte sie verständnislos an, bis der Groschen hinter seiner gekräuselten Stirn fiel. »Warte mal – heißt das etwa, du hast ihm nicht Bescheid gegeben, dass du wegfährst?«

»Das … hat sich nicht ergeben«, gab Mylène zu. »Ich hatte mein Handy ja schon in die Seine geworfen.«

»Aber du hättest mein Handy haben können und ihm eine Nachricht zukommen lassen. Du könntest in der Firma anrufen und ihm ein Lebenszeichen geben!«

Mylène zögerte. »Dann würde er vermutlich auch Frédéric Bescheid gegeben, wo ich bin und …«

»Moment!«, unterbrach Etienne sie. »Willst du sagen, Frédéric weiß *auch nichts* von der Sache hier?«

Schuldbewusst verzog sie das Gesicht.

Etienne stieß einen seltsamen Laut aus und vergrub fassungslos das Gesicht in den Händen. Dann nagelte er sie wieder mit seinem eisgrauen Blick fest. »Verdammt, Mylène, ihr heiratet in ein paar Wochen!«

»Ich weiß.«

»Er wird sich Sorgen machen! Wie würdest du dich fühlen, wenn er von heute auf morgen von der Bildfläche verschwinden würde?«

»Ich habe ihm geschrieben, dass ich ein paar Tage für mich brauche, bevor ich das Handy in den Fluss …«

»Du rufst ihn an, jetzt sofort!«, fiel Etienne ihr ins Wort und zückte sein Handy. »Sag ihm, wo du bist und dass es dir gut geht.«

Mylène presste die Lippen entschlossen aufeinander. »Nein.«

»Nein?«

»Ich kann ihm nicht sagen, dass es mir gut geht, weil es mir nicht gut geht, Etienne.«

Verunsichert ließ er das Telefon in seiner Hand sinken und blinzelte sie an. »Aber du bist doch …?«

»Ich lebe noch, ja«, unterbrach Mylène ihn. »Aber in mir drin sieht es aus, als hätte ein Wirbelsturm getobt! Da steht kein Stein mehr auf dem anderen, und ich weiß gerade nicht, ob ich …« Sie schluckte und versuchte, ihre Gedanken und Gefühle zu sortieren, bevor sie den Satz beendete: »Ich weiß einfach nicht, wo das alles hinführt.«

Etienne öffnete und schloss seinen Mund wieder und sah sie unschlüssig an. »Du … willst ihn aber noch heiraten, oder?«

»Natürlich«, murmelte sie nach einer Pause, die offenbar zu lang war, um Etienne über ihre Unsicherheit hinwegzutäuschen.

»Er kann nichts dafür, dass deine Eltern dir nie gesagt haben, dass du adoptiert wurdest, Mylène!«

Sie stöhnte leise und fixierte den Verkehr. Musste Etienne sich ausgerechnet jetzt als Anwalt ihres Verlobten hervortun? »Ich sage ja nicht, dass er was dafürkann. Ich sage nur, dass ich im Moment nicht weiß, was ich will – weil ich nämlich keinen blassen Schimmer habe, wo ich überhaupt stehe und wem oder was ich noch glauben kann!« *Und ob Frédéric sich in der Zwischenzeit nicht mit Colette tröstet*, schob sie in Gedanken hinterher.

Etienne warf den Kopf gegen die Nackenstütze und rieb sich ein paarmal ungläubig über das unrasierte Gesicht. Irgendwann fasste er sich wieder, aber seine Meinung hatte sich nicht geändert. »Ich finde das nicht in Ordnung, Mylène. Wenn ich an seiner Stelle wäre, würde ich vor Sorge um dich sterben.«

Mylène musste schlucken und spürte ein leichtes Ziehen in der Brust. Seine Aufregung rührte sie. Nicht nur, dass er sich um sie sorgte, sondern dass ihm auch Frédérics Lage nicht egal war. Vielleicht hatte sich ja doch etwas geändert in all den Jahren?

»Ich melde mich bei ihm, sobald wir herausgefunden haben, was sich hinter diesen Koordinaten verbirgt, okay?«

Etienne blickte auf das Navigationssystem und seufzte. »Meinetwegen. Fünf Stunden mehr oder weniger machen jetzt vermutlich auch keinen Unterschied mehr.«

Mylène war erleichtert, dass das Thema damit beendet war – oder zumindest aufgeschoben.

Sie hatte niemals Zweifel an ihrer Beziehung zu Frédéric gehegt. In den vergangenen anderthalb Jahren hatte er sich öfter mit Frauen getroffen, mit denen er früher Verhältnisse gehabt hatte, aber das hatte sie nie gestört. Sie hatte ihm und ihren Gefühlen stets vertraut. Aber Marianne und Henri hatten dieses Vertrauen durch ihr unerwartetes Geständnis erschüttert und jäh zerstört. Wem sollte sie noch glauben können, wenn nicht ihren Eltern? Wie sollte sie sich auf ihr Vertrauen verlassen können, wenn es sie in all den Jahren so bitter getäuscht hatte? Jetzt reichte schon ein lächerliches Foto aus einem Klatschmagazin, um sie aus dem Gleichgewicht zu bringen – und auch darüber ärgerte sich Mylène. Sie musste dringend wieder sicheren Boden unter die Füße bekommen, um nicht in der Flut ihrer Ängste unterzugehen.

Etienne trommelte auf seiner Armlehne herum und sah zum Fenster hinaus.

»Gibt es bei dir jemanden?«, brach Mylène das Schweigen, um sich auf andere Gedanken zu bringen.

Irritiert wandte Etienne ihr das Gesicht zu, der Ausdruck darauf ein einziges Fragezeichen.

»Komm schon.« Mylène rollte mit den Augen. »Du weißt genau, was ich meine. Hast du eine Freundin in Berlin?«

»Ich habe viele Freundinnen in Berlin«, murmelte er. »Aber nicht so, wie du meinst.«

»Du bist also Single?«

»Überrascht dich das?«

Sie musste sich eingestehen, dass sie etwas anderes erwartet hatte. Möglichst unbeteiligt zuckte sie mit den Schultern. »Na ja, du bist ein Mann im besten Alter, siehst immer noch gut aus ...«

»Ich sehe gut aus?«, hakte Etienne grinsend nach.

Mylène verdrehte die Augen. »Du siehst zumindest nicht total scheiße aus. Auf einer Skala von eins bis zehn bist du mindestens eine ... Sechs.«

»Eine Sechs?« Echauffiert drehte er ihr den Oberkörper zu. »Willst du mich verarschen?«

»Wieso? Eine Sechs ist überdurchschnittlich«, wand Mylène ein und genoss seine Empörung. Er starrte sie mit offenem Mund an und erwartete augenscheinlich, dass sie ihre Bewertung korrigierte. Aber als sie das auch nach einer ganzen Weile nicht tat, lehnte er sich ächzend zurück in den Ledersitz.

»Ich kann nicht glauben, dass ich dir mein letztes Paar Unterhosen überlassen habe. Eine *Sechs*! Ich bin mindestens eine Achteinhalb, vermutlich sogar eine glatte Neun.«

Mylène musste sich ein Lachen verkneifen. »Und warum bist du dann Single?«

»Vielleicht weil ich Single sein möchte?«, erwiderte er. »Kann doch sein, dass ich noch darauf warte, mir eine reiche Erbin zu angeln. Gleiches Recht für alle, oder?« Er lächelte vielsagend, und Mylène schlug ihm grinsend gegen den Oberarm.

»Erstens wusste ich nicht, dass Frédéric stinkreich ist, und zweitens habe ich ihn mir nicht ›geangelt‹! Wir sind gemeinsam im Aufzug steckengeblieben.«

Belustigt hob Etienne eine Augenbraue. »Wie romantisch.«

»Erst war es eher lästig, aber dann haben wir es uns gemütlich gemacht. Und wir hatten eine Menge Zeit, uns kennenzulernen.«

»Klingt nach der perfekten Partnerbörse«, fasste Etienne zusammen. »Wenn du nicht schon Lippenstifte machen würdest, könntest du daraus ein Dating-Geschäft machen: ›*Elevator Dating*‹ – oder ›*Liebe im freien Fall*‹.«

Lächelnd schüttelte Mylène den Kopf. »Ich denke darüber nach, danke.« Sie klammerte ihre Finger noch etwas fester ums Lenkrad. »Aber jetzt mal ernsthaft: Gab es in den letzten Jahren keine Frau, die dein Herz erobert hat?«

Etienne holte tief Luft und atmete geräuschvoll wieder aus. »Natürlich gab es ein paar nette Frauen, auch welche, die mir etwas bedeutet haben.« Er zögerte einen Augenblick. »Aber keine war wie du.«

Mylène war derart überrumpelt von seiner Antwort, dass sie ihn verstört anstarrte und dabei nicht auf den Verkehr achtete. Als ihr Wagen ungewollt auf die Nebenspur abdriftete, setzte ein aggressives Hupkonzert ein, und Etienne riss das Lenkrad gerade noch rechtzeitig zurück. »Kein Grund, uns beide umzubringen.«

»Tut mir leid, ich …« Mylène wusste nicht, was sie sagen sollte. Sie fühlte sich ganz schön aus der Bahn geworfen.

»Wollen wir eine Pause machen?« Etienne deutete auf das Navi, das die nächste Raststätte anzeigte, Planbarkeit im Quadrat.

Sie presste die Kiefer aufeinander und fokussierte wieder die Straße. »Nein, geht schon. Ich war nur etwas … überrascht.«

»Du hast gefragt, also antworte ich.«

Mylène wurde beim besten Willen nicht schlau aus ihm. In einer Sekunde schlug er sich auf Frédérics Seite und drängte sie, ihn nicht im Unklaren zu lassen, und in der nächsten gestand er ihr, dass es in seinem Leben keine Frau gab, die ihm so viel bedeutete, wie sie es getan hatte.

Hatte sie nicht schon genug Probleme? Stand ihr Leben nicht ohnehin Kopf? Ihre Jugendliebe zu idealisieren war das Letzte, was sie gebrauchen konnte.

»So wundervoll kann ich nicht gewesen sein«, flüsterte sie. Ihre Fingerknöchel traten weiß hervor, während sie das Lenkrad noch fester umklammerte. »Sonst hättest du mich wohl kaum betrogen.«

Etienne stöhnte leise. Aber erstaunlicherweise verzichtete er darauf, zu protestieren. »Du hast recht«, gab er stattdessen zu und zupfte an seinem Verband. »Aber das hatte nichts mit dir zu tun. Ich war ein Idiot.«

»Nein, *ich* war der Idiot«, widersprach Mylène. »Ich habe dir geglaubt, dass sie deine Cousine ist.«

»Sie war ja auch so was wie meine Cousine.«

»*So was wie* eine Cousine gibt es nicht, Etienne! Entweder man ist miteinander verwandt oder nicht – und ihr wart es definitiv nicht. Ich war nur leider die Einzige, die das nicht verstanden hat.« Mylène war überrascht, wie heftig der Schmerz noch immer war, jetzt, wo sie der Erinnerung nicht ausweichen konnte. Immer noch wurde ihr übel, wenn sie an den Moment dachte, in dem sie die Wahrheit erkannt hatte, immer noch brannte diese Erinnerung wie ein heißes Stück Kohle in ihrer Mitte. Wie konnte sich etwas, das so lange zurücklag, so verdammt beschissen anfühlen?

Etienne schwieg eine Weile, aber dann rutschten ein paar verlorene Worte über seine Lippen. »Vielleicht ging es mir ja genau darum.«

»Was?« Mylène blickte ihn kurz verständnislos an und bemühte sich, ihre Gefühle unter Kontrolle zu bringen.

»Darum, dass du es nicht verstanden hast«, gab Etienne zu und vergrub im nächsten Moment das Gesicht in seinen Händen, als könnte er sich so in Luft auflösen.

»Wie … meinst du das?« Mylène hatte keinen Schimmer, worauf er hinauswollte.

Irgendwann hob er den Kopf und blickte sie betroffen an. »Können wir irgendwo ranfahren?«

»Nein, können wir nicht!« Mit einem Mal wurde sie wieder

wütend. Sie wusste zwar nicht, wo dieses Gespräch hinführte, aber sie hatte kein Bedürfnis, ihm in irgendeiner Weise entgegenzukommen.

»Du kannst dich doch überhaupt nicht auf den Verkehr konzentrieren«, wand Etienne ein.

Mylène schnaubte geräuschvoll. »Ich kann mich ganz wunderbar konzentrieren, danke! Also sag schon: Was meinst du damit, dass es dir ›genau darum‹ ging?«

Mit einem gequälten Stöhnen ließ Etienne seinen Hinterkopf gegen den Sitz sinken und löste endlich seine Finger vom Verband. »Ich bin nicht stolz darauf, okay? Aber ich schätze, dass ich damals … irgendwie beweisen wollte, dass du … nicht alles auf dieser Welt verstehst.«

»Wie bitte?« Mylène konnte – oder wollte? – ihm noch immer nicht folgen.

»Du hast immer alles hingekriegt, was du angepackt hast«, fuhr er kleinlaut fort. »Egal, was du dir vorgenommen hast, es ging immer auf.«

»Weil ich hart dafür gearbeitet habe, Etienne, immer schon!«

»Ich weiß! Und heute verstehe ich das auch, aber damals …« Er verstummte und holte noch einmal tief Luft. »Nach der Schule hast du dich sofort auf dein Studium gestürzt. Ich dachte, dass ich genauso weitermachen kann wie in der Schule, aber irgendwie … wurde es komplizierter, anstrengender. Dann bin ich durch meine ersten Prüfungen gefallen und wollte mich mit Spaß ablenken, aber du hast … dich nur auf deine Prüfungen konzentriert. Es hat mich … genervt, dass du immer alles schaffst, mein Ego war angekratzt, und da … wollte ich dir und mir beweisen, dass du … eben nicht alles kontrollieren kannst.«

Mylène konnte nicht glauben, was sie hörte. All die Jahre

war sie davon ausgegangen, dass Etienne sich hatte amüsieren wollen, dass er sich in Natalie verliebt hatte oder ihren offenkundigen Reizen nicht hatte widerstehen können. Aber dass er nur mit ihr geschlafen hatte, um sie zu verletzen oder zu belehren, machte es noch viel schlimmer.

»Das ist echt armselig«, flüsterte sie, weil ihre Stimme kaum mehr hergab.

»Ich weiß.« Etienne seufzte. »Ich sag ja, ich war ein Idiot. Die Sache mit Natalie war der größte Fehler meines Lebens, und wenn du mich nicht abserviert hättest, hätte ich es selbst getan. Das war dämlich von mir und kurzsichtig und …«

»Gemein«, vervollständigte Mylène seine Aufzählung leise. Sie konnte nicht verhindern, dass ihr Tränen in die Augen stiegen.

Etienne blickte sie gequält an. »Ziemlich gemein, ja. Und deshalb solltest du auch endlich die Wahrheit wissen. Es tut mir leid, Mylène. Was ich dir damals angetan habe, tut mir unendlich leid, und es hatte einzig und allein damit zu tun, dass ich ein kindischer Volltrottel mit einem angeknacksten Ego war.«

Mit einem Mal war Mylènes Blick derart verschleiert, dass sie kaum noch etwas sehen konnte. Zum Glück tauchte auf der rechten Seite die Abfahrt zur Raststätte auf, die Etienne ihr auf dem Navi gezeigt hatte. Mylène setzte den Blinker und fuhr von der Autobahn.

Kaum war der Wagen auf dem Parkplatz zum Stehen gekommen, brachen alle Dämme. All die Tränen, die sich in den letzten Tagen in ihr angestaut hatten, ließen sich nun nicht mehr zurückhalten und kämpften sich unaufhaltsam an die Oberfläche. Schluchzend vergrub sie ihr Gesicht in den Händen und ließ alles raus – angefangen mit dem Schmerz, der sich vor vielen

Jahren in ihrem Inneren festgesetzt hatte, als Etienne ihr Herz gebrochen hatte. Wie sehr hatte sie sich damals eine Entschuldigung von ihm gewünscht, eine aufrichtige Entschuldigung. Natürlich war er ein Idiot gewesen, aber viel schlimmer war das Gefühl gewesen, selbst einer zu sein! Sein Geständnis fühlte sich wie eine Befreiung an, auch wenn das Ende ihrer Beziehung immer mit schmerzhaften Erinnerungen verbunden bleiben würde.

Auch ihre neueren Wunden machten sich bemerkbar, und die damit verbundenen Gefühle bahnten sich mit der Kraft einer Urgewalt ihren Weg nach draußen. Da war ja nicht nur die Sache mit Marianne und Henri, dem Brief aus Amsterdam und ihrem seltsamen Erbe, sondern da waren auch noch der Fahrradsturz und die Begegnung mit der niederländischen Polizei, die ihr in den Knochen steckten. Und Frédéric, der sich plötzlich mit Colette traf und sie damit viel stärker aus dem Gleichgewicht brachte, als es gut gewesen wäre.

Woran sollte sie sich denn festhalten, wenn nichts mehr so war, wie sie es gewohnt war, wenn kein Stein mehr da stand, wo er hingehörte?

Mylène schnappte nach Luft und wischte sich die Nase an der Schulter ab, bevor ihre Finger den einzigen Gegenstand ertasteten, auf den noch immer Verlass war. Ihr Schlüssel ...

Hier lag die Antwort begraben.

Ihr Schlüssel würde ihr den Weg weisen, das spürte sie stärker als je zuvor. Er würde sie nach Hause führen.

»Hey«, hörte sie auf einmal Etiennes Stimme neben sich, und dann strich seine Hand über ihren Rücken. »Alles wird gut, hörst du? Alles wird gut.«

HOLLY
August 2003

Der Tag verging wie im Flug, und Holly hatte nicht einmal die Gelegenheit, darüber nachzudenken, ob das gut oder schlecht war.

Lucas war aufgekratzt. Er sprang Holly schon am Vormittag bei der Begrüßung im Treppenhaus auf den Arm und zog sie ins Kinderzimmer, um ihr jedes seiner Geschenke persönlich zu zeigen.

Matt hatte ihm tatsächlich ein Jahresticket für die Lakers geschenkt, und Lucas' Großeltern hatten am Vortag ein Päckchen geschickt, in dem sich der Game Boy befand, den der Kleine sich so dringend gewünscht hatte. Matt war davon zwar nicht begeistert, aber Lucas' Freude versöhnte ihn offenbar mit der kleinen Spielekonsole. Außerdem hatte Lucas noch ein paar Malhefte, ein Raketenkissen und ein Backbuch mit zweihundert Rezepten bekommen.

»Damit macht ihr ein Vermögen«, scherzte Matt, als Lucas Holly drängte, sofort eine Vorauswahl über drei, vier neue Verkaufsschlager zu treffen.

Holly hatte sich nach zwei endlosen Stunden in der Kinderabteilung des Kaufhauses für ein Fernglas entschieden. Sie hatte keine Ahnung, ob Lucas sich darüber freuen würde, aber als er das Papier abgerissen hatte und das Fernglas in der Hand hielt, breitete sich ein gigantisches Grinsen auf seinem Gesicht aus, und er fiel Holly jauchzend um den Hals.

»Das ist so cool!«, hatte er begeistert geträllert, sich das Band um den Hals gehängt und das Fernglas seitdem nicht mehr abgelegt. Jedes einzelne Tier im Zoo, ob fern oder nah, betrachtete er eingehend durch Hollys Geschenk und behauptete felsenfest, dass er sogar die Flöhe im Fell der Tiere herumhüpfen sehen konnte.

»Das perfekte Geschenk«, sagte Matt, während er in eines der Croissants biss, die Holly aus dem *Chez Clémentine* mitgebracht hatte. Sie hatte Pari von Lucas' Geburtstag erzählt, und die hatte sich nicht lumpen lassen und einen Vorrat an Gebäck eingepackt, mit dem man problemlos auch ein neunköpfiges Baseballteam hätte verpflegen können.

»Nur ein Zufallstreffer«, winkte Holly ab, aber Matt blieb dabei.

»Ernsthaft, Holly, ich glaube, du bist das schönste Geschenk für Lucas. Und außerdem bist du ein echter Glückstreffer – nicht nur für den Kleinen.«

Holly schoss das Blut in die Wangen. Verlegen blickte sie zur Seite. »Auch ich habe meine dunklen Seiten.«

Matt runzelte belustigt die Stirn. »Die würden mich brennend interessieren.« Offenbar hielt er das alles für einen Scherz.

Zerknirscht hielt Holly die Luft an. Vielleicht sollte sie ihm endlich die Wahrheit sagen? Dass sie Jay auf dem Gewissen hatte – und dass sie sie beide, Lucas und Matt, all die Wochen darüber im Dunkeln gelassen hatte? Dass sie genau genommen *kein* Glückstreffer für die junge Familie war?

Aber gerade als sie genug Mut gefasst hatte, den Mund zu

öffnen, stürmte Lucas auf sie zu und schnappte sich ihre Hand. »Das musst du dir ansehen! Die Seehundmama frisst gerade ihr Baby auf.«

Hilflos sah Holly zu Matt, aber der zuckte nur mit den Schultern. »Das klingt, als solltest du es auf gar keinen Fall verpassen.« Und damit war die Sache mit der Wahrheit mal wieder vom Tisch.

Die Seehundmama fraß ihr Baby zum Glück nicht auf, dafür aßen Holly, Matt und Lucas mehr Gebäck, als vernünftig gewesen wäre. Außerdem erwies Matt sich als äußerst großzügig und spendierte nicht nur klebrige Softdrinks, sondern auch Ganzkörpertierkostüme aus dem Zooshop für sie alle. Lucas entschied sich ohne zu zögern für ein Tigerkostüm, Matt schlüpfte in einen gigantischen Haifischanzug, und als Holly dankend ablehnte, entschieden die beiden Männer über ihren Kopf hinweg, dass sie als Pinguin eine gute Figur abgeben würde, und drängten sie, das entsprechende Kostüm direkt vor den Augen der amüsierten Verkäuferin überzuziehen. Zu ihrem Erstaunen musste Holly sich eingestehen, dass es sich nicht so schrecklich anfühlte, derart aufzufallen – denn anders als »auffällig« konnte man das seltsame Dreiergespann aus Pinguin, Haifisch und Tiger wohl kaum bezeichnen.

Die anderen Zoobesucher warfen ihnen am laufenden Band Blicke zu, aber die meisten von ihnen waren eher freundlich als abfällig oder peinlich berührt, und langsam, ganz langsam fiel Hollys Anspannung ab. Zwischendurch fühlte sie sich sogar so ausgelassen und frei, dass sie wieder einen Soundtrack im Ohr hatte, der das Leben leicht machte. Erst als eine ältere Dame kurz vor dem Ausgang sie mit leuchtenden Augen als »süße kleine Familie« bezeichnete, verflog Hollys Heiterkeit, und ein dicker Kloß bildete sich in ihrer Kehle. Matt hingegen bedankte sich einfach mit einem freundlichen Lächeln bei der alten Frau und wünschte ihr noch einen schönen Tag.

»Tut mir leid«, stammelte Holly, weil sich selbst unter dem Pinguinkostüm nicht verbergen ließ, dass ihr die Verwechslung unangenehm war.

»Muss es nicht«, beruhigte Matt sie. »Wenn ich nicht wüsste, was wir sind, würde ich uns auch für eine Familie halten.«

Irritiert runzelte Holly die Stirn. »Was sind wir denn?«

Matt warf Lucas einen Blick zu, und der stellte mit einem Grinsen klar: »Die coolste Gang der Welt!« Und als Matt diese Bezeichnung mit einem Haifischbrüllen untermauerte, musste auch Holly lachen.

»Isst du noch Pizza mit uns?«, hakte Lucas nach, als sie Matts Wagen auf dem Parkplatz erreicht hatten.

»Ich bekomme heute nichts mehr runter«, gab Holly entschuldigend zu, aber Lucas wollte davon nichts wissen.

»Bitte, bitte!«, flehte er und zerrte energisch an ihrer Hand.

»Vorsichtig, Kumpel, du reißt Holly ja den Flügel ab«, ermahnte Matt ihn. »Wäre doch schrecklich, wenn sie nicht mehr fliegen könnte, oder?«

Lucas hörte auf zu ziehen, blickte seinen Vater aber fassungslos an. »Pinguine können gar nicht fliegen.«

»Ich wäre mir da nicht so sicher«, verteidigte sich Matt und sah grinsend zu Holly. »Wir sollten dringend herausfinden, ob sie irgendwelche Kunststücke draufhat.«

Holly hob kapitulierend die Hände. »Okay, okay: Ich esse noch mit euch Pizza, weil Lucas heute Geburtstag hat. Aber unter gar keinen Umständen werde ich irgendwelche Kunststücke vorführen, verstanden?«

Vater und Sohn wechselten einen Blick. »Wir könnten die Finger hinterm Rücken kreuzen«, flüsterte Lucas Matt zu, aber Holly kniff warnend die Augen zusammen.

»Das habe ich gehört! Pizza *ohne* Kunststücke! Haben wir einen Deal oder nicht?« Sie streckte ihnen erwartungsvoll die Hände entgegen.

Noch einmal sahen sich Vater und Sohn an und schlugen dann ein. »Wir haben einen Deal!«

Ursprünglich hatten Matt und Lucas vorgehabt, die Pizza im Restaurant zu essen, aber weil alle drei unter den Tierkostümen durchgeschwitzt waren und sich die Toilettengänge als kompliziert erwiesen, ließen sie sich die Pizza einpacken und fuhren damit nach Hause.

»Soll ich dir was zum Wechseln rauslegen?«, bot Matt Holly an, nachdem er sich umgezogen hatte, aber sie lehnte verunsichert ab. Ihre Klamotten waren unter dem dicken Polyesterfell allerdings derart nassgeschwitzt und muffig, dass Matt kein zweites Mal fragte, sondern wortlos eine Jogginghose und ein Shirt aus dem Schlafzimmer holte und Holly damit ins Bad schickte. Erleichtert stellte sie fest, dass es sich um Männerklamotten handelte. Die Vorstellung, in Jays alte Sachen zu schlüpfen, wäre für sie schier unerträglich gewesen.

Am Ende aßen sie sogar die ganze Pizza auf. Lucas plapperte unentwegt, und Holly vergaß dabei, dass sie eigentlich gar keinen Appetit mehr hatte. Als ihre Teller endlich leer waren, putzte Lucas seinen Mund wie immer an der Tischdecke ab und blinzelte Holly aufgeregt an. »Kommst du auch zu meinem ersten Schultag?«

Verblüfft klappte Holly der Mund auf, aber bevor sie etwas

sagen konnte, mischte sich Matt von der Seite ein. »Darüber haben wir doch gesprochen, Kumpel. Holly kann nicht jedes Mal dabei sein, wenn etwas Neues passiert. Diese Veranstaltung ist vormittags, und soweit ich weiß, muss sie da arbeiten.«

»Das stimmt«, bestätigte Holly. Sie wusste natürlich, dass Lucas in zwei Wochen vom Kindergarten in die Vorschule wechseln würde und dass das alles sehr aufregend für ihn war. Aber dass er sie bei seinem ersten Schultag dabeihaben wollen könnte, war ihr nie in den Sinn gekommen. Und es ging eindeutig einen Schritt zu weit.

»Tut mir leid, Lucas«, sagte sie und nahm seine kleine Hand. »Aber vielleicht kann ich am Nachmittag kommen, und wir gehen wieder in den Park?«

Lucas senkte geknickt den Blick, zuckte gleich darauf aber mit den Schultern. »Bringst du mich dann wenigstens ins Bett?«

Etwas überrumpelt rückte Matt auf seinem Stuhl zurück. »Ich dachte, ich darf das heute machen. Ist schließlich dein Geburtstag.«

Lucas rollte mit den Augen. »Aber Holly kann viel besser vorlesen als du«, klärte er seinen Vater auf und blickte dann wieder zu Holly. »Bitte! Das ist auch mein letzter Wunsch für heute.«

Holly sah unschlüssig zu Matt, der ihr seinerseits einen entschuldigenden Blick zuwarf. Dann seufzte sie. »Also gut, eine kurze Geschichte. Dafür kriegt dein Papa jetzt aber den größten Gute-Nacht-Kuss der Welt, verstanden?« Jubelnd ging Lucas auf die Vereinbarung ein.

Natürlich wählte er keine kurze Geschichte, sondern die längste, die sein Bücherschrank hergab, aber Holly gönnte ihm das Vergnügen. Außerdem wollte sie ihn jetzt, wo sein Geburtstag zu

Ende ging, nicht noch einmal enttäuschen. Dass er sie bei seiner Einschulung dabeihaben wollte, rührte sie, aber es versetzte ihr auch einen Stich. Als sie fertiggelesen hatte, legte sie das Buch zur Seite, zog Lucas die Decke bis zum Kinn hoch und strich ihm eine feine Haarsträhne aus der Stirn. Ohne dass sie es beabsichtigt hatte, öffneten sich plötzlich ihre Lippen: »Vermisst du deine Mama?«

Lucas vergrub seine Nase in der Decke und zögerte. »Am Anfang schon.«

»Am Anfang?« Holly sah ihn irritiert an. Eine böse Vorahnung beschlich sie. Konnte es sein, dass Lucas seine Mutter nicht mehr vermisste, seit ... *sie* in sein Leben getreten war? Diese Vorstellung war schrecklich, und Holly würde das unter keinen Umständen so stehen lassen und aufrechterhalten können – aber bevor sie noch ein Wort sagen konnte, seufzte Lucas.

»Kannst du ein Geheimnis für dich behalten?«, flüsterte er und beugte sich dabei zu ihr vor.

»Ein Geheimnis?« Holly stockte der Atem. Sie war sich nicht sicher, ob sie in Lucas' Geheimnisse eingeweiht werden wollte, aber er ließ ihr schon keine Wahl mehr.

»Meine Mama ist gar nicht weg!«

»Wie bitte?« Das war nicht gerade das, was Holly erwartet hatte.

»Am Anfang habe ich natürlich gedacht, dass sie tot ist«, fuhr Lucas leise fort. »Ein Junge aus dem Kindergarten hat gesagt, dass sie in tausend Stücke explodiert ist.« Holly spürte, wie ihr mehrere Liter Blut in den Kopf schossen. Doch Lucas schlug unbeeindruckt seine Decke zurück und tapste ans Fenster. »Aber dann habe ich das da entdeckt.« Er winkte sie zu sich und verschwand hinter dem dunkelblauen Vorhang.

Holly musste schlucken. Mit rasendem Puls stand sie auf, folgte ihm ans Fenster und ging neben ihm in die Hocke.

»Siehst du den hellen Stern da links? Mit deinem Fernglas kann man ihn sogar noch besser sehen.«

Hollys Blick folgte seinem ausgestreckten Finger an den Nachthimmel. »Du meinst den ... großen da, schräg links überm Mond?«

»Genau.« Lucas nickte zufrieden. »Das ist meine Mama!«

»Was?« Verständnislos blickte Holly ihn an.

»Weißt du, wie Sterne entstehen?« Lucas' Augen leuchteten vor Aufregung auf. »Durch *Explosionen!* Und dieser Stern da war früher nicht da, da bin ich mir ganz sicher. Der ist erst aufgetaucht, als meine Mama explodiert ist.«

Holly starrte ihn sprachlos an. Währenddessen rückte Lucas noch ein Stück näher an sie heran, um ihr etwas ins Ohr zu flüstern. »Wenn ich genug Geld verdient habe, kaufe ich mir eine echte Rakete, und dann besuche ich sie da oben.«

O Gott. Holly wankte kurz und ließ sich auf die Knie sinken. Tränen stiegen in ihre Augen, und ihr war wieder speiübel. *Dafür* sparte Lucas also sein Geld, *deshalb* war er so versessen darauf, Kekse zu verkaufen. Holly schloss die Augen, weil sich alles um sie herum drehte.

»Findest du die Idee blöd?«

Sie öffnete die Augen wieder und sah, dass auch Lucas hinterm Vorhang hervorgetreten war und sie unsicher anblinzelte.

»Nein, Lucas«, flüsterte sie, und eine Träne lief über ihre Wange. Sie zog den Kleinen auf ihren Schoß, strich ihm über das Gesicht und gab ihm einen Kuss auf die Schläfe. »Ich finde, das ist eine sehr, sehr schöne Idee.«

Sie schaffte es nicht, die Badezimmertür hinter sich abzuschließen, bevor sie sich über die Toilette beugte und sich heillos übergab. Es dauerte keine zehn Sekunden, bis sie ein leises Klopfen hinter sich hörte und Matt die Tür öffnete. »Alles in Ordnung?«

Anstelle einer Antwort bahnte sich nur ein weiterer Schwall an Erbrochenem den Weg in die Kloschüssel.

Matt seufzte gequält. »Zu viel Pizza?«

»Zu viel Pizza«, bestätigte Holly und lehnte sich mit dem Rücken gegen die kalte Wand. *Und Schmerz*, dachte sie, *vor allem zu viel Schmerz.*

Matt verschwand in die Küche und kam mit einem großen Glas Wasser zurück. »Trink das.«

Holly war viel zu platt, um zu protestieren – auch als Matt sich im nächsten Moment neben ihr auf den Boden hockte. »Tut mir leid, dass er dich so in Beschlag nimmt.«

»Schon gut«, murmelte Holly. »Lucas ist … großartig.«

Mit einem müden Lächeln lehnte Matt den Kopf an die Wand. »Ja, das ist er.«

Holly trank noch einen Schluck und betrachtete Matt von der Seite. »Hat er dir … von seinem Geheimnis erzählt?«

»Geheimnis?« Er wandte ihr das Gesicht zu und blickte sie mit gerunzelter Stirn an.

Holly schluckte. »Ich habe ihm versprochen nichts zu sagen, aber …«

»Ich schwöre, dass ich dich nicht verrate«, versicherte Matt ihr und rückte ein Stück von der Wand ab. »Hoch und heilig, Holly!«

Trotzdem zögerte sie. Es fiel ihr schwer, einen Anfang zu finden, aber irgendwann gab sie sich einen Ruck. »Er denkt, dass … seine Mutter gar nicht tot ist, sondern ein Stern am Himmel.«

»Was?« Matt starrte sie fassungslos an.

»Irgendein Junge im Kindergarten hat ihm erzählt, dass …
sie explodiert ist, und weil Lucas weiß, dass Sterne durch Explosionen entstehen, denkt er, dass sie … dort oben ist. Und er
spart all dieses Geld, um sich eine Rakete zu kaufen und irgendwann …«

»Oh scheiße.« Matt ließ den Kopf ein weiteres Mal gegen die
Kacheln sinken. »Er denkt, er kann sie besuchen?«

»Das glaubt er, ja.« Hollys Stimme war kaum mehr als ein
Flüstern.

Sie wartete darauf, dass Matt etwas sagte, aber er blieb
für eine endlos lange Weile still und starrte ungläubig auf die
Duschwand gegenüber.

Erst als Holly sich vorbeugte, um endlich die Spülung der
Toilette zu betätigen, griff er nach ihrer Hand und zog sie zurück.

»Er … hat mit mir noch nie über Jay gesprochen.«

Holly konnte sehen, wie Matt Tränen in die Augen stiegen.
»Ich habe … wochenlang versucht, mit ihm zu reden. Darüber,
was mit seiner Mama passiert ist und …« Er verstummte und
drückte sich mit den Fingern die Nasenwurzel, um die Tränen
zurückzudrängen. Dann holte er Luft. »Es war furchtbar. Er hat
kein Wort über seine Mama verloren, aber sein Verhalten wurde
immer seltsamer. Du erinnerst dich an die Dosenravioli und den
Auftritt ohne Hose?«

Holly lächelte mitfühlend, kam sich aber ziemlich hilflos vor.

»Ich erinnere mich, ja.« Sie wusste nicht, woher der Impuls
kam, aber plötzlich wanderte ihre Hand rüber zu Matt und legte
sich auf seine. Erst als Matt mit seinen Fingern den Druck erwiderte, zuckte Holly zusammen und zog ihre Hand erschrocken wieder weg.

»Es war für dich sicher auch schwer«, murmelte sie. »Der Verlust von …«

»Ja.« Matt holte noch einmal Luft und rieb sich über das Gesicht. »Natürlich war es schwer.«

Ihn so zu sehen, traurig, hilflos und erschöpft, schnürte Holly die Kehle zu. Ihr Herz begann zu flattern, und ihre Augen wurden feucht, und bevor sie sich versah, öffneten sich auch schon ihre Lippen. »Es … tut mir leid, es tut mir alles so furchtbar leid!«

»Du kannst ja nichts dafür«, erwiderte Matt, obwohl Holly genau das gemeint hatte. Und wie sie was dafürkonnte! Sie war der Grund für sein Leid – und jetzt musste sie ihm ihre Schuld endlich eingestehen.

Aber Matt war wieder mal schneller. »Unsere Beziehung war … nicht immer einfach.«

Irritiert zuckte Holly zusammen. »Was?«

»Ich weiß, es kommt seltsam rüber, dass ich dir das jetzt erzähle, und ich würde auch alles geben, um Jay wieder zurückzuholen, aber … es war ziemlich kompliziert zwischen uns. Schon seit Jahren …«

Holly kniff verständnislos die Augenbrauen zusammen. »Wie … meinst du das?«

Matt seufzte und begann, seine Finger zu massieren. »Jay war … kein einfacher Mensch. Ihr Weg hierher war steinig, sie hatte eine schwierige Vergangenheit. Ihre Mutter ist früh gestorben, Selbstmord. Und Jay hatte schon mal ein Kind, da war sie noch sehr jung, aber sie hat es weggegeben. Unsere Beziehung war von Anfang an kompliziert und … Wir haben uns ein paarmal getrennt. Aber als sie erfahren hat, dass sie schwanger ist, haben wir es wieder versucht. Wieder und wieder. Wir haben viel an uns gearbeitet, vor allem für Lucas, aber ...« Plötzlich gingen ihm die Worte aus.

Mit einem ungläubigen Ächzen lehnte Holly ihren Kopf an die Wand. Sie hatte vieles erwartet, aber sicher nicht so ein Geständnis. Sie hatte Jay als offen und unkompliziert kennengelernt, freundlich und praktisch immer gut gelaunt, und das spiegelte sich so gar nicht in dem wider, was Matt hier erzählte.

»Tut mir leid«, flüsterte er und rang sich ein gequältes Lächeln ab. »Es ist nicht angemessen, dir das alles zu erzählen – noch dazu auf dem Badezimmerboden, nachdem du dir die Seele aus dem Leib gekotzt hast.«

Holly sah ihn unsicher an und erkannte die Zerrissenheit in seinen Augen.

»Aber das ist eben alles ein Teil vom großen Ganzen, ein Teil meiner vielen verwirrenden Gefühle«, fuhr er leise fort und griff jetzt seinerseits nach Hollys Hand, während er den Blick senkte. »Ich hoffe, dass du mich jetzt nicht für ein Riesenarschloch hältst.«

Holly musste schlucken und hielt die Luft an. Sie wusste nicht, für wen oder was sie Matt genau hielt. Mit einem Mal wusste sie einfach gar nichts mehr. Nur, dass es sich viel zu gut anfühlte, seine Hand auf ihrer zu spüren.

JOHANNA
Dezember 1987

Auf dem Weg zurück durch den Wald hörte Johanna eine Melodie und zuckte zusammen – doch dann stellte sie fest, dass sie selbst zu summen begonnen hatte. Ungläubig lief sie weiter, konnte sich ein Lächeln aber nicht verkneifen.

Der Ausflug ins Dorf war gut gelaufen, sehr gut sogar. Manfred würde ihr das Fell, das sie der Kleinen zu Weihnachten schenken wollte, am Tag vor Heiligabend zum Bunker bringen. Außerdem trug sie einen Rucksack voller Köstlichkeiten. Sie hatte Konservendosen gekauft, aber auch frisches Obst und Gemüse und sogar ein paar Pralinen – und sie war Gisa nicht über den Weg gelaufen!

Das Beste aber war das, was sie im Laden in Erfahrung gebracht hatte. Die junge Frau an der Kasse, eine Zugezogene, deren Gesicht Johanna fremd war, hatte sie nicht nur als »die Frau aus dem Wald« erkannt, sondern war darüber hinaus auch äußerst freundlich und redselig gewesen. Während sie Johannas Ausbeute in Papier einwickelte und abkassierte, plapperte sie ohne Unterlass – was Johanna einerseits ersparte, selbst reden zu müssen, und ihr andererseits interessante Neuigkeiten offenbarte. Irgendwo zwischen den eingelegten Kirschen und einem üppigen Vorrat an Mehl fing die aufgeschlossene Kassiererin an, über »dieses junge Ding« zu reden, das neulich durch den Wald »nach drüben« hatte flüchten wollen. Johanna hatte in diesem Moment Mühe gehabt, nicht ertappt die Luft anzuhalten, aber ihre Sorge war unbegründet gewesen. Die Suche nach der Kleinen war nämlich längst eingestellt worden. *Kummer-Jürgen*, der so hieß, weil er seiner Mutter und allen nachfolgenden Frauen immer nur Kummer bereitet hatte, war kurz nach der geheimnisvollen Sichtung einer humpelnden Frau hinterhergelaufen, die am Ortsausgang in einen fremden Wagen gestiegen und mit quietschenden Reifen davongefahren war. Das Nummernschild hatte er leider nicht entziffern können, weil es dunkel gewesen war. Johanna vermutete, dass er außerdem hackedicht gewesen war, aber das konnte ihr nur recht sein, wo er mit seiner Fuselgeschichte doch jeglichen Verdacht großzügig von der Hütte und dem Wald gelenkt hatte. Kurz hatte sie sogar mit dem Gedanken gespielt, einen billigen Schnaps zu kaufen und ihm vor die Haustür zu stellen, aber dann hatte sie sich dagegen entschieden und stattdessen den Heimweg eingeschlagen.

Unterwegs hatte sie ein seltsames Hochgefühl gepackt. Es war nicht nur die Erleichterung darüber, dass niemand mehr nach dem Mädchen suchte, sondern noch etwas anderes. Johanna fühlte sich leicht und beschwingt, obwohl der Rucksack mit den Vorräten schwer auf ihren Schultern lastete, und irgendwo hinter ihrem Zwerchfell saß noch ein anderes, merkwürdiges Gefühl: Sie freute sich, nach Hause zu kommen.

Nach Hause kommen …

Dieser Gedanke war in vielerlei Hinsicht unsinnig, so unsinnig sogar, dass Johanna verblüfft den Kopf darüber schüttelte. Sie hatte es dem Mädchen gegenüber zwar behauptet, aber genau genommen war die kleine Hütte ihrer Mutter natürlich kein

Zuhause, sondern höchstens ein Zufluchtsort. Ein Ort, an dem niemand sie dabei beobachten konnte, wie sie weiterlebte, trotz und mit ihrer Schuld. Und dass sie nun auch noch so etwas wie Freude empfand …

Johanna stieß ein leises, ungläubiges Schnauben aus. Vielleicht irrte sie sich auch, ganz bestimmt irrte sie sich! Seit mehr als neun Jahren hatte sie sich nicht mehr auf etwas gefreut, sie wusste gar nicht mehr, wie sich Freude anfühlte, Glück. Bestimmt hatte sie heute nur zu wenig gegessen. Ein leerer Magen sendete Signale ans Gehirn, und das wiederum schüttete alle möglichen Botenstoffe aus. Gut möglich also, dass dieses Kribbeln im Bauch gar keine Freude war, sondern nur einfacher Hunger.

Das Mädchen öffnete sofort, als es Johannas Klopfzeichen an der Tür hörte. Und es sah auch viel besser aus als noch am Morgen.

»Ich habe mindestens vier Stunden geschlafen«, erzählte die Kleine, während sie Johanna beim Auspacken der Einkäufe half.

»Und niemand ist hier gewesen?«, hakte Johanna nach.

Die Kleine zuckte grinsend mit den Schultern. »Habe zumindest nichts davon mitbekommen.«

Johanna erwiderte ihr Lächeln, doch im nächsten Moment fiel ihr Blick auf die Liege, und ihr Atem setzte kurz aus. Ganz hinten an der Wand, halb verdeckt unter dem verrutschten Laken, lag die Spieluhr ihrer Mutter.

»Du hast doch nicht etwa die Musik spielen lassen, oder?«, herrschte Johanna die Kleine an.

Das Mädchen gab sich nicht mal die Mühe zu lügen. Es legte die Hände auf seinen Bauch und sah sie verlegen an. »Der Kleine mag das Lied. Wahrscheinlich spürt er, dass es französisch ist wie sein Vater, auf jeden Fall strampelt er immer ganz wild und ...«

Johanna knallte eine Dose Kraut auf die Tischplatte und brachte sie damit zum Schweigen. Sie schnaubte ein paarmal, bevor sie genug Luft fand, um die Kleine zurechtzustutzen. »Bist du denn völlig übergeschnappt? Was fällt dir ein, dir einfach meine Spieluhr zu nehmen?« Mit wenigen wütenden Schritten durchquerte sie den Raum und riss das Holzkästchen an sich.

Verunsichert taumelte das Mädchen ein Stück zurück. »Tut mir leid. Ich wusste nicht, dass du was dagegen ...«

»Wieso stellst du nicht gleich einen Plattenspieler auf und verteilst ein paar Einladungen da draußen? Dann gibt es wenigstens Zuschauer, wenn sie dich abführen und in ein Loch sperren!« Vor Zorn schnaufend ging Johanna zum Küchenschrank und stellte die Spieluhr zurück an ihren Platz. Mit einem Knall schloss sie die Schranktür und fuhr zu der Kleinen herum. Die stand noch immer wie versteinert an Ort und Stelle und wusste nicht, was sie sagen sollte. Als Johanna fluchend das Gesicht in den Händen vergrub, öffnete sich ihr Mund aber doch noch.

»Es war doch nur ein bisschen Musik ...«

Johanna starrte sie mit weit aufgerissenen Augen an. »Nur ein bisschen Musik? Und wo soll dieses bisschen Musik herkommen mitten im Wald?«

Das Mädchen verzog das Gesicht. »Von dir ... aus deiner Hütte hier?«

»Natürlich kommt die Musik von mir!«, schimpfte Johanna. »Das Problem ist nur, dass ich gar nicht da war, als die Musik lief! Was meinst du, warum ich dir einbläue, das Licht auszulassen und die Tür verschlossen zu halten, solange ich fort bin? Weil es nur eine Möglichkeit gibt, woher solche Geräusche hier draußen kommen können. Aus dieser Hütte.« Angespannt kam Johanna auf sie zu und flüsterte: »Wenn jemand draußen herumschleicht, kommt er dann leicht darauf, dass sich jemand hier versteckt, während ich weg bin. Hinter verschlossener Tür. Bei gelöschtem Licht.«

Das Mädchen ließ die Schultern sinken und senkte den Blick. Es schien langsam zu verstehen, worauf Johanna hinauswollte. »Tut mir leid, wirklich. Ich habe nicht darüber nachgedacht und …« Sie sah Johanna in die Augen. »Ich wollte uns nicht in Gefahr bringen.«

Johanna erkannte, dass sie es ehrlich meinte. Erschöpft nahm sie sich die Wollmütze vom Kopf und fuhr sich durch die Haare. »Ist ja nochmal gut gegangen. Aber du musst vorsichtiger sein, viel vorsichtiger. Wenn ich mich nicht irre, kommt in den nächsten Tagen wärmere Luft.«

»Und das heißt?« Die Kleine sah sie verunsichert an.

Johanna seufzte. »Wenn es taut, könntest du vielleicht früher los, direkt nach Weihnachten.«

Überrascht runzelte das Mädchen die Stirn. »Noch vor Januar?«

Johanna nickte, wenn auch nur zögerlich. »Es fehlt nur noch ein kleines Stück auf meiner Karte, nicht mehr viel, dann könntest du aufbrechen. Aber dafür darf uns jetzt kein Fehler mehr unterlaufen, hörst du? Keine Musik, wenn du allein bist.«

»Keine Musik, wenn ich allein bin«, wiederholte die Kleine ernst, konnte ihre Aufregung aber kaum verbergen.

Die nächsten Tage verliefen ohne unangenehme Vorkommnisse, im Gegenteil: Ihr Plan reifte in großen Schritten. Johanna verschwand an drei vollen und ein paar halben Tagen im Wald, um die letzten Teile der Karte zu vervollständigen. Die Kleine verhielt sich vorbildlich, zumindest soweit Johanna das beurteilen konnte. Sie blieb still, hielt die Hütte sauber und bereitete meist sogar ein Abendessen zu, das sie abends nach Johannas Rückkehr hinter zugezogenen Vorhängen im Kerzenschein einnahmen. Nebenbei erklärte Johanna ihr die nächsten und letzten Abschnitte des Fluchtweges, und sie wiederholten die bereits besprochenen.

Vier Tage vor Heiligabend hatte Johanna zum ersten Mal das Gefühl, dass die Kleine bereit war. Sie kannte den Weg in- und auswendig, konnte vor dem inneren Auge Abzweigungen und Orientierungspunkte abrufen und Johanna von möglichen Komplikationen sowie deren Aufhebung berichten, ohne ins Schlingern zu geraten. Johannas Aufzeichnungen würde sie nicht mitnehmen können, denn falls etwas passierte, würden sie eine Spur zur Hütte legen, und das wollte das Mädchen unter keinen Umständen riskieren. Aber sie war schnell im Kopf und pfiffig, und so bezweifelte Johanna nicht, dass sie es auch ohne Zeichnungen schaffen würde.

Auch die Witterung spielte ihnen auf einmal zu. Es wurde mit jedem Tag ein wenig wärmer, und der Schnee begann zu schmelzen. Die Vögel in den Baumkronen wurden lebendiger, und auch wenn es noch lange nicht Zeit war, den Einzug des Frühlings zu feiern, verbreitete ihr Gesang eine ermutigende Stimmung. Pünktlich zu Heiligabend wäre der Schnee verschwunden, dessen war Johanna sich sicher. Die Kleine würde also schon sehr bald aufbrechen können, noch in diesem Monat und Jahr jedenfalls.

Bei diesem Gedanken wurde Johanna von Wehmut gepackt. Ihre gemeinsame Zeit im Wald ging auf ihr Ende zu, und auch wenn ihre Vorbereitungen gut waren, der Zustand des Mädchens zufriedenstellend und ihr Plan auf einer soliden Basis stand, spürte Johanna ein seltsames Ziehen in der Brust. Natürlich wollte sie, dass die Kleine glücklich wurde, dass sie es hinüberschaffte und das Leben führen konnte, das sie sich wünschte, gemeinsam mit ihrem Baby und diesem französischen Sprachlehrer. Aber ein winzig kleiner Teil von ihr wollte eben auch, dass sie blieb.

Johanna schämte sich für diesen Gedanken. Es ging hier nicht um sie. Es ging darum, dass das Mädchen sein Glück fand und seine Träume lebte, und daran mussten sie so kurz vor dem Ziel festhalten. Dennoch fürchtete Johanna insgeheim den Verlust der Kleinen und dessen, was sie ihr gegeben hatte. War es Hoffnung?

Zumindest war es eine Aufgabe gewesen, und auch ein paar Momente Zufriedenheit. Johanna konnte sich nicht erinnern, wann sie Letztere verspürt hatte, bevor die Kleine in ihr Leben geplatzt war. Nie im Leben hätte sie bei ihrer ersten Begegnung am Hochstand gedacht, dass das Mädchen sie verändern würde, ihr Leben. Nach Maries Tod war ihr klar gewesen, dass sie nie wieder etwas Gutes würde empfinden können und nie wieder einen Anspruch auf Glück verdient hätte. Und obwohl sie wusste, dass es ihr noch immer nicht wirklich zustand, empfand sie plötzlich nicht nur Glück, sondern hoffte auch inständig, dass es sie jetzt nicht verließ. Sie glaubte nicht an einen Gott und ertappte sich dennoch dabei, heimlich zu beten: Das Mädchen musste es einfach schaffen, ihr Plan *musste* funktionieren!

Am Morgen des zweiundzwanzigsten Dezembers klärte sie die Kleine schließlich über die Umstände auf. »Der Schnee ist fast weg, im Grunde könntest du morgen schon aufbrechen.«

»Morgen schon?« Die Kleine war dabei, das Geschirr vom Frühstück zu säubern, und blickte Johanna überrascht an.

Johanna nickte. »Du kennst den Weg. Es ist zwar noch kalt, aber nicht zu kalt, um es zu schaffen. Im Prinzip spricht nichts dagegen.«

Nachdenklich legte das Mädchen den Teller zur Seite. »Aber dann könnten wir nicht gemeinsam Weihnachten feiern.«

»Ich lege nicht viel Wert auf Weihnachten«, entgegnete Johanna, spürte allerdings einen kleinen Stich, als ihre Gedanken zum Rehbockfell wanderten. Morgen Nachmittag würde Manfred ihr das fertige Fell zum Bunker bringen. Aber wer brauchte schon Geschenke, wenn die Freiheit in greifbare Nähe rückte?

Das Mädchen schien trotzdem nicht überzeugt. Unsicher biss es sich auf die Unterlippe und blickte Johanna dann an. »Geht es nicht auch nach Heiligabend?«

Johanna hatte nicht erwartet, dass die Kleine ihren Traum hinauszögern würde, nur um mit ihr Weihnachten zu feiern, aber irgendwie rührte diese Geste sie auch. »Natürlich, es geht auch nach Heiligabend.« Sie räusperte sich. »Du könntest am fünfundzwanzigsten aufbrechen, das wäre sogar nicht schlecht. Jochen wird seine Männer an den Feiertagen nicht in voller Besetzung in den Wald hinausschicken. Vermutlich sind die Tage nach Heiligabend also am sichersten.«

Johanna sah, wie sich der Brustkorb der Kleinen langsam hob und wieder senkte, bevor sie nickte. »Dann also am fünfundzwanzigsten.«

»Dann also am fünfundzwanzigsten«, bestätigte Johanna und schenkte ihr ein vorsichtiges Lächeln. »Vielleicht kann ich einen kleinen Baum besorgen.«

»Einen Baum?«

»Einen Weihnachtsbaum«, antwortete Johanna. »Wenn wir Heiligabend schon zusammen verbringen.«

Das Mädchen stieß einen Freudenschrei aus und stürmte vor, um ihr um den Hals zu fallen.

»Nicht so wild«, ermahnte Johanna sie, ließ die Umarmung aber zu und musste selbst lächeln. »Wenn überhaupt, wird es nur ein ganz kleiner Baum. Hab keine Lust, hinterher zwanzig Kilo Nadeln wegzufegen.«

Aber das Mädchen ging auf ihren Einwand nicht ein, sondern drückte sich nur noch fester an sie.

Insgeheim hatte Johanna längst einen Baum ins Auge gefasst. Er ging ihr nur bis zu den Schultern und stand in der Nähe der Hütte. Weil er noch jung war und der Stamm schmal, benötigte sie nur zwei Axthiebe, um ihn umzuhauen. Trotzdem fluchte sie vor sich hin, als sie ihn zurück zur Hütte trug, denn die Nadeln und Zweige waren widerspenstig und stachen ihr schmerzhaft in Hals und Schultern.

Das Leuchten in den Augen des Mädchens entschädigte sie allerdings für die Unannehmlichkeiten. Die Kleine jauchzte wie ein Kind und hüpfte ein paarmal vor Begeisterung auf und ab, sodass selbst Johanna nicht anders konnte, als sich über den Baum zu freuen.

»Das wird wunderschön!«, verkündete die Kleine, als Johanna den Baum mit Hilfe eines Eimers und allerhand Geröll am Boden fixiert hatte. Die Hütte wirkte jetzt noch kleiner, aber auch gemütlicher. »Ich mache uns ein paar Anhänger aus Papier, das hat mir meine Mutter gezeigt«, fuhr das Mädchen aufgeregt fort. »Und vielleicht kannst du im Wald eine Handvoll Tannenzapfen mitnehmen? Die könnten wir in die Zweige hängen. Wenn Peter noch Eier legt, können wir die bemalen und …«

»Verwechselst du da nicht etwas?«, lachte Johanna auf. Aber

das Mädchen war kaum zu bremsen, und die unverblümte Vorfreude ging Johanna ans Herz. »Du kannst dich mit dem Baum austoben, ich übernehme dafür das Weihnachtsessen«, sagte sie und drehte sich vergnügt zum Herd, um Tee aufzusetzen. Doch als ihr Blick dabei durch das kleine Fenster fiel, rutschte ihr das Lächeln aus dem Gesicht, und ihr Herz begann zu rasen.

Das konnte doch nicht wahr sein – nicht jetzt, nicht heute!

»Du musst verschwinden«, zischte sie und drehte sich hektisch zum Mädchen um. »Versteck dich!«

Die Kleine starrte sie verständnislos an. »Aber ...«

»Sofort!«, flüsterte Johanna und ließ den Blick panisch durch den Raum gleiten. Die Jacke des Mädchens und ihr Bettlager aus Säcken waren die einzigen Hinweise darauf, dass sich noch eine zweite Person in der Hütte aufhielt. »Leg dich unter die Liege, ganz hinten an die Wand«, dirigierte sie die Kleine und schnappte sich ihre Jacke, da ertönte von draußen eine Stimme.

»Johanna, bist du da? Ich bin's, Gisa!«

Jetzt endlich reagierte das Mädchen. Es riss alarmiert die Augen auf, fiel dann in Windeseile auf alle viere und zwängte sich unter die Pritsche.

»Du musst nach ganz hinten«, zischte Johanna. »Und du darfst keinen Mucks von dir geben, hörst du? Kein einziges Geräusch!«

Die Kleine nickte wortlos und folgte ihren Anweisungen, doch Johanna konnte die Panik in ihren Augen sehen. Sie konnte ihr jetzt allerdings nichts Beruhigendes mehr sagen, sondern warf schnell die Jacke unter die Matratze und schob die Säcke mit dem Laub, die ihr als Bett dienten, unter das Gestell. Sie schaffte es gerade noch, die Decke über alles zu werfen, als es hinter ihr an der Tür klopfte.

»Johanna? Ich sehe Licht, also bist du wohl da?« Gisa klang heiter, geradezu neckisch, und rüttelte an der verschlossenen Tür.

Johanna presste die Lippen aufeinander und rieb sich über das Gesicht. »Einen Moment«, rief sie und versuchte, sowohl ihre Atmung als auch ihren rasenden Puls zu beruhigen. Was zum Teufel wollte Gisa hier? Konnte sie nicht einfach bleiben, wo sie hingehörte?

Ein letztes Mal flog Johannas Blick durch den Raum, aber es gab nichts, was auf das Mädchen hinwies. Zumindest konnte sie auf die Schnelle nichts ausmachen. In diesem Augenblick klopfte es erneut. Johanna sah noch einmal auf das Bett, schickte ein stummes Gebet gen Himmel und war mit ein paar Schritten an der Tür, um Gisa zu öffnen.

Auf dem Gesicht ihrer alten Schulkameradin breitete sich ein Lächeln aus. »Johanna, wie schön, dass ich dich hier erwische.«

Johanna versuchte sich ihre Irritation darüber, wo sie sonst hätte stecken sollen, nicht anmerken zu lassen und rang sich stattdessen ein Lächeln ab. »Gisa. Was treibt dich her?«

Gisa grinste bedeutungsvoll und wies mit einem Nicken auf die große Tasche, die sie in den Händen hielt. »Kann ich reinkommen?«

Johannas Puls schoss weiter in die Höhe. »Ich … bin gerade …«, stammelte sie, aber Gisa drängte sich bereits an ihr vorbei. Als sie den Baum in der hinteren Ecke entdeckte, legte sich ein ungläubiger Ausdruck auf ihr Gesicht.

»Du machst es dir ja richtig schön dieses Jahr!«

Angespannt rieb Johanna sich über den Mund. »Ist nur ein kleiner Baum«, murmelte sie, doch Gisa drehte sich begeistert zu ihr um.

»Erwartest du dieses Jahr etwa Gäste?«

»Nein!« Geradezu empört blickte Johanna sie an und kratzte sich am Ellenbogen.

»Ich mein ja nur«, fuhr Gisa fröhlich fort und stellte die Tasche auf einem der Stühle ab. »Du warst im Dorf, und Kristin hat erzählt, dass du ziemlich viele Vorräte gekauft hast.« *Kristin,* so hieß die Plaudertasche also.

»Nur, damit ich nicht so bald wiederkommen muss«, murrte Johanna. »Du weißt, dass ich am liebsten alleine bin.«

»Ich weiß, ich weiß.« Gisa zwinkerte, bezog Johannas Vorliebe aber offenbar nicht auf sich selbst. »Hätte ich gewusst, dass du dieses Jahr einen Baum hast, hätte ich dir ein paar Kugeln mitgebracht. Kurt kriegt ja ständig dieses Zeug von seiner Schwester geschenkt.«

»Ich mag es lieber natürlich«, murmelte Johanna. Sie mochte sich gar nicht erst ausmalen, dass Gisa womöglich wiederkommen und Baumschmuck bringen könnte. »Ehrlich gesagt wollte ich gerade raus in den Wald und …«

»Ich halte dich nicht lange auf«, fiel Gisa ihr ins Wort. »Wollte dir nur schnell was vorbeibringen.« Zufrieden öffnete sie ihre Tasche und holte eine Dose daraus hervor. »Tee, weil deiner neulich aus war. Und das hier …« Sie zog aufgeregt ein Päckchen aus der Tasche und wickelte es aus, bevor sie es Johanna hinhielt: »Baumkuchen! Den hast du doch früher so gern gemocht.«

»Baumkuchen?« Stirnrunzelnd blickte Johanna auf das flache, runde Gebäck. Sie konnte sich nicht daran erinnern, dass sie jemals Kuchen mit oder von Gisa gegessen hatte – aber die Geste war eindeutig freundlich, insofern gab sie sich einen Ruck und lächelte bemüht. »Dass du das noch weißt.«

Gisa winkte großzügig ab. »Ich spiele gern die gute Fee, du

kennst mich doch. Außerdem habe ich noch was anderes für dich.«

»Noch etwas?« Johanna hatte keine Ahnung, ob das gut oder schlecht war. Ihr Herz schlug jedenfalls noch immer bis zum Hals, und sie musste sich zusammenreißen, nicht ständig zur Liege zu schielen. Bis jetzt hatte Gisa zum Glück keine Lunte gerochen, sie war viel zu beschäftigt damit, sich als Wohltäterin hervorzutun. Mit einem breiten Grinsen auf den Lippen fuhren ihre Hände schon wieder in die Tasche, und als Johanna im nächsten Augenblick erkannte, was sie daraus hervorzog, verschlug es ihr für einen Moment die Sprache. »Das ist …«

»Von Manfred«, unterbrach Gisa sie. »Ist wunderschön geworden, oder?«

Sprachlos nahm Johanna das Fell entgegen. Es war wirklich wunderschön geworden. Manfred hatte es nicht nur aufgearbeitet, sondern auch noch ein Lammfell auf der Rückseite gegengenäht. So konnte es als Unterlage, aber auch als Decke genutzt werden.

Trotzdem verstand sie nicht, was das Fell in Gisas Tasche zu suchen hatte. Sie hatte doch mit Manfred verabredet, es am dreiundzwanzigsten am Bunker abzuholen, und das war erst morgen.

Offenbar entging Gisa ihre Irritation nicht. Fürsorglich legte sie ihre Hand auf Johannas Unterarm. »Manfred hat mir erzählt, dass er es dir vor Weihnachten rausbringen sollte, weil es dich an Mariechen erinnert. Und weil ich dir ohnehin eine Kleinigkeit für die Feiertage bringen wollte, habe ich ihm angeboten, es gleich mitzunehmen. Dann muss er nicht nochmal extra rausfahren.«

Johanna strich verblüfft über das weiche Fell. Sie konnte nicht glauben, dass Manfred Gisa alles erzählt hatte. Sie hatte ihn nie für ein Tratschmaul gehalten. Andererseits war es sehr wahrscheinlich, dass er gegen Gisa keine Chance gehabt hatte. Wenn sie etwas witterte, war sie wie ein Jagdhund, der nicht abließ, ehe er seine Beute im Maul hatte.

Johanna musste schlucken. Nicht auszudenken, was passiert wäre, wenn sie Gisa nicht rechtzeitig durch das Fenster entdeckt hätte.

Aber auch jetzt war die Gefahr nicht gebannt. Die Kleine lag immer noch unter dem Bett und bekam vermutlich kaum Luft. Wenn sie hustete oder sich falsch bewegte und Gisa etwas hörte, wäre alles umsonst gewesen, einfach alles. Das durfte nicht passieren.

Johanna drückte das Fell an sich und sah Gisa so dankbar wie möglich an. »Was schulde ich Manfred?«

Wieder winkte Gisa ab. »Er hat es zum Freundschaftspreis gemacht, und ich habe es gern übernommen!«

»Freundschaftspreis?« Johanna runzelte die Stirn. Sie hatte keine Freunde, also konnte ihr auch niemand einen Freundschaftspreis machen.

»Sieh es einfach als Weihnachtsgeschenk, meine Liebe«, sagte Gisa und nahm ihre Tasche, bevor sie Johanna unvermittelt an sich drückte. »Frohes Fest! Und das nächste Mal trinken wir einen Tee, abgemacht?« Sie zwinkerte und verschwand durch die Tür nach draußen, ohne eine Antwort abzuwarten.

Johanna blieb noch einen Moment wie angewurzelt stehen und hielt sich am Fell fest. In ihren Ohren rauschte es so laut, dass sie es kaum ertragen konnte. Erst als sie sicher war, dass Gisa in Richtung Parkplatz verschwunden war, legte sie das Fell beiseite, schloss die Tür und ging eilig vor der Liege auf die Knie, um die Säcke herauszuziehen. Doch unter der Pritsche regte sich noch immer nichts, kein Ton war zu hören. Johanna riss die Jacke des Mädchens weg und legte ihren Kopf auf den Boden, dann endlich sah sie die Kleine. Sie lag dicht an die Wand gedrängt, mit noch immer weit aufgerissenen Augen, und traute sich kaum Luft zu holen.

»Sie ist weg«, flüsterte Johanna und lächelte vorsichtig. »Du kannst wieder rauskommen.«

Doch das Mädchen blieb regungslos liegen und senkte nur den Blick zum Bauch. »Ich … glaub, ich habe mich eingenässt.«

Johanna folgte ihrem Blick. Zwischen den Beinen des Mädchens zeichnete sich ein großer, feuchter Fleck auf ihrer Hose ab, und auf dem Boden davor hatte sich eine kleine Pfütze gebildet.

Johanna schloss die Augen. Sie hatte sich nicht eingenässt.

Die Fruchtblase war geplatzt.

MYLÈNE
April 2019

»Bist du sicher, dass wir hier richtig sind?« Mylène blinzelte ratlos in den Wald hinein und schlug die Fahrertür zu, sodass der Knall von den Bäumen widerhallte.

»Laut GPS sind wir zumindest nah dran.« Vorsichtshalber sah Etienne noch einmal auf sein Handy. »Aber ein bisschen seltsam ist das schon.«

»Seltsam« war kein passender Ausdruck für die Situation – aber mittlerweile war Mylène daran gewöhnt. Seitdem Monsieur Picard am Dienstagmittag in ihr Büro spaziert war, war »seltsam« so was wie ihr zweiter Vorname. »Wer weiß«, sagte sie und schüttelte sich kurz, aber bestimmt die Haare aus dem Gesicht. »Vielleicht bin ich die uneheliche Tochter von Hänsel und Gretel und wurde vor dreißig Jahren im Wald ausgesetzt.«

Etienne runzelte die Stirn. »Waren Hänsel und Gretel nicht Geschwister?«

»Mich schockt nichts mehr«, gab Mylène mit einem tiefen Seufzer zu.

Sie war inzwischen auf alles gefasst. Ein Gefängnis, ein Hippiedorf oder auch ein altes, verwunschenes Herrenhaus – all das waren Möglichkeiten, die ihr auf der Fahrt durch den Kopf gegangen waren. Aber dass sie nun ausgerechnet auf einem verlassenen Parkplatz mitten im Wald gestrandet waren, brachte ihr Vorstellungsvermögen an seine Grenzen.

Sie fuhr sich mit der Zunge über die trockenen Lippen und ließ müde die Schultern sinken. Die Fahrt hierher hatte sie ganz schön geschlaucht. Nach Etiennes Geständnis und ihrem Gefühlsausbruch auf der Raststätte hatte sie noch eine kleine Ewigkeit und zwei Flaschen Wasser gebraucht, um wieder einigermaßen verkehrstauglich zu sein. Hinter der deutschen Grenze waren sie dann in einen gigantischen Stau geraten, der sich bis hinter Dortmund zog und sie geschlagene vier Stunden kostete.

»Ist nicht ungewöhnlich fürs Ruhrgebiet«, hatte Etienne versucht, sie zu beruhigen, aber Mylène hätte trotzdem am liebsten einen Sprengsatz gezündet und sich auf Knopfdruck freie Bahn verschafft.

Als der Stau endlich überwunden war, hatte Etienne auf eine Pause zum Pinkeln und Essen bestanden. Obwohl die Salatbar an der Raststätte erstaunlich frisch und vielfältig war, hatte Mylène nur lustlos auf ihrem Teller herumgestochert und zugesehen, wie Etienne in aller Seelenruhe ein Steak mit fingerdicken Fritten und anschließend zwei Stück Streuselkuchen verdrückte.

Das nächste Stück des Weges war reibungslos verlaufen, aber dann hatten sie sich auf der Zielgerade noch ein paarmal verfahren. Sobald sie die Autobahn verlassen hatten, führte ihr Weg ins Leere, und Mylène brauchte viel zu lang, um zu verstehen, dass das offenbar genau so sein sollte. *Irgendwo im Nirgendwo* – so hatte Etienne es in Amsterdam beschrieben und damit ins Schwarze getroffen.

»Wollen wir uns ein Hotel für die Nacht suchen?«, hakte er nach, während Mylène immer noch schweigend in das unheilvolle Schwarz zwischen den dichten Baumstämmen blickte.

»Ein Hotel?« Irritiert wandte sie ihm das Gesicht zu.

Er nickte in Richtung Wald. »Es dämmert schon. Wenn die Daten stimmen, müssen wir mitten hinein. Vielleicht sollten wir das lieber morgen früh angehen, wenn die Sonne aufgeht und nicht unter.«

Mylène holte tief Luft und drehte sich wieder zum Wald. Vermutlich hatte er recht. Wahrscheinlich wäre es wirklich das Vernünftigste, mit dem Rest des Weges bis morgen zu warten. Das Problem war nur, dass Mylène kein Interesse mehr verspürte, vernünftig zu sein.

Irgendwo zwischen diesen alten, gerade gewachsenen Bäumen lag ihre Vergangenheit wie ein vergessener Schatz und wartete darauf, entdeckt zu werden. Wie von selbst griffen ihre Finger nach dem Schlüssel an ihrem Hals. Sie konnte jetzt nicht Halt machen und sich ein Hotel suchen. Sie musste es endlich zu Ende bringen.

»Wenn du Schiss hast, kannst du gern in den nächsten Ort fahren.«

»Ich habe keinen Schiss«, erwiderte Etienne empört. »Aber es wird bald dunkel, und wir haben keine Ahnung, wo das alles hinführt. Bei diesen Koordinaten kann sich schließlich alles Mögliche befinden. Ein Massengrab, zum Beispiel. Oder irgendein Abgrund.«

Mylène verkniff sich ein Grinsen. »Klingt, als hättest du doch Schiss.«

»Ich habe eine *Verletzung*«, entgegnete er und hob sicherheitshalber die verbundene Hand. »Selbst, wenn ich wollte, könnte ich nicht allein in den nächsten Ort fahren.«

Mylène wägte einen Augenblick ab, ob sie Mitleid mit ihm haben und seinem Wunsch nachgeben sollte, aber dann entschied sie sich anders. »Du kannst dir ja ein Taxi rufen. Wenn wir beide hergefunden haben, schafft das ein ortskundiger Taxifahrer sicher auch. Ich gehe jedenfalls weiter.« Auffordernd hielt sie ihm ihre Handfläche hin, aber er verstand nicht, worauf sie hinauswollte. »Dein Handy«, klärte sie ihn auf. »Ich brauche dein Telefon, sonst kann ich den GPS-Daten nicht folgen. Und außerdem musst du mir deine PIN geben.«

»Was?«

»Ich brauch den Code, um das Display zu entsperren, sonst nützt mir das Teil ja nichts.«

Etienne starrte sie ungläubig an, bevor er die Augen verdrehte und stöhnte. »Also gut, dann gehen wir eben in den Wald.«

Mylène hob halb überrascht, halb belustigt die Augenbrauen. »Heißt das etwa, du stürzt dich lieber in einen Abgrund, als mir dein Handy zu überlassen?«

»In den Abgrund habe ich mich schon gestürzt, als ich dich in Paris in mein Auto gelassen habe. Also kann ich das letzte Stück wohl auch noch hinter mich bringen.«

»Das ist sehr nobel von dir.« Mylène grinste. »Wenn wir unterwegs von einem Wolf angegriffen werden, werde ich ihm von deinem Edelmut berichten, bevor ich ihm das Okay gebe, dich aufzufressen.«

Etienne sah sie fassungslos an. Doch anstatt etwas zu erwidern, ging er kopfschüttelnd um seinen Wagen herum und öffnete den Kofferraum. »Irgendwo hier müsste noch eine Taschenlampe rumliegen.« Er wühlte sich eine Weile durch das Chaos aus Taschen, Plastiktüten und leeren Plastikflaschen und beförderte dann eine kleine, batteriebetriebene Lampe hervor. »Ist zwar kein Schwert, um Wölfe in die Flucht zu schlagen, aber so sehen wir wenigstens, in welchen Kackhaufen wir treten.«

Mylène musste lachen und sah ihn dankbar an. »Dann wird es jetzt wohl Zeit, die Sache zu Ende zu bringen.«

Etienne ließ die Kofferraumklappe zufallen und seufzte noch einmal lauter, als es nötig gewesen wäre. »Das wird es wohl.« Und als er ihr im nächsten Moment seine Hand hinhielt, zögerte sie keine Sekunde und griff zu.

Laut GPS war die Strecke nicht weit, aber der Waldboden entpuppte sich als echter Spielverderber. Außerdem dämmerte es schnell, und Mylène war heilfroh über Etiennes Taschenlampe. Problematisch waren nicht die Kackhaufen, vor denen er gewarnt hatte, sondern eher die Baumwurzeln und der unebene Unterboden.

»Das hier war früher Grenzgebiet«, sagte Etienne, nachdem sie etwa eine Viertelstunde schweigend unterwegs waren. Er hielt Mylène sein leuchtendes Display unter die Nase und deutete auf eine feine gestrichelte Linie in der grünen Karte.

»Ostdeutschland?«, hakte sie verblüfft nach, und er nickte.

»Die DDR, ja. Kein Wunder also, dass es hier keine Wanderwege gibt. Vermutlich sollte hier gar keiner durchkommen.«

Bei diesem Gedanken wurde Mylène unwohl. Sie verschränkte die Arme vor der Brust. Langsam begann sie zu frieren. Sie hatte sich nie sonderlich für die Teilung zwischen Ost- und Westdeutschland interessiert – wieso auch? »Ist das nicht alles schon ewig Geschichte?«

»So lange nun auch wieder nicht«, erwiderte Etienne. »Im Herbst jährt sich der Mauerfall zum dreißigsten Mal, und dann hat es nochmal ein Jahr gedauert, bis Deutschland offiziell wiedervereinigt wurde.«

Mylène sah ihn überrascht an, und er zuckte beinahe entschuldigend mit den Schultern. »Wenn man in Berlin lebt, kommt man um diese Daten kaum herum. Und es ist doch ziemlich unglaublich, dass dieses Land hier vor dreißig Jahren noch durch eine kilometerlange Mauer und Grenzzone getrennt war. All die Familien, die da auseinandergerissen wurden, die Liebe, das Leid – dafür sind dreißig Jahre keine lange Zeit, finde ich.«

Natürlich hatte er recht. Genau genommen war es sogar unfassbar, dass so etwas Schreckliches vor wenigen Jahrzehnten nicht nur *möglich*, sondern *Wirklichkeit* gewesen war.

Plötzlich bildete sich ein Kloß in Mylènes Kehle. »Meinst du, ich … wurde in der DDR geboren?«

»Möglich wäre es. 1987 bestand die Teilung noch, keiner konnte zu der Zeit ahnen, dass es nur noch zwei Jahre bis zum Mauerfall dauern würde. Das war selbst 1989 nicht abzusehen.«

Mylène blieb stehen und versuchte, ihre Gedanken und Gefühle zu sortieren.

Offenbar spürte Etienne, dass sie diese Vorstellung überrumpelte. »Es ist viel zu früh, irgendwelche Schlüsse zu ziehen. Wir wissen ja gar nicht, was sich hinter diesen Koordinaten verbirgt. Vielleicht ist das nur der Ort, an dem deine Mutter mal gelebt hat. Oder da befindet sich irgendein Denkmal oder so.«

Mylène sah ihn skeptisch an. »Und du denkst, an irgendeinem Denkmal mitten im Wald hängt ein Zettel für mich, auf dem steht, wo ich herkomme und wer meine Eltern sind?«

»Die Möglichkeit besteht«, wand Etienne achselzuckend ein. »Auch, wenn es zugegebenermaßen nicht besonders wahrscheinlich ist.« Er stellte sich vor sie, legte seine Hände an ihre Oberarme und sah ihr durch die Dämmerung in die Augen. »Aber ganz genau werden wir es erst wissen, wenn wir unser Ziel erreicht haben.«

HOLLY
September 2003

»Noch ein Stück, nur ein bisschen!«, rief Sasha ihr zu und huschte um den Wagen herum. »Ja, ja, ja – *Stooopp!*« Sie streckte ihren Daumen aus und warf erleichtert den Kopf in den Nacken.

Auch Holly stieß einen Schwall Luft aus, als sie den Motor endlich abstellte. Sie hatte nicht nur aus finanziellen Gründen darauf verzichtet, sich in Los Angeles ein Auto anzuschaffen – der Großstadtverkehr war purer Stress! Und dass sie nun gleich einen klobigen Lieferwagen fahren musste, machte es nicht einfacher.

Als sie ausstieg und sich den Angstschweiß von der Stirn wischte, hatte Sasha bereits die Laderaumtüren aufgerissen und schob sich die Ärmel hoch. »Ich kann immer noch nicht glauben, dass der Idiot mich hat hängen lassen!« Es folgte ein langer, wütender Fluch auf Russisch, für den Holly keine Übersetzung brauchte, um zu verstehen, dass ihre Mitbewohnerin Alec zur Hölle wünschte. Sashas Agent hatte sich nicht von seiner besten Seite gezeigt. Holly überraschte das nicht, Alec war ein Ekel durch und durch, aber sie hoffte inständig, dass die heutige Enttäuschung ausreichen würde, damit Sasha ihm endgültig den Laufpass gab.

Vor zwei Wochen hatte sie die Hauptrolle in einem Werbespot ergattert. Die ursprünglich gebuchte Schauspielerin hatte sich auf dem Weg zum Dreh das Knie verdreht, und Sasha war kurzfristig eingesprungen und hatte damit unverhofft einen Batzen Kohle verdient. Genug zumindest, um endlich in ein vernünftiges Schlafsofa zu investieren. Die Couch im Wohnzimmer, die ihr seit Hollys Einzug als Bett diente, war schon ziemlich durchgelegen, quietschte bei jeder Bewegung und roch nach altem Katzenpipi – dabei hatten sie nicht mal Haustiere.

Sasha hatte keinen Augenblick gezögert und ihre gesamte Gage in ein komfortables Ausziehsofa gesteckt. Alec hatte ihr zugesichert, das unhandliche Ausstellungsstück mit dem Lieferwagen seines Bruders abzuholen und in die Wohnung hochzutragen, aber als Sasha und Holly vor dem Möbelhaus gewartet hatten, war weit und breit keine Spur von Sashas Agenten gewesen. Zwei Stunden hatten sie sich die Füße in den Bauch gestanden, und Sasha hatte Alecs Mailbox mit bösen Nachrichten bombardiert, aber dann mussten sie sich eingestehen, dass er wohl nicht mehr kommen würde.

Sasha selbst besaß keinen Führerschein, eine Lieferung nach Hause überstieg ihr Budget, und so war der Kelch zu Holly weitergewandert. Sie hatte zwar einen gültigen Führerschein, aber auch höllische Panik davor, einen viel zu großen Mietwagen durch Los Angeles zu manövrieren.

Jetzt standen sie immerhin schon mal vor dem Haus. Allerdings löste das noch nicht das Problem, wie sie das klobige Möbelstück in den vierten Stock kriegen sollten.

»So eine Arschgeige«, murmelte Sasha und strich sich ratlos die roten Haare aus der Stirn. »Ich bringe ihn um, das schwör ich dir!«

Holly seufzte. »Mir würde es schon reichen, wenn du endlich eure Zusammenarbeit beendest und dir einen vernünftigen Agenten suchst.«

»Darauf kannst du Gift nehmen«, zischte Sasha, aber Holly bezweifelte, dass sie wirklich den Absprung schaffen würde. Wenn ihr Zorn erstmal verflogen war und Alec mit irgendeiner fadenscheinigen Ausrede bei ihr ankroch, würde Sashas Entschlossenheit schneller dahinschmelzen als eine Kugel Eis in der Sommersonne. Aus irgendeinem unerfindlichen Grund war ihre wunderschöne, talentierte Mitbewohnerin diesem aufgeplusterten Möchtegernprofi erlegen.

Im nächsten Moment horchte Sasha hoffnungsvoll auf. »Da klingelt ein Handy, oder?«

Holly hatte gar nicht darauf geachtet, aber jetzt hörte sie es auch. Sie hatten ihre Mobiltelefone auf der Fahrt vorne in die Mittelkonsole gelegt, und von dort ertönte nun ein leises Klingeln. Wie von der Tarantel gestochen stürmte Sasha auf die Fahrertür zu und beugte sich über den Sitz zur Konsole. Im nächsten Augenblick erklang ein lautes Stöhnen und ein weiterer russischer Fluch.

»Ist nur dein Handy!«, brüllte Sasha und kam mit Hollys klingelndem Telefon zurück zur Ladefläche. »Wer ist denn *Matt*?«

Holly sah sie erschrocken an. »Was …?«

»Matt?«, wiederholte Sasha und hielt ihr das Display hin, auf dem sein Name aufleuchtete.

Holly musste schlucken. »Niemand«, sagte sie, nahm das Handy und schaltete es vorsorglich aus.

Sasha aber hatte Lunte gerochen. »Einen ›Niemand‹ speichert man nicht mit Namen im Telefonbuch. Sag bloß, ›Lucas‹ kriegt Konkurrenz?« Sie puffte Holly ihren Ellenbogen in die Seite, aber Holly fand das alles nicht witzig.

»Wollen wir jetzt dein Sofa nach oben befördern oder lieber einen Kaffeeklatsch abhalten?«

Als Sasha darüber nachzudenken schien, verdrehte Holly die Augen. »Das war eine rhetorische Frage, Sash! Spar dir deine Luft zum Schleppen, das wird nämlich kein Zuckerschlecken.«

Sasha hob entwaffnend die Hände. »Hab schon verstanden, du willst nicht darüber reden.«

Holly nickte und war heilfroh, dass ihre Mitbewohnerin sie so schnell von der Angel ließ. Denn Sasha hatte recht, sie wollte nicht über Matt reden. Es reichte ja schon, dass sie permanent an ihn dachte.

Seit Lucas' Geburtstag vor einem Monat hatten sie sich nicht mehr gesehen. Matt und Lucas hatten natürlich weiter mit ihr gerechnet, aber Holly brauchte etwas Abstand. Am liebsten wären ihr sogar mindestens drei Zeitzonen und zwei Äquatorlängen Abstand gewesen, aber das ließ sich auf die Schnelle nicht einrichten. Also hatte sie erstmal behauptet, sie wäre krank, und hatte anschließend ein paar Termine vorgeschoben.

Selbstverständlich war Matt mit jeder Absage misstrauischer geworden und hatte mehrfach versucht sie anzurufen, aber sie war nie rangegangen. Was hätte sie denn auch sagen sollen? Sie wusste ja nicht einmal, was sie denken oder fühlen sollte.

Irgendwann hatte er angefangen, Nachrichten zu schreiben.

Hab ich was falsch gemacht?

Ich mach mir Sorgen …

Lucas vermisst dich.

Bitte melde dich!

Auf einige hatte Holly kurz und möglichst neutral geantwortet, die meisten aber ließ sie unkommentiert. Genau genommen hatte Matt nichts falsch gemacht – sie dafür aber umso mehr.

Lucas' Geburtstag hatte sich vollkommen verkehrt entwickelt, aber vermutlich hatte sie die Kontrolle schon viel früher verloren. Der Geburtstagsabend hatte alles nur noch schlimmer gemacht! Erst Lucas' Geständnis über den Stern, den er für seine Mutter hielt, und dann die Dinge, die Matt ihr auf dem Badezimmerboden über Jay und ihre Beziehung erzählt hatte. Das waren einfach zu viele aufwühlende Informationen auf einmal gewesen. Am schlimmsten aber war das, was Holly an dem Abend gefühlt hatte.

Er hatte nicht nur im Bad ihre Hand gehalten, sondern sie zum Abschied an der Wohnungstür auch in seine Arme gezogen und an sich gedrückt.

Im ersten Moment war Holly überrumpelt und verunsichert gewesen, aber dann hatten sich ihre Unsicherheit und ihr Widerstand binnen eines Atemzugs aufgelöst, *sie* hatte sich in seiner Umarmung aufgelöst.

Im Grunde genommen war in diesem Moment nichts zwischen ihnen passiert und gleichzeitig alles. Holly war irgendwann, nach einer viel zu langen Weile, von ihm abgerückt, hatte sich ein Lächeln abgerungen und war durch die Wohnungstür ins Treppenhaus verschwunden. Wo in der nächsten Sekunde die Welt über ihr zusammengebrochen war.

Völlig aufgelöst war sie nach draußen gestolpert und hatte nach Luft geschnappt, aber der Himmel war nicht groß genug gewesen, um ihr an diesem Abend genug Luft zum Atmen zu bieten. Obwohl es Stunden gedauert hatte, war sie den ganzen Weg zu Fuß nach Hause gelaufen und hatte dabei stumm geweint, aber auch danach war es nicht besser geworden. Immer wieder waberten Paris Worte durch ihren Kopf wie dunkle Gewitterwolken: *Er mag dich.* Das größte Problem war aber nach wie vor, was sie selbst empfand. Auch sie mochte Matt – und das war falsch, falsch, falsch! Seine Berührungen lösten etwas in ihr aus, das über ein Arbeitsverhältnis hinausging, und in seinen Armen hatte sie viel mehr empfunden als nur Freundschaft. Holly hasste sich dafür. Sie verabscheute sich mit allergrößter Leidenschaft für ihre Gefühle, und sie schämte sich mehr, als sie sich je zuvor für etwas geschämt hatte. Als sie in Matts und Lucas' Leben getreten war, hatte sie nach Wiedergutmachung gesucht, nach einem Weg, ihre Schuld zu begleichen, einer Chance, ihr Glück zurückzugeben an diejenigen, denen es zugestanden hätte. Und was hatte sie stattdessen getan?

Ihretwegen hatte Jay ihr Leben verloren, und jetzt hatte sie sich auch noch in ihr Leben geschlichen – und schlimmer noch: in das Herz ihres Sohnes und womöglich sogar ihres Freundes.

Das durfte nicht sein, vor allem aber durfte es auf keinen Fall so weitergehen! Sie musste einen Schlussstrich ziehen, die Sache beenden, auch wenn es vielleicht schmerzhaft war. Alles andere wäre Verrat gewesen, an Matt und Lucas, vor allem aber an Jay. Holly durfte nicht noch mehr Schuld auf sich laden.

Deshalb war es das Beste, sich aus der Geschichte herauszuziehen. Kein Babysitten mehr, keine Nachmittage im Park und keine Badezimmermomente mit Matt! Sie musste konsequent bleiben, musste das Pflaster so schnell wie möglich abreißen, in der Hoffnung, dass es nicht allzu lange wehtat – für Matt und Lucas, aber auch für ihren Seelenfrieden. Falls sie letzteren jemals wiederfinden würde.

In den ersten drei Wochen hatte sich Matt oft und hartnäckig gemeldet, aber in den vergangenen Tagen war ihr Telefon erstaunlich still geblieben. Holly hatte schon gehofft, dass der schwerste Teil überstanden sei – zu früh, wie sich nun herausstellte. Er rief immer noch an. Und die Gefühle, die dabei in ihr aufgewirbelt wurden, taten immer noch weh und verursachten ihr Übelkeit.

»Hey, machst du jetzt etwa schlapp?«, riss Sasha sie aus ihren Gedanken. »Allein bekomme ich die Couch ganz sicher nicht hoch.«

»Nein, alles gut«, beruhigte Holly sie und rieb sich über das Gesicht, um auch den letzten Gedanken an Matt und das, was sie getan hatte, zu vertreiben. »Ich habe nur nachgedacht, wie wir am besten vorgehen. Vielleicht sollten wir erst das alte Sofa runterholen, dann ist oben schon mal genug Platz.«

Sasha kniff nachdenklich die Augen zusammen und nickte. »Hast recht. Außerdem geht runter leichter als hoch – und wir sparen uns das Beste für den Schluss auf.« Sie zwinkerte und schloss die Ladeklappen wieder.

Ihre Vermutung entpuppte sich allerdings als böser Trugschluss: Die alte Couch herunterzuschaffen gestaltete sich als das Gegenteil von leicht. Das muffige Ding war viel schwerer als angenommen, und es brauchte vier Anläufe, um es durch die Apartmenttür zu manövrieren, ohne dass es sich im Türrahmen verkeilte. Auf dem Weg nach unten hängten sich Holly und Sasha als Gegengewichte an die obere Seitenlehne und zerrten mit aller Macht gegen die Last an, die sich unerbittlich die Stufen hinabdrängte. Als sich im zweiten Stock die Tür öffnete und der dauerkiffende Nachbar ins Treppenhaus treten wollte, schrien sie sich die Kehle aus dem Leib, er möge augenblicklich verschwinden, wenn er nicht ziemlich unrühmlich sterben wollte.

Erst als sie es nassgeschwitzt nach unten geschafft hatten, erlaubte Sasha sich ein Kichern. »Stell dir mal die Traueranzeige vor, wenn wir den Kerl überrollt hätten: *Gelebt im Dauerrausch – begraben unter einem Sofa, das nach Katzenpisse stinkt.*«

Holly zuckte grinsend mit den Schultern. »Klingt nach einer klassischen L.A.-Erfolgsstory.«

»Apropos«, griff Sasha den Strohhalm auf, während sie das Sofa ächzend an den Straßenrand schoben. »Hast du schon einen Plan, wie *deine* Erfolgsstory weitergeht?«

Holly öffnete die Ladetüren des Lieferwagens. »Allerdings. Das nächste Kapitel lautet: *Wie ich eine Schlafcouch in den vierten Stock befördere, ohne dabei einen Nachbarn zu töten*. Vielleicht hilft der Typ uns ja freiwillig, wenn wir ihm versichern, dass er am Leben bleibt?« Sie lächelte, aber Sasha ging nicht darauf ein.

»Ich meine es ernst, Holly. Findest du nicht, es wird Zeit, endlich wieder nach vorne zu schauen?«

»Ich schaue doch nach vorne«, erwiderte Holly, ahnte aber, dass Sasha sie diesmal nicht so schnell vom Haken lassen würde.

Ihre Mitbewohnerin bohrte auch direkt weiter, während sie auf die Ladefläche krabbelte. »Ich weiß, dass dir diese Sache schwer zugesetzt hat – aber mittlerweile ist ein halbes Jahr vergangen.«

»Diese *Sache*?«, wiederholte Holly ungläubig und starrte Sasha wütend an. »Eine Kollegin ist meinetwegen gestorben, Sash! Das ist keine ›Sache‹, die irgendwann vorbeigeht. Erst recht nicht nach einem halben Jahr.«

Sasha sah sie nachdenklich an und begann, das neue Sofa in Richtung Ladekante zu schieben. »Das alles ist schrecklich, ja, aber du trägst doch nicht die Schuld an dieser Explosion, Holly. Und im Übrigen wird deine Kollegin auch nicht wieder lebendig, wenn du dein Leben an den Nagel hängst. Du hast Talent, und das solltest du verdammt nochmal nutzen.«

Holly klappte der Mund auf. Allerdings kam sie nicht dazu zu protestieren, weil sich in diesem Augenblick eine Sofakante bedrohlich auf sie zuschob. Schnaubend griff sie unter den Couchboden. »Nur fürs Protokoll: Ich habe kein Talent!«

Sasha ließ das Sofa abrupt los und starrte sie fassungslos an, während Holly noch immer unter der Last des aus dem Wagen ragenden Couchstücks ächzte. »Du willst mich verarschen, oder? Du bist eine Wahnsinnsautorin, Holly – *Olivia Longman* wollte mit dir arbeiten!«

»Daraus ist nichts geworden, wie du weißt«, stöhnte Holly unter dem Gewicht der in der Luft hängenden Möbelhälfte.

»Weil *du* nicht wolltest! Aber wenn Olivia etwas in dir und deinen Texten sieht, dann werden es andere auch tun. Wenn du an dem alten Buch nicht weiterarbeiten willst, bitte schön. Dann schreib halt was Neues – aber schreib, verdammt nochmal!«

Holly spürte, wie ihre Arme unter dem Couchgewicht zu zittern begannen und ihr große Mengen Blut in den Kopf schossen. »Ich habe schon einen Job, der mir Spaß macht, Sash.«

»In einem Café.«

»Es reicht, um meinen Mietanteil zu zahlen«, presste Holly angestrengt hervor. »Also weiß ich nicht, warum du dich so aufregst.« Mit einem Ruck mobilisierte sie ihre letzten Kräfte und schob das Sofa zurück auf die Ladefläche.

Sasha schaffte es gerade noch rechtzeitig auszuweichen und funkelte sie fassungslos an. »Du willst wissen, warum ich mich aufrege?« Mit drei großen Schritten war sie vorne an der Ladekante und sprang aus dem Wagen. Entschlossen baute sie sich vor Holly auf. »Weil verdammt nochmal nicht jede von uns die Chance bekommt, ihren großen Traum zu leben! Deiner ist zum Greifen nahe, Holly, aber du bist zu blind, das zu sehen, und zu feige, danach zu greifen. Und ich habe dich viel zu lieb, als dass ich tatenlos danebenstehen und zusehen möchte, wie deine Chancen verstreichen und du es irgendwann bereust.«

Holly musste schlucken. Ihre Schultern und Arme zitterten noch immer von der Last des Schlafsofas, aber auch der Rest ihres Körpers fühlte sich ziemlich erdrückt von Sashas Worten. Ein paarmal öffnete sie den Mund, aber es kam einfach kein Ton über ihre Lippen.

Dafür ertönte auf der anderen Straßenseite plötzlich eine Hupe. »Holly!«

Holly zuckte zusammen. Sie musste sich nicht umdrehen, um zu erkennen, wem die Stimme gehörte. Als sie es trotzdem tat, entdeckte sie einen ziemlich aufgebrachten Matt, der aus seinem Wagen sprang und die Straße überquerte, ohne auf den Verkehr zu achten.

»Ein Glück, dass ich dich gefunden habe, ich wusste nur, dass du in der Gegend wohnst«, platzte es aus ihm heraus, bevor Holly auch nur die Augen schließen und sich wünschen konnte, dass das hier nur ein böser Traum war. »Ich habe dich angerufen, ungefähr hundertmal.«

»Dann ist das also Matt?«, mischte sich Sasha ein, und Holly bemerkte, dass ihre Mundwinkel zu einem vielsagenden Grinsen nach oben wanderten.

Unglücklich verzog sie das Gesicht. »Mein Handy ist aus, weil wir …«

»Lucas ist verschwunden«, fiel Matt ihr ins Wort, packte sie an den Oberarmen und sah ihr panisch in die Augen. »Bitte sag, dass er hier bei dir ist!«

»Was …?« Holly verstand kein Wort – die ganze Situation war ein einziger großer Albtraum.

Matt fuhr sich angespannt übers müde Gesicht. »Ich wollte ihn von der Vorschule abholen, aber er war schon weg. Ich hatte gehofft, dass du … dass er hier bei dir …?«

»Nein«, sagte Holly irritiert und fühlte sich vollends überfordert.

Dafür schien Sasha plötzlich zu verstehen. Sie packte Hollys Unterarm.

»Warte mal! *Lucas?* Er spricht doch nicht etwa von deinem Ravioli-Date-*Lucas*, oder?«

Mit gerunzelter Stirn blickte Matt Sasha an und schien sie erst jetzt richtig wahrzunehmen. »Lucas ist mein Sohn. Er ist fünf und …«

»*Fünf?*« Ungläubig sah sie zu Holly. »Scheiße, Holly, was …?« Doch dann verstummte sie, und Holly konnte sehen, dass hinter ihrer Stirn ein paar Schalter umgelegt wurden. »Oh nein. Nein, nein, nein!«

Während Holly das Gesicht verzog, blickte Sasha zu Matt. »Du bist *Matt*«, setzte sie die letzten Puzzleteile zusammen. »Der Matt von Hollys Kollegin.«

»Kollegin?« Matt blickte sie verständnislos an.

Sasha schlug sich die Hände vors Gesicht und schüttelte fassungslos den Kopf. Offenbar wusste sie nicht, ob sie lachen oder weinen sollte. »Verflucht, Holly«, sagte sie schließlich und funkelte ihre Mitbewohnerin an. »Bitte sag mir, dass das *nicht* der Matt von deiner toten Kollegin ist und dieser Lucas *nicht* ihr Sohn!«

»Ich … wollte …« Hollys Stimme versagte.

Dafür fand Matt seine Sprache wieder. Verständnislos blinzelte er sie an. »Du kanntest Jay?«

Holly konnte die Verunsicherung in seinem Blick sehen. Tränen schossen in ihre Augen, und ihr Herz schlug so schnell wie die Flügel eines Kolibris.

»Ich … kann das erklären«, flüsterte sie, war sich aber nicht sicher, ob sie das wirklich konnte. Gab es eine Erklärung für das, was sie getan hatte – eine, die sich nicht anfühlte wie der größte Verrat der Welt?

Plötzlich wurde ihr schwindelig. Alles um sie herum drehte sich und schwankte, der Himmel und die Hauswände an den Straßenrändern brachen über ihr zusammen – bis sie ein weiteres Mal ihren Namen aus der Ferne hörte. »Holly!«

Aber es war nicht Matts Stimme und auch nicht Sashas, sondern Paris.

Hektisch ließ Holly ihren tränenverschleierten Blick die Straße hinabgleiten – und weit hinten überquerte ihre Chefin die Straße. An der Hand hielt sie niemand anderen als Lucas! Als er Holly sah, legte sich ein Strahlen auf sein kleines Gesicht, und er löste sich mit einem Ruck von Parivashs Hand, um auf Holly zuzustürmen.

»Gott sei Dank!«, hörte Holly Matt hinter sich aufatmen, als Lucas in ihre Arme fiel. Sie hob ihn hoch und vergrub ihre Nase an seinem Nacken. Überschwänglich schlang er seine Arme um ihren Hals.

Erst als er sich wieder aus der Umarmung löste, bemerkte er die Tränen auf Hollys Wangen. »Warum weinst du denn?«

Holly musste schlucken. Es gab tausend Gründe zu weinen, aber kaum einen, der ihr leicht über die Lippen kam.

»Ich … freue mich einfach, dass du wieder da bist«, sagte sie und setzte ihn zurück auf den Boden. »Du hast deinem Papa einen ziemlichen Schrecken eingejagt.«

Jetzt ging auch Matt vor ihm in die Hocke, noch immer aufgelöst, aber auch sichtbar erleichtert. »Mach so was nie wieder, hörst du? Ich bin fast gestorben vor Angst!« Energisch drückte er Lucas an sich, doch der Kleine hielt es nicht lange in der Umarmung aus.

Grinsend löste er sich aus den Armen seines Vaters und nahm stattdessen seine Hand. »Ich habe Holly gefunden!«, verkündete er stolz.

Matt sah stirnrunzelnd von Lucas zu Holly und wieder zurück. »Das hast du«, seufzte er und zog den Kleinen noch einmal zu sich heran. »Aber du hättest nicht einfach weglaufen dürfen! Du wusstest doch gar nicht, wo Holly wohnt – ich habe sie ja selber nur mit viel Glück gefunden.«

»Aber ich wusste, wo sie arbeitet«, erwiderte Lucas mit einem breiten Grinsen. »Und mit dem Bus war es gar nicht so weit.«

Bevor Matt oder Holly noch etwas sagen konnten, meldete sich Pari zu Wort. »Ich war auch ziemlich überrascht, als der kleine Mann plötzlich in der Tür stand. Ich habe versucht, dich anzurufen, Holly, aber du bist nicht rangegangen.«

Zerknirscht wanderte Hollys Hand zur Hosentasche, in der noch immer ihr Handy steckte. »Mein Telefon ist aus, weil ich mit Sasha ...« Ihr Blick wanderte unsicher zu ihrer Mitbewohnerin. Sasha stand mit verschränkten Armen vor der offenen Ladefläche des Lieferwagens und sah sie mit zusammengezogenen Augenbrauen an. Und sie hatte recht. Das hier war nicht der Moment, um sich weiter rauszureden.

Sie schuldete ihnen eine Erklärung – vor allem Matt. »Ich schätze, wir sollten reden«, murmelte sie erschöpft.

Matt atmete tief ein und wieder aus und fuhr sich mit der Hand durch die Haare. Dann senkte er den Blick und nickte. »Aber nicht jetzt. Ich bringe Lucas nach Hause und ...«

»Ich kann ihn auch nochmal ins Café mitnehmen«, bot Pari spontan an.

Lucas war sofort Feuer und Flamme. »Au ja! Bitte, Daddy, bitte, bitte!«

Während Matt noch unschlüssig die Augenbrauen zusammenzog, wandte Holly sich schon an ihre Chefin. »Wäre das wirklich in Ordnung?«

»Du weißt doch, dass ich jede helfende Hand gebrauchen kann«, erwiderte Pari zwinkernd. »Außerdem habe ich keine Ahnung, was hier genau los ist, aber eines ist sicher: Hier ist der Kleine gerade fehl am Platz.« Sie hielt Lucas die Hand hin, und er ließ sich nicht zweimal bitten. »Kommt einfach vorbei, wenn ihr fertig seid«, rief Parivash ihnen zu und spazierte mit Lucas zurück zum Café.

Holly und Matt sahen den beiden nach, bis sie um die Straßenecke verschwunden waren. Dann erst trafen sich ihre Blicke wieder.

Sasha löste endlich die verschränkten Arme vor ihrer Brust und räusperte sich. »Nachdem wir oben in der Wohnung gerade keine Couch haben, würde ich vorschlagen, dass ihr einfach auf dieser hier Platz nehmt.« Sie deutete auf das neue Sofa im Wageninneren. »Ich höre mich in der Zwischenzeit um, ob jemand beim Tragen helfen kann. Ihr braucht sicher eine Weile.«

Unsicher presste Holly die Lippen aufeinander und nickte kaum merklich. Erst als Sasha im Hauseingang verschwunden war, sah Holly wieder zu Matt. Sein Blick war ein einziges großes Fragezeichen.

Es lag an Holly, ihm endlich die Antworten zu geben, die er verdient hatte.

JOHANNA
Dezember 1987

Das Baby wurde in den frühen Morgenstunden des dreiundzwanzigsten Dezembers geboren. Es war ein Mädchen, zierlich und klein, aber es brüllte wie ein ganzer Stall voll halbwüchsiger Jungen, sodass sich Johannas Sorgen schnell in Luft auflösten. Sie hatte befürchtet, dass die Niederkunft zu früh sein könnte und das Baby nicht genug entwickelt, aber dem war nicht so. Mit großer Wahrscheinlichkeit hatte sich die Kleine bei der Berechnung des Geburtstermins geirrt, und Johanna fiel ein Stein vom Herzen.

Mit Ausnahme der ihrer Tochter hatte sie nie einer Geburt beigewohnt, geschweige denn eine betreut. Die kleine glänzende Fruchtwasserpfütze unter dem Bett hatte ihren Panikpegel schlagartig in die Höhe schnellen lassen. Tausend Möglichkeiten waren ihr durch den Kopf gejagt, doch keine hatte sie ernsthaft beruhigt. Sie konnte natürlich Hilfe rufen oder die Kleine zu einem Arzt ins Dorf bringen, aber dann wären alle Bemühungen der letzten Wochen umsonst gewesen.

Kaum war die Kleine unter der Matratze hervorgekrochen, setzten außerdem die ersten Wehen ein – und das Mädchen bekam es mit der Angst zu tun. In all den Tagen und Wochen hatte Johanna sie nicht derart aufgelöst und hilflos erlebt. Am Ende blieb also nur eine Möglichkeit: Johanna musste sich die eigene Angst verkneifen und Ruhe bewahren, um die Kleine nicht noch mehr zu verunsichern. Sie würden dieses Baby hier in der Hütte auf die Welt bringen, gemeinsam.

Die darauffolgenden Stunden vergingen wie im Rausch und gleichzeitig unsagbar langsam. Jede Sekunde dauerte ein Jahr und jede Stunde einen Wimpernschlag. Als Physikerin hatte sie sich zwar ausgiebig mit der Zeit beschäftigt, aber niemals erfahren, wie relativ sie tatsächlich war.

Sie stützte die Kleine, kochte die Schere ab und legte frische Laken bereit. Sie strich dem Mädchen die verschwitzten kurzen Haare aus der Stirn, redete ihr ruhig zu, obwohl in ihr selbst ein Wintersturm tobte, und versuchte sich an ihre eigene Niederkunft zu erinnern. *Atmen, pressen, durchhalten.* Zwischendurch löste sie sich von der eigenen Person und hatte das Gefühl, ihren Körper zu verlassen und das Ganze von oben zu betrachten, aus sicherer Distanz, wie einen Film.

Erst als das schmierige Baby in ihre nackten, blutigen Unterarme glitt und sie die Nabelschnur durchtrennte, vereinten sich ihr Geist und Körper wieder.

»Eine Tochter«, flüsterte sie der Kleinen zu und legte ihr das Baby auf den Bauch. »Ein kleines Mädchen – sie ist wunderschön.«

Während das Baby die Brust seiner Mutter gesucht hatte, war Johanna nach draußen getreten, vor die Hütte, in die Winternacht. Sie trug weder Jacke noch Schuhe, aber das spielte keine Rolle. Auf einmal hatte sich all die Panik, die sie sich zuvor erfolgreich verkniffen hatte, ihren Weg nach draußen gebahnt. Johanna schnappte nach Luft und taumelte ein paar Schritte Richtung Wald. Als sie sich schweratmend gegen einen Baum lehnte und mit dem blutigen Handrücken die Haare aus dem Gesicht strich, spürte sie, dass Tränen über ihr Gesicht liefen. Sie warf den Kopf zurück gegen den breiten Stamm und rutschte am Baum entlang auf den Waldboden. Ihr Herz schlug schneller, als sie es für möglich gehalten hatte – und plötzlich musste sie lachen. Sie lachte laut und aus voller Kehle, während gleichzeitig noch immer Tränen an ihren Wangen herabliefen. Sie hatten es geschafft, nein: *Sie* hatte es geschafft!

Sie hatte ein Kind zur Welt gebracht, hatte die Kleine und ihr Baby gerettet – dabei hatte sie bis vor kurzem noch nicht einmal gewusst, dass es auf dieser Welt überhaupt noch etwas zu retten gab.

Und so saß sie eine Weile da und lachte und weinte, weil es endlich wieder einen Grund dazu gab, nach all den Jahren endlich ein Grund.

Heiligabend war so friedlich und ruhig, dass es Johanna immer wieder die Tränen in die Augen trieb. Die Kleine war noch etwas erschöpft, aber ihr Baby war gesund und ziemlich munter. Es trank gierig, ließ sich von Johanna wiegen und machte zuverlässig sein Geschäft. Johanna zerschnitt ein altes Laken, um Stoffwindeln daraus zu machen, aber sie wusste, dass sie nach Weihnachten noch einmal ins Dorf würde gehen müssen. Sie hatte zwar noch keine Ahnung, wie sie den Kauf von Windeln erklären würde, aber irgendetwas würde ihr schon einfallen. Ihr fiel immer etwas ein.

»Hast du dir schon einen Namen überlegt?«, hakte Johanna nach, als sie das Baby nach dem Bäuerchen zurück in die Arme seiner Mutter legte.

Die Kleine zögerte und fuhr mit den Fingern am Kinn ihrer

Tochter entlang. »Peter ist ja leider schon vergeben«, flüsterte sie und lächelte Johanna an. »Aber ich hatte an … Marie gedacht.«

»Marie?« Johanna blinzelte und spürte, wie ihr das Blut in die Wangen schoss.

Als das Mädchen die Verblüffung auf ihrem Gesicht bemerkte, fuhr sie verunsichert fort: »Marie Helene vielleicht. Meine Mutter hieß so, Helene.« Dann lehnte sie sich vor und legte ihre Hand auf Johannas Arm. »Aber nur, wenn du nichts dagegen hast. Ich würde nie …« Ihre Stimme versagte.

Johanna blickte auf und sah ihr in die Augen. Ein Lächeln breitete sich auf ihren Lippen aus. »Nein, ich habe nichts dagegen.« Sie drückte die Finger der Kleinen. »Im Gegenteil. Marie Helene, der Name ist perfekt.« Wieder stiegen ihr Tränen in die Augen. Sie stand auf und ging zum Küchenbuffet. »Ich habe auch noch eine Kleinigkeit.«

Das Mädchen sah sie mit hochgezogenen Augenbrauen an. »Ein Geschenk?«

»Heute ist schließlich Heiligabend«, erwiderte Johanna. »Und ich habe sonst niemanden zum Beschenken.«

»Du hast uns schon so viel geschenkt.« Das Mädchen sah auf das Gesicht seines Babys hinab. Bei ihrem Anblick breitete sich in Johannas Brustkorb ein warmes Gefühl aus. Bevor sie wieder sentimental werden konnte, griff sie nach dem Fell und brachte es der Kleinen zur Liege.

»Das ist fürs Baby. Für Marie Helene.«

Das Mädchen nahm das Fell und befühlte es von allen Seiten. Dann strahlte sie Johanna ungläubig an. »Das ist wunderschön.«

»Ich habe es extra anfertigen lassen. Du kannst die Kleine damit zudecken oder sie darauf ablegen. Ich hatte an Paris gedacht, aber jetzt ist es ja anders gekommen.«

Ein Schatten huschte über das Gesicht des Mädchens, und Johanna biss sich auf die Zunge. Sie hatten noch nicht darüber geredet, wie es jetzt weitergehen sollte – mit einem Neugeborenen im Gepäck konnte sie den Weg nach drüben sicher nicht so bald antreten.

Johanna bereute sofort, das Thema angeschnitten zu haben. Sie musste schleunigst etwas tun, um die Stimmung nicht für den Rest der Feiertage zu ruinieren. »Für dich habe ich auch noch was«, sagte sie, ohne groß darüber nachzudenken. Mit vier schnellen Schritten war sie beim Küchenschrank und holte das Holzkästchen aus seiner Ecke.

Die Kleine sah ungläubig zu, wie sie die Spieluhr in ihren Schoß legte.

»Aber ...« Es dauerte eine Weile, bis sie ihre Sprache wiederfand und ihre Gedanken formulieren konnte. »Sie gehörte deiner Mutter!«

»Und jetzt gehört sie dir.« Johanna setzte sich zu ihr auf die Bettkante.

Die Finger des Mädchens fuhren andächtig über die warmen, weichen Holzkanten, dann schüttelte es den Kopf. »Das kann ich nicht annehmen.«

Johanna zögerte. Sie hatte nicht vorgehabt, ihr Erbstück zu verschenken, aber es fühlte sich richtig an. »Du hast gesagt, ich hätte euch schon viel geschenkt, und das ist mit Sicherheit richtig.« Sie hob den Blick und sah dem Mädchen in die Augen. »Aber ihr habt mir auch eine Menge geschenkt, sogar mehr, als du dir vorstellen kannst.« Sie lächelte und strich mit ihrer Hand über die zarten Wangen des Babys. Und endlich lächelte auch das Mädchen zurück.

»Das ist ... das schönste Geschenk, das ich jemals bekommen

habe«, flüsterte sie und drehte vorsichtig den kleinen Schlüssel im Schloss des Holzkästchens. Sobald der Deckel geöffnet war, erklang die Melodie aus dem Inneren, und das Pärchen begann zu tanzen.

Johanna schloss die Augen, und plötzlich konnte sie es spüren: das Glück, das ihre Mutter in diesen Momenten gefühlt hatte. Es war hier, warm und weich, in ihrer Mitte.

Erst als die Melodie verklungen war, öffnete sie die Augen wieder und sah die Kleine und ihr Baby an. *Marie Helene*. Das war wirklich perfekt.

Die Stimmung kippte am Morgen des fünfundzwanzigsten. Das Baby hatte in der Nacht fast pausenlos geschrien und dem Mädchen die Brustwarzen wundgebissen.

»Irgendwas stimmt nicht mit meiner Milch«, stellte die Kleine fest, während ihre Nerven immer dünner wurden. »Können wir ihr nichts anderes geben?«

Johanna hatte noch etwas Milch vom letzten Besuch im Dorf, aber sie war sich nicht sicher, ob das Baby die vertragen würde. Irgendwo in ihrem Hinterkopf regte sich die Erinnerung, dass Kuhmilch für Säuglinge nicht gut war und man besser auf Ziegenmilch zurückgreifen solle. Aber eine Ziege war leider nicht in Sicht.

»Stillen ist das Beste fürs Baby«, versuchte Johanna sie zu beruhigen, aber die Kleine war davon nicht überzeugt.

»Aber es tut weh! Und sie wird offenbar nicht satt!«, fauchte sie und wischte sich Tränen aus den Augenwinkeln. Die Verzweiflung stand ihr ins Gesicht geschrieben, genau wie der Schmerz und eine Menge Zorn.

Johanna vermutete, dass die Hormone schuld waren. Sie erinnerte sich an ihre Zeit als frischgebackene Mutter und die vielen unterschiedlichen Gefühle, die damals auf sie niedergeprasselt waren. Liebe, Schmerz, Freude, Angst, Überforderung, Müdigkeit und noch mehr Liebe. Der Körper des Mädchens musste sich erst an diese Flut gewöhnen, dann würde es schon besser werden, vermutete Johanna. Doch sie lag falsch.

Auch am nächsten Tag ging es der Kleinen nicht besser, im Gegenteil. Sie weinte fast unentwegt, aber Johanna konnte auch Wut und Hilflosigkeit in ihren Gesichtszügen ausmachen. Jeder Versuch, das Mädchen in ein Gespräch zu verwickeln, scheiterte. Es wollte nicht reden, es wollte sich nicht beruhigen lassen, und erst recht wollte es das Baby nicht mehr anlegen.

Natürlich spürte die kleine Marie die Unruhe, und hungrig war sie auch. Johanna trug sie stundenlang in der Hütte herum und ließ sie an ihrem Finger saugen, aber am Ende gab Letzterer eben keine Milch.

Als es auch im Laufe des siebenundzwanzigsten Dezembers nicht besser wurde, beschloss Johanna, dass sie etwas unternehmen musste. Sie würde früher als geplant ins Dorf gehen und Nahrung für das Baby besorgen. Ein paar Liter Ziegenmilch beim Bauern und einige Packungen Ki-Na und Fläschchen im Laden. Natürlich war das nicht optimal. Es würde Fragen aufwerfen unter den Dorfbewohnern, Fragen, auf die sie schleunigst eine Antwort würde finden müssen, aber sie hatte keine andere Wahl. Das Baby musste endlich satt werden und aufhören zu schreien, sonst war auch seiner Mutter nicht zu helfen.

»Du lässt mich allein?«, schluckte die Kleine, als Johanna am Morgen des achtundzwanzigsten Dezembers ihren Rucksack schulterte.

»Ich werde nicht lange weg sein«, versuchte Johanna sie

und sich zu beruhigen. In Wirklichkeit bereitete es ihr Magenschmerzen, das Mädchen und Marie alleine zurückzulassen. Aber es wäre nur kurz, redete sie sich ein, in ein paar Stunden wäre sie bereits zurück, und dann gäbe es endlich Milch und etwas Ruhe für alle.

»Schaffst du es ohne mich?«, hakte Johanna noch einmal nach, und als das Mädchen nach einem kurzen Zögern nickte, gab Johanna Marie einen Kuss auf die Stirn und machte sich auf den Weg.

Zum Glück bekam sie im Dorf alles, was sie brauchte. Der redseligen Kristin an der Ladentheke erzählte sie, dass ihre Nichte ein Baby erwarten würde und sie ihr in den nächsten Tagen ein Päckchen schicken wollte. Kristin war derart begeistert vom bevorstehenden Kindersegen, dass sie ihr sogar noch eine Menge anderes Zeug aufschwatzte. Am Ende hatte Johanna nicht nur Milch, Ki-Na und Fläschchen im Gepäck, sondern auch noch Schnuller, etwas Spielzeug, Lätzchen und Windeln. Viel zu viel natürlich, aber vielleicht war es ganz gut, wenn sie in den kommenden Tagen das Baby versorgen konnte. Dann könnte sich die Kleine von Grund auf erholen und anschließend wieder selbst übernehmen. Vermutlich brauchte sie einfach Ruhe und Zeit, dann würde es schon laufen – die Milch, aber auch das Leben.

Selbstverständlich würden sie immer noch einen neuen Plan schmieden müssen. Mit einem Bündel Baby durch den Wald nach drüben zu marschieren war ausgeschlossen, aber in der Hütte konnten sie auch nicht lange bleiben. Dem Mädchen würde es sicher nicht gefallen, aber sie würden einen neuen Unterschlupf für die beiden finden müssen, irgendwo, wo sie nicht weiter auffielen. Johanna würde schon etwas einfallen.

Bevor sie sich auf den Rückweg machte, spielte sie noch kurz mit dem Gedanken, bei Manfred vorbeizuschauen, aber dann ließ sie es lieber sein. Zuhause wurde sie gebraucht, und Gisa hatte ihre Schuld ja ohnehin bereits beglichen.

Obwohl sie diesmal weit größere Probleme erwarteten, war sie auch heute auf dem Heimweg optimistisch, geradezu beschwingt. Wie schon beim letzten Mal spürte sie ein Flattern in der Brust bei dem Gedanken, in die Hütte zurückzukehren und ihre Nase in Mariechens zartem Flaum zu vergraben. Der unverwechselbare Geruch des Neugeborenen hatte Erinnerungen in ihr geweckt, vor allem aber einen gewaltigen Schwung Liebe. Sie würde nicht zulassen, dass dem Baby und seiner Mutter etwas zustieß. Die beiden hatten es verdient, glücklich zu werden, und Johanna würde ihr Möglichstes tun, um ihnen dabei den Weg zu ebnen.

Schon von weitem hörte sie das Baby. Es schrie immerhin nicht, sondern wimmerte nur, und ein Fremder hätte es vermutlich gar nicht wahrgenommen. Aber sie wusste schließlich, was sich in der Hütte verbarg, hatte auf die Zeichen geachtet und gelauscht.

Wenigstens brannte kein Licht im Inneren, das Mädchen hatte sich also an die Abmachung gehalten. Johanna klopfte wie verabredet an die Tür, aber in der Hütte regte sich nichts. Keine Schritte auf den knarrenden Holzbohlen, kein »Moment« oder etwas Ähnliches. War das Mädchen etwa eingeschlafen? Johanna drückte die Klinke runter und war erstaunt, als die Tür nachgab und sich widerstandslos öffnete. So was. Sie hatte sie bei ihrem Aufbruch ins Dorf doch abgeschlossen.

»Ich bin's« flüsterte sie, weil sie das Mädchen nicht wecken oder erschrecken wollte, falls es eingeschlafen war. In diesem Augenblick wurde zumindest das Baby lauter.

Johanna trat lächelnd über die Schwelle. Sie verschloss die Tür hinter sich, streifte Rucksack, Jacke und Stiefel ab und schlich an den Tisch, um die Kerze anzuzünden. Doch als ihr Blick auf die Liege fiel, verebbte ihr Lächeln.

Die alte Pritsche war leer.

Die Laken lagen zerwühlt auf der Matratze, und ganz hinten an der dunklen Wand, in das Fell gewickelt, weinte das Baby. Johanna brauchte einen Moment, bis sie realisierte, was hier los war. »Nein. Nein, nein, nein«, murmelte sie und ließ ihren Blick durch die Hütte gleiten. Die Jacke des Mädchens fehlte, genau wie seine Schuhe.

Johanna stürmte auf die Tür zu, rannte auf Socken nach draußen und blickte sich panisch nach allen Seiten um.

Nichts. Nirgendwo war eine Spur der Kleinen!

Hektisch eilte Johanna um die Hütte herum, aber auch beim Huhn war sie nicht.

Sie war verschwunden, sie war tatsächlich verschwunden.

Johanna fiel auf die Knie, presste sich die Faust in den Mund und spürte, wie ihre Augen feucht wurden. Das konnte nicht wahr sein, es *durfte* nicht wahr sein! Sie konnte doch nicht gehen, sie konnte doch nicht einfach so verschwinden, ohne …

In diesem Moment brüllte Mariechen in der Hütte auf. Johanna schluckte ihre Tränen herunter und erhob sich gefasst vom Boden. Ohne noch einmal zum Wald zu sehen, kehrte sie zurück in die Hütte und schloss die Tür hinter sich.

Ihr Blick fiel auf das Küchenbuffet. Dort lag ein Stück Papier, sorgsam zusammengefaltet, und darauf ein kleiner Schlüssel.

Johanna wusste sofort, woher er stammte und was es zu bedeuten hatte, aber sie wollte es nicht wahrhaben. Sie konnte den Brief nicht lesen und den Schlüssel nicht an sich nehmen,

nicht jetzt, denn dann wäre alles wahr geworden, unumkehr-
bar.

Deshalb wischte sie sich mit dem Ärmel über die Augen,
presste die Kiefer aufeinander und ging zum Bett, um das Baby
auf den Arm zu nehmen.

»Alles gut«, flüsterte sie, während sie ihre Nase an Maries
winzigem Ohr vergrub. »Ich bin ja da.«

MYLÈNE
April 2019

»Vorsicht!« Etienne hielt sie am Arm zurück – gerade noch rechtzeitig, denn Mylène hätte den Steinhaufen sonst übersehen.

»Was ist das?«, fragte sie, während er seine Taschenlampe auf das seltsame Arrangement am Boden richtete.

»Das war mal ein Brunnen, schätze ich.«

Auch sie konnte jetzt erkennen, dass die ungleichmäßigen Steine in einem Kreis um ein zugewachsenes Loch angelegt waren. »Nicht ungefährlich, so mitten im Wald. Wer weiß, wie viele Leute hier schon vom Erdboden verschluckt wurden.«

Etienne nickte stumm und sah auf sein Display. »Wir sind so gut wie da.«

Mylène hob den Kopf und ließ ihren Blick durch die Gegend schweifen. Die Sonne war mittlerweile untergegangen, und die dichtstehenden, himmelhohen Bäume verstärkten die einsetzende Dämmerung um ein Vielfaches. Nicht mehr lange, dann würde es stockfinster sein. Was sollten sie dann noch erkennen können, auf welche Entdeckung hoffen?

Selbst jetzt sah Mylène nichts vor lauter Wald, Wald, Wald – ihr war ja nicht mal der Brunnen aufgefallen! Unsicher fasste sie nach ihrem Schlüssel. Vielleicht wäre es doch klüger gewesen, erst morgen herzukommen?

Irgendein Vogel zerriss die Stille mit einem Kreischen. Mylène hatte immer schon Menschen bewundert, die Vögel an ihren Rufen erkennen konnten. Sie selbst hatte zu dieser Welt nie einen Zugang gefunden.

»Ich glaube, da drüben ist was.« Etienne leuchtete ein Stück weit zwischen den dunklen Baumstämmen hindurch. Auch Mylène konnte nun etwas entdecken.

»Ist das … ein Haus?« Sie kniff die Augen zusammen.

Etienne zuckte unschlüssig mit den Schultern. »Lass uns nachsehen.« Er marschierte los, ohne ihre Reaktion abzuwarten, und so blieb ihr nichts anderes übrig, als ihm nach kurzem Zögern zu folgen.

Ein Schauer lief ihr über den Rücken, als sie aus dem Schatten der Bäume auf eine kleine Lichtung trat, zugewachsen und wild, wie ein von der Zeit vergessener Ort. Von hier aus sah es fast so aus, als wären die Bäume keine Bäume, sondern Wächter und der stumme Boden unter ihren Füßen ein Schlund, der sich jederzeit auftun konnte, um sie zu verschlingen.

Etienne richtete den Lichtkegel der Lampe auf die kleine, heruntergekommene Hütte, die sich zwischen Büschen und Bäumen in den Schatten des Vergessens drängte. »*Haus* ist wohl etwas zu hoch gegriffen«, nahm er Mylènes Begriff auf. »Wenn überhaupt, war das mal eine Datsche.«

»Eine was?«

»Eine Datsche«, wiederholte er und tastete sich mit dem Strahl der Taschenlampe an den verwitterten Holzbrettern entlang. »Das waren kleine Wochenendhäuser für die Bürger der DDR, um ihnen ein bisschen Grün und Frischluft zu ermöglichen.« Er schüttelte ungläubig den Kopf. »Aber diese hier hat mindestens fünfzig, sechzig Jahre auf dem Buckel. Wahrscheinlich wurde sie noch vor der Grenzschließung gebaut. Das würde jedenfalls erklären, warum sie hier im Grenzgebiet steht. Eigentlich war das nämlich verboten.«

Mylène versuchte zu schlucken, aber ihre Kehle war viel zu trocken. Unschlüssig machte sie ein paar Schritte auf die Hütte zu, näherte sich, bis sie das Holz mit ihren Fingern berühren konnte. An den meisten Stellen war es mit grünen Flechten überzogen, der Wald holte sich sein Land zurück. Sie entdeckte ein kleines Fenster an der linken Seite und versuchte hineinzusehen, aber die Scheibe war verdreckt. Außerdem war es bereits zu dunkel, um irgendetwas erkennen zu können.

Hinter ihr stieß Etienne eine Art Lachen aus, und als Mylène sich irritiert zu ihm umdrehte, hielt er ihr stolz sein beleuchtetes Display hin. »Die Koordinaten stimmen exakt überein. Das hier ist der Ort, den wir suchen.«

Mylène wusste nicht, ob ihr diese Feststellung ein Lächeln entlocken sollte. Dieser Ort war nicht gerade das, was sie sich als Schlüssel zu ihrer Vergangenheit erhofft hatte.

Etienne schien weniger Vorbehalte zu haben. Er ging mit der Taschenlampe um die Hütte herum, ließ Mylène allein vor dem schmutzigen Fenster stehen. Nach wenigen Sekunden hörte sie seine Stimme von der Rückseite des Hauses. »Sieht so aus, als hätte hier mal jemand Hühner oder Hasen gehalten.«

Mylène rührte sich nicht. Sie stand ruhig da und hielt den Atem an, lauschte auf seine Schritte auf der anderen Seite, ein Rascheln, Knacken, feuchte Erde, trockenes Laub. Dann wieder Stille und schließlich seine Stimme: »Komm mal rüber, hier ist eine Tür!«

Mit einem Mal wünschte Mylène sich, der Boden könnte sie tatsächlich verschlucken. Sie wollte sich nicht bewegen, spürte ein

Ziehen im Bauch und ein Flattern hinter ihrer Brust. Ihre Finger wanderten an ihren Hals, griffen nach der Kette. *Im Grunde ...*

Noch einmal tief durchatmen, dann gab sie sich endlich einen Ruck und folgte Etienne auf die hintere Seite.

»Die ist nicht verschlossen«, freute er sich, während er die Klinke drückte und die verwitterte Tür mit einem quälenden Kreischen nachgab, fast so, als wollte sie die Vögel in den Baumkronen warnen, den gesamten Wald.

»Bist du sicher, dass die Hütte nicht zusammenbricht?« Mylène kreuzte unsicher die Arme vor der Brust, sie fror und fand nichts anderes, um sich festzuhalten.

Etienne sah sie an, beinahe amüsiert. »Wenn sie die letzten sechzig Jahre überstanden hat, wird sie wohl auch noch ein paar Stunden durchhalten. Außerdem wird diese fremde Frau dich kaum hierherlotsen, um dich dann unter einem Haufen Schutt zu begraben, oder?« Er grinste, aber Mylène war noch immer nicht wohl bei dem Gedanken, durch diese fremde Tür ins Dunkel zu treten.

»Komm schon.« Etienne senkte die Lampe und hielt ihr seine Hand hin. »Du bist nicht allein.«

Mylène nickte kaum merklich, er hatte recht. Sie war nicht allein – und außerdem musste sie endlich Licht in die Sache bringen, sonst würde sie unter den vielen *im Grundes* am Ende selbst zu Grunde gehen. Die Koordinaten zu diesem Ort waren nicht zufällig hinter ihrem Foto gelandet, die Hütte musste irgendeine Rolle in ihrem Leben spielen. Die Frage war nur, welche.

Mylène nahm einen tiefen Atemzug, ergriff Etiennes Hand und folgte ihm über die Türschwelle. *Es fehlen Geräusche*, schoss ihr ein erster Eindruck durch den Kopf. Kein Licht – und auch kein Strom, wie Etienne im nächsten Moment feststellte.

»Die haben mit Holz geheizt.« Er richtete den Strahl der Taschenlampe auf einen alten, gusseisernen Küchenofen unter dem Fenster. »Und fürs Licht gab es wohl Kerzen.« Die Lampe wanderte weiter zu ein paar halb abgebrannten Wachsstummeln, die an verschiedenen Stellen in der Hütte drapiert waren. »Hier sind sogar noch Streichhölzer.« Er drückte Mylène wortlos die Taschenlampe in die Hand, um die Kerzen der Reihe nach anzuzünden. Als der Raum kurz darauf von einem warmen Flackerlicht erfüllt wurde, nahm er die Lampe zurück und schaltete sie zufrieden aus. »So ist es doch ganz gemütlich.«

Gemütlich? Mylène wusste nicht, ob das das Wort war, das sie gewählt hätte. Nachdenklich ließ sie ihren Blick durch den Innenraum schweifen. Alles hier wirkte aus der Zeit gefallen, fast wie in einem Museum. Spinnenweben und Staubnester an der niedrigen Decke, im Fensterrahmen und unterhalb der Holzmöbel. An der rückwärtigen Wand stand eine Pritsche, darauf lagen zusammengefaltet einige dunkelbraune Wolldecken. In der Mitte des Raumes ein Tisch mit zwei Stühlen, die Tischplatte fleckig und zerkratzt, stumme Zeugen eines verborgenen Lebens. War es das ihrer Mutter?

Ein Kloß bildete sich in Mylènes Kehle, und sie fasste nach ihrem Schlüssel. Plötzlich spürte sie es ganz deutlich. An diesem Ort war etwas passiert – etwas, das über ihr Leben entschieden hatte.

»Eine Putzfrau gibt es jedenfalls nicht«, stellte Etienne belustigt fest und fuhr mit dem Finger über einen alten Küchenschrank, um ihr den dicken Staubfleck an seinem Finger zu präsentieren. »Und wenn ich richtig sehe, nicht mal fließendes Wasser. Deshalb der Brunnen.«

Auch Mylène konnte nirgendwo einen Wasserhahn oder ein

Spülbecken entdecken. *Das Fehlen von allem* – so konnte man diesen Ort wohl am besten beschreiben. Kein Strom, kein Wasser, kein Mensch. Hatte ihre Mutter hier gelebt?

Mylène ließ ihren Schlüssel los und fuhr sich mit den Fingern über die Kehle. Mit Sicherheit hatten die Jahre ihre Spuren an dieser Hütte hinterlassen, aber auch vor dreißig Jahren war sie kein Palast gewesen. War das der Grund, warum ihre Mutter sie zur Adoption freigegeben hatte? Wollte sie, dass ihre Tochter eine Zukunft hatte und nicht in der trostlosen Vergangenheit feststeckte, von der dieser Verschlag hier zeugte?

»Aber wo ist die Verbindung?«, murmelte Mylène gedankenversunken.

Sie hatte es mehr zu sich selbst gesagt, aber Etienne fühlte sich trotzdem angesprochen. »Wir sollten uns umsehen. Irgendwo gibt es bestimmt einen Hinweis, so wie in dem Bilderrahmen.«

Auch wenn es ihr widerstrebte, in diesem fremden kleinen Raum herumzuwühlen, musste Mylène ihm recht geben. Irgendwo hier musste es Antworten geben – und sie würde nicht eher weggehen, bevor sie sie in den Händen hielt.

Im unsteten Schein der Kerzen öffneten sie Schubladen und Schränke, wirbelten Staub auf und weckten Gegenstände, die längst vergessen wirkten, aus ihrem Dornröschenschlaf. Aber nirgendwo konnten sie etwas Verdächtiges finden, und schlimmer noch: Es gab so gut wie nichts Persönliches. Nichts, was auf die Menschen hinwies, die hier einst gelebt hatten. Keine Fotos, keine Zeichnungen, keine Zeugen, nicht einmal alte Rechnungen oder Einkaufszettel, die in den Schubladen vergessen worden oder unter die Schränke gerutscht waren.

Als Mylène zum Fenster sah, hatte die Dunkelheit den Wald unter sich begraben. Sie hatte keine Ahnung, wie lange sie sich schon in der Hütte aufhielten, ob es nur ein paar Minuten gewesen waren oder Stunden. Dieser Ort interessierte sich nicht für das Ticken von Sekundenzeigern oder das Verstreichen von Tagen, er war jeglicher Zeit entrissen. Mylène grauste davor, durch die Finsternis zurück zum Auto laufen zu müssen.

Seufzend ging sie zur Pritsche und ließ sich auf der Matratze nieder, als sie ein Knistern hörte. Sie horchte und verlagerte ihr Gewicht – da war es wieder!

Etienne hatte nichts mitbekommen, er tastete noch immer die Rückwände der Schubladen ab. Aber Mylène war sich sicher, dass sie auf etwas gestoßen war. Vorsichtig rückte sie zur Seite und entdeckte den Umschlag. Nur eine winzige Ecke ragte unter dem Braun der Decke hervor, aber die reichte, um Mylènes Puls in die Höhe zu treiben. Ihre Finger zitterten, als sie nach dem Umschlag griff und ihn aus seinem Versteck zog. Sie hielt ihn sich vor ihr Gesicht, und ihr Atem verflachte sich. Es war ein Umschlag der gleichen Art, wie der, den sie von Monsieur Picard bekommen hatte, dasselbe cremefarbene Papier, die gleiche Wattierung. Aber auf diesem Umschlag hier stand ihr Name in der Handschrift von Madame de Vries: *Mylène*.

Andächtig strich sie über die kleinen, festen Buchstaben. Mit einem Mal kam ihr der Umschlag unsagbar schwer vor, so schwer, dass sie ihn am liebsten hätte fallen lassen, um seine Last nicht länger ertragen zu müssen. Aber bevor sie auch nur mit dem Gedanken spielen konnte, den Brief verschwinden zu lassen, bemerkte Etienne ihre Entdeckung. »Was ist das?« Mit wenigen Schritten war er bei ihr und setzte sich neben ihr auf die Pritsche. »Das ist nicht der Brief vom Anwalt, oder?«

Wie in Zeitlupe schüttelte Mylène den Kopf. »Ich … habe ihn unter der Decke gefunden.«

Etienne gab einen verblüfften Laut von sich und lachte leise. »Dann hast du wohl gefunden, wofür wir hergekommen sind. Ich schätze, da drin findest du deine Antworten.«

Mylène versuchte, etwas von dem Druck und der Anspannung, die sich in ihrem Brustkorb und hinter ihrer Stirn aufgestaut hatten, wegzuatmen. Natürlich würde sie hier ihre Antworten finden.

»Soll ich dich einen Moment alleine lassen?« Etienne legte vorsichtig seine Hand auf ihre, und als sie kaum merklich nickte, drückte er sie noch einmal sacht und stand auf. »Ich bin draußen, wenn du mich brauchst.«

Mylène schloss die Augen und lauschte, wie das Holz unter seinen Schritten knarrte. Erst als die Tür zurück in den Rahmen fiel, öffnete sie die Augen und blickte auf den Umschlag in ihrem Schoß. Sie presste ihre Lippen aufeinander und schob den Zeigefinger unter die Lasche. *Im Grunde, im Grunde ...*

Als sie das sauber gefaltete Papier aus dem Umschlag zog, schlug ihr Herz so laut, dass sie meinte, es von den Wänden der Hütte widerhallen zu hören. Angespannt klappte sie den Brief auf und begann zu lesen:

Meine liebe Mylène,

wenn du diese Zeilen liest, bist du angekommen, an diesem besonderen Ort, an dem deine Reise im Dezember 1987 begonnen hat. Es mag ein Schock für dich sein, aber hier wurdest du geboren, in diesen vier Wänden, auf dieser Liege – mitten im Wald.

Ich war selbst viele Jahre nicht mehr hier. Bevor ich diesen Brief für dich hergebracht habe, war ich mir nicht einmal sicher, ob die

Hütte noch stehen würde. Mein Stiefvater hat sie einst für meine Mutter gebaut, und sie war mir in einer schweren Zeit ein großer Trost und mehr noch: ein Zuhause.

Auch deine Mutter habe ich hier kennengelernt. Begegnet bin ich ihr draußen im Wald, sie war verletzt und auf der Flucht, träumte von Freiheit. Und sie war schwanger.

Ich habe sie in dieser Hütte gepflegt und ihr einen Weg über die Grenze gezeigt. Doch bevor sie diesen Weg gehen konnte, wurdest du geboren: Marie Helene.

Es gibt viele Dinge, die ich dir nicht erklären kann, und andere, die du nicht durch einen Brief erfahren solltest, sondern von einem echten Menschen. Einem Menschen, der mich kannte und auch deine Mutter. Das Schicksal hat uns alle zusammengeführt, und wenn du es möchtest, führt es auch dich in unseren kleinen Kreis.

Unter diesem Brief findest du eine Telefonnummer. Wenn du dort anrufst, wirst du einen lieben Menschen kennenlernen, der dir noch so viel mehr erzählen kann.

Zwei Dinge aber möchte ich dir unbedingt noch sagen, bevor ich das Erzählen denen überlasse, die sich damit am besten auskennen: Du wurdest von der ersten Sekunde an geliebt, Mylène – und du warst niemals alleine!

Deine Mutter konnte sich nicht um dich kümmern, aber sie hat dir einen Schlüssel hinterlassen. Ich hoffe sehr, dass du ihn noch hast und dass er dir in all den Jahren einen Weg weisen konnte. So hatte es sich deine Mutter gewünscht.

Eigentlich sollten sich eure Wege noch einmal kreuzen, aber dazu kam es leider nicht mehr.

So ist das eben mit dem Glück: Es ist flüchtig, und man kann es nicht planen oder festhalten. Aber deine Mutter hat mir damals etwas Wichtiges beigebracht: dass das Glück kein Einzelgänger ist und auch keine Einbahnstraße. Es gibt viele Wege, Mylène. Hör einfach auf dein Herz.

In Liebe,
Johanna

Atemlos ließ Mylène das Papier in ihren Händen sinken. Ihre Ohren glühten, im Grunde glühte ihr ganzes Gesicht, dabei war es hier drinnen nicht einmal warm.

Marie Helene. Das war also ihr Name.

Sie war deutsch, geboren hier im Nirgendwo – *auf der Flucht?*

Die Satzfetzen schossen durch ihren Kopf wie Billardkugeln, stießen aneinander und prallten in alle Richtungen davon. Mylène schloss die Augen, um die Puzzleteile zu sortieren, aber es war unmöglich. So viel Wahrheit, so viele Fragezeichen.

Johanna, so lautete der Vorname der Frau, die ihr die Wohnung vermacht hatte. War auch sie deutsch? Was hatte sie dann nach Amsterdam verschlagen? Und warum hatten sich ihre Wege getrennt, nachdem sie in ihrer Hütte geboren worden war?

Mylène wurde schwindelig.

Sie öffnete die Augen und fasste nach ihrem Schlüssel. Er war warm, fühlte sich zwischen ihren Fingern beinahe flüssig an. Ihre Mutter hatte ihr den Anhänger hinterlassen, ihre leibliche Mutter.

Tränen drängten sich in Mylènes Augen, heiß und schwer.

Vielleicht stimmte es ja. Vielleicht war sie in all den Jahren wirklich niemals allein gewesen, auch wenn sie sich manchmal verloren gefühlt hatte. Vielleicht waren sie zu jeder Zeit bei ihr gewesen, diese Johanna und ihre Mutter, in dem kleinen Schlüssel an ihrem Hals.

Aber was hatte es mit dieser weiteren Person auf sich, die, die sich hinter der Telefonnummer verbarg?

Mylène biss sich auf die Lippe und spürte, wie eine einzelne Träne ihre Wange hinablief. Kurz spielte sie mit dem Gedanken, nach Etienne zu rufen und sich sein Handy zu borgen, um sofort anzurufen. Aber dann entschied sie sich anders, faltete den Brief sorgsam und schob ihn zurück in den Umschlag.

Gefasst stand sie von der Pritsche auf, blies die Kerzen aus und verweilte einen Moment in der Dunkelheit. Plötzlich war keine Angst mehr in ihr, kein Unwohlsein. Nur noch die Entschlossenheit, auch den letzten Rest verstehen zu wollen.

Etienne wollte den Brief natürlich lesen, aber Mylène entschied, ihm nur die wichtigsten Punkte zusammenzufassen. Er war zu intim, und sie verstand selbst noch nicht alle Zusammenhänge.

Als sie das Auto auf dem verlassenen Parkplatz endlich erreicht hatten, wäre Mylène am liebsten ohne Umwege zum nächstgelegenen Flughafen gefahren und in einen Flieger nach Paris gestiegen. Obwohl sie jetzt Gewissheit hatte, dass sie in Deutschland geboren worden war, fühlte sich Paris mehr denn je wie ihre Heimat an, wie ihr Zuhause.

Aber sie wusste, dass sie erst Etienne zurückbringen musste. Nur ihretwegen hatte er diesen Umweg in Kauf genommen, und auch die Handverletzung hätte es ohne sie nicht gegeben. Sie war es ihm schuldig, die Sache zu Ende zu bringen und ihn sicher nach Berlin zu befördern.

Zum Glück dauerte die Fahrt nur drei Stunden. Die Straßen waren frei, der Himmel schwarz. Obwohl es mittlerweile mitten in der Nacht war, war Mylène nicht müde – dabei hatte auch sie in den letzten Nächten kaum geschlafen. Vermutlich würde die Müdigkeit erst kommen, wenn alles geschafft war, wenn auch das letzte Puzzleteil an der richtigen Stelle saß.

Etienne versicherte ihr, wach bleiben zu wollen, aber nach etwa einer Stunde sank sein Kopf auf der Beifahrerseite an die Scheibe, und sein Atem wurde ruhig.

Immer wieder betrachtete Mylène sein Gesicht im Profil, die kleine Narbe, das Sternbild, vertraut. Er sah immer noch umwerfend aus, das musste sie zugeben, aber zum ersten Mal, seit er wieder in ihr Leben getreten war, fühlte sie sich bei diesem Gedanken nicht zwiegespalten und ertappt. Es war in Ordnung, ihn attraktiv zu finden, denn sie liebte ihn nicht mehr. Und sie war ihm auch nicht mehr böse. Er war damals noch fast ein Kind gewesen, vielleicht war er es teilweise noch heute. Aber er hatte ihr endlich die Wahrheit gesagt und sich entschuldigt, und auch wenn das im ersten Moment die Wunden wieder aufgerissen hatte, konnten sie nun heilen. Mylène hoffte, dass es mit Marianne und Henri und ihren Fehlern genauso sein würde. Und dann war da ja auch noch Frédéric …

Sobald sie in Berlin war und die geheimnisvolle Nummer angerufen hatte, würde sie ihm eine Nachricht zukommen lassen, irgendwie würde das schon gehen. Im Zweifelsfall stieg sie einfach in den nächsten Flieger nach Paris und trat ihm persönlich unter die Augen. Wahrscheinlich war das sogar am besten, denn dann könnte sie sein Gesicht sehen, wenn er die Sache mit Colette erklärte.

Als sie den Wagen vor Etiennes Haustür parkte, war es kurz nach zwei. Neugierig sah Mylène an der weißen Hausfassade hinauf. Altbau, ziemlich hübsch, in einer ruhigen Seitenstraße. Sie spielte kurz mit dem Gedanken, ihn noch schlafen zu lassen, aber dann rüttelte sie doch sanft an seiner Schulter.

»Etienne«, flüsterte sie, während er langsam zu sich kam. »Wir sind da.«

Überrascht blinzelte er zum Fenster hinaus, stöhnte leise. »Wie spät ist es?«

»Schon nach zwei«, antwortete sie und hielt ihm den Autoschlüssel hin.

Etienne nahm den Schlüssel an sich und rieb sich über die Augen. »Tut mir leid, ich bin wohl doch eingeschlafen.«

»Kein Problem. Ich hätte dich geweckt, wenn es mich gestört hätte.«

Nachdenklich sah Etienne sie an, dann nickte er und massierte sich das Nasenbein. »Du kommst mit hoch, oder? Ich habe ein Gästezimmer.«

»Nein«, unterbrach Mylène ihn. »Ich will lieber weiter.«

Er verzog irritiert das Gesicht. »Aber es ist mitten in der Nacht. Und das Auto kann ich dir nicht mitgeben, das …«

»Vielleicht rufst du mir ein Taxi?«

»Ein Taxi?« Belustigt runzelte er die Stirn. »Und wohin soll dich dieses Taxi bringen?«

Nach Paris, schoss es Mylène durch den Kopf, aber sie wusste, dass ihn das nur noch mehr verwirren würde. Vermutlich würde er es sogar für einen Scherz halten, und dafür hatte sie gerade keine Kraft.

»Zum Flughafen«, sagte sie deshalb.

»Um diese Zeit gehen keine Flüge mehr.« Er warf ihr einen erwartungsvollen Blick zu. »Komm schon, ich beiße nicht. Wir gehen nach oben, schlafen ein paar Stunden, und morgen früh kriegst du einen vernünftigen Kaffee, bevor ich dich zum Flughafen bringe.«

Mylène dachte über sein Angebot nach, schüttelte dann aber den Kopf. »Das ist wirklich lieb von dir, alles. Aber ich denke, es wird Zeit, dass … jeder von uns wieder seinen eigenen Weg geht.«

Noch einmal runzelte er die Stirn. »Und du meinst nicht, es reicht, wenn wir diesen Weg morgen früh gehen?«

Mylène holte tief Luft. »Ich nehme mir ein Hotelzimmer in Flughafennähe. Dann kann ich morgen früh direkt den ersten Flieger nehmen.«

»Also gut«, gab Etienne schließlich nach. »Ich rufe dir ein Taxi. Aber ich warte noch, bis du sicher auf der Rückbank sitzt, verstanden?«

»Verstanden«, bestätigte sie und lächelte ihn dankbar an.

Als das Taxi wenig später am Straßenrand hielt, sahen sich die beiden unsicher an. Auf einmal wirkte Etienne wieder wie ein Kind, das nicht wusste, was es in so einer Situation tun oder sagen sollte. Also übernahm Mylène das Ruder, breitete ihre Arme aus und drückte ihn fest an sich.

»Danke«, murmelte sie dicht an seine Brust gepresst. »Für alles.«

Etienne vergrub seine Nase an ihrem Scheitel. »War mir ein Vergnügen.«

Sie rückte von ihm ab und öffnete die Tür des Taxis.

»Mylène?« Verunsichert blinzelte er sie an. »Sehen … wir uns wieder?«

»Natürlich«, erwiderte sie und lächelte. Bevor er noch etwas sagen oder tun konnte, stieg Mylène ein, zog die Tür hinter sich zu, legte den Gurt an und gab dem Fahrer ein Zeichen loszufahren.

Etienne blieb an Ort und Stelle stehen und sah ihr nach, bis das Taxi in eine Seitenstraße bog.

Das Hotel war nicht besonders schick, aber es bot Mylène alles, was sie benötigte. Die Rezeption war rund um die Uhr besetzt, der Flughafen nebenan, das Bett frisch bezogen und das Bad sauber. Vor allem aber verfügte das Zimmer über ein Telefon.

Mittlerweile war es schon nach drei, und Mylène war sich nicht sicher, ob sie noch anrufen konnte. Aber dann fiel ihr die Vorwahl auf. Es war eine US-Nummer – und in den Staaten war die Nacht noch nicht angebrochen.

Angespannt ließ Mylène sich aufs Bett sinken. Worauf sollte sie noch warten? Vermutlich war es am besten, wenn sie es sofort hinter sich brachte. Wenn niemand abnahm, konnte sie sich immer noch schlafen legen und es morgen von Paris aus versuchen. Aber vielleicht hatte sie ja Glück und erwischte diese Person, die Johanna de Vries in ihrem Brief erwähnt hatte und die ihr Antworten geben konnte.

Ein letztes Mal fassten ihre Finger nach dem Schlüssel. Mylène holte tief Luft und griff nach dem Hörer.

HOLLY
April 2019

Holly stand vor dem Spiegel und spritzte sich eine Handvoll kaltes Wasser ins Gesicht. Vermutlich würde Sasha gleich die Augen verdrehen, weil dadurch das Make-up ruiniert wurde, das sie ihr vor der Lesung so sorgfältig aufgetragen hatte, aber das nahm Holly in Kauf. Ihre Wangen glühten, als hätte sie einen Holzkohleofen verschluckt, daran hatte sich auch nach all den Jahren nichts geändert. Noch immer machte sie jede Veranstaltung wahnsinnig nervös, noch immer bekam sie hektische Flecken, wenn sie mit ihren Geschichten vor so vielen Menschen saß, und noch immer musste sie sich zwischendurch zwicken, um zu realisieren, dass das alles wahr war. Vermutlich würde sie sich niemals so richtig daran gewöhnen.

Die Lesung selbst hatte nur etwas mehr als eine Stunde gedauert, aber hinterher hatte sie noch fast zwei Stunden Autogramme gegeben, Fragen beantwortet und sogar für ein paar Fotos posiert. Bei dem Gedanken daran, dass sie eingefleischte »Fans« hatte, musste sie jedes Mal kichern. Matt zog sie manchmal damit auf, wenn wieder ein Stapel Post mit kurzen, manchmal aber auch erstaunlich langen Liebesbriefen zu ihren Büchern vom Verlag bei ihnen eintrudelte.

»Man könnte meinen, ich bin mit Harry Styles verheiratet

und nicht mit einer vierzigjährigen Autorin«, neckte er sie und küsste sie auf die Schulter.

»Ich bin fast dreiundvierzig«, korrigierte sie ihn in der Regel, aber meist interessierte ihn das nicht.

»Solange du weißt, dass *ich* dein allergrößter Fan bin, ist mir alles recht.«

Und das wusste Holly. Sie spürte es in jeder Faser ihres Körpers, mit jedem Wimpernschlag und jedem Atemzug.

Es hatte gedauert, bis sie ihr Glück hatte annehmen können, viele Monate und unendlich viele Tränen, aber jetzt, nach ziemlich genau sechzehn Jahren, hatte sie endlich ihren Frieden damit gemacht, glücklich zu sein. Ein Teil dieses Glücks war ihr vielleicht geschenkt worden, aber für einen viel größeren Teil hatte sie hart gearbeitet, gekämpft sogar. Meistens mit sich selbst.

Mit einem Mal ging ihr Blick durch den Spiegel hindurch, und Holly sah sich wieder in dem Lieferwagen sitzen, auf Sashas neuer Schlafcouch, die heute natürlich nicht mehr neu, sondern längst entsorgt war. Sie spürte wieder ihr flatterndes Herz, als sie Matt die Wahrheit gesagt hatte, und die Tränen, die über ihre Wangen gelaufen waren. Erstaunlicherweise war Matt nicht wütend gewesen, sondern eher verwirrt und ratlos.

»Warum hast du nicht einfach was gesagt?«, hatte er nach einer Weile des Schweigens gemurmelt. »Ich hätte dich nicht rausgeschmissen, nur weil du Jay kanntest.«

»Ich konnte nichts sagen, weil *ich* für ihren Tod verantwortlich bin, verstehst du das nicht? Nur meinetwegen ist sie gestorben, nur meinetwegen habt ihr sie verloren! Ich … habe mich so geschämt – und als ich dich und Lucas im Treppenhaus gesehen habe und du mich um Hilfe gebeten hast, da …« Holly hatte schlucken müssen. »Da habe ich gedacht, das könnte eine

Chance sein, es wiedergutzumachen. Das Leben für euch wieder etwas besser oder zumindest einfacher zu machen.«

»Und das hast du auch, Holly«, hatte Matt erwidert und sie dann gezwungen, ihm in die Augen zu sehen. »Aber du musst dringend verstehen, dass du mit Jays Tod nichts zu tun hast, hörst du?«

»Es war meine Schuld, dass sie ...«

»Es war Zufall! Ein ganz furchtbarer Zufall! Aber es war nicht deine Schuld. Du hast diese Explosion nicht ausgelöst, und du hast Jay nicht gezwungen, für dich ins Café zu gehen. Es war einfach Pech ...« Eine Träne war über Matts Gesicht gelaufen, und er hatte nach Hollys Hand gegriffen. Dass er es so sah, hatte sich wie eine Riesenerleichterung angefühlt, aber gleichzeitig wie ein noch größerer Verrat. Er sollte doch trauern, er sollte wütend werden und sie hassen dafür, dass Jay an ihrer Stelle gestorben war! Stattdessen schenkte er ihr Verständnis, Zuneigung und sogar so was wie Vergebung. Holly war sich nur nicht sicher gewesen, ob er sich überhaupt in der Position befand, ihr irgendetwas zu vergeben.

Deswegen hatte sie um Abstand gebeten. Zeit und Raum, um die Sache für sich zu klären. Und auch Matt war zunächst froh gewesen über diesen Abstand, auch er hatte sich über viele Dinge klarwerden müssen. Eine ganze Weile hatten sie keinen Kontakt, aber dann schlichen sich Lucas und sein Papa in Minischritten zurück in Hollys Leben. Sie fing wieder an, gelegentlich auf den Kleinen aufzupassen und mit ihm im Park Kekse zu verkaufen, und immer öfter besuchten die beiden sie bei Pari im Café.

Bis Matt und Holly sich eingestehen konnten, dass sie viel mehr füreinander empfanden als Freundschaft, vergingen noch einmal zwei Jahre. Als sie Lucas mit glühenden Wangen und ineinander verschränkten Fingern über ihren Beziehungsstatus aufklärten, verdrehte der mittlerweile Siebenjährige nur die Augen und zuckte grinsend mit den Schultern.

»Ich weiß schon längst, dass ihr verliebt seid«, sagte er und wollte dann nichts weiter davon wissen.

Holly achtete weiter tunlichst darauf, ihm seine Mutter nicht zu ersetzen, aber für Lucas war das alles kein Thema. Für Holly hingegen war es viele Jahre eines geblieben. Obwohl sie Matt liebte, gab es immer wieder Zeiten, in denen ihr diese Liebe wehtat und sich ihr gemeinsames Glück nicht richtig anfühlte. Matt kam mit seinen Argumenten kaum dagegen an. Entscheidend besser war es erst geworden, als Holly vor zehn Jahren angefangen hatte, wieder zu schreiben.

Sasha hatte sie schon zuvor jahrelang gedrängt, aber Holly war sich von Anfang an sicher gewesen, dass sie nicht dort weitermachen konnte, wo sie mit Olivia Longman aufgehört hatte. Sie konnte nicht einfach einen alten Traum aufwärmen, sondern musste sich einem neuen widmen – und den fand sie ausgerechnet in Jays Erbe.

Vor elf Jahren hatten Matt, Lucas und sie ein kleines Haus in einem Vorort von Los Angeles bezogen. Beim Packen der Umzugskisten war Holly auf dem Dachboden über eine Kiste mit persönlichen Erinnerungsstücken von Jay gestolpert. Besonders ein rotbraunes, verschlossenes Holzkästchen hatte ihr Interesse geweckt.

»Ich glaube, das ist eine Spieluhr«, hatte Matt ihr gesagt, als sie ihn darauf angesprochen hatte. »Das hat irgendwas mit ihrem ersten Kind zu tun, eine Tochter. Soweit ich weiß, lebt sie in Deutschland, aber Jay hat nie viel darüber gesprochen. Ich glaube, sie wollte sie erst treffen, wenn das Mädchen volljährig ist.«

In diesem Moment war es um Holly geschehen gewesen. Klarer als je zuvor hatte sie gesehen, was sie zu tun hatte, was ihre Aufgabe war: Sie musste Jays Geschichte finden und sie erzählen – und wenn es nur für Lucas sein würde! Irgendwo am anderen Ende der Welt hatte er eine Halbschwester, und Holly würde nicht eher ruhen, bevor sie diese und ihre Geschichte gefunden hatte.

Dieser eine magische Augenblick bildete den Grundstein für das unglaubliche Leben, das sich dann angeschlossen hatte, und wenn Holly ganz ehrlich war, konnte sie auch jetzt, wo sie vor diesem Spiegel stand, noch immer nicht glauben, dass es ihres war.

»Gott sei Dank! Ich dachte schon, du wärst durch die Klo-schüssel im New Yorker Untergrund verschwunden.« Sasha stand in der Tür der Damentoilette und riss Holly aus ihren Gedanken. »Sag bloß, du wurdest auch hier drinnen von Fans belagert?« Mit hochgezogenen Augenbrauen stieß sie die angelehnten Toilettentüren auf, aber mit Ausnahme von Holly befand sich niemand im Raum.

»Ich habe nur einen Moment gebraucht, um wieder runter-zukommen«, klärte Holly sie auf, aber Sasha packte sich ihr Kinn und beäugte sie argwöhnisch.

»Hast du etwa dein Gesicht gewaschen?«

»Erwischt«, gab Holly zu. »Meine Wangen sind nach Auf-tritten immer knallrot, ich sah aus wie ein Hummer.«

Sasha ließ zwar ihr Kinn los, schien aber noch immer nicht zufrieden. »Und wofür habe ich mir dann all die Mühe bei dei-nem Make-up gemacht?«

»Sei nicht so streng mit mir, okay? Die Veranstaltung ist doch vorbei.«

»Aber die Nacht fängt gerade erst an«, erwiderte Sasha, und ein verheißungsvolles Grinsen legte sich auf ihr Gesicht. »Ich habe noch viel mit dir vor.«

Holly legte ihren Kopf in den Nacken und stöhnte leise. »Ich bin hundemüde, Sash. Und wir sind auch nicht mehr Mitte zwanzig.«

»Genau«, bestätigte ihre ehemalige Mitbewohnerin und hakte sich entschlossen bei ihr unter. »Wir beide sind im allerbesten Alter, um es so richtig krachen zu lassen. Das hier ist New York City, Baby – und wir haben uns ewig nicht gesehen.«

Holly runzelte die Stirn. »Wir skypen jedes Wochenende. Und ihr wart im Sommer bei uns in Los Angeles.«

»Das ist doch nicht dasselbe! Auf Skype können wir nicht die Nächte durchtanzen und auf uns anstoßen – und in Los Angeles hatte ich Tobey und die Mädchen im Schlepptau. Aber heute Nacht bin ich frei wie ein Vogel. Libby und Sammy sind bei Tobeys Mutter, und Tobey hat morgen früh eine Gerichtsverhandlung in New Jersey, also schläft er wahrscheinlich schon wie ein Murmeltier. Und das heißt, dass es für uns beide keine Grenzen gibt.«

Holly holte tief Luft und sah Sasha zerknirscht an. Natürlich gab es Grenzen – haufenweise Grenzen sogar. Ihr Rücken war zum Beispiel so eine Grenze, und auch die Müdigkeit, die ihr in den Knochen steckte.

Sie befand sich schon seit einer Woche auf Lesereise, vermisste Matt und ihren kleinen, ruhigen Garten und tat sich schwer mit der Aufregung, die sie jeden Abend vor einem neuen Publikum ereilte.

Andererseits wusste sie auch, wie sehr sich Sasha schon seit Monaten auf diesen gemeinsamen Abend freute. Als Holly ihr im Januar erzählt hatte, dass eine Lesung in New York geplant war, war sie völlig aus dem Häuschen geraten und hatte sich wie eine Wahnsinnige in die Planung gestürzt. Holly hatte sie bereits bitter enttäuscht, als sie ihr erklärt hatte, dass sie nur etwa vierundzwanzig Stunden in der Stadt bleiben würde, denn Sasha hatte ein Programm für mindestens fünf Tage vorbereitet. In einer Stadt wie New York konnte man zwar nie allein sein, aber sehr wohl einsam – das hatte Sasha trotz Ehemann und Zwillingstöchtern nach ihrem Umzug an die Ostküste am eigenen Leib erfahren müssen.

»Wir gehen essen, in Ordnung?«, kam Holly ihr versöhnlich entgegen.

Sasha grinste. »Und dann noch ein Drink.«

Holly verdrehte die Augen. »Ein klitzekleiner Drink vielleicht. Aber nur, wenn ich bis dahin nicht über meinem Teller einschlafe.«

»Dafür werde ich schon sorgen«, stellte Sasha klar und zog sie mit sich aus der Damentoilette.

Das Essen war fantastisch, aber Holly hatte auch nichts anderes erwartet, denn Sasha war für die Auswahl zuständig gewesen. Seit sie ihre Schauspielpläne aufgegeben und einen Anwalt geheiratet hatte, aß sie nach Lust und Laune, ihrem Körper aber sah man das nicht an. Sie wäre noch immer problemlos als Laufstegmodel durchgegangen.

Holly hingegen musste mittlerweile auf ihren Körper achten. Die vielen Stunden am Schreibtisch hatten ihren Stoffwechsel verlangsamt, und über ihren Hüften hatte sich ein kleiner Rettungsring festgesetzt.

»Wie läuft es mit Matt?«, hakte Sasha nach, während sie ihr

drittes Glas Champagner entgegennahm. An ihrem Blick konnte Holly erkennen, dass sie nach Details lechzte, am meisten vermutlich nach den schmutzigsten, aber die gab es zwischen ihr und Matt nicht. Sie führten ein langweiliges Leben – und Holly liebte jeden Teil davon.

»Alles wunderbar«, sagte sie wahrheitsgemäß, und dabei breitete sich ein Lächeln auf ihren Lippen aus.

Sasha deutete mit dem Zeigefinger auf sie und grinste. »Du bist immer noch verknallt! Wie schafft ihr das bloß?«

Holly zuckte mit den Schultern und hielt sich an ihrer Champagnerflöte fest. »Keine Ahnung. Du liebst Tobey doch auch noch.«

»Ich liebe ihn, ja«, antwortete Sasha und trank einen großen Schluck. »Aber verknallt sein ist etwas ganz anderes!«

Holly wusste sofort, was sie meinte. Und sie hatte keinen blassen Schimmer, warum sie immer noch Schmetterlinge im Bauch hatte, wenn sie an Matt dachte. »Vielleicht liegt es daran, dass wir einen schwierigen Start hatten.«

»Das ist die Untertreibung des Jahrhunderts.« Sasha lachte auf, leerte ihr Glas und winkte vorsorglich nach dem nächsten. Dann lehnte sie sich über den Tisch und griff nach Hollys Händen. »Ernsthaft. Ich hätte nicht gedacht, dass irgendwann noch mal was aus euch wird – oder aus dir.«

Holly erwiderte ihren Blick und nickte. »Ich habe wohl ein bisschen gebraucht, um mir einzugestehen, dass ich nicht an dem schuld war, was damals passiert ist. Und dass es in Ordnung ist, glücklich zu sein.«

»Es ist sogar *sehr* in Ordnung«, erwiderte Sasha und drückte ihre Hand. In diesem Augenblick brachte der Kellner ein neues Champagnerglas für sie. »Probiert ihr es noch?«

»Was?« Holly sah sie irritiert an, doch als Sashas Blick zu ihrem Bauch hinabwanderte, verstand sie, worauf sie hinauswollte.

»Nein«, antwortete sie eine Spur zu vehement und lachte vorsichtshalber. »Ich bin zweiundvierzig, Sash! Meine Eizellen sehen vermutlich aus wie verschrumpelte Rosinen.«

Sasha legte den Kopf schief und hob ihre linke Augenbraue. »Na und? In New York gibt es Frauen, die wie Trockenpflaumen aussehen und trotzdem noch Kinder kriegen. Zweiundvierzig ist jedenfalls kein Alter.«

Holly zögerte und trank selbst einen großen Schluck Champagner.

Vor ein paar Jahren hatten Matt und sie über ein Baby nachgedacht und es darauf ankommen lassen. Aber Holly war zu dem Zeitpunkt achtunddreißig gewesen, und es hatte einfach nicht geklappt. Sie hatte sich damit abgefunden, auch wenn es manchmal zwickte, andere Frauen mit ihren Babys zu sehen.

»Wir haben ja Lucas«, sagte sie schließlich und nahm die Dessertkarte.

»Wie geht's dem Kleinen?«, erkundigte sich Sasha, und Holly musste lachen.

»Der ›Kleine‹ ist einen Kopf größer als ich und wird im Sommer einundzwanzig. Er macht seinen Collegeabschluss und will dann weiterstudieren. Wenn wir nicht aufpassen, fliegt er tatsächlich irgendwann zu den Sternen.«

Sasha grinste. »Backt er noch so gerne?«

»Er backt und kocht wie ein Weltmeister, aber seit er nicht mehr zu Hause wohnt, kommen wir nur noch selten in den Genuss.« Plötzlich fiel ihr noch etwas anderes ein. »Ich soll dich ganz lieb von Pari grüßen!«

Sashas Augen leuchteten auf. »Lebt sie noch in Paris?«

»Nein, sie ist weitergezogen an die Côte d'Azur. Das Geld aus dem Verkauf des Cafés reichte für ein kleines Haus an der Küste – und es gibt da einen Mann …«

»Der Klassiker«, sagte Sasha und lachte.

Holly ließ ihren Blick über die Dessertkarte gleiten, als das Handy in ihrer Handtasche klingelte.

»Das ist bestimmt Matt.« Sie tastete sich blind durch das Taschenchaos. »Er ruft jeden Abend nach der Lesung an.«

»Süß«, flüsterte Sasha, revidierte ihr Urteil dann aber: »Oder er ist einfach ein Kontrollfreak! Je nachdem …«

Holly warf ihr einen vorwurfsvollen Blick zu. Sie freute sich jeden Abend auf Matts Anruf, sie war sogar diejenige, die darauf bestand, selbst wenn es bereits spät und sie hundemüde war.

Doch als sie das Handy endlich zu fassen bekam und ihr Blick auf das Display fiel, verrutschte das Lächeln auf ihrem Gesicht. Es war eine lange, unbekannte Nummer – aus Deutschland, das erkannte sie sofort. Holly musste schlucken.

Am Montag hatte sie erfahren, dass Johanna gestorben war. Natürlich war sie darauf vorbereitet gewesen, dass dieser Anruf kommen könnte, sie hatten das gemeinsam so besprochen – aber so schnell schon? War nicht gerade erst Donnerstag?

»Wer ist das?«, wollte Sasha wissen und deutete auf das Handy, das noch immer in Hollys Hand lag und läutete.

Holly hatte keine Ahnung und wusste es dennoch genau. *Jetzt ist es also so weit*, schoss es ihr durch den Kopf. Und dann nahm sie das Gespräch an.

JOHANNA
Januar 1990

Sie musste eine Entscheidung treffen, die alles verändern würde – zum zweiten Mal schon in so kurzer Zeit.

Vor ziemlich genau zwei Jahren hatte Johanna es schon einmal getan, und sie hatte es bis heute nie bereut.

Nachdem das Mädchen verschwunden war, hatte Johanna versucht, die Ruhe zu bewahren und darauf gebaut, dass es schon wieder zurückkommen würde, zurück zu seiner Tochter. Sie hatte die kleine Marie mit allem versorgt, was sie im Dorf besorgt hatte, und die Fläschchen hatten das Baby sattgemacht und beruhigt. Johannas Ruhe und Zuversicht aber waren mit jedem Tag geschwunden, an dem das Mädchen nicht an die Tür der Hütte klopfte.

Am fünften Tag schließlich, das neue Jahr war bereits angebrochen, hatte Johanna sich entschlossen, nicht länger zu warten. Es machte keinen Sinn mehr. Entweder die Kleine hatte es über die Grenze geschafft oder aber Jochens Männer hatten sie erwischt. In keinem der beiden Fälle war an eine Rückkehr zu ihrer Tochter zu denken.

Dass bisher niemand aus dem Dorf bei ihr aufgekreuzt war, deutete sie als gutes Zeichen. Wenn man das Mädchen erwischt hätte, wäre Gisa sicher längst bei ihr reingeschneit und hätte ihr brühwarm von den Vorfällen direkt vor ihrer Fußmatte hier im Wald berichtet.

Trotzdem war es nur eine Frage der Zeit, wann sie bei Johanna auftauchen würde. Vielleicht war Gisa noch mit den Ausläufern der Feiertage beschäftigt, aber es würde sicher nicht lange dauern, bis sie wieder vor der Tür stehen würde, mit einem neuen Baumkuchen oder einer Menge Tratsch im Gepäck. Und wie sollte Johanna ihr dann das Baby erklären?

Selbst wenn sich die Geschichte über ihre angebliche Nichte im Dorf herumgesprochen haben sollte, warum sollte eine junge Frau ihr Neugeborenes ausgerechnet bei ihrer Großtante im Wald abgeben? Johanna fiel beim besten Willen keine plausible Erklärung ein.

Außerdem war die Hütte keine Umgebung für ein Baby. Wie sollte sie die kleine Marie hier draußen versorgen, was sollte sie mit ihr anstellen, wenn sie in den Wald hinausging? Wenn sie das Baby nun in ihrer Obhut hatte, gab es nur einen Weg: Sie musste die Hütte verlassen – und damit das Leben, das sie hier geführt hatte.

Sie hatte nur einen Tag gebraucht, um die Vorbereitungen zu treffen. Es gab nicht viel, was sie mitnehmen wollte. Alles, was sie brauchte, passte in den Rucksack.

Am wichtigsten war, die verderblichen Vorräte loszuwerden. Ihre Mutter hatte die Hütte geliebt, und Johanna war es ihr schuldig, sie ordentlich zurückzulassen. Wenn sie irgendwann wiederkommen würde, wollte sie keine bösen Überraschungen erleben.

Das Huhn entließ sie in die Freiheit, aber es erwies sich mal wieder als äußerst dämlich und blieb glucksend an Ort und Stelle stehen, selbst als Johanna den Zaun um das kleine Gehege niedergetreten hatte. Es schielte sie nur ein paar Sekunden verständnislos an und pickte dann störrisch auf dem Boden herum, als wollte es nicht mehr gestört werden.

»Ich hab's ja immer gesagt«, murrte Johanna, während sie dem Tier den Rücken zukehrte. »Peter ist ein Name für Idioten.«

Oberste Priorität hatte natürlich das Baby. Maries Fläschchen und Nahrung nahmen mehr als die Hälfte des Rucksacks ein. Johanna sorgte dafür, dass sie satt war und eine frische Windel bekam, bevor sie sie in einen dicken Wollpullover wickelte und sich mit Hilfe eines Bettlakens vor die Brust band. Zuletzt legte sie noch das Fell über das schlummernde Bündel und schloss ihre Jacke darüber. Dann löschte sie die Kerzen in der Hütte, zog die Vorhänge zu und schloss die Tür hinter sich.

Ohne sich umzudrehen, ließ sie ihr altes Leben hinter sich – genau wie sie es vor fast neun Jahren schon einmal getan hatte. Doch diesmal war es anders. Diesmal gab es etwas, für das es sich zu kämpfen lohnte.

Johanna ging einen weiten Umweg, denn sie wollte nicht im Dorf gesehen werden. Es dauerte fast fünf Stunden, bis sie den Bahnhof erreicht hatte, und dann noch einmal eine Ewigkeit, bis sie in Dresden aus dem Zug stieg. Unterwegs versorgte sie Marie, so gut es ging, und als hätte die Kleine es im Gefühl, schrie sie an diesem Tag kaum und verschlief einen Großteil der Reise vor Johannas Brust.

Thomas sah aus, als stünde er einem Gespenst gegenüber, als sie am späten Abend vor seiner Haustür aus dem Schatten trat. Er lebte mittlerweile mit einer anderen Frau zusammen, aber das störte Johanna nicht. Sie gönnte ihm sein neues Glück. Und er bot, wie sie gehofft hatte, seine Hilfe an. Für die erste Nacht quartierte er sie bei einem Freund ein, und am nächsten Morgen bereitete er ihre Weiterreise nach Stralsund vor. Dort besaßen seine Eltern ein kleines Haus, das seit dem Tod seiner Mutter leer stand. Johanna schlug ihm vor, Miete zu zahlen, aber davon wollte er nichts wissen. Genauso wenig wie von den Umständen, die das Baby zu Johanna gebracht hatten.

»Es reicht mir, dass es dir gut geht«, sagte er und drückte sie am Bahnhof zum Abschied an sich. Und nicht nur seine Umarmung fühlte sich gut an, sondern auch die Erkenntnis, dass er recht hatte. Es ging ihr gut – trotz allem.

Zwei Jahre lebten sie nun schon hier in Stralsund, Thomas und seine Freundin hatten sie im Sommer zweimal besucht und kleine Geschenke für Marie mitgebracht. Die Kleine entwickelte sich prächtig. Sie war so gut wie nie krank, nahm zu und wuchs, und Johanna saugte jeden Augenblick mit ihr auf in der stillen Hoffnung, jeden einzelnen Moment für die Ewigkeit konservieren zu können.

Sogar mit den wenigen Nachbarn verstand sie sich. Natürlich wussten alle, dass Marie nicht ihr leibliches Kind war, aber niemand stellte Fragen zu ihrer »Nichte«, und so kam sie auch nie in die Verlegenheit zu lügen. Sie lebten sparsam, und Johannas Reserven reichten noch immer für ein einfaches Leben. Mehr brauchte sie nicht. Marie machte sie glücklich. Doch jetzt wurde ihre Welt schon wieder auf den Kopf gestellt.

Johanna hatte den Knoten in ihrer linken Brust im Sommer entdeckt, aber sie hatte ihn eine Weile ausgeblendet und sich mit Mariechen abgelenkt. Erst im September hatte sie sich einen Ruck gegeben und war in die Klinik nach Rostock gefahren. Von dem, was der Arzt ihr erzählt und erklärt hatte, hatte sie kaum etwas hören wollen. Ihre Gedanken waren die ganze Zeit bei

Marie gewesen, die sie in der Obhut einer Nachbarin gelassen hatte.

»Wir müssen so bald wie möglich mit der Behandlung anfangen«, hatte der Arzt gedrängt, und Johanna hatte genickt und war dann wortlos verschwunden. Sie war intelligent genug, um zu wissen, was diese Diagnose für sie bedeutete. Selbst wenn sie am Ende nicht daran sterben würde, würde sie eine intensive und kräftezehrende Behandlung durchstehen müssen. Sie hatte es bei einer Kollegin in Dresden miterlebt. Die Arme hatte gekämpft und es trotzdem nicht geschafft.

Wenn es nur um sie allein gegangen wäre, hätte Johanna ihr Schicksal gefasst hinnehmen können, aber es ging eben nicht nur um sie. Marie brauchte sie, und daran gab es nichts zu rütteln.

Natürlich hatte sie längst versucht, ihre Mutter zu finden – sogar schon vor dem Mauerfall. Im Frühjahr '89 hatte sie über Umwege Kontakt zu einem Lehrer in Paris aufgenommen und sich nach Maries potenziellem Vater und ihrer Mutter umgehört, aber vergebens. Nachdem im November wie aus dem Nichts die Mauer gefallen war, war sie Mitte Dezember mit der Kleinen nach Paris gereist und hatte die halbe Stadt durchforstet, aber alle Bemühungen waren ins Leere gelaufen.

Ihrem Kontaktmann in Paris hatte sie in einem schwachen Moment von ihrer Diagnose erzählt. Er hatte sie daraufhin mit einem jungen Ehepaar bekannt gemacht, das sich dringend ein Kind wünschte und anbot, Marie zu adoptieren. So könnte Johanna sich auf ihre Behandlung konzentrieren, und die Kleine könnte in Paris bleiben, bei einem engagierten, liebevollen Elternpaar, und zumindest in der vermeintlichen Nähe ihrer leiblichen Mutter aufwachsen.

Natürlich hatte Johanna das Angebot ausgeschlagen. Und

trotzdem hatte sie die Kontaktdaten des Paares nie weggeworfen.

Nachdenklich strich Johanna der schlafenden Marie über die Stirn. Sie war gerade zwei geworden und nannte sie »Hanna«. Nicht mehr lange, dann würde sie Johanna nicht mehr so einfach aus ihrer Erinnerung löschen können.

Johanna musste also eine Entscheidung treffen, und zwar dringend. Die Kleine hatte ihre Mutter verloren, sie hatte für den Rest ihres Lebens etwas Beständigkeit verdient. Aber warum war es so verdammt schwer, zu entscheiden, was das Richtige war?

In ihrem Job hatte es meist nur richtig oder falsch gegeben, Konstanten, die man hinzuziehen und problemlos berechnen konnte. Doch das hier war anders. Hier gab es so viel mehr Möglichkeiten zwischen richtig und falsch – so viele sogar, dass Johanna allein bei dem Gedanken daran, eine Entscheidung treffen zu müssen, schwindelig wurde.

Manchmal wünschte sie sich in den Wald zurück. Dort war das Leben einfach gewesen, der nächste Schritt immer klar. Keine Fragezeichen, keine Unsicherheit, aber auch nicht das warme Glück, das sie unter ihren Fingerspitzen fühlte, wenn sie Marie durch die weichen dunkelbraunen Löckchen fuhr. Sich von ihr loszureißen fiel ihr schon im Kleinen schwer, wie sollte sie es im Großen schaffen?

Andererseits hatte sie kaum eine Wahl. Die Behandlung durfte nicht länger warten. Wenn sie diesen Kampf antreten wollte, musste sie all ihre Kräfte mobilisieren. Was übrig bliebe, würde kaum für ein Kind von zwei Jahren reichen.

Johanna seufzte lang und tief und erhob sich von Maries Bettchen. In der Nachttischschublade ihres Bettes lag noch immer der Brief, den das Mädchen in der Hütte zurückgelassen hatte. Natürlich hatte Johanna ihn längst gelesen, oft sogar, und dennoch hoffte sie jedes Mal, wenn sie ihn zur Hand nahm, dass plötzlich etwas anderes darin stand. Etwas, das sie in all den Monaten übersehen hatte. Ein Hinweis, eine Adresse – eine Lösung?

Sie ließ sich auf die Bettkante sinken, faltete das Papier auseinander und ließ ihren Blick über die vertrauten Zeilen wandern:

Liebe Johanna,

du wunderst dich bestimmt, dass ich deinen Namen weiß. Die Frau, die das Fell gebracht hat, hat ihn benutzt, und jetzt bin ich froh darüber. Wie sollte ich diesen Brief schreiben, ohne deinen Namen zu kennen?

Bitte verurteile mich nicht. Ich liebe Marie, sehr sogar! Aber die letzten Tage haben mir gezeigt, dass ich noch nicht bereit bin. Ich ertrage es nicht, wenn sie schreit, und ich habe keine Ahnung, wie ich sie jemals sattkriegen sollte. Am meisten aber fürchte ich mich davor, dass ich ihr irgendwann die Schuld geben könnte. Die Schuld dafür, dass ich meinen Träumen nicht folgen konnte. Bin ich ein schlechter Mensch? Vielleicht. Aber ich glaube, ich wäre ein noch schlechterer, wenn ich hierbliebe.

Du hast mir in den letzten Wochen einen Weg gezeigt, und ich versuche, ihn jetzt zu gehen. Bitte suche nicht nach mir. Ich werde dich finden, wenn ich so weit bin.

Ich gehe auch nicht für immer, das verspreche ich dir und vor allem Marie. An ihrem achtzehnten Geburtstag werde ich in der Hütte sein – vorausgesetzt, sie möchte mich dann noch kennenlernen. Ich weiß zwar noch nicht, wie ich dorthin kommen werde, aber es wird sich schon ein Weg zeigen.

Ich nehme die Spieluhr mit, die du mir geschenkt hast, aber den Schlüssel lasse ich für Marie zurück. Wir sind zwei Teile eines Ganzen, und auch wenn uns vielleicht Grenzen trennen, sind wir im Herzen eins und werden irgendwann wieder zusammenfinden. Daran glaube ich mit jeder Faser meines Körpers. Ich weiß, es ist viel verlangt. Ich schulde dir bereits mein Leben, und jetzt vertraue ich dir auch das meiner Tochter an.

Nach meinem Fieber hast du mir davon erzählt, dass auch das Glück eine Halbwertszeit hat. Du hast sicher recht, denn eigentlich hast du das immer. Aber ich glaube, das ist nur ein Teil der Wahrheit.

Das Glück mag vergehen, und es lässt sich nicht festhalten, aber es ist kein Einzelgänger. Wenn ein Glück geht, kommt ein neues – nicht sofort vielleicht, aber irgendwann.

Daran halte ich mich fest. Sag Marie, dass ich sie liebe und dass wir uns wiedersehen. Und bis dahin sei offen für das Gute, das in dir steckt.

In ewiger Dankbarkeit
Jennifer

Jennifer ... Seit zwei Jahren kannte Johanna ihren Namen nun, und doch war sie in ihren Gedanken immer »die Kleine« oder »das Mädchen« geblieben. Vermutlich würde sich das niemals ändern, genau wie die Tatsache, dass sie keinen blassen Schimmer hatte, wo in aller Welt sie geblieben war. Johanna ging nach wie vor davon aus, dass sie es nach Paris geschafft hatte, hatte aber keinen Anhaltspunkt, ob sie sich noch immer dort befand. In Paris hatte sie jedenfalls weder Maries Vater noch Jennifer finden können – aber sie kannte von beiden schließlich nur die

Vornamen. Es war wie die Suche nach der Nadel im Heuhaufen, nur noch viel schlimmer, weil es um Marie ging. Die kleine Marie, die irgendwo bleiben musste, wenn sie nicht mehr für sie würde sorgen können. Die ein Zuhause verdient hatte und all die Liebe, die Johanna ihr so gern noch gegeben hätte.

Nachdenklich faltete sie den Brief wieder zusammen und schob ihn zurück in die Schublade. Dabei streifte ihr Blick den Zettel mit den Kontaktdaten des Pariser Ehepaares. Unsicher zog sie das Papier hervor und fuhr mit den Fingern über die Buchstaben: *Marianne und Henri Benoît.*

Sie musste eine Entscheidung treffen, die alles verändern würde.

Zum zweiten Mal schon in so kurzer Zeit.

MYLÈNE
April 2019

Mylène fühlte sich, als wäre sie wieder ein kleines Mädchen, das auf seinen Geburtstag oder den Weihnachtsmann wartete, mit klopfendem Herzen und unruhigen, feuchten Fingern. Unter ihren Achseln hatten sich untertassengroße Schweißflecken gebildet, dabei war es noch nicht mal elf Uhr vormittags. Nervös verlagerte sie ihr Gewicht von einem Bein auf das andere und zuckte jedes Mal zusammen, wenn sich die Türen der Ankunftshalle öffneten und eine Handvoll Reisender ausspuckten. Kofferrollen auf glatten Kacheln, Freunde, die sich in die Arme fielen, Liebe und Eile und klingelnde Handys – aber weit und breit keine *Holly Carter, geborene McAllister.*

Vielleicht hätte Mylène doch ein Schild mit ihrem Namen vorbereiten sollen, damit sie sich nicht verpassten? Sie hatte Holly nach ihrem Telefonat gegoogelt, aber wer wusste schon, ob sie wirklich so aussah wie auf den Autorenfotos im Netz? Vielleicht waren die nur inszeniert und bearbeitet, vielleicht war Holly in Wirklichkeit gar nicht groß und blond und sehr amerikanisch, sondern längst als fremder Schatten an Mylène vorbeigerannt?

Der Flieger aus Los Angeles war laut Anzeigetafel schon vor fast einer Stunde gelandet, und Mylène hatte sich bereits fünfmal davon überzeugt, dass sie in der richtigen Halle wartete. Sie war erst gestern in Schiphol gelandet, in der Halle für innereuropäische Flüge, der Flug von Berlin hatte anderthalb Stunden gedauert. Die vergangenen vierundzwanzig Stunden hatte sie in Johannas Wohnung verbracht und versucht, die Informationen zu sortieren, die in den letzten Tagen auf sie hereingeprasselt waren. Holly Carter war das letzte große Puzzleteil.

Ihr Telefonat hatte nur zehn Minuten gedauert, dann hatte Holly angeboten, von New York, wo sie eine Lesung gehabt hatte, nach Los Angeles, wo sie offenbar lebte, zu fliegen, ein paar Sachen zusammenzupacken und mit dem nächsten Flieger nach Amsterdam zu kommen. Hier erwartete Mylène sie nun also.

Es war seltsam, so ungeduldig auf jemanden zu warten, den man gar nicht kannte. Holly Carter hingegen wusste eine Menge über sie, so viel hatte Mylène in ihrem kurzen Gespräch in Erfahrung gebracht. Hätte sie nicht gewusst, dass ihr niemand etwas Böses wollte, hätte sie die ganze Angelegenheit sogar ziemlich beängstigend gefunden. Johanna de Vries musste sie all die Jahre still beobachtet haben, meist aus der Ferne, manchmal aber auch ganz nah.

Angespannt sah Mylène auf ihr neues Handy. Sie hatte es kurz vorm Abflug am Berliner Flughafen zusammen mit einer SIM-Karte gekauft, ein klobiges, einfaches Modell, aber um erreichbar zu sein, genügte es. Sollte sie die Wartezeit nutzen, um endlich Frédéric zu kontaktieren?

In den letzten vierundzwanzig Stunden hatte ihr der Mut gefehlt, seinen Namen noch einmal in die Suchmaske einzugeben. Was, wenn es neue Fotos gab und Schlagzeilen, die sie noch mehr aus dem Gleichgewicht bringen würden?

Mylènes Finger verharrten unschlüssig über den Tasten, als sie eine Berührung an der Schulter spürte. Erschrocken fuhr sie herum und blickte in das freundliche Gesicht einer Frau, die nur unwesentlich älter als sie selbst sein konnte. Sie hatte ihre blonden Haare zu einem lockeren Zopf gebunden, war groß und offensichtlich nicht nur müde von der Reise, sondern auch sehr aufgeregt. »Mylène?«

Hinter den Augen der Fremden lag so viel Unsicherheit, dass Mylène nicht wusste, ob es ihr lieber wäre, wenn sie die Frage bejahte oder verneinte.

Sie schluckte und nickte. »Holly Carter?«

Einen Moment lang sahen sich die beiden Frauen an, als wären Raum und Zeit um sie herum stehen geblieben, dann stieß Holly plötzlich einen gewaltigen Schwall Luft aus und warf erleichtert den Kopf in den Nacken.

»Du kannst dir gar nicht vorstellen, wie sehr ich mich freue, dich endlich kennenzulernen! Darf ich …?« Sie wartete Mylènes Antwort nicht ab, sondern drückte sie stattdessen an sich.

Sehr amerikanisch, schoss es Mylène durch den Kopf, aber erstaunlicherweise fühlte sich die Umarmung nicht unangenehm, sondern genau richtig an. Erst als sie der Gedanke überkam, dass es ein wenig peinlich sein könnte, einen fremden Menschen derart lange an sich zu drücken, rückte sie wieder von Holly ab. »Wie war dein Flug?«

Holly umklammerte den Griff ihres Rollkoffers und seufzte. »Ziemlich lang – und gleichzeitig viel zu kurz. Vielleicht weißt du, was ich meine?«

Mylène wusste das nur zu gut. Zwischen ihnen lagen so viele ungesagte Dinge in der Luft, dass sie nicht wusste, welche Worte sie zuerst aussprechen sollte.

Holly wiederum starrte sie unverhohlen an, in der einen Sekunde erstaunt, in der nächsten ungläubig und dann wieder gerührt, begeistert und ängstlich. Als sie die Hand hob, um Mylènes Gesicht mit ihren Fingern zu berühren, ließ Mylène sie gewähren.

»Ich kann nicht glauben, dass du echt bist …« Ihre Augen schimmerten feucht, aber es konnte auch sein, dass sie nur von der trockenen Flugzeugluft gereizt waren.

Mylène wusste nicht, was sie sagen sollte. Auch für sie war es mit einem Mal beinahe unvorstellbar, dass diese Begegnung stattfand. »Du … kanntest meine Mutter?«, fragte sie irgendwann, weil sie es nicht mehr aushielt, noch länger auf der Stelle zu stehen.

Holly zog ihre Hand zurück. Mylène konnte sehen, dass sie sich an etwas festhalten wollte, aber nichts Besseres als den Griff ihres Rollkoffers fand. »Ich kannte sie, ja, allerdings nur kurz.« Sie schluckte. »Richtig kennengelernt habe ich sie eigentlich erst nach ihrem Tod, und durch Johanna.«

Mylène spürte einen Stich in der Brust. Sie hatte zwar damit gerechnet, dass ihre Mutter nicht mehr lebte, aber es ausgesprochen zu hören von einer Frau, die sie gekannt hatte, tat trotzdem weh. Sie schloss die Augen und konzentrierte sich auf ihren Atem, versuchte sich aufzulösen in den Geräuschen der Hintergrundkulisse, des Kommens und Gehens, der Küsse und quengelnden Kinder, bis irgendwann Finger nach ihrer Hand griffen. Mylène öffnete die Augen.

»Was hältst du davon, wenn wir frühstücken gehen?« Holly sah sie ein wenig hilflos an. »Ich zeige dir das Café, in dem Johanna am liebsten gegessen hat. Die haben die besten Pfannkuchen von ganz Amsterdam.« Sie verschränkte ihre kalten

Finger fester in Mylènes. »Und dann erzähle ich dir die ganze Geschichte.«

Drei Stunden später musste Mylène nicht nur eine Vielzahl ziemlich guter Pfannkuchen verdauen, sondern auch all das, was Holly ihr erzählt hatte.

Nachdenklich lehnte sie sich auf dem Stuhl zurück. Sie hatten einen Tisch am Fenster ergattert, und es wäre ein Leichtes gewesen, sich mit dem Kanal und den Passanten auf der Straße abzulenken, aber Mylène zwang sich, den Blick auf ihr Gegenüber zu heften. »Dann ... wollte meine Mutter mich also treffen?«

Holly nickte und fuhr mit dem Finger durch den Puderzucker auf dem Rand ihres Tellers. »An deinem achtzehnten Geburtstag. Sie hat auch vorher schon nach dir gesucht, aber es war kompliziert.«

»Kompliziert?« Mylène gab sich große Mühe, nicht vorwurfsvoll zu klingen.

Hollys Brustkorb hob und senkte sich ein paarmal, bevor sie die richtigen Worte fand. »Es waren schwierige Zeiten, Mylène. Nach ihrer Flucht durch den Wald hat sie sich bis nach Paris durchgeschlagen, sie hat sogar deinen leiblichen Vater gefunden, Pierre. Aber er war mit einer jungen Französin verlobt. Das hat Jay das Herz gebrochen.«

»Jay?« Irritiert zog Mylène die Augenbrauen zusammen.

»*Jennifer*. In Los Angeles wurde sie von allen nur Jay genannt.« Holly senkte den Blick und seufzte leise. »Ich habe nach ihrem Tod alte Tagebücher gefunden und ihre Geschichte so gut es ging rekonstruiert. Natürlich weiß ich nicht zu hundert Prozent, was in ihr vorging, aber ich glaube, sie wollte ganz neu anfangen.«

Mylène wusste nicht, was überwog: die Erleichterung darüber, dass sie endlich die ganze Wahrheit erfuhr, oder der Schmerz, den ihr die Details bereiteten. *Neu anfangen* – das klang, als ginge es um einen Job oder eine neue Wohnung, aber nicht darum, sein Kind zurückzulassen! Noch dazu mitten im Wald, bei einer fremden Frau.

Offenbar bemerkte Holly, dass sich Tränen in Mylènes Augen sammelten, denn sie beugte sich über den Tisch und fasste nach ihrer Hand.

»Sie war kein schlechter Mensch, Mylène, im Gegenteil. Sie wollte nur das Beste für dich – und sie hat sehr unter der Trennung gelitten. Keiner konnte damals ahnen, dass die Mauer so bald fallen würde. Jennifer konnte nicht einfach zurück, nachdem sie festgestellt hatte, dass sie die Flucht in einen Traum gewagt hatte, der gar keiner war. Deshalb ist sie einfach weiter geflohen, immer weiter – bis nach Kalifornien. Nach dem Mauerfall hat sie von Los Angeles nach dir und Johanna gesucht, immer wieder. Aber sie kannte ja nur Johannas Vornamen und hatte keinen Anhaltspunkt, wo ihr hingegangen sein könntet. Sie hatte kaum Mittel, und das Internet gab es damals noch nicht. Deshalb hat sie sich an den einzigen Strohhalm geklammert, der ihr geblieben war.« Sie seufzte und drückte Mylènes Hand noch etwas fester. »Deinen achtzehnten Geburtstag.«

Mylène senkte den Blick und schluckte. »Wann ist sie gestorben?«

»Gut zweieinhalb Jahre vorher, im April 2003«, sagte Holly mit brüchiger Stimme. »Auch Johanna hat sich jahrelang daran festgehalten, dass deine Mutter im Dezember 2005 in die Hütte zurückkehren wollte. Sie hatte ihre Krebserkrankung überwunden und lebte zu diesem Zeitpunkt in Amsterdam. All die Jahre über hat sie dich nicht aus den Augen verloren, sie hatte deiner Mutter ja versprochen, auf dich aufzupassen. An deinem achtzehnten Geburtstag wollte sie ihr deine Kontaktdaten in Paris geben und ihr erklären, warum sie dich nicht selbst hatte aufziehen können. Doch Jennifer ist am 23. Dezember nicht in der Hütte aufgetaucht, und auch nicht an den Tagen danach.« Auch in Hollys Augen sammelten sich nun Tränen, aber sie sprach tapfer weiter. »Als ich damals anfing zu recherchieren, habe ich Johanna ausfindig gemacht. Es hat ewig gedauert, bis ich in den Tagebüchern deiner Mutter überhaupt einen ersten richtigen Anhaltspunkt gefunden hatte, und die ganze Suche hat mich ein kleines Vermögen gekostet. Aber ich wusste, dass ich keine Ruhe finden würde, ehe ich nicht eine Spur zu Jennifers Vergangenheit gefunden hätte. Das Internet hat vieles vereinfacht, die Welt ist dadurch kleiner geworden, wenn auch nicht weniger chaotisch. Irgendwann habe ich die Hütte aufgespürt, in der du zur Welt gekommen bist – und dort habe ich eine Notiz von Johanna gefunden. Sie hatte an deinem achtzehnten Geburtstag ihre Kontaktdaten hinterlassen, für den Fall, dass deine Mutter doch noch kommen würde. Ich bin dann nach Amsterdam geflogen und habe Johanna über Jennifers Schicksal informiert. Es war ein Schock für sie, fast so, als würde sie sie zum zweiten Mal verlieren.«

Plötzlich ertrug Mylène die Berührung nicht mehr. Sie rückte auf ihrem Stuhl zurück und zog ihre Finger unter Hollys Hand weg. Obwohl sie saß, war ihr schwindelig. Auch die Verletzungen durch den Fahrradsturz, die in den letzten Tagen gut verheilt waren, taten auf einmal wieder weh. *Alles* tat weh. Je mehr Antworten sie bekam, desto schneller verdoppelten sich die Fragezeichen in ihrem Kopf. Sie sah nun doch aus dem Fenster und blinzelte ihre Tränen weg.

Eine kleine, aufgedrehte Frau mit rosafarbener Vichy-Schürze eilte von der Seite heran und sagte etwas auf Holländisch, während sie die leeren Teller vom Tisch räumte. Mylène rang sich ein Lächeln ab, aber erst als die Bedienung verschwunden war, schaffte sie es wieder, Holly in die Augen zu sehen. »Warum hat Johanna mich nicht zurückgeholt, nachdem sie den Krebs besiegt hatte?«

»Sie wollte dein Leben nicht noch einmal durcheinanderbringen«, antwortete Holly und wischte unsicher mit dem Finger über einen Marmeladenfleck, den die Kellnerin auf der Tischplatte übersehen hatte. »Johannas Behandlung hat sich über viele Jahre gezogen. Als sie geheilt war, warst du schon fünf, und das französische Ehepaar hatte dich längst adoptiert. Sie waren deine Eltern, und bis auf den Schlüssel hattest du keinerlei Erinnerung an Johanna oder deine Mutter.« Ihr Blick wanderte zu dem Anhänger an Mylènes Hals. Dann lehnte sie sich über den Tisch nach vorne. »Beide haben dich sehr geliebt, Mylène. Aber Johanna wusste, dass es das Beste für dich ist, dich nicht aus deiner neuen Familie zu reißen. Sie ging damals ja auch schon auf die sechzig zu, und du warst immer noch ein kleines Kind.«

Mylène tastete nach ihrem Schlüssel. »Und warum hat sie mich nach dem Tod meiner Mutter nicht kontaktiert? Ich war volljährig. Wieso hat sie mir diesen Brief erst nach ihrem Tod geschickt?«

Seufzend lehnte Holly sich auf ihrem Stuhl zurück, der Ausdruck auf ihrem müden Gesicht ließ keinen Zweifel, dass sie auch nicht glücklich über die Umstände war. »Ich habe oft mit ihr darüber gesprochen, fast gestritten«, sagte sie schließlich. »Sie hat immer wieder behauptet, sie wolle deine Welt nicht unnötig auf den Kopf stellen, aber ich glaube, in Wirklichkeit hatte sie schlichtweg Angst.«

»Angst?«

Holly zögerte. »Johanna wusste, wie zerbrechlich Glück ist. Sie wollte, dass du glücklich bist, mehr als alles andere. Und sie hatte Angst, dass die Wahrheit dich unglücklich machen könnte – und du sie womöglich dafür hassen könntest.«

Mylène schüttelte den Kopf und sah schnaubend zur Seite. Wer hatte schon das Recht, darüber zu entscheiden, was andere glücklich machte und was nicht? »Es geht hier um meine Mutter – um *mein* Leben!«

»Ich weiß.« Wieder senkte Holly den Blick und rieb über den Fleck, der längst nicht mehr da war. »Deshalb habe ich Johanna ja auch dazu überredet, dir wenigstens nach ihrem Tod eine Nachricht zukommen zu lassen. Sie hätte es nicht ertragen, wenn du sie verachtet hättest. Es hat sie beruhigt zu wissen, dass du entscheiden konntest, ob du der Sache nachgehen wolltest oder nicht.«

Deshalb also die Schnitzeljagd, deshalb die Briefe und Hinweise auf der Suche nach der Wahrheit.

Obwohl Mylène erwartet hatte, wütend zu sein, spürte sie auf einmal keinen Groll mehr. Sie wusste, wie sich Angst anfühlte, und auch die Sorge, Fehler zu machen. Manche mochten das als feige bezeichnen – aber war es im Grunde nicht nur der Beweis, dass man ein Mensch war?

»Ist sie denn glücklich geworden?«

Holly sah sie irritiert an.

»Johanna«, fuhr Mylène erschöpft fort. »Ist sie nochmal glücklich geworden, nachdem …«

Endlich legte sich ein Lächeln über Hollys Gesicht. »Sehr

sogar. Nach ihrer Genesung hat sie einen Holländer kennengelernt, Willem. Ich habe ihn ein paarmal getroffen, er war ein lustiger Kerl. Sie haben Ende der Neunziger geheiratet und sind nach Amsterdam gezogen. Sie hat seinen Nachnamen angenommen, de Vries, und hat noch ein paar Jahre in einem Labor gearbeitet. Und sie hat dich nie vergessen, Mylène. Deine Eltern haben deine beiden Vornamen zwar zu einer französischen Form zusammengefasst, aber für Johanna bist du immer Marie Helene geblieben – so wie deine Mutter dich genannt hat.«

Mylène wusste nicht, was sie sagen sollte. So ein schmaler Grat zwischen Glück und Unglück, Wahrheit und Liebe und Lüge. Wer mochte schon ein Urteil fällen über das, was den Menschen bewog, Entscheidungen zu treffen?

»Wie ist sie gestorben?«, murmelte sie irgendwann, und Holly sah sie verblüfft an.

»Johanna?«

»Nein, meine Mutter«, sagte Mylène.

Ein seltsamer Ausdruck legte sich auf Hollys Gesicht. Es sah aus, als wollte sie am liebsten die Flucht ergreifen – und vielleicht tat sie das gedanklich auch. Aber dann öffnete sich ihr Mund doch. »Es war … ein Unfall. In einem Café ist eine Gasleitung explodiert, am helllichten Tag. Eigentlich hätte ich dort sein sollen, aber deine Mutter wollte mir einen Gefallen tun und den … hat sie mit ihrem Leben bezahlt.« Hollys Schultern sackten nach unten, als würden sie unter einem schweren Gewicht nachgeben. »Das ist auch der Grund, warum ich … hinterher eine Weile gedacht habe, ich müsste die Dinge in Ordnung bringen, um die sie sich selbst nicht mehr kümmern konnte.«

Irritiert runzelte Mylène die Stirn. »Du meinst, deshalb hast du den Freund meiner Mutter geheiratet?«

Holly riss die Augen auf und schüttelte erschrocken den Kopf. »Nein, das ist eher zufällig passiert – und glaub mir: Es hat mich unzählige Therapiestunden gekostet! Aber ich hatte das Gefühl, dass … ich es Jay schulde, ihre Geschichte aufzuarbeiten und die Lücken zu füllen. Auch für Lucas.«

»Lucas?«

»Deinen Halbbruder.«

Mylène stockte der Atem. Sie hatte einen Halbbruder?

Aber bevor sie nachhaken konnte, fuhr Holly fort. »Er ist zwanzig und wundervoll – und er würde dich gerne kennenlernen, wenn du das auch willst.«

Mylène war nun so schwindelig, dass sie ein weiteres Mal die Augen schließen musste. Gerade mal vier Tage waren vergangen, seit Bernard Picard mit Johannas Brief und ihrem Erbe in Mylènes Büro getreten war, und dennoch fühlte es sich an, als hätten zwei Leben in die Zwischenzeit gepasst. Das alles zu verstehen war nicht einfach.

»Wenn du möchtest, kannst du sie lesen«, murmelte Holly.

Mylène öffnete die Augen und blinzelte sie verständnislos an. »Lesen?«

»Die Geschichte deiner Mutter.« Mit einem Mal wirkte Holly noch viel verlegener als zuvor. Sie beugte sich zu ihrem Handgepäck hinunter und zog ein Buch hervor. Ihr Brustkorb flatterte merklich, und Mylène hatte das Gefühl, dass sie sich noch kurz daran festhalten wollte, bevor sie es ihr über den Tisch reichte.

Überrascht nahm Mylène das Buch entgegen und strich über den Einband. Das Umschlagbild zeigte einen Wald, in satten Farben, aber abstrakt, unter den orange-roten Baumkronen ein Schatten aus flüssigem Blau. War das ein Schornstein, der dort verborgen in den Waldhimmel ragte? »*Die Halbwertszeit von Glück*«, las sie den Titel und musste schlucken.

»Mein Debütroman«, sagte Holly leise. »Nach dem Unfall deiner Mutter konnte ich lange nicht schreiben. Aber ihre Geschichte hat mir den Weg zurück gezeigt.« Sie lächelte unsicher. »Ich hatte nie mit dem Gedanken gespielt, es zu veröffentlichen, aber dann … hat Matt es einfach an einen Verlag geschickt. Es war ein großer Erfolg, sogar international.« Beinahe schien sie sich für diesen Erfolg zu schämen.

Mylène erinnerte sich vage an den Titel. Er war vor etwa sieben, acht Jahren erschienen und auch in Frankreich sehr erfolgreich gewesen, aber sie hatte damals zu viel mit ihrem Studium und ihrem gebrochenen Herzen zu tun gehabt, um nebenbei noch zu lesen. Außerdem hätte sie die Zusammenhänge ohnehin nicht verstanden – wie sollte sie auch?

Umso unglaublicher war es, dass sich hier nun die Geschichte ihrer Mutter offenbarte – und damit auch ein Teil ihrer eigenen. »Darf ich?«

Holly nickte. »Es ist für dich.« Sie schlug den Buchdeckel auf und zeigte ihr die erste Seite. *Für Marie Helene* stand dort als Widmung, und Mylène schossen Tränen in die Augen.

»Und ich habe noch was für dich«, flüsterte Holly. Sie beugte sich ein weiteres Mal zu ihrem Gepäck hinab.

Als sie kurz darauf ein kleines rotbraunes Holzkästchen auf den Tisch stellte, runzelte Mylène die Stirn. »Was ist das?«

»Deine Mutter hat es von Johanna geschenkt bekommen. Sie hat es mitgenommen, als sie gegangen ist, aber du besitzt …« Sie verstummte und drehte das Kästchen langsam um.

Mylène blieb die Luft weg, als sie das kleine Schlüsselloch entdeckte.

»Mein Schlüssel.« Ihre Stimme war kaum mehr als ein Flüstern, dafür rauschte das Blut in ihren Ohren, und ihr Herz schlug so heftig, dass es fast schmerzte.

»Ich lass dich einen Moment allein.« Holly stand auf und verschwand in Richtung Toiletten.

Fassungslos sah Mylène auf das kleine Holzkästchen, während sich immer mehr Tränen in ihre Augenwinkel drängten und ihren Blick verschleierten.

Das hier war es also.

Hier hatte ihr kleiner Wegweiser und Glücksbringer all die Jahre hingehört, und hierhin hatte er sie nun endlich zurückgeführt. Erstaunlich ruhig löste Mylène die silberne Kette von ihrem Hals.

Sie rechnete damit, dass ihre Finger zittern würden, aber sie war ruhig, fast gefestigt. Nur ihr Herz pochte noch immer wie verrückt, als sie den Schlüssel ins Schloss steckte, ihn bedächtig herumdrehte und vorsichtig den Deckel anhob.

Im nächsten Moment erklang eine Melodie, die Mylène sofort erkannte: *Sur le pont d'Avignon, on y danse, on y danse …* Sie musste lachen, und gleichzeitig liefen ihr Tränen übers Gesicht.

Henri und Marianne hatten ihr dieses Lied früher oft vorgesungen, und es fühlte sich seltsam und tröstlich zugleich an, dass sich der Kreis hier und auf diese Weise schloss.

Doch erst als sie den Deckel vollständig zurückgeklappt hatte, erkannte sie, wie sehr sich der Kreis an dieser Stelle schloss.

In den Innendeckel der Schatulle war ein Spruch graviert, deutsch vermutlich, den Mylène nicht verstand – dafür traf sie der Anblick des in der Spieluhr tanzenden Pärchens wie ein Schlag. Dieses winzige Liebespaar, das dort im Schutz des Holzkästchens seine Kreise drehte – das waren Frédéric und sie!

Mylène versuchte, ihre Tränen wegzublinzeln, um besser sehen zu können, aber es blieb dabei: Die Ähnlichkeit war frappierend.

Dieser große Mann mit den dichten dunklen Haaren und den ebenso dunklen Augen war kein Geringerer als Frédéric, und die Frau mit den kinnlagen braunen Locken und den grünen Augen, die in seinen Armen herumschwang – das war sie.

Mit einem Mal waren alle Zweifel der letzten Tage wie weggewischt. Obwohl Mylène noch immer weinte und lachte und die Tränen ihr den Blick verschleierten, sah sie genau, wohin ihr Weg sie führen würde.

Als Holly von der Toilette zurückkehrte, hatte Mylène gezahlt und das Buch und die Spieluhr in ihre Tasche gesteckt.

»Wo willst du hin?«, wollte Holly wissen, die von diesem abrupten Aufbruch offensichtlich mehr als irritiert war.

Wo sie hinwollte? Mylène musste lächeln.

»Nach Hause«, sagte sie und drückte Holly an sich, bevor sie durch die Tür nach draußen eilte. Sie wollte endlich nach Hause, und damit meinte sie nicht die Wohnung, die sie geerbt hatte, sondern Paris und vor allem Frédéric!

Am liebsten hätte sie sich ein Taxi gerufen und wäre auf direktem Wege zum Flughafen gefahren, aber ihr Ausweis lag noch in Johannas Wohnung, also musste sie wohl oder übel nochmal zurück. Und obwohl es auf ein paar Minuten oder Stunden mehr jetzt auch nicht mehr ankam, spazierte sie nicht zum Kanal, sondern rannte, denn sie konnte es nicht mehr abwarten, endlich dorthin zurückzukehren, wo ihr Zuhause war.

War es nicht im Grunde egal, wo sie herkam und wer sie war, solange sie wusste, wem ihr Herz gehörte?

Es war, als hätte ihr der Schlüssel im Schloss der Spieluhr nach vier langen Tagen der Unsicherheit die Augen geöffnet. Und was sie da sah, war unendlich viel!

Sie war Mylène Benoît, Tochter von Henri und Marianne, Gründerin von *Choupinette* und zukünftige Ehefrau von Frédéric Leclerc! Sie war Chefin, Kind, Liebende, Kollegin, Freundin, Geschäftsfrau, baldige Schwiegertochter und vieles mehr. Sie war mutig und ängstlich, verletzlich und stark, intelligent und manchmal naiv – vor allem aber war sie *glücklich*. Das alles war das Fundament, auf dem ihr Leben basierte, all diese Facetten machten sie aus und gaben ihr Halt. Ihr Weg lag tief in ihr beschrieben, und er hing nicht davon ab, wem oder was sie glauben konnte – solange sie nur an sich selbst glaubte, solange sie sich selbst erkannte.

Als Mylène das alte Haus am Kanal endlich erreichte, war sie so bewegt von dieser Erkenntnis, dass sie Schwierigkeiten hatte, den Schlüssel ins Schloss der Haustür zu stecken. Erst nach einigen Anläufen ließ sich die schwere Tür aufstoßen – und kaum hatte Mylène einen Schritt über die Schwelle getan, ging ein Ruck durch ihren Körper, und sie hielt ungläubig inne.

Auf den untersten Treppenstufen saß ein Mann, den sie nur allzu gut kannte. Seine Haare standen ungewohnt wild vom Kopf ab, und unter seinen braunen Augen zeichneten sich dunkle Schatten ab, aber als er Mylène in der Tür stehen sah, huschte ein Ausdruck der Erleichterung über sein müdes Gesicht.

»Mylène«, murmelte er und erhob sich unsicher von den Stufen.

»Frédéric«, flüsterte sie atemlos und fiel dann in seine Arme.

MYLÈNE
Mai 2019

Ein Lied mag verklingen, doch die Liebe tanzt ewig – so stand es im Deckel der alten Spieluhr. Mylène hatte sich den Spruch übersetzen lassen und wurde nicht müde, mit dem Finger über die feinen Linien zu fahren, immer und immer wieder, nur um sicherzugehen, dass alles wahr war. Sie hatte sich kurz verloren, nur um so viel mehr zu finden, als sie zu hoffen gewagt hatte: eine Familie, eine Gewissheit – ihre Geschichte. Wie viel Glück konnte ein Mensch ertragen?

Als die letzten Takte der Melodie verklangen, klopfte es hinter ihr an der Schlafzimmertür, und Frédéric erschien im Türrahmen. »Bist du so weit?«

Mylène schloss den Deckel der Spieluhr und drehte sich auf dem Bett sitzend zu ihm um. Auch wenn eine Beerdigung ein trauriger Anlass war, sah er in seinem dunklen Anzug umwerfend aus, und wie immer, wenn sie ihn in den letzten Tagen angesehen hatte, hier in Amsterdam, in dieser fremden Welt, die nun zu ihr gehörte, musste sie lächeln. Sie konnte noch immer nicht glauben, dass er sie gefunden hatte, während sie noch auf der Suche nach sich selbst gewesen war.

»Ich habe nachgedacht.« Sie klopfte sacht neben sich auf die Bettdecke.

Frédéric zog verunsichert die Augenbrauen in die Höhe, kam dann aber ihrer Aufforderung nach und setzte sich zu ihr aufs Bett, sein Bein berührte ihres. »Über die Hochzeit?«

»Auch«, antwortete Mylène und nahm seine Hand. »Es geht um Colette.«

Frédéric stöhnte leise und ließ die Schultern sinken. »Ich dachte, wir hätten das geklärt. Sie hat mir geholfen, Mylène, nichts weiter! Von ihr habe ich den Kontakt zum Privatdetektiv, der dich hier in Amsterdam gefunden …«

»Ich weiß«, unterbrach sie ihn und legte ihre Lippen auf seine. »Deshalb würde ich mich auch freuen, wenn du sie zur Hochzeit einlädst.«

»Wirklich?« Verblüfft rückte Frédéric ein Stück von ihr ab.

»Wirklich«, bestätigte sie und verschränkte ihre Finger noch fester in seinen. »Vielleicht ergibt sich dann auch die Gelegenheit, ein paar Worte über *Choupinette* zu wechseln. Wir sind immer noch auf der Suche nach einer Markenbotschafterin – und sie ist eine starke Frau.«

Jetzt wirkte Frédéric vollends verwirrt. Er kniff misstrauisch die Augen zusammen und betrachtete sie eingehend, bevor er seine Irritation zum Ausdruck bringen konnte: »Wer sind Sie, und was haben Sie mit meiner Verlobten gemacht?«

Mylène musste lachen und küsste ihn, länger diesmal. »Danke«, flüsterte sie und verwischte behutsam die Spuren von Rot, die ihr Lippenstift auf seinen Lippen hinterlassen hatte.

»Wofür?«

»Dass du mir nicht böse bist.«

»Gibt es denn einen Grund, warum ich dir böse sein sollte?«

Mylènes Fingerspitzen fuhren über das Holz der Spieluhr in

ihrem Schoß, weich und warm. »Ich hätte dich von Anfang an einweihen sollen.«

»Ist schon in Ordnung«, murmelte Frédéric und lächelte. »Ich habe dich ja gefunden.« In diesem Moment piepte das Handy in seiner Anzugtasche. Er warf einen Blick auf das Display und grinste. »Überleg dir lieber, wie du dich bei Luc entschuldigst. Der Flieger ist gelandet.« Er hielt ihr das Handy mit Hollys Nachricht hin, aber Mylène verzog das Gesicht, ohne sie zu lesen.

»Jetzt schon?«

»Jetzt schon ist gut. Holly sagt, sie kommen direkt zum Friedhof, sonst wird es knapp.«

Seufzend löste Mylène ihre Finger aus Frédérics Hand. Luc würde sie schon besänftigen können, im Zweifelsfall mit viel Wein. Sie hatten in den letzten Tagen oft telefoniert. Viel mehr Sorgen bereitete ihr das Wiedersehen mit Marianne und Henri.

»Meinst du, es war ein Fehler, sie einzuladen?«

»Nein, Mylène. Irgendwann musst du Henri und Marianne ohnehin treffen. Ich glaube, Johannas Beisetzung ist der perfekte Anlass, um eure Geschichte neu zu beginnen. Jedes Ende ist auch ein Anfang.« Er legte seinen Arm um sie und küsste ihr Haar.

Seit Holly ihr auch den Rest ihrer Geschichte offenbart hatte, war Mylènes Zorn verpufft, und sie hatte ein paarmal mit ihren Eltern gesprochen. Im Grunde war es nicht wichtig, wer sie zur Welt gebracht hatte, viel entscheidender war, dass sie all die Jahre geliebt worden war. Trotzdem flatterte ihr Herz bei dem Gedanken, die beiden gleich auf dem Friedhof wiederzusehen. Es würde dauern, bis das Vertrauen zurück wäre, aber vermutlich hatte Frédéric recht. Es machte nicht viel Sinn, endlos in der Vergangenheit herumzuwühlen – sie würden stattdessen eine neue Geschichte schreiben.

Holly hatte freundlicherweise angeboten, Luc, Marianne und Henri vom Flughafen abzuholen. Sie war ein echter Schatz, Mylène, Frédéric und sie hatten in den letzten Tagen viele gute Gespräche geführt. Wie kaum eine andere konnte Holly zuhören und sich in die Gefühle anderer hineinversetzen – vermutlich war sie deshalb eine so herausragende Autorin.

Außer ihnen würden noch ein paar weitere Gäste zur Beerdigung kommen. Mylène hatte keine Ahnung, in welcher Beziehung sie zu Johanna standen, aber sie freute sich darauf, sie kennenzulernen und zu hören, was sie über sie zu erzählen hatten.

»Wir müssen jetzt wirklich los, wenn wir nicht zu spät kommen wollen«, flüsterte Frédéric und küsste noch einmal ihre Schläfe.

Mylène nickte, stand auf und stellte die Spieluhr auf die Fensterbank. *Ein Lied mag verklingen, doch die Liebe tanzt ewig* – ein schöneres Erbe konnte sie sich kaum vorstellen. »Was hältst du davon, wenn wir unsere Flitterwochen hier in Amsterdam verbringen?«

»Amsterdam?« Frédéric runzelte die Stirn. »Ich hatte eigentlich an etwas Aufregenderes gedacht.«

»Etwas Aufregenderes?« Mylène sah ihn neugierig an, und er trat zu ihr ans Fenster, den Blick geheimnisvoll gesenkt.

»Na ja, meine Zukünftige hat gerade eine Immobilie im Wald geerbt. Ich habe gehört, da soll es ziemlich urig zugehen. Ich wäre unter Umständen sogar bereit, sie vor der Dunkelheit zu beschützen.«

»Das musst du nicht«, raunte sie ihm zu und legte die Arme um seinen Hals. »Deine Frau fürchtet sich nämlich nicht mehr im Dunkeln.«

»Zu schade«, erwiderte er, fast ein bisschen enttäuscht. »Dann weiß ich ehrlich gesagt gar nicht, wofür ich überhaupt noch gut bin.«

Mylène lächelte und küsste ihn. »Also mir fiele da schon was ein.«

DANKE

Damit aus einer Lieblingsgeschichte am Ende ein echtes Buch wird, braucht es viele Dinge – vor allem aber bedarf es Menschen, die an dich glauben und dich in deiner Liebe zu deinen Figuren und ihren Schicksalen ohne Wenn und Aber unterstützen.

Aus diesem Grund bedanke ich mich von ganzem Herzen bei allen Mitarbeiterinnen und Mitarbeitern des Bastei Lübbe Verlags. Ich danke Martina Wielenberg für ihr feinsinniges, humorvolles und immer richtiges Lektorat, aber auch Claudia Müller, Marco Schneiders, Annette Geduldig, Linda Schneider, Janni Deitenbach, Sarah-Luisa Görtz, Momke Zamhöfer, Simon Decot, den Vertreterinnen und Vertretern und all den anderen wunderbaren Verlagsmenschen, die dieser Geschichte geholfen haben, das Licht der Welt zu erblicken. Euch alle als Zuhause für mein Buch zu wissen, macht mich sehr glücklich!

Franziska Hoffmann gilt wie immer ein besonderer Dank. Keine kämpft und glaubt und unterstützt so leidenschaftlich wie du! Ich bin sehr froh, dass es dich in meinem Leben gibt.

Ein extragroßes Dankeschön gebührt den vielen wundervollen Buchhändlerinnen und Buchhändlern da draußen. Ohne euch wäre die (Buch-)Welt ein weit weniger bunter und lebendiger Ort! Ihr schafft aus Buchstaben auf Papier einen

Raum für Begegnungen, und eure Liebe und Begeisterung für das geschriebene Wort macht aus einfachen Büchern Herzensgeschichten. Danke für euren Einsatz!

Zuletzt und zuerst und für alle Zeiten danke ich meiner Familie. Ihr seid mein größtes Glück!